PÓS-ESCRITO ÀS *MIGALHAS FILOSÓFICAS*

Vol. II

Dados Internacionais de Catalogação na Publicação (CIP)
(Câmara Brasileira do Livro, SP, Brasil)

Kierkegaard, Søren Aabye
Pós-escrito às Migalhas filosóficas, vol. II
Søren Aabye Kierkegaard; tradução de Álvaro Luiz
Montenegro Valls e Marília Murta de Almeida. –
Petrópolis, RJ : Vozes ; Bragança Paulista, SP :
Editora Universitária São Francisco, 2016. –
(Coleção Pensamento Humano)

Título original : Afsluttende uvidenskabelig
Efterskrift til de philosophiske Smuler
Bibliografia
ISBN 978-85-326-5242-3

1. Cristianismo – Filosofia 2. Existência – Filosofia
3. Ficção dinamarquesa 4. Subjetividade
I. Título. II. Série

16-02431   CDD-198.9

Índices para catálogo sistemático:
1. Kierkegaard : Filosofia dinamarquesa   198.9

PÓS-ESCRITO CONCLUSIVO NÃO CIENTÍFICO ÀS *MIGALHAS FILOSÓFICAS*

Coletânea mímico-patético-dialética, contribuição existencial, por Johannes Climacus

Editado por S. Kierkegaard

Vol. II

Tradução de Álvaro Luiz Montenegro Valls e
Marília Murta de Almeida

Título original em dinamarquês: *Afsluttende uvidenskabelig Efterskrift til de philosophiske Smuler*

© desta tradução:
2016, Editora Vozes Ltda.
Rua Frei Luís, 100
25689-900 Petrópolis, RJ
www.vozes.com.br
Brasil

Editora Universitária São Francisco – Edusf
Avenida São Francisco de Assis, 218
Jardim São José
12916-900 Bragança Paulista, SP
www.saofrancisco.edu.br/edusf
edusf@saofrancisco.edu.br
Brasil

Todos os direitos reservados. Nenhuma parte desta obra poderá ser reproduzida ou transmitida por qualquer forma e/ou quaisquer meios (eletrônico ou mecânico, incluindo fotocópia e gravação) ou arquivada em qualquer sistema ou banco de dados sem permissão escrita da editora.

Diretor editorial
Frei Antônio Moser

Editores
Aline dos Santos Carneiro
José Maria da Silva
Lídio Peretti
Marilac Loraine Oleniki

Secretário executivo
João Batista Kreuch

Editoração: Fernando Sergio Olivetti da Rocha
Diagramação: Alex M. da Silva
Capa: WM design
Arte-finalização: Editora Vozes

ISBN 978-85-326-5242-3

Editado conforme o novo acordo ortográfico.

Este livro foi composto e impresso pela Editora Vozes Ltda.

SUMÁRIO

Vol. I

Prefácio, 11

Introdução, 15

Primeira parte – O problema objetivo da verdade do cristianismo, 25

Capítulo 1 A consideração histórica, 29

§ 1 A Sagrada Escritura, 30

§ 2 A Igreja, 40

§ 3 Os muitos séculos como prova da verdade do cristianismo, 51

Capítulo 2 A consideração especulativa, 55

Segunda parte – O problema subjetivo – A relação do sujeito com a verdade do cristianismo, ou o tornar-se cristão, 63

Seção 1 Algo sobre Lessing, 65

Capítulo 1 Expressão de gratidão a Lessing, 65

Capítulo 2 Teses possíveis e reais de Lessing, 75

1 O pensador subjetivo existente presta atenção à dialética da comunicação, 76

2 O pensador subjetivo existente, em sua relação existencial com a verdade, é tão negativo quanto positivo, tem tanto de cômico quanto essencialmente tem de *pathos*, e está continuamente em processo de vir a ser, i. é, está esforçando-se, 83

3 Lessing disse *que verdades históricas contingentes nunca podem se tornar uma demonstração de verdades racionais eternas; e também que a transição, pela qual se quer construir sobre uma informação histórica uma verdade eterna, é um salto*, 97

4 Lessing disse: *Se Deus me oferecesse, fechada em sua mão direita, toda verdade, e em sua esquerda o impulso único, sempre animado, para a verdade, embora com o acréscimo de me enganar sempre e eternamente, e me dissesse: Escolhe! – eu me prostraria com humildade ante sua mão esquerda, e diria: Pai, dá-me!, pois a verdade pura é de fato só para ti e mais ninguém!*, 110

Seção 2 O problema subjetivo, ou como tem que ser a subjetividade, para que o problema possa se apresentar a ela, 133

Capítulo 1 O tornar-se subjetivo, 133

Como a ética teria de julgar, caso o tornar-se subjetivo não fosse a mais alta tarefa posta a um ser humano; o que teria de ser desconsiderado na sua compreensão mais precisa; exemplos de um pensamento orientado ao tornar-se subjetivo, 133

Capítulo 2 A verdade subjetiva, a interioridade; a verdade é a subjetividade, 199

Apêndice – Olhada sobre um labor simultâneo na literatura dinamarquesa, 265

Vol. II

Apresentação da tradução deste volume II, 9

Capítulo 3 A subjetividade real, a [subjetividade] ética; o pensador subjetivo, 13

§ 1 O existir; realidade efetiva [*Virkelighed*], 13

§ 2 Possibilidade superior à realidade. Realidade superior à possibilidade. A idealidade poética e intelectual; a idealidade ética, 32

§ 3 A simultaneidade dos momentos particulares da subjetividade na subjetividade existente; a simultaneidade enquanto oposição ao processo especulativo, 60

§ 4 O pensador subjetivo; sua tarefa, sua forma, isto é, seu estilo, 67

Capítulo 4 O problema das *Migalhas*: Como pode uma felicidade eterna ser construída sobre um saber histórico?, 79

Sectio 1 - Para a orientação no plano das *Migalhas*, 79

§ 1 Que o ponto de partida foi tomado no paganismo, e por quê?, 79

§ 2 A importância de um acordo provisório a respeito do que é o cristianismo, antes que se possa falar de uma mediação entre o cristianismo e a especulação; a ausência de um acordo favorece a mediação, embora sua ausência torne a mediação ilusória; a intervenção do acordo impede a mediação, 87

§ 3 O problema das *Migalhas* como um problema introdutório, não ao cristianismo, mas ao tornar-se cristão, 98

Sectio 2 - O problema propriamente dito, 102

A felicidade eterna do indivíduo é decidida no tempo através de uma relação para com algo histórico que, além disso, é histórico de tal modo que sua composição contém algo que, de acordo com sua natureza, não pode tornar-se histórico e que, por conseguinte, deve tornar-se tal em virtude do absurdo, 102

A. O patético, 104

§ 1 A *expressão inicial* do *pathos* existencial, a orientação absoluta (Respeito) frente ao Τελος absoluto expressa pela ação na transformação da existência – o *pathos* estético – O engano da mediação – O movimento monástico da Idade Média – Ao mesmo tempo relacionar-se absolutamente com seu próprio Τελος absoluto e relativamente com os relativos, 104

§ 2 A expressão *essencial* do *pathos* existencial: sofrimento – Fortuna e infortúnio como uma visão estética da vida em contraste com o sofrimento como visão religiosa da vida (iluminada pelo discurso religioso) – A realidade efetiva do sofrimento (humor) – A realidade efetiva do sofrimento em última instância como sinal de que um existente se relaciona com uma felicidade eterna – A ilusão da religiosidade – Provação [espiritual] – A razão e o significado do sofrimento em primeira instância: morrer para a imediatidade e contudo permanecer na finitude – Um interlúdio (*Divertissement*) edificante – Humor como incógnito da religiosidade, 147

§ 3 A expressão *decisiva* do *pathos* existencial é *culpa* – Que a investigação anda para trás ao invés de para frente – O eterno recordar da culpa é a mais alta expressão da relação da consciência de culpa para com uma beatitude eterna – Expressões mais baixas da consciência de culpa e formas de reparação que lhes correspondem – A penitência autoinfligida – Humor – A religiosidade da interioridade oculta, 239

Entreato entre A e B, 269

B. O dialético, 275

§ 1 A contradição dialética que é a ruptura: esperar uma felicidade eterna no tempo mediante uma relação com um outro no tempo, 284

§ 2 A contradição dialética de que uma felicidade eterna se baseie na relação com algo histórico, 288

§ 3 A contradição dialética de que o histórico, de que aqui se trata, não é algo simplesmente histórico, mas é formado por aquilo que só pode tornar-se histórico contra sua essência, portanto, em virtude do absurdo, 293

Apêndice a B. O retroagir do dialético sobre o patético aguçando o *pathos*, e os momentos simultâneos deste *pathos*, 296

a) A consciência do pecado, 297

b) A possibilidade do escândalo, 299

c) A dor da simpatia, 300

Capítulo 5   Conclusão, 303

Adendo – O entendimento com o leitor, 333

– Uma primeira e última explicação, 341

APRESENTAÇÃO
DA TRADUÇÃO DESTE VOLUME II

Tendo a Editora Vozes logrado publicar em fins de 2013 o volume I da tradução da obra *Afsluttende uvidenskabelig Efterskrift til de philosophiske Smuler*, aprontamos agora a tradução do segundo volume, completando assim o que corresponde, nos *SKS*, a umas 573 páginas de bom tamanho. Em se tratando de uma obra que Kierkegaard redigiu como se fosse a sua última, pode-se já antecipar a euforia do autor (e a do tradutor) ao chegar às conclusões. Queremos, portanto, aqui ser extremamente breves, acrescentando apenas umas poucas observações para que o leitor tire o máximo de proveito (e de prazer) de seu esforço.

Sobre a importância deste segundo volume, que baste uma menção: aqui se encontram talvez as principais reflexões de Kierkegaard sobre o tema da "existência" e do "pensador subjetivo".

Os critérios utilizados no volume II foram os mesmos do primeiro; apenas a revisão final, não tendo sido possível desta vez por parte de Marília Murta de Almeida, fica toda a responsabilidade de qualquer falha por conta do primeiro tradutor, que assina esta apresentação. Nosso trabalho não pretendeu ser definitivo, nem constituir-se numa obra acabada, mas tentamos também auxiliar os leitores com uns parcos comentários nos rodapés, e transcrevendo aí algumas centenas de expressões do original (ressaltando às vezes alguns trocadilhos ou sinônimos e quase sinônimos, ou propondo traduções alternativas para certos termos), com intuito didático, filológico e filosófico.

Para uns poucos termos ainda não encontramos nenhuma tradução satisfatória. Por exemplo: o adjetivo (e advérbio) *"mislig"* pode ser vertido por: equívoco ou duvidoso, ou até escabroso. Tampouco o substantivo *"Misligheden"* satisfaz em todos os casos, se traduzido sempre por: "o equívoco". Significa algo que não se encaixa, que não fica bem, algo irregular, que deixa em nós uma suspeita ou algo assim. Expressão também quase intraduzível foi o verbo *"at fuske"*, com o substantivo depreciativo *"Fuskeri"*, que se refere a um trabalho malfeito, improvisado, incompetente, atamancado, atabalhoado, remendado, coisa de charlatão etc. É um conceito crítico para o qual Kierkegaard apela várias vezes, e que não fica bem se traduzido de maneira muito formal. Em alemão corresponde a *"Pfuscherei"*, que permite até a tradução como "porcaria", palavra que evitamos usar.

Enfim, um conceito positivo absolutamente central e extremamente importante no presente volume, *"Virkelighed"*, deu muito trabalho a este tradutor. Usamos as diversas alternativas: realidade efetiva, efetividade ou (apenas) realidade. Ou seja, em muitas ocasiões, *"Virkelighed"* foi traduzido pura e simplesmente por "realidade", principalmente quando já vinha acompanhado de algum adjetivo. Pareceu-nos que "atualidade", embora muito aristotélica, e preferida pelos que estão acostumados ao inglês, poderia confundir nosso leitor brasileiro pela forte conotação temporal que esta palavra tem em nossa fala (no sentido de tempo presente, agora). Por outro lado, não pareceu que nossa expressão tão usual "realidade" esgote seu sentido na tradução de *"Realitet"*. De qualquer modo, apelamos muitas vezes ao rodapé, para não deixar dúvidas.

Afora estas poucas expressões, em geral ficamos satisfeitos e de consciência bem tranquila quanto à fidelidade desta versão brasileira do original dinamarquês, uma vez conferidas todas as notas críticas na língua original, e no alemão, no inglês, no francês e no castelhano. Renunciamos a uma quantidade maior de notas explicativas, para não atrasarmos ainda mais a publicação desta continuação. Cremos firmemente que para traduzir é preciso compreender; mas "explicar" já é uma outra tarefa, que pode ser assumida mais tarde por outros. É claro que o leitor interessado em aprofundar mais sua leitura poderá sempre apelar com proveito para as versões em outros idiomas. E nós confiamos que num futuro bem próximo hão de surgir no Brasil trabalhos críticos comentando as passagens mais difíceis deste *Pós-escrito*.

O volume II não inicia algo assim como uma segunda parte da obra; pelo contrário, nele continua a sequência dos capítulos do volume anterior (agora os cap. 3, 4 e 5, da Seção 2 da Segunda Parte), com a mesma temática (*O problema subjetivo*). Rigorosamente os dois volumes constituem uma única obra, indissolúvel, e o corte se deu pura e simplesmente por razões editoriais. Assim, não há agora nenhuma introdução, mas mera continuação. O leitor, logo na primeira página, se verá arrebatado para o alto nível de reflexão que o autor alcança (discutindo, ali, de pronto, a lógica da reflexão hegeliana). Mas também não deve estranhar quando, em alguns momentos, este autor hilário que é Johannes Climacus fizer brincadeiras que talvez beirem as blasfêmias (usando, como de costume, a liberdade dos filhos de Deus).

Que bastem estas poucas palavras de apresentação, pois há muita coisa para ler. Os tradutores agradecem pela paciência, e garantem que ela terá sua recompensa.

Álvaro L.M. Valls

Porto Alegre, agosto de 2015.

CAPÍTULO 3

A subjetividade real[1], a [subjetividade] ética; o pensador subjetivo

§ 1
O existir; realidade efetiva[2]

Na linguagem da abstração nunca aparece propriamente aquilo que constitui a dificuldade[3] da existência e do existente; e muito menos se explica a dificuldade. [VII 258] Justamente porque o pensamento abstrato é *sub specie aeterni* [*lat.*: do ponto de vista da eternidade], ele prescinde[4] do concreto, da temporalidade, do devir da existência, e da dificuldade[5] do existente por este ser composição do eterno e do temporal, situada na existência[6]. Se se quer agora assumir que o pensamento abstrato é o mais alto, segue-se daí que a ciência e os pensadores orgulhosamente abandonam a existência e deixam que nós outros, humanos, aguentemos o pior. Sim, disso

---

1. *virkelige*
2. *Virkelighed*
3. *Vanskelighed*
4. *seer bort fra*
5. *Nød*
6. Que, não obstante, Hegel, em sua *Lógica*, deixe continuamente uma representação entrar em cena, mais do que bem-informada sobre a concreção e sobre o que segue, que o professor, apesar da transição necessária, usa a cada vez para chegar mais adiante, é naturalmente um erro, que Trendelenburg demonstrou excelentemente. De que modo, só para lembrar o que aqui se tem mais à vista, se molda a transição graças à qual *die Existenz* [a existência] vem a ser as existências [*er Existentserne*]? *Die Existenz ist die unmittelbare Einheit der Reflexion-in-sich und der Reflexion-in-Anderes. Sie ist daher (?) die unbestimmte Menge von Existirenden* [A existência é a unidade imediata da reflexão-em-si com a reflexão-em-outro. Ela é *por isso* (?) a multidão indeterminada de existentes]. Como é que a determinação puramente abstrata da existência chega a fragmentar-se desta maneira?

segue-se também algo para o próprio pensador abstrato, a saber, que ele, já que é também afinal um existente, de um ou de outro jeito só pode estar distraído.

Indagar abstratamente sobre a realidade efetiva (ainda que seja correto indagar sobre isso abstratamente, já que o particular, o acidental, é, de fato, parte integrante do real e em oposição direta à abstração) e responder abstratamente sobre isso, não é, nem de longe, tão difícil quanto indagar e responder sobre o que significa ser este algo determinado uma realidade efetiva. A abstração prescinde dessa coisa determinada, mas a dificuldade reside em reunir esta coisa determinada e a idealidade do pensamento ao querer pensá-la. A abstração nem consegue preocupar-se com uma tal contradição, pois a abstração justamente a impede.

O equívoco[7] da abstração mostra-se justamente no que se refere a todas as questões da existência, das quais a abstração escamoteia a dificuldade, omitindo-a, e depois se gaba de ter explicado tudo. Explica a imortalidade em geral[8], e eis que isso funciona de modo excelente, enquanto a imortalidade se identifica com eternidade, com aquela eternidade que é essencialmente o *medium* do pensamento. Mas se de fato um ser humano existente individual é imortal, no que, justamente, reside a dificuldade, quanto a isso a abstração não se preocupa[9]. [VII 259] Ela é desinteressada, mas a dificuldade da existência é o interesse do existente[10], e o existente é infinitamente interessado no existir. O pensamento abstrato ajuda-me, portanto, na minha imortalidade, matando-me enquanto indivíduo particular existente e aí então me fazendo imortal, e ajuda portanto mais ou menos como, em Holberg, o médico tirou a vida do paciente com seu remédio – mas também afugentou a febre. Quando se observa, portanto, um pensador abstrato que não quer esclarecer e admitir para si mesmo qual a relação que seu pensamento abstrato tem com o fato de ele ser um existente, este produz uma impressão cômica, por mais notável que ele seja, porque está a ponto de deixar de ser

---

7. *Mislighed*
8. *overhovedet*
9. *bryder... sig ikke om*
10. *Existerendes Interesse*

um humano. Enquanto um ser humano real[11], composto de infinitude e finitude, tem sua realidade efetiva precisamente no mantê-las juntas, infinitamente interessado no existir, tal pensador abstrato é um ser duplo, uma entidade fantástica que vive no puro ser da abstração, e é, às vezes, uma figura deplorável de professor que aquela entidade abstrata afasta de si, como se abandona um bastão. Quando se lê a biografia de um pensador desse tipo (pois seus escritos são talvez excelentes), a gente às vezes se arrepia ao pensar sobre o que significa ser um homem[12]. Mesmo que uma mulher rendeira faça as mais lindas rendas, ainda assim é triste pensar nessa pobre criatura mirrada, e assim é cômico ver um pensador que, a despeito de todo o seu brilho[13], pessoalmente existe como um tipo acanhado[14] que pessoalmente se casou, mas que pouco estava familiarizado com o amor, ou tocado por seu poder[15], e cujo casamento, portanto, era decerto tão impessoal quanto seu pensamento, e cuja vida pessoal era destituída de *pathos* e de combates apaixonados, e que ao modo de um filisteu só se preocupava em saber qual universidade oferecia o melhor ganha-pão. Tal mal-entendido dever-se-ia supor fosse impossível no que toca ao pensamento; dever-se-ia supor que isso só pertencesse às misérias do mundo exterior, onde um ser humano trabalha como um escravo para um outro, de modo que não se pode admirar as rendas de bilro sem lágrimas, quando se pensa na mulher rendeira. Dever-se-ia acreditar que um pensador levasse a mais rica das vidas humanas – na Grécia, pelo menos, era assim.

[VII 260] Com o pensador abstrato, a coisa é outra, quando, sem ter compreendido ele a si mesmo e à relação do pensamento abstrato com a existência, segue o estímulo de um talento ou se treina para ser algo semelhante. Eu bem sei que a gente gosta de admirar uma existência de artista de alguém que segue seu talento sem se dar

---

11. *virkeligt*

12. E quando se lê então em seus escritos: que pensar e ser são uma só coisa [*er Eet*], então a gente pensa, enquanto pondera sobre a sua vida e sua biografia [*Liv og Levnet*]: O ser [*den Væren*] com o qual o pensar é idêntico certamente não é o ser homem [*at være Menneske*].

13. *Bravour[e], fr.:* bravura [no sentido de um trecho literário bem-sucedido, cf. Petit Robert 1 [N.T.]].

14. *et Nittengryn*

15. *Forelskelsens Magt*

conta do que seja ser humano, de modo que o admirador o esquece por trás de sua obra de arte; mas também sei que o trágico num tal existente é que ele é uma variante[16] não refletida pessoalmente no ético, sei também que na Grécia um pensador não era um existente tímido que produzia obras de arte, mas ele próprio era uma obra de arte existente. Ser um pensador jamais deveria significar ser diferente quanto ao ser um ser humano. Se é ponto pacífico, então, que um pensador abstrato careceu de senso de humor, isso prova, *eo ipso*, que todo o seu pensamento é produto[17] de um talento talvez notável, mas não o de um ser humano que, no sentido eminente, tenha existido como um ser humano. Contudo, ensina-se à maneira docente[18] que o pensamento é o mais elevado, que o pensamento inclui tudo sob si, e, ao mesmo tempo, não se faz nenhuma objeção ao fato de que o pensador não está existindo essencialmente *qua* ser humano, mas como uma variante de um talento. Que o enunciado sobre o pensamento não se reduplique na representação do pensador, que a própria existência do pensador contradiga seu pensamento, mostra que se está meramente ensinando à moda docente. Pensamento é superior a sentimento e fantasia – isso é ensinado à moda docente por um pensador que não tem, ele próprio, nem *pathos* nem paixão; ensina-se que pensamento é superior a ironia e humor, e isso ensinado ao modo docente por um pensador que carece totalmente de senso do cômico. Como isto é cômico! Tal como todo o pensamento abstrato em relação ao cristianismo e em relação a todos os problemas da existência é um ensaio no cômico, assim também o assim chamado puro pensar é em última análise uma curiosidade psicológica, uma admirável espécie de engenhosidade no compor e construir num meio fantástico: o puro ser. Idolatrar esse puro pensar, sem nada mais, como o mais elevado, mostra que o pensador jamais existiu *qua* ser humano, que ele, entre outras coisas, no sentido eminente jamais agiu – não quero dizer com referência a realizações, mas com referência à interioridade. Mas agir em sentido eminente é algo que pertence essencialmente ao existir *qua* ser humano; e ao agir, ao ousar o decisivo no máximo de sua paixão subjetiva com plena cons-

---

16. *Differents*
17. *Præstation*
18. *docerer man*

ciência de uma responsabilidade eterna (o que todo ser humano é capaz de fazer), aprende-se algo diferente, e também se aprende que ser um homem é algo diferente de, entra ano sai ano, costurar mais alguma coisa num sistema. Ao existir essencialmente *qua* ser humano, também se adquire uma receptividade para o cômico. [VII 261] Não estou dizendo que todo aquele que realmente existe como um ser humano esteja, por isso, em condições de ser um poeta cômico ou um ator cômico, porém ele terá receptividade para isso.

Que a linguagem da abstração, a rigor, não deixa aparecer a dificuldade da existência e do existente, eu me proponho a ilustrar em referência a uma questão crucial sobre a qual tanto se disse e escreveu. Como se sabe, a filosofia hegeliana suspendeu[19] o princípio da contradição, e mais de uma vez enfaticamente o próprio Hegel armou o juízo final sobre aqueles pensadores que permaneceram na esfera do entendimento e da reflexão, e que, por isso, insistiram que há um "ou isto – ou aquilo". Desde aquele tempo, tornou-se um jogo[20] muito apreciado, que, tão logo alguém faz alusão a um *aut/aut*[21], chega então um hegeliano (igual a *Jens Skovfoged*[22] em *Kallundborgs-Krøniken*[23]) a cavalo, pocotó, pocotó, pocotó[24], e obtém uma vitória, e retorna a cavalo para casa. Também entre nós, os hegelianos fizeram várias vezes suas incursões, especialmente atrás do Bispo Mynster, para obter uma vitória brilhante da especulação, e o Bispo Mynster tornou-se, mais de uma vez, um ponto de vista ultrapassado, muito embora como um ponto de vista ultrapassado ele esteja se saindo bastante bem, e antes se há de temer que o enorme esforço da vitória tenha exigido demais dos vencedores invictos. E, contudo, talvez haja um mal-entendido na raiz do conflito e da vitória. Hegel tem completa e absoluta razão em sustentar que, visto eternamente, *sub specie aeterni*, na linguagem da abstração, no puro pensamento e no puro ser, não há nenhum *aut/aut*. Onde,

---

19. *har... hævet*: aboliu
20. *Leg*
21. *Lat.*: ou/ou
22. Jens, o guarda-florestal
23. peça de Baggesen [N.T.]
24. *da kommer en Hegelianer [...] paa Hesten trip, trap, trap*

diabos[25], ele poderia estar, se a abstração, afinal, remove a contradição, de modo que Hegel e os hegelianos melhor fariam se se dessem ao trabalho de explicar qual o significado do espalhafato[26] de introduzir na Lógica a contradição, o movimento, a passagem etc. Os defensores do *aut/aut* estão errados quando forçam seu caminho para dentro do território do puro pensar e querem defender sua causa lá. Tal como aquele gigante[27], contra quem Hércules lutou, perdeu sua força assim que foi erguido do chão, do mesmo modo o *aut/aut* da contradição fica *eo ipso* abolido quando apartado da existência e levado para dentro da eternidade da abstração. Por outro lado, Hegel está errado também quando, esquecendo-se da abstração, lança-se, a partir dela, para dentro da existência, para anular, com violência e poder, o duplo *aut*. [VII 262] Na existência é impossível fazê-lo, porque, com isso, ele anula também a existência. Quando eu excluo a existência (abstraio), não há mais nenhum *aut/aut*; quando eu o excluo na existência, isso significa que excluo a existência, mas assim não o anulo na existência. Se não é correto que haja algo verdadeiro na teologia que não seja verdadeiro na filosofia, então é inteiramente correto que há algo verdadeiro para um existente que não é verdadeiro na abstração; e é também eticamente verdadeiro que o puro ser é fantasmagoria[28], e que a um existente não é lícito querer esquecer que é um existente. Por isso, é preciso ser muito cauteloso ao se envolver com um hegeliano e, sobretudo, é preciso averiguar com quem é que se tem a honra de falar. Será ele um ser humano, um ser humano existente? Será ele próprio *sub specie aeterni*, até mesmo quando dorme, come, assoa o nariz, e tudo o mais que faz um ser humano? Será ele próprio o puro *Eu-Eu*, algo que certamente jamais ocorreu a qualquer filósofo, e, se ele não o é, então como é que, existindo, ele se relaciona com isso, com a determinação intermediária, na qual a responsabilidade ética no, com e pelo[29] existir é devidamente respeitada? Será que ele existe? E se ele existe, não está então no devir? E se está no devir, será que não se relaciona com o futuro? Será que nunca se relaciona com o futuro de modo a agir? E

---

25. *satan*
26. *Spilfægterie*: luta fingida, blefe
27. *Anteu* [N.T.]
28. *Phantasterie*
29. *i og med og ved at*

se nunca age, será que não perdoará então que uma individualidade ética, com paixão e verdade dramática, diga que ele é um bovino?[30] Porém, se ele age *sensu eminenti* [*lat.*: em sentido eminente], será que não se relaciona então com o futuro em paixão infinita? Será que não há, então, um *aut/aut*? Será que a eternidade, para um existente, não é a eternidade, mas sim o futuro, enquanto a eternidade é a eternidade apenas para o Eterno, que não vem a ser? Que se lhe pergunte se pode responder à seguinte questão, isto é, se uma tal questão pode ser colocada para ele: se o renunciar, tanto quanto possível, à existência, para ser *sub specie aeterni*, é algo que lhe acontece ou algo que ele faz em virtude de uma resolução[31]; será que talvez mesmo fosse algo que se deva fazer? Pois se eu devo fazê-lo, então *eo ipso* se estabelece um *aut/aut* até mesmo em relação a se ser *sub specie aeterni*. Ou será que ele nasceu *sub specie aeterni* e, desde então, viveu *sub specie aeterni* e, por isso, não consegue nem entender a respeito do que eu estou perguntando, visto que nunca teve nada a ver com o futuro, ou nunca se deu conta de nenhuma decisão? [VII 263] Nesse caso, percebo bastante bem que não é com um ser humano que tenho a honra de falar. Mas ainda não estou pronto, pois é estranho para mim que tais seres enigmáticos estejam surgindo. Antes da irrupção do cólera, em geral aparece um tipo de mosca que não se vê em outra situação; da mesma maneira, esses puros pensadores fabulosos[32] não poderiam ser um sinal de que uma desgraça está reservada à humanidade, como por exemplo, a perda[33] do ético e do religioso? Portanto, é preciso ser cauteloso diante de um pensador abstrato que não apenas quer permanecer no puro ser da abstração, mas quer que isso seja o mais elevado para um ser humano, e quer que tal pensar, que resulta na ignorância do ético e no mal-entendido em relação ao religioso, seja o mais elevado pensar humano. Por outro lado, não se vá dizer que *sub specie aeterni*, "onde tudo *é* e nada surge"[34] (a doutrina eleática), deve haver um

---

30. *Fœ: lat. Pecus*, parte de um rebanho de gado

31. *Beslutning*

32. *eventyrlige*: de contos de fada

33. *at gaae Glip af*

34. Desorientados pela constante falação sobre um processo contínuo em que os opostos se ajuntam numa unidade mais elevada, e então novamente numa unidade mais elevada etc., instaurou-se um paralelo entre a doutrina de Hegel e aquela de Heráclito, de que tudo flui e nada permanece. Isso, contudo, é um mal-entendido,

aut/aut. Ao contrário, lá onde tudo está em devir, onde o máximo de eternidade presente é que pode ter um efeito restritivo na decisão apaixonada, lá onde a *eternidade* se relaciona como o *porvir* com *o que vem a ser*, a esse lugar pertence a disjunção absoluta. Em outras palavras, quando reúno a eternidade e o devir, não obtenho repouso, porém porvir. Vem daí, decerto, que o cristianismo tenha proclamado a eternidade como o porvir, porque foi proclamado para pessoas existentes, e é por isso que também assume um absoluto *aut/aut.*

[VII 264] Todo pensar lógico está na linguagem da abstração e *sub specie aeterni.* Pensar desse modo a existência é desviar o olhar[35] da dificuldade, isto é, da dificuldade de se pensar o eterno no devir, o que decerto se é compelido a fazer, já que o próprio pensador está no devir. Por isso, pensar abstrato é mais fácil do que existir, a não ser que se queira compreender esse último como: algo parecido com aquilo que se costuma chamar existir, tal como se costuma dizer ser um sujeito qualquer. Eis aqui de novo um exemplo de como a mais simples de todas as tarefas é a mais difícil de todas. A gente pensa que existir não é nada, muito menos uma arte, afinal, todo mundo existe, mas pensar abstrato – isso sim é algo. Mas existir de verdade, ou seja, permear sua existência com consciência, e ao mesmo tempo eternamente colocar-se por assim dizer além da existência e mesmo assim presente na existência e mesmo assim no devir: isso sim é que é difícil de verdade. Se o pensar não se tivesse tornado em nosso tempo algo estranho, algo adquirido por estudo (de segunda mão), então os pensadores fariam uma impressão bem diferente nas pessoas, como era o caso na Grécia, onde um pensador era também

---

porque tudo o que é dito em Hegel do processo e do devir é ilusório. Por isso carece o sistema de uma ética; por isso nada sabe o sistema quando a geração vivente e o indivíduo vivente perguntam, com seriedade, sobre o devir, ou seja, para agir. Por isso, a despeito de toda falação sobre processo, Hegel não compreende a história do mundo como um devir, mas, auxiliado por uma ilusão do passado, compreende-a como algo já acabado em que todo devir está excluído. Por isso, é impossível que um hegeliano compreenda a si mesmo com o auxílio de sua filosofia, pois ele só pode compreender o que já passou, o que já se encerrou, mas um vivente ainda não é um falecido. Provavelmente ele se consola com a ideia de que, quando alguém consegue compreender a China e a Pérsia e 6.000 anos de história do mundo, então pode-se lixar [*blæse med*] para um indivíduo singular, ainda que seja ele mesmo. A mim me parece diferente, e eu o compreendo melhor ao contrário, que, se alguém não consegue compreender a si mesmo, sua compreensão da China e da Pérsia etc., é decerto de uma espécie estranha [*en egen Art*].

35. *at see bort:* abstrair

um existente entusiasmado, apaixonado por seu pensamento, como foi o caso outrora na Cristandade, quando um pensador era um crente que, entusiasticamente, procurava compreender a si mesmo na existência da fé. Se o mesmo se desse com os pensadores no nosso tempo, o puro pensar teria levado a um suicídio depois do outro; pois suicídio é a única consequência existencial do puro pensar se este não se comportar como algo de parcial em relação ao ser um homem, e não chegar a um acordo com um existir pessoal ético e religioso, mas preferir ser tudo e o mais elevado. Não elogiamos o suicídio, mas certamente a paixão. Agora, ao contrário, um pensador é um curioso animal[36], que em certas horas do dia é engenhoso como poucos, mas, afora isso, nada tem em comum com um ser humano.

Pensar a existência *sub specie aeterni* e em abstração é, essencialmente, superá-la[37], e o mérito disso assemelha-se ao tão trombeteado de se abolir[38] o princípio da contradição. Existência é impensável sem movimento, e movimento é impensável *sub specie aeterni*. Omitir o movimento não é exatamente um golpe de mestre, e introduzi-lo na lógica como transição, e com ele o tempo e o espaço, é apenas nova confusão. Na medida em que todo pensamento é eterno, a dificuldade se coloca para o existente. A existência, tal como o movimento, é uma coisa muito difícil de se lidar. Se eu a penso, eu a suprimo, e então não a penso. Poderia parecer correto dizer que há algo que não se deixa pensar: o existir. Mas a dificuldade retorna, pois a existência põe as coisas juntas pelo fato de que o pensante existe[39].

[VII 265] Porque a filosofia grega não era distraída, o movimento é um constante objeto para seus esforços dialéticos. O filósofo grego era um existente, e disso ele não se esquecia. Por isso, recorria ao suicídio, ou ao morrer em sentido pitagórico, ou a estar morto em sentido socrático, para poder pensar. Estava consciente de si, de que era um pensante, mas estava também consciente de que era a existência, como meio, o que não cessava de impedi-lo de pensar continuamente, porque sempre o colocava no devir. Para então verdadei-

---

36. *seeværdigt Dyr*: bicho que vale pena ver
37. *ophæve den*
38. *hæve*
39. *den Tænkende existerer*

ramente poder pensar, tirava sua própria vida[40]. A filosofia moderna sorri com superioridade diante de tal infantilidade, como se todo pensador moderno, de modo tão certo quanto sabe que pensar e ser são o mesmo, não soubesse também que não vale a pena o esforço[41] para ser aquilo que ele pensa.

É neste ponto do existir, e na exigência do ético para o existente, que se deve resistir, quando uma filosofia abstrata e um puro pensar querem explicar tudo escamoteando o decisivo; deve-se apenas ousar, impavidamente, ser um ser humano, e não se deixar assustar, ou por embaraço, deixar-se enganar para se tornar algo assim como um fantasma. Seria outra coisa se o puro pensar explicasse sua relação para com o ético e para com uma individualidade eticamente existente. Mas é isso o que ele nunca faz; sim, nem mesmo faz menção de querer fazer, pois em tal caso teria então de se envolver com outro tipo de dialética, a dialética grega ou existencial. O endosso[42] da ética é o que todo existente tem o legítimo direito de exigir de tudo o que se chama sabedoria. Se o começo foi feito, se é uma transição imperceptível pela qual alguém, pouco a pouco, esquece de existir para pensar *sub specie aeterni*: então a objeção é de outro tipo. No interior do puro pensar, muitas, muitas objeções podem talvez ser feitas contra o que Hegel produziu[43], mas com isso fica tudo no essencial inalterado. Mas por mais que eu, na qualidade de um humilde leitor que de jeito nenhum pretende ser um juiz, esteja disposto a admirar a Lógica de Hegel, por mais disposto que eu esteja a reconhecer que para mim pode haver muito para aprender quando eu voltar a ela outra vez, eu também devo ser tão orgulhoso, tão obstinado, tão insistente, tão destemido em minha insistência de que a filosofia hegeliana, ao não definir sua relação para com um existente, ao ignorar o ético, confunde a existência. O mais perigoso ceticismo é sempre aquele que menos aparece como tal, [VII 266] mas [a ideia de] que o puro pensar devesse ser a verdade positiva para um existente é ceticismo, porque esta positividade é quimérica. Ser capaz de explicar o passado, toda a história do mundo, é algo

---

40. *aflivede han sig selv*
41. *Umagen*
42. *Paategning*
43. *mod det Hegelske*

magnífico, mas se o máximo para alguém que ainda vive deve ser o poder compreender apenas o que passou, então essa positividade é ceticismo, e um perigoso ceticismo, porque aparece tão enganadora pela enorme massa que a gente compreende. Por isso, o terrível pode acontecer à filosofia de Hegel, que o ataque indireto pode ser o mais perigoso. Que um jovem duvidador[44], mas um questionador[45] existente, com sua adorável e ilimitada confiança juvenil num herói da ciência, console-se com a ideia de achar na positividade hegeliana a verdade, a verdade para a existência: neste caso ele escreverá um terrível[46] epigrama sobre Hegel. Não me entendam mal. Não quero dizer que qualquer jovem seja capaz de triunfar sobre Hegel, longe disso; se um jovem é presunçoso e tolo o bastante para acreditar nisso, então seu ataque não significa nada. Não, o jovem jamais deve pensar em querer atacá-lo; deve, ao contrário, querer submeter-se incondicionalmente a Hegel com um devotamento feminino, mas também, entretanto, com força suficiente para sustentar sua questão – então ele será um satírico sem suspeitar disso. O jovem é um duvidador existente; continuamente suspenso na dúvida, ele tenta agarrar a verdade – para poder existir nela. Ele é negativo, portanto; e a filosofia de Hegel é, sim, positiva – não é de estranhar que ele se sinta confortado nela! Mas eis que, para um existente, o puro pensar é uma quimera, se é que a verdade está aí para que a gente exista nela. Dever existir com a ajuda da orientação do puro pensar é como dever viajar pela Dinamarca com um pequeno mapa de toda a Europa, no qual a Dinamarca não é maior do que uma pena de aço – sim, é até mesmo mais impossível. A admiração do jovem, seu entusiasmo, sua confiança ilimitada em Hegel, são justamente a sátira sobre Hegel. Já se teria entendido isso há muito tempo se o puro pensar não se mantivesse com a ajuda de uma opinião que se impõe às pessoas, de modo que elas não ousam dizer nada mais, a não ser que ele é soberbo, que elas o compreenderam – embora, num certo sentido, seja impossível, dado que ninguém pode ser guiado, por essa filosofia, a compreender a si mesmo, o que é, contudo, uma condição absoluta para todo e qualquer entendimento.

---

44. *tvivlende*: hesitante
45. *Tvivler*
46. *skrækkeligt*

Sócrates disse, com certa ironia, que não sabia com certeza se ele era um ser humano ou alguma outra coisa, mas no confessionário um hegeliano pode dizer com toda solenidade: não sei se sou um ser humano – mas o sistema eu compreendi. [VII 267] Eu já prefiro dizer: eu sei que sou um ser humano e sei que não compreendi o sistema. E tendo então dito isso bem diretamente, quero acrescentar que, se algum dos nossos hegelianos quiser tomar conta de mim e me ajudar na compreensão do sistema, de minha parte não oporei nenhum obstáculo. Esforçar-me-ei por ser tão tolo quanto possível, para, se possível, não ter uma única pressuposição, a não ser minha ignorância, para eu poder aprender tanto mais; e me esforçarei para ser tão indiferente quanto possível diante de qualquer acusação de ignorância científica, só para estar certo de aprender alguma coisa.

O existir, se isso não for compreendido tal como uma assim chamada existência, é algo que não se faz sem paixão. Qualquer pensador grego era por isso também essencialmente um pensador apaixonado. Meditei muitas vezes sobre como se poderia levar alguém à paixão. Pensei então que se eu pudesse montá-lo num cavalo e espantar o cavalo e pô-lo na mais desabalada carreira; ou, ainda melhor, a fim de fazer brotar alguma paixão, se eu pudesse montar um homem que quisesse ir a algum lugar tão rápido quanto possível (e que, portanto, já mostrava alguma paixão) num cavalo que mal conseguisse andar: e, contudo, o existir é assim, quando se deve ter consciência dele. Ou, se se atrelassem juntos num único carro, de um cocheiro que de outra maneira não pudesse chegar à paixão, um Pégaso e um Rocinante[47] e se lhe dissesse: "Toca pra frente" – aí eu acho que daria certo. E assim é o existir, quando se deve ter consciência dele. A eternidade é infinitamente rápida, como aquele corcel alado, a temporalidade é um rocim terminal, e o existente é o cocheiro, se é que a existência não deve ser o que vulgarmente chamam de existência, porque nesse caso o existente não seria um cocheiro, mas sim um camponês bêbado que deita na carroça e dorme e deixa os cavalos por conta deles. É claro que também ele conduz, também ele é cocheiro, e, desse mesmo modo, talvez haja muitos que também existem.

47. *Udgangsøg*

Na medida em que a existência é movimento, vale que há de fato um contínuo[48] que mantém unido o movimento, pois de outro modo não há movimento algum. Tal como o dito de que tudo é verdadeiro significa que nada é verdadeiro, do mesmo modo dizer que tudo está em movimento significa que não há nenhum movimento[49]. [VII 268] O que é imóvel pertence ao movimento como constituinte do movimento[50], tanto no sentido de τέλος [gr.: fim, meta] quanto de μέτρον [gr.: medida, critério]; de outro modo, a afirmação de que tudo está em movimento – se também se deixa de lado o tempo e se diz que tudo está sempre em movimento – é *eo ipso* estagnação[51]. Aristóteles, que de tantas maneiras enfatiza o movimento, diz, por isso, que Deus, ele próprio imóvel, move todas as coisas. Enquanto que agora o puro pensar sem nada mais abole todo movimento, ou, de modo sem sentido, o introduz na Lógica, para o existente a dificuldade está em dar à existência essa continuidade, sem a qual tudo simplesmente desaparece. Uma continuidade abstrata não é continuidade, e o existir do existente impede essencialmente a continuidade, enquanto que a paixão é a continuidade momentânea que, ao mesmo tempo, retém[52] e é impulso para o movimento. Para um existente, o constituinte[53] do movimento é decisão e repetição. O eterno é a continuidade do movimento, mas uma eternidade abstrata está fora do movimento, e uma eternidade concreta no existente é o máximo da paixão. Ou seja, toda paixão idealizante[54] é antecipação do eterno na existência, para que um existente exista[55]; a eternidade da abstração se obtém quando se desconsidera a existência; um existente só pode

---

48. *et Continueerligt*

49. Isso era indubitavelmente o que queria dizer aquele discípulo de Heráclito que afirmou que não se poderia entrar nem uma única vez no mesmo rio. [VII 268] Johannes de Silentio (*Temor e tremor*) fez uma alusão a essa afirmação do discípulo, porém mais como volteio retórico do que como verdade.

50. *Bevægelsens Maal*

51. *Stilstand*: pausa, paralisação.

52. *holder igjen*

53. *Maal*

54. A paixão terrena impede o existir ao transformar a existência no instantâneo [*det Øieblikkelige*].

55. Poesia e arte foram chamadas de uma antecipação do eterno. Se alguém quiser chamá-las assim, deve contudo observar que poesia e arte não se relacionam essencialmente com um existente, dado que a contemplação de poesia e de arte, "alegria pelo belo", é desinteressada, e o observador está contemplativamente distante de si mesmo *qua* existente.

entrar no puro pensar por um começo duvidoso[56], um equívoco[57] que também se vinga tornando insignificante a existência do existente, e seu modo de falar, algo insano, o que é quase o caso da multidão das pessoas em nosso tempo, quando a gente raramente, ou nunca, ouve alguém falar como se estivesse consciente de ser um ser humano individual existente, mas, ao contrário, panteisticamente desmaia quando também *ela* fala sobre milhões e sobre estados e sobre o desenvolvimento histórico-universal. [VII 269] Para um existente, entretanto, a antecipação do eterno pela paixão não é, contudo, a continuidade absoluta, mas a possibilidade da aproximação para a única continuidade verdadeira que pode existir para um existente. Com isso se recorda mais uma vez minha tese de que a subjetividade é a verdade, pois a verdade objetiva, para um existente, é como que a eternidade da abstração.

A abstração é desinteressada, mas o existir é para um existente o seu mais alto interesse. O existente tem, portanto, sempre um τελος, e é sobre esse τελος que fala Aristóteles quando diz (*De anima*, III, 10, 2 [433a, 15-16]) que o νους θεωρητικος [*gr.*: razão teorética] é diferente do νους ϖρακτικος τω τελει [*gr.*:razão prática como fim]. Mas o puro pensar está totalmente em suspenso e não como a abstração, a qual de fato desconsidera a existência, mas ainda conserva uma relação para com ela, enquanto que o puro pensar, em mística suspensão sem nenhuma relação com um existente, no interior de si mesmo explica tudo, mas não se explica a si mesmo; no interior de si mesmo ele explica tudo, com o que a explicação decisiva referente ao que propriamente se pergunta se torna impossível. Assim, quando um existente pergunta então de que modo o puro pensar se relaciona com um existente, de que modo se comportar para se introduzir nele, o puro pensar não responde nada, mas explica a existência no interior de seu puro pensar e, com isso, embaralha tudo, porque àquilo contra o que o puro pensar tem de encalhar, a existência, num sentido volatilizado, se designa um lugar no interior do puro pensar, com o que fica revogada essencialmente qualquer coisa que teria de ser dita no interior dele sobre a existência. Quando, no puro pensar,

---

56. *mislig*
57. *Mislighed*

fala-se de uma unidade imediata de reflexão-em-si-mesma e reflexão-no-outro, e de que essa unidade imediata é superada, então algo deve realmente intervir entre os momentos da unidade imediata. O que é? Sim, é o tempo. Mas o tempo não admite nenhum lugar indicado a ele no interior do puro pensar. O que, então, hão de significar a superação e a transição e a nova unidade? O que quer dizer, em última análise, pensar de tal maneira, que só parece que se pensou porque tudo o que aí se diz está absolutamente revogado? E o que há de significar não reconhecer que se pensa assim, ao invés de trombetear continuamente a verdade positiva desse puro pensar?

Como a existência juntou o pensar e o existir, dado que um existente é um pensante, assim também há dois âmbitos[58]: [VII 270] o da abstração e o da efetividade. Mas o puro pensar é ainda um terceiro *medium* (*lat.*: âmbito), um que foi inventado bem recentemente. Ele começa, tal como se diz, depois da mais exaustiva abstração. Da relação que a abstração ainda tem, continuamente, com aquilo de onde abstraiu, o puro pensar (devo dizer: Por piedade ou por irreflexão?), nada sabe. Nesse puro pensar há repouso para toda dúvida; há a eterna verdade positiva e tudo o mais que se deseje dizer. Quer dizer que o puro pensar é um fantasma. E se a filosofia hegeliana está livre de todos os postulados, então conquistou isso graças a um postulado insano: o começar do puro pensar.

Para o existente, o existir é o seu mais alto interesse, e o seu estar interessado pelo existir é a efetividade. O que é a efetividade, não se pode exprimir na linguagem da abstração. A realidade efetiva é um *inter-esse* [*lat.*: ser – entre] em meio à unidade hipotética, operada pela abstração, de pensar e ser. A abstração lida com a possibilidade e a realidade efetiva, mas sua concepção de realidade efetiva é uma falsa reprodução[59], pois o âmbito[60] não é a realidade efetiva, mas sim a possibilidade. Só pela[61] superação da realidade efetiva a abstração consegue agarrá-la, mas superá-la é, justamente,

---

58. *Medier*
59. *Gjengivelse*
60. [em que ocorre]: *Mediet*
61. *ved*

transformá-la em possibilidade. Tudo o que se diz sobre a efetividade na linguagem da abstração, no interior da abstração, é dito no interior da possibilidade. Com efeito, na linguagem da realidade efetiva toda abstração se relaciona como uma possibilidade à realidade efetiva, não a uma efetividade no interior da abstração e da possibilidade. A realidade efetiva, a existência, é o momento dialético numa trilogia, cujo começo e cuja conclusão não podem estar aí para um existente, que, *qua* existente, está no momento dialético. A abstração conclui unificando[62] a trilogia. Totalmente certo. Mas como é que ela o faz? A abstração é alguma coisa qualquer que faz isso, ou isso não seria o ato daquele que abstrai?[63] Mas o abstraidor é, afinal de contas, um existente e, como um existente, está, portanto, no momento dialético, que não pode mediar, nem concluir unificando, e jamais de modo absoluto enquanto estiver existindo. Quando ele então o faz, nesse caso isso tem de se relacionar à existência, na qual ele próprio se encontra, como uma possibilidade à realidade efetiva. Precisa explicar como o consegue, isto é: como é que ele, enquanto um existente, dá conta disso, ou se deixa de ser um existente, e se [VII 271] um existente, tem o direito de fazê-lo.

No instante mesmo em que começamos a perguntar assim, estamos perguntando eticamente, e fazendo valer a pretensão do ético junto ao existente, que não pode ser a de ter de abstrair da existência, mas, sim, a de ele dever existir, o que é, também, o mais alto interesse do existente.

Como um existente, a última coisa que[64] ele poderia afirmar, absolutamente, seria o estado de superação[65] do momento dialético (da existência); para tanto, exigir-se-ia outro âmbito[66] que não o da existência, a qual é, de fato, justamente o momento dialético. Se um existente chega a saber do estado de superação, pode conhecê-la apenas como uma possibilidade, que não consegue manter-se quando o interesse é posto, motivo pelo qual ele

---

62. *slutter sammen*
63. *Abstraherendes Akt*
64. *mindst af Alt*
65. *Ophaevethed*
66. *Medium*

só pode conhecê-lo desinteressado, o que ele *qua* existente nunca pode ser totalmente, e o que ele, *qua* existente, não tem nenhum direito, visto eticamente, de querer alcançar *approximando*, já que, ao contrário, o ético faz com que o interesse pela existência lhe seja infinito, tão infinito que o princípio da contradição adquire validade absoluta.

Aqui retorna o que já foi previamente mostrado: a abstração não se envolve, de modo algum, com a dificuldade que é a da existência e do existente. Pensar a realidade no âmbito da possibilidade não é a mesma dificuldade de se dever pensá-la no âmbito da existência, em que a existência, como devir, quer impedir o existente de pensar, como se a realidade efetiva não se deixasse pensar, embora o existente seja, a despeito disso, um pensante. No puro pensar, a gente mergulha até as orelhas na profundidade, e, contudo, *mitunter* [*al.*: de vez em quando] temos a impressão de que há alguma distração[67] no todo, porque o puro pensador não tem clareza a respeito do que significa ser um ser humano existente.

Todo e qualquer saber sobre a realidade é possibilidade; a única realidade em relação à qual um existente tem mais do que um [mero] saber é sua realidade própria, [o fato de] que ele está aí; e esta realidade efetiva é seu interesse absoluto. A exigência que a abstração lhe faz é que ele se torne desinteressado, para obter algo para saber; a exigência que o ético lhe faz é que ele seja infinitamente interessado no existir.

A única realidade que há para um existente é sua própria [realidade] ética; sobre todas as outras realidades ele só possui um saber, mas o verdadeiro saber é um transpor para a possibilidade.

A confiabilidade da percepção sensível é uma ilusão. Já o demonstrou de modo suficiente o ceticismo grego, bem como o idealismo moderno. A confiabilidade que o saber a respeito do histórico quer ter é também apenas uma ilusão, ao querer ser a confiabilidade da realidade, já que aquele que sabe não pode saber sobre uma realidade histórica antes de ela ter sido dissolvida na possibilidade. [VII 272] (Mais sobre isso adiante.) A abstração

---

67. *noget Distrait*

é a possibilidade, seja a antecedente ou a subsequente. O puro pensar é um fantasma.

A subjetividade real não é a que [apenas] sabe[68], pois, com o saber, ela está no terreno da possibilidade, mas sim a subjetividade eticamente existente. Um pensador abstrato decerto está aí, mas o fato de ele existir é antes uma espécie de sátira sobre ele. Demonstrar seu estar aí[69] pelo fato de pensar é uma bizarra contradição, pois, na medida em que ele pensa abstratamente, ele abstrai, bem na mesma medida, de seu estar aí. Até aí, seu estar aí[70] certamente se evidencia como uma pressuposição da qual ele quer se desembaraçar, mas a própria abstração, entretanto, decerto vem a ser uma bizarra demonstração de seu estar aí, já que seu estar aí justamente cessaria se ele tivesse pleno êxito. O cartesiano *cogito ergo sum* [*lat.*: penso, logo existo] já foi bastante repetido[71]. Se alguém compreende com o *eu* no *cogito* um ser humano individual, então a proposição é das que nada provam: eu *estou* pensando, *ergo* eu existo, mas se eu *estou* pensando, não é de se admirar, então, que eu exista; afinal de contas, isso já estava dito, e o primeiro, então, diz até mais do que o último. Se alguém, então, compreende pelo *eu* do *cogito*, um ser humano singular existente[72], aí a filosofia grita: tolice, tolice, não se trata aqui de meu *eu* ou teu *eu*, mas do puro *eu*. Mas este puro *eu* não pode, porém, ter outra existência além de uma existência de pensamento[73]; o que quer então que signifique a fórmula conclusiva, ela não conclui, pois, nesses termos, a proposição é uma tautologia.

Quando se diz que o pensador abstrato, longe de demonstrar, por seu pensar, que está aí, antes esclarece que sua abstração não será inteiramente bem-sucedida na demonstração do contrário, quando isso é dito, então, querer concluir, inversamente, sobre essas bases, que um existente, que realmente existe, pura e simplesmente

---

68. *vidende*
69. *Tilvær*
70. *Tilværelse*
71. *gjentaget*
72. *et enkelt existerende Menneske*
73. *end Tanke-Existents*: existência mental, teórica

não pensa, é um arbitrário mal-entendido. É claro que ele pensa, mas pensa tudo ao contrário em relação a si mesmo, infinitamente interessado no existir. É claro que Sócrates era um pensante, mas ele pôs todo outro saber na esfera da indiferença, acentuando infinitamente o saber ético, que se relaciona com o sujeito existente infinitamente interessado na existência.

Concluir do pensar ao ser aí é então uma contradição, pois o pensamento, bem ao contrário, exclui o estar aí do real, e pensa o real superando-o, transpondo-o em possibilidade. (Voltaremos a isso mais à frente.) Em relação a qualquer outra realidade que não seja a do próprio indivíduo, vale que ele só pode saber dela ao pensá-la. [VII 273] Em relação a sua própria realidade, dependeria de seu pensamento conseguir ter pleno êxito no abstrair da realidade efetiva. É o mesmo, de fato, o que quer o pensador abstrato, mas não adianta, ele ainda continua a existir, e essa permanência de sua existência, "essa às vezes triste figura de professor" é um epigrama sobre o pensador abstrato, para nem falar da alegação da ética contra ele.

Na Grécia, contudo, prestava-se atenção ao que significa existir. A ataraxia cética era, por isso, uma tentativa existencial[74] de se abstrair do existir. Em nossos dias, a gente abstrai no papel impresso[75], assim como, no papel impresso, de uma vez por todas, a gente duvida de tudo. Isso, entre outras coisas, deu ensejo a tanta confusão no filosofar moderno, e por isso os filósofos têm tantas afirmações breves sobre tarefas infinitas, e respeitam mutuamente esse dinheiro de papel, embora quase nunca ocorra a alguém experimentar, em existindo, realizar as exigências da tarefa. Desse modo, pode-se facilmente aprontar tudo e ser capaz de começar sem pressuposições. A pressuposição, por exemplo, de duvidar de tudo, requisitaria toda uma vida humana; agora, ao contrário, é feita tão depressa quanto é pronunciada.

---

74. *Existents-Forsøg*
75. *paa Prent*

§ 2
Possibilidade superior à realidade. Realidade superior à possibilidade. A idealidade poética e intelectual; a idealidade ética

Aristóteles observa em sua *Poética* que a poesia é superior à história, porque a história só apresenta o que aconteceu, e a poesia, o que poderia e deveria ter acontecido, isto é, a poesia dispõe da possibilidade. Em relação à realidade efetiva, a possibilidade é, poética e intelectualmente, superior; o estético e o intelectual são desinteressados. Mas há apenas um único interesse, o interesse de existir; o desinteresse é a expressão da indiferença perante a realidade efetiva. A indiferença é esquecida no cartesiano *cogito – ergo sum*, o que desassossega o desinteresse do intelectual[76] e ofende a especulação, [VII 274] como se dela se devesse seguir algo mais. Eu penso, *ergo* penso eu; se sou eu ou se é isto (no sentido da realidade efetiva, em que *eu* significa um ser humano singular existente, e *isto* significa uma determinada coisa singular), é completamente indiferente. Que aquilo que eu penso *seja*, no sentido do pensamento, não precisa de nenhuma demonstração, nem de ser demonstrado por algum silogismo, pois já está, de fato, demonstrado. Tão logo começo a querer fazer com que meu pensamento seja teleológico em relação a uma outra coisa, o interesse entra no jogo. Tão logo lá está, o ético se apresenta junto com ele, e me poupa de incômodos ulteriores com a demonstração de minha existência e, por me obrigar a existir, me impede de fazer o volteio de um silogismo de modo eticamente enganador e metafisicamente obscuro.

* * *

Enquanto em nosso tempo o ético é cada vez mais ignorado, este ignorar teve também a danosa consequência de ter confundido tanto a poesia quanto a especulação, que abandonaram a desinteressada elevação da possibilidade, a fim de tentar agarrar-se à realidade efe-

---

76. *det Intelectuelles*

tiva – em vez de dar a cada um o que é seu, produziu-se uma dupla confusão. A poesia faz uma tentativa após outra para atuar como realidade efetiva, o que é totalmente não poético; a especulação quer sempre de novo alcançar, em sua esfera, a realidade efetiva, assegura que o pensado é o real, que o pensamento não só é capaz de pensar, mas também de dar efetividade, o que é exatamente o contrário; e, ao mesmo tempo, cada vez mais se esquece o que significa existir. O tempo e os seres humanos se tornam cada vez mais irreais; daí aqueles sucedâneos que deveriam compensar o perdido. O ético é cada vez mais abandonado; a vida do indivíduo singular torna-se não apenas poeticamente, mas histórico-universalmente desassossegada, e, com isso, impedida de existir eticamente; então a realidade efetiva deve ser viabilizada por outros meios. Mas essa realidade efetiva mal--entendida é como se uma geração ou os indivíduos numa geração se tivessem tornado prematuramente velhos e agora fossem obrigados a procurar artificialmente pela juventude. Ao invés de o existir eticamente ser a realidade efetiva, nosso tempo se tornou tão preponderantemente contemplativo que não apenas todos estão assim, mas a própria contemplação acabou falsificada, como se fosse realidade efetiva. A gente sorri da vida nos mosteiros, e, contudo, jamais um eremita viveu de maneira tão irreal como se vive hoje em dia, pois um eremita abstraía, decerto, do mundo todo, mas não abstraía de si mesmo; a gente sabe descrever a situação fantástica de um convento num lugar ermo, na solidão dos bosques, nas lonjuras azuis do horizonte, mas sobre a situação fantástica do puro pensar a gente não pensa. [VII 275] E, contudo, a patética irrealidade do ermitão é preferível, de longe, à cômica irrealidade do pensador puro; e o apaixonado esquecimento do ermitão, que lhe retira o mundo inteiro, é preferível, de longe, à cômica distração do pensador histórico-universal que esquece de si mesmo.

* * *

Do ponto de vista ético, a realidade efetiva é superior à possibilidade. O ético quer, justamente, anular o desinteresse da possibilidade, ao fazer do existir o interesse infinito. Por isso, o ético quer impedir toda tentativa de confusão, tal como, por exemplo, que se queira *observar* eticamente o mundo e os seres humanos. Observar eticamente é algo que não se deixa fazer, pois há apenas uma única observação ética – a auto-observação. O ético instantaneamente envolve o indivíduo singular com sua exigência de que este deva existir eticamente; não fanfarroneia sobre milhões e gerações; não toma a humanidade ao azar, tampouco como a polícia prende a humanidade pura. O ético tem a ver com seres humanos individuais e, é bom notar, com cada indivíduo. Se Deus sabe quantos fios de cabelo existem na cabeça de um homem, então o ético sabe quantos seres humanos existem, e o recenseamento ético não se faz no interesse de uma soma total, mas no interesse de cada indivíduo. O ético se exige de cada indivíduo e, quando julga, julga a respeito de cada indivíduo; só um tirano e um homem impotente se satisfazem em dizimar. O ético agarra o indivíduo singular e exige dele que se abstenha de todo observar, especialmente do mundo e dos homens; pois o ético, como o que é interior, não se deixa de jeito nenhum observar por alguém que fique de fora, ele só se deixa realizar pelo sujeito individual, que é então consciente do que reside dentro dele, a única realidade efetiva que não se torna uma possibilidade ao ser conhecida, e que não pode ser conhecida ao ser apenas pensada, já que é sua própria realidade efetiva, que ele conhecia como realidade pensada, isto é, como possibilidade, antes de ela tornar-se realidade efetiva; enquanto que, em relação à realidade efetiva de um outro, ele nada sabia antes de tê-la pensado, ao vir a conhecê-la, isto é, ao tê-la transformado em possibilidade.

* * *

Em relação a toda realidade efetiva fora de mim, vigora que só pensando posso alcançá-la. [VII 276] Se tivesse realmente que alcançá-la, eu teria que ser capaz de me transformar no outro, no agente, de transformar a realidade efetiva alheia a mim em minha própria realidade pessoal, o que é uma impossibilidade. Se transformo a realidade alheia a mim em minha própria realidade, isso não significa que, por estar consciente desta realidade, torno-me o outro, mas significa, antes, uma nova efetividade que pertence a mim como diferente dele.

* * *

Quando penso em algo que quero fazer, mas ainda não fiz, então isso que é pensado, por mais preciso que seja, por mais que possa ser chamado de uma *realidade pensada*, é uma possibilidade. De modo inverso, quando penso em algo que um outro fez, quando penso, portanto, numa realidade efetiva, então retiro da realidade esta realidade dada e a transponho para uma possibilidade, pois uma *realidade pensada* é uma possibilidade, e superior à realidade, com referência ao pensamento, mas não com referência à realidade. – Isso também indica que, eticamente, não há qualquer relação direta entre sujeito e sujeito. Quando compreendi um outro sujeito, a realidade dele é para mim uma possibilidade, e essa realidade pensada relaciona-se comigo *qua* possibilidade, tal como meu próprio pensar sobre algo que ainda não fiz se relaciona com o fazê-lo.

* * *

Frater Taciturnus (*Estádios no caminho da vida*, p. 341) diz: Aquele que, em relação a uma mesma coisa, não alcança a conclusão tão bem *ab posse ad esse* [*lat.*: do poder-ser ao ser], quanto *ab esse ad posse* [*lat.*: do ser ao poder-ser], não alcança a idealidade, ou seja, não a compreende, não a pensa (trata-se, com efeito, de compreender uma realidade alheia). Se, com efeito, aquele que pensa, com o dissolvente *posse* (uma realidade pensada é uma possibilidade) topa com um *esse* que não pode dissolver, então tem de dizer: isso eu não sou capaz de pensar. Ele suspende[77], portanto, o pensamento; se ele deve relacionar-se ou, antes, se, apesar de tudo, quer se relacionar com essa realidade efetiva como realidade efetiva, não se relaciona com ela pensando, mas sim paradoxalmente. (Convém que

---

77. *suspenderer*

se recorde, a partir do que já foi visto, a definição de fé [no sentido socrático, *sensu laxiori* (*lat.*: em sentido mais amplo), [VII 277] não *sensu strictissimo* (*lat.*: em sentido mais estrito)]): *a incerteza objetiva*, porque, de fato, o "posse" dissolvente topou com um "esse" resistente, *sustentada numa interioridade apaixonada.*

* * *

Com referência ao estético e ao intelectual, perguntar: se isso ou aquilo é, de fato, real, se isso aconteceu mesmo realmente, é um mal-entendido que não alcança a idealidade estética e intelectual como possibilidade, e esquece que estética e intelectualmente determinar desse modo a relação de nível é o mesmo que admitir a sensação como superior ao pensamento. – Eticamente a questão é correta, quando se pergunta se isso é real, porém, é bom notar, de tal modo que o sujeito individual se pergunte, a si mesmo, eticamente, sobre sua própria realidade efetiva. A realidade ética de outro ser humano, por sua vez, só pode ser concebida por ele pelo pensar[78], isto é, enquanto possibilidade.

* * *

A Escritura ensina: "Não julgueis, para não serdes julgados". Isso está expresso como uma exortação e advertência, mas é também uma impossibilidade. Este homem não pode julgar eticamente aquele outro, porque este só pode compreender aquele outro enquanto possibilidade. Quando alguém então se mete a querer julgar um outro, isso é a expressão de sua impotência, de que ele apenas julga a si mesmo.

* * *

---

78. *ved at tænke den*

Em *Estádios no caminho da vida* (p. 342), está dito: "Pois é sinal de espírito perguntar sobre duas coisas: 1) O que aí é dito, é possível? 2) Sou capaz de fazê-lo? Mas é falta de espírito[79] perguntar sobre duas coisas: 1) Isso é real? 2) Meu vizinho Christophersen o fez; ele realmente o fez?" Com isso, a questão da efetividade é acentuada eticamente. Estética e intelectualmente, é tolice perguntar-se sobre a realidade disso; eticamente, é tolice perguntar-se sobre sua realidade na perspectivada observação; mas, ao perguntar, eticamente, a respeito, referindo-me à minha própria realidade efetiva, pergunto sobre sua possibilidade, [VII 278] só que esta possibilidade não é estética e intelectualmente desinteressada, mas é uma realidade pensada que se relaciona com a minha própria realidade, a saber, que eu seja capaz de realizá-la.

* * *

O *como* da verdade é justamente a verdade. Portanto, é inverdade responder a uma questão num âmbito[80] no qual a questão não pode apresentar-se. Por exemplo, explicar a realidade no interior da possibilidade, no interior da possibilidade distinguir entre possibilidade e realidade. Ao não se perguntar estética e intelectualmente sobre a realidade, mas perguntar apenas eticamente sobre a realidade, e eticamente, por sua vez, referindo-se à sua própria realidade, cada indivíduo é eticamente isolado por si. Ironia e hipocrisia, como antíteses (mas enquanto ambas expressam a contradição de que o exterior não é o interior (hipocrisia aparentando ser boa, ironia aparentando ser má), enfatizam, no que se refere à questão da observação da interioridade ética, que realidade e engano são igualmente possíveis, que o engano pode alcançar tão longe quanto a realidade. Só o próprio indivíduo pode saber qual é qual. Perguntar sobre esta interioridade ética num outro indivíduo já não é ético, visto que isso constitui uma diversão. Mas se a pergunta é feita de qualquer modo, então a dificuldade está em que só posso alcançar a realidade do outro ao pensá-la, ou seja, ao traduzi-la para a possibilidade, onde a

---

79. *aandeløst*: falto (carente) de espírito
80. *Medium*

possibilidade da ilusão é igualmente pensável. – Eis um proveitoso aprendizado preliminar para existir eticamente: aprender que cada ser humano individual está só.

* * *

Perguntar estética e intelectualmente sobre a realidade efetiva é um mal-entendido; perguntar eticamente sobre a realidade de uma outra pessoa é um mal-entendido, dado que só se deve perguntar a respeito da sua própria. Aqui se mostra a diferença entre a fé (*sensu strictissimo*, que se refere a algo histórico) e o estético, o intelectual, o ético. Infinitamente interessado, perguntar sobre uma realidade que não é a sua própria, é querer crer, e expressa a relação paradoxal para com o paradoxo. Esteticamente, não é possível perguntar desse modo, a não ser na falta de reflexão[81], dado que, esteticamente, a possibilidade é superior à realidade; nem intelectualmente, dado que, intelectualmente, a possibilidade é superior à realidade; eticamente, de jeito nenhum, porque, eticamente, o indivíduo está só e unicamente interessado de modo infinito em sua própria realidade efetiva. – A analogia entre a fé e o ético consiste no estar infinitamente interessado, [VII 279] pelo qual o crente é absolutamente diferente de um esteta e de um pensador, mas, por outro lado, é diferente de um [sujeito] ético[82] por estar infinitamente interessado pela realidade de um outro (p. ex., que o deus tenha efetivamente existido).

* * *

Estética e intelectualmente vale que uma realidade só é compreendida e pensada quando o seu *esse* [*lat.*: ser real] é dissolvido em seu *posse* [*lat.*: poder-ser]. Eticamente vale que a possibilidade só é compreendida quando cada *posse* é realmente um *esse*; quando o estético e o intelectual examinam, protestam contra todo *esse* que

---

81. *i Tankeløshed*
82. *en Ethiker*

não seja um *posse*; quando o ético examina, condena todo *posse* que não seja um *esse*, um *posse*, a saber, no próprio indivíduo, pois o ético não tem a ver com outros indivíduos. – Em nossos dias, tudo se mistura; responde-se ao estético eticamente, à fé intelectualmente etc. Já se aprontou tudo e, contudo, se está longe de atentar em qual esfera cada questão encontra sua resposta. No mundo do espírito isso produz uma confusão ainda maior do que se no mundo civil a resposta a um problema eclesiástico fosse dada pela Comissão de Pavimentação de Ruas.

* * *

É a realidade efetiva, então, a exterioridade? De jeito nenhum. Estética e intelectualmente, com toda correção se enfatiza que o exterior só é ilusão para aquele que não capta a idealidade. Frater Taciturnus diz (p. 341): "O saber do histórico só ajuda a cair na ilusão a quem está encantado pelo material[83]. O que é que eu sei historicamente? O material. A idealidade eu sei por mim mesmo, e se não a conheço por mim mesmo, então não sei dela de jeito nenhum, e todo saber histórico não adianta nada. A idealidade não é um bem móvel que possa ser transportado de um para outro, ou algo dado de lambuja quando se faz uma compra grande. Se eu sei que César foi grande, então sei o que é grandeza, e é para isso que eu olho, senão, não sei que César foi grande. A narrativa da história, que homens confiáveis nos assegurem que não há nenhum risco envolvido na aceitação dessa opinião, dado que deve ser óbvio que ele era um grande homem, que os resultados o demonstram, tudo isso não adianta nada. Acreditar na idealidade pelas palavras de um outro é como rir de uma piada não por tê-la entendido, [VII 280] mas porque alguém disse que era engraçada. Nesse caso, a piada pode realmente ser omitida para aquele que ri em virtude da crença e do respeito; ele consegue rir com a mesma ênfase". – O que é, então, a realidade efetiva? É a idealidade. Mas estética e intelectualmente, a idealidade é a possibilidade (a recondução *ab esse ad posse* [*lat.*: do ser ao

---

83. *Stofartige*

poder-ser]). Eticamente a idealidade é a efetividade no próprio indivíduo. A realidade efetiva é a interioridade infinitamente interessada no existir, o que o indivíduo ético é para si mesmo.

* * *

Quando eu compreendo um pensador, então, exatamente no mesmo grau em que o compreendo, a sua realidade efetiva (que ele existe como um homem individual, que ele próprio *efetivamente* compreendeu isso de tal modo etc., ou que ele próprio *efetivamente* o realizou[84] etc.) é completamente indiferente. Neste ponto a Filosofia e a Estética estão corretas, e o importante é justamente afirmá-lo de modo correto. Mas, nesse ponto, ainda não há a justificação do puro pensar como um *medium* de comunicação. Com efeito, porque a sua realidade efetiva é indiferente para mim (que a estou aprendendo) e, inversamente, a minha para ele, daí não se segue, de jeito nenhum, que ele mesmo ouse ser indiferente para com sua própria realidade efetiva. Sua comunicação tem de estar impregnada dessa, claro que não de modo direto, pois ela não pode ser comunicada diretamente de homem a homem (dado que uma relação desse tipo é a relação paradoxal do crente para com o objeto da fé), e não se deixa entender diretamente, mas tem de ser de modo indireto para se entender de modo indireto[85].

Quando as esferas particulares não são mantidas decisivamente separadas umas das outras, tudo se confunde. Assim, se alguém é curioso no que se relaciona à realidade efetiva de um pensador, e acha interessante saber algo a respeito etc., então é intelectualmente censurável, porque na esfera da intelectualidade o máximo está justamente em que a realidade do pensador seja de todo indiferente. Mas, ao ser assim disparatado[86] na esfera da intelectualidade, obtém-se uma perturbadora semelhança com um crente. Um crente está justamente interessado ao infinito na realidade efetiva de uma outra pessoa.

---

84. *virkelig har realiseret det*
85. *indirecte være til at forstaae indirecte*
86. *vrøvlevorn*: alguém que fala muito e cansa os outros com tolices [N.T.].

Essa é o decisivo, para a fé, e este estar interessado não é, nem um pouco, bisbilhotice, mas sim a dependência absoluta do objeto da fé.

O objeto da fé é a realidade efetiva de uma outra pessoa; sua relação é um estar infinitamente interessado. O objeto da fé não é uma doutrina, pois assim a relação seria intelectual, e nesse caso o importante seria não fazer as coisas de qualquer jeito e às pressas[87], mas sim alcançar o máximo da relação intelectual. [VII 281] O objeto da fé não é um professor[88] que tem uma doutrina[89], pois, quando um professor tem uma doutrina, então a doutrina é *eo ipso* mais importante do que o professor, e a relação é intelectual, onde o importante é não fazer as coisas de qualquer jeito, mas sim alcançar o máximo da relação intelectual. Mas o objeto da fé é a realidade efetiva do mestre[90], que o mestre efetivamente existe. Por isso, a resposta da fé é, em termos absolutos, ou sim ou não. Pois a resposta da fé não se dá em relação a uma doutrina, se ela seria verdadeira ou não; não em relação a um professor, se sua doutrina seria verdadeira ou não; mas é a resposta à questão sobre um fato[91]: Tu admites que ele realmente tenha existido? E convém notar: a resposta é dada com uma paixão infinita. Com efeito, em relação a um ser humano, não faz sentido dar um peso tão infinitamente grande ao fato de ele ter ou não existido. Por isso, se o objeto da fé é um ser humano, toda essa coisa é uma bobagem de um homem tolo que não atingiu nem mesmo o estético e o intelectual. O objeto da fé é, por isso, a realidade efetiva do deus no sentido de existência[92]. Existir significa, porém, em primeiríssimo lugar, ser um indivíduo particular[93], e é por isso que o pensamento deve abstrair da existência, pois o [fator] individual[94] não se deixa pensar, mas só o [fator] universal[95]. O objeto da fé, então, é a realidade efetiva do deus na existência, isto é, como um

---

87. *ikke at fuske*
88. *Lærer*
89. *Lære*
90. *Lærer*
91. *Faktum*
92. *i Betydning af Existents*
93. *en Enkelte*
94. *det Enkelte*: a individualidade
95. *det Almene*: a universalidade

indivíduo particular, isto é, que o deus tenha existido como um ser humano individual.

O cristianismo não é nenhuma doutrina sobre a unidade do divino com o humano, sobre sujeito-objeto, para nem mencionar as demais transcrições lógicas do cristianismo. Com efeito, se o cristianismo fosse uma doutrina, então a relação para com ele não seria a da fé, pois, para com uma doutrina, só existe relação intelectual. O cristianismo, portanto, não é uma doutrina, mas o fato de que o deus tenha existido.

Fé, então, não é uma lição [de casa] para iniciantes na esfera da intelectualidade, um asilo para cabeças fracas. Mas fé é uma esfera por si, e todo mal-entendido sobre o cristianismo pode logo ser reconhecido por transformá-lo numa doutrina e introduzi-lo no âmbito da intelectualidade. O que vale como o máximo na esfera da intelectualidade, manter-se completamente indiferente frente à realidade efetiva do professor, vale exatamente ao contrário na esfera da fé – o máximo dela é o estar *quam maxime* [*lat.*: no maior grau possível] infinitamente interessado pela realidade efetiva do mestre.

* * *

[VII 282] A realidade ética própria do indivíduo é a única realidade. – Que isso surpreenda a muitos não me surpreende. A mim me surpreende que alguém esteja pronto com o sistema e com os sistemas, sem se perguntar a respeito do ético. Oxalá apenas se reintroduzisse o diálogo, em estilo grego, para testar o que a gente sabe e o que a gente não sabe – então logo toda a artificialidade e não naturalidade, toda a ingenuidade exagerada, seriam assopradas para longe. Não sou da opinião, de modo algum, de que Hegel deveria entabular um diálogo com algum criado, e de que algo ficaria provado se ele não fosse compreendido por este, muito embora permaneça sempre como um belo elogio a Sócrates o dito simples de Diógenes de que Sócrates filosofava nas oficinas e na praça do mercado. Não é isso, contudo, o que quero dizer[96], e minha proposta

---

96. *min Mening*

a última coisa que quer ser é um atentado lazarônico à ciência. Mas que um filósofo hegeliano, ou o próprio Hegel, venha a dialogar com uma pessoa madura, que é dialeticamente experiente por ter existido: já de início, prontamente, tudo o que é afetado ou quimérico será evitado. Quando alguém escreve ou dita sem parar parágrafos de uma obra, num fluxo contínuo, com a promessa de que na conclusão tudo se tornará claro, fica sempre mais difícil descobrir onde reside o início da confusão, e adquirir um ponto de partida firme. Com o auxílio do "Tudo se esclarecerá na conclusão", e provisionalmente com o auxílio da categoria do "Este não é o lugar para ir mais longe nessa questão", da pedra fundamental do sistema, uma categoria frequentemente usada de modo tão ridículo quanto se, sob a rubrica "Erros de impressão", alguém citasse um único deles e então acrescentasse: "Encontram-se, por certo, vários erros no livro, mas aqui não é o lugar para avançar mais nessa questão". – Com o auxílio dessas duas determinações, a gente é sempre feito de bobo, pois uma delas engana definitivamente, a outra provisoriamente. Na situação do diálogo, tudo o que há de fantástico com o puro pensar não causaria simplesmente nenhuma impressão. – Em vez de dar razão ao idealismo – mas, é bom notar, de tal modo que se descartasse toda a questão da realidade efetiva (de um *an sich* [*al.:* em si] que se subtrai) em relação ao pensamento, como sendo uma tentação, que, como toda outra tentação, é impossível de anular cedendo-se a ela; em vez de estancar o desvio de Kant, que colocava a realidade efetiva em relação com o pensamento, ao invés de relacionar a realidade efetiva ao ético, Hegel certamente foi mais longe, pois se tornou fantástico [VII 283] e venceu o ceticismo do idealismo com o auxílio do puro pensar, que é uma hipótese e, quando ela não se reconhece como tal, é fantástica; e deste triunfo do puro pensar (que, nele, pensar e ser são o mesmo) tanto dá para rir quanto para chorar, pois no puro pensar não se pode, absolutamente, perguntar efetivamente sobre a diferença. – Que o pensamento tem realidade[97], isso a filosofia grega assumiu sem mais. Ao refletir sobre aquela, ter-se-ia de chegar ao mesmo resultado, mas por que se confundia a realidade pensada[98]

---

97. *Realitet*
98. *Tanke-Realitet*

com efetividade?[99] Realidade pensada é possibilidade, e o pensamento tem de rejeitar pura e simplesmente qualquer outra questão sobre ele ser ou não real/efetivo.

* * *

Já na relação de Hegel com Kant mostra-se o equívoco[100] do "método". Um ceticismo que embarga[101] o próprio pensamento não pode ser detido ao ser pensado até o fim[102], pois isso deve, afinal, ocorrer graças ao pensamento, que está do lado do rebelde. Ele tem de ser rompido. Contestar Kant permanecendo dentro do fantástico *Schattenspiel* [al.: jogo de sombras] do puro pensar é, justamente, não contestá-lo. – O único *na sich* que não se deixa pensar é o existir, com o qual o pensamento não tem pura e simplesmente nada a ver. Mas como deveria ser possível ao puro pensar ser capaz de superar essa dificuldade, dado que, como puro pensar, é abstrato? Mas do que o puro pensar abstrai? Abstrai da existência, ou seja, daquilo que ele deveria explicar.

* * *

Se o existir não se deixa pensar e, contudo, o existente é pensante, o que isso quer dizer? Quer dizer que ele pensa por momentos; pensa antes e torna a pensar depois. A continuidade absoluta, seu pensamento não consegue alcançar. Apenas de modo fantástico pode um existente estar sempre *sub specie aeterni* [lat.: sob a forma da eternidade].

* * *

---

99. *Virkelighed*
100. *Mislighed*: o aspecto duvidoso/falho
101. *lægger Beslag paa*
102. *ved at gjenemtænkes*

Pensar é o mesmo que criar, dar existência? Sei muito bem o que se objetou contra um ataque tolo à tese filosófica da identidade de pensar e ser, e estou pronto a admitir a retidão da objeção. [VII 284] Objetou-se então corretamente que a unidade de pensar e ser não poderia ser compreendida, em relação a existências imperfeitas, de tal modo, como se, por exemplo, ao pensar uma rosa eu pudesse produzi-la. (No mesmo sentido, também se mostrou, com algum menosprezo pelos defensores do princípio da contradição, que este aparece mais fortemente nas existências mais baixas, na relação do entendimento entre finitudes: à frente e atrás, direito e esquerdo, acima e abaixo etc.) Mas então para as existências mais perfeitas, será verdade que pensar e ser são um só? Com relação às ideias, por exemplo? Sim, Hegel está correto; e, no entanto, não avançamos nem mais um passo. O bom, o belo, as ideias, são, em si, tão abstratos que eles são indiferentes frente à existência, e indiferentes frente a tudo o que não seja existência pensada[103]. A razão pela qual a identidade de pensar e ser se mantém aqui verdadeira é porque com [o termo] *ser* nada de diferente do pensar pode ser compreendido. Mas assim então a resposta é uma resposta a algo sobre o qual, lá onde reside a resposta, não se pode perguntar. E agora, porém, um ser humano individual existente não é decerto uma ideia; por certo sua existência é algo diferente da existência pensada da ideia? Existir (no sentido de ser este ser humano individual) é decerto uma imperfeição, comparado com a vida eterna da ideia, mas uma perfeição em relação a pura e simplesmente não ser. Um estado intermediário desse tipo, mais ou menos, é o existir, algo que convém a um ser intermediário como o é um ser humano. Como se dá, então, a pretensa identidade de pensar e ser em relação à espécie de existência como é a de um ser humano individual existente? Sou eu o bem, porque eu o penso, ou sou bom porque penso no bem? De modo nenhum. Existo porque eu penso nisso? Os próprios defensores da tese filosófica da identidade de pensar e ser disseram que isso não valia em relação a existências imperfeitas; mas o existir como um ser humano individual é isso, então, uma perfeita existência na ideia?[104] E é sobre isso, afinal de contas, que se pergunta. Aqui vale decerto bem o contrário, que

---

103. *mod anden end Tanke-Existents*
104. *Idee-Existents*

porque eu existo e sou pensante, por isso mesmo é que eu penso que existo. Aqui a existência cinde a identidade ideal[105] de pensar e ser; tenho de existir para poder pensar, e tenho de poder pensar (o bem, p. ex.) para existir nisso. O existir como este ser humano individual não é uma existência tão imperfeita como, por exemplo, ser uma rosa. [VII 285] É por isso também que nós, seres humanos, dizemos que, por mais infeliz que alguém seja, existir é, contudo, sempre um bem; e eu me recordo de um melancólico que, uma vez, em meio ao seu sofrimento, quando já desejava a morte, à visão de um cesto de batatas chegou a se perguntar sobre se afinal de contas ele não tinha mais alegria por existir do que uma batata. Mas ser um homem individual não é, de jeito nenhum, uma pura existência na ideia. Deste modo só existe o ser humano puro, isto é, não existe. Existência é sempre o individual[106]; o abstrato[107] não *existe*. Concluir, a partir daí, que o abstrato não tem realidade[108] é um mal-entendido, mas é também um mal-entendido confundir a discussão perguntando pela existência dele ou pela sua realidade no sentido de existência. Se, então, um existente pergunta pela relação entre o pensar e o ser, entre pensar e existir[109], e a filosofia explica que essa relação é a de identidade, aí ela não responde a questão, porque não responde ao questionador. A filosofia explica: pensar e ser é uma única coisa, porém não em relação àquilo que simplesmente por estar aí já é o que é, por exemplo, uma rosa, que não tem absolutamente nenhuma ideia em si; portanto, não em relação àquilo em que se vê mais claramente o que significa existir[110] como oposto ao pensar; mas pensar e ser são um só em relação àquilo cuja existência é, essencialmente, indiferente, pois é tão abstrato que só possui existência no pensamento[111]. Mas assim se omite uma resposta ao que propriamente se perguntava: o existir como um ser humano individual. Isso não significa, com efeito, ser no mesmo sentido em que a batata é, mas tampouco no sentido em que a ideia é. A existência humana tem

---

105. *ideelle*
106. *det Enkelte*
107. *det Abstrakte*
108. *Realitet*
109. *existere*
110. *existere*
111. *Tanke-Existents*: existência teórica, em teoria

ideia em si, mas, no entanto, não é uma existência na ideia. Platão deu à ideia o segundo lugar como a conexão entre Deus e a matéria, e, como existente, o ser humano deve de fato participar da ideia, mas ele próprio não é a ideia. – Na Grécia, tal como em toda a juventude da filosofia, a dificuldade era conquistar o abstrato, abandonar a existência que continuamente fornece o individual; agora, o difícil é o contrário: alcançar a existência. Com a abstração as coisas são bem fáceis, mas a gente se distancia sempre mais da existência, e o puro pensar é aquilo que está mais distante da existência. – O filosofar era, na Grécia, uma ação; aquele que filosofava[112] era, portanto, um existente[113], ele conhecia apenas um pouco, mas o conhecia com proveito, porque ocupava-se da mesma coisa da manhã à noite. O que é, hoje em dia, o filosofar, e o que é que um filósofo hoje em dia sabe bem, a rigor? [VII 286] Pois que ele saiba tudo eu não nego. – A tese filosófica da identidade entre pensar e ser é exatamente o oposto do que parece ser; ela é a expressão de que o pensamento abandonou completamente a existência, que ele emigrou e encontrou um sexto continente onde é absolutamente autossuficiente na identidade absoluta entre pensar e ser. Abstratamente o existir torna-se, por fim, num sentido metafísico volatilizado, o mal; abstratamente se torna, num sentido humorístico, um caso muito *langweilig* [al.: tedioso], uma ridícula perda de tempo. Contudo, aqui ainda há uma possibilidade para o ético de opor resistência[114], já que o ético acentua o existir, e a abstração e o humor ainda têm alguma relação com o existir. O puro pensar, pelo contrário, recobrou-se de sua vitória e nada, nada tem a ver com a existência.

* * *

Se acaso o [ato de] pensar pudesse dar realidade efetiva[115], no significado de efetividade, e não [só] realidade pensada[116], no signi-

---

112. *den Philosopherende*
113. *en Existerende*
114. *At holde igjen*: frear, resistir
115. *Virkelighed*
116. *Tanke-Realitet*

ficado de possibilidade[117]: então o [ato de] pensar teria de ser capaz de tomar [de volta] o existir[118], retirar ao existente a única realidade efetiva com a qual este se relaciona como realidade efetiva, a sua própria (com a de um outro ele se relaciona, como já foi mostrado, apenas pensando); isto é, ele teria de ser capaz de, no sentido da realidade efetiva[119], pensar-se excluindo-se[120], de modo que efetivamente cessasse de existir[121]. Mas eu gostaria de saber se alguém admitirá isso que, por sua vez, revelará tanta superstição no puro pensar quanto a réplica de um maluco, citada por um poeta[122]: de que ele irá descer do *Dovrefjeld*[123] e explodir o mundo inteiro com um único silogismo. – A gente pode ser distraído, ou pode tornar-se distraído pela frequentação repetida do puro pensar, mas isso não dá completamente certo, ou antes, é um completo insucesso e, com a ajuda da "às vezes triste figura de professor", a gente se torna o que os judeus muito temiam: um provérbio. – Eu posso abstrair de mim mesmo, mas que eu abstraia de mim mesmo significa, afinal de contas, precisamente, que eu ao mesmo tempo estou aí.

* * *

[VII 287] Deus não pensa, Ele cria; Deus não existe[124], Ele é eterno. Um ser humano pensa e existe, e a existência[125] separa pensar e ser, mantém-nos apartados um do outro em sucessão.

* * *

---

117. *Mulighedens Betydning*
118. *tage Tilvær*
119. *Virkelighedens Forstand*
120. *tænke sig bort*: pensar abstraindo de si
121. *være til*
122. Steen Steensen Blicher (1782-1848) [N.T.].
123. na Noruega [N.T.]
124. *existerer*
125. *Existents*

O que é pensamento abstrato? É o pensar onde não há nenhum [sujeito] pensante. Ele abstrai de tudo o que seja diferente do pensar, e só o pensamento está em seu próprio *medium*. A existência não é desprovida de pensamento, mas na existência o pensamento está num *medium* estranho. O que significa, então, na linguagem do pensamento abstrato, perguntar sobre a realidade efetiva no significado de existência, dado que a abstração justamente abstrai[126] disso? – O que é o pensamento concreto? É aquele pensar onde há um [sujeito] pensante e um determinado algo (no significado de particular) que está sendo pensado, onde a existência dá ao pensador existente pensamento, tempo e espaço.

* * *

Se Hegel tivesse publicado sua *Lógica* sob o título de "O puro pensar", publicado sem nome de autor, sem data, sem prefácio, sem notas, sem autocontradição docente[127], sem explicação perturbadora sobre o que só poderia se explicar a si mesmo, se a tivesse publicado como um correlato[128] aos sons naturais no Ceilão: os movimentos próprios do puro pensar – isso teria sido um tratamento à grega. Assim um grego a teria realizado, caso lhe tivesse ocorrido a ideia. A arte está na reduplicação do conteúdo na forma, e é especialmente importante abster-se de todas as expressões sobre o mesmo numa forma inadequada. Agora a *Lógica*, com todas as suas notas, dá uma impressão tão engraçada como se um homem quisesse exibir uma carta celestial, e então até deixasse o papel do mata-borrão junto com ela, o que bem claramente indicaria que a carta vinda do céu tinha se originado na terra. – Numa tal obra, polemizar nas notas contra este ou aquele autor citado nominalmente, comunicar pistas orientadoras, o que isso quer dizer? Quer dizer trair que há um [sujeito] pensante que pensa o puro pensar, um pensante que mistura sua voz com "os movimentos próprios do pensamento" e, por certo, até discursa

---

126. *seer bort*: prescinde, desvia o olhar disso
127. *docerende*: professoral
128. *Sidestykke*

para um outro pensante [VII 288] com o qual, portanto, quer se envolver. Porém, se há um pensante que pensa o puro pensar, então, nesse mesmo momento, toda a dialética grega, mais a polícia de segurança da dialética existencial, apodera-se de sua pessoa e o agarra pela aba do casaco, mas não na qualidade de adepto, e sim para aprender como é que ele consegue relacionar-se com o puro pensar, e no mesmo instante o encantamento desaparece. Que se experimente apenas trazer Sócrates à cena; com a ajuda das Anotações ele prontamente se atraca com Hegel, e, não acostumado a se deixar afastar com a garantia de que tudo se esclarecerá na conclusão, ele, que não permitia discursar continuamente por cinco minutos, para nem mencionar então uma exposição concatenada em dezessete volumes, puxaria os freios com todas as forças – só para implicar com Hegel.

* * *

O que significa dizer que o ser é superior ao pensar? Se este enunciado é algo que deve ser pensado, então de fato pensar é *eo ipso* novamente superior a ser. Se isso se deixa pensar, então o pensamento é superior; se não se deixa pensar, então nenhum sistema da existência[129] é possível. Não adianta absolutamente nada ser cortês nem ser grosseiro com o ser, nem deixar que ele seja algo superior – o que, porém, se segue do pensamento e se alcança silogisticamente –, nem algo de tão humilde que siga ao pensamento sem mais nada. Quando, assim, foi dito: Deus tem de possuir todas as perfeições, ou a mais alta Essência tem de possuir todas as perfeições; ser é também uma perfeição; *ergo*, a mais alta das essências tem de ser, ou Deus tem de ser: deste modo o movimento todo é ilusório[130]. Ou seja, se acaso na primeira parte desse discurso Deus não for realmente pensado como ente[131], então o discurso não po-

---

129. *Tilværelsens System*

130. Hegel, contudo, não fala assim; graças à identidade de pensar e ser ele está elevado acima de uma maneira mais infantil de filosofar, algo que ele mesmo relembra, p. ex., em relação ao próprio Cartesius.

131. *Værende*: Essente

derá realizar-se. Soará então mais ou menos assim: Uma essência suprema que, convém notar, não existe[132], tem de possuir todas as perfeições, e entre elas também aquela de ser aí; *ergo*, é uma essência suprema, que não está aí, o que aí está. Essa seria uma estranha conclusão. [VII 289] A Essência suprema precisa não estar aí no início do discurso, para advir na conclusão, e desta maneira não poderá advir; ou ela já estaria ali, e, assim, de fato, não poderia advir, de modo que a conclusão seria uma forma enganadora de desenvolver um predicado, uma paráfrase enganadora de uma pressuposição. No outro caso, a conclusão tem de ser sustentada de modo puramente hipotético: caso se assuma haver[133] uma Essência suprema, há que se assumir também que possua todas as perfeições; ser é uma perfeição, *ergo*, esta Essência tem de ser – ou seja, caso se assuma que esta [já] seja. Ao concluir no interior de uma hipótese, não se pode por certo jamais concluir saindo para fora da hipótese. Por exemplo, se acaso este ou aquele é um hipócrita, comportar-se-á como um hipócrita, um hipócrita fará isso e aquilo; *ergo*, esta ou aquela pessoa fez isso e aquilo. O mesmo se dá com a conclusão a respeito de Deus. Quando a conclusão estiver pronta, o ser de Deus será tão hipotético quanto o era, mas em seu interior haverá uma avançada relação de conclusão entre uma Essência suprema e ser[134] como perfeição, do mesmo modo como, no outro caso, entre ser hipócrita e uma de suas expressões particulares. A confusão é a mesma de quando se explica a realidade efetiva no puro pensar. A seção [o parágrafo] intitula-se *Realidade efetiva*; explicou-se a realidade efetiva, mas esqueceu-se de que tudo se passa no interior da possibilidade do puro pensar. Se acaso um homem abrisse um parêntese, mas esse se tornasse tão longo que ele próprio o esquecesse, de nada adiantaria: tão logo se leia em voz alta, não terá sentido, sem mais nem menos, fazer da oração parentética a oração principal.

---

132. *ikke er til*: não está aí
133. *antages at være*
134. *at være*: (verbo) o ato de ser

* * *

Quando o pensamento se volve para si mesmo a fim de pensar sobre si mesmo, aí aparece, como se sabe, um ceticismo. Como se detém esse ceticismo, que tem sua razão de ser no fato de que o pensamento quer egoisticamente pensar-se a si mesmo, em vez de, servindo, pensar alguma coisa? Quando um cavalo dispara a todo galope até lhe doerem as patas, poder-se-ia aceitar (abstraindo do dano que poderia ocorrer nesse meio-tempo) que alguém dissesse: É só deixá-lo correr; por certo se cansará. Com referência à autorreflexão do pensamento, isso não pode ser dito, pois ele poderia continuar o quanto fosse preciso, e ficar dando voltas. [VII 290] Schelling deteve a autorreflexão e compreendeu a intuição intelectual não como uma descoberta no interior da autorreflexão, à qual se chegaria andando para frente, mas sim como um novo ponto de partida. Hegel vê isso como um erro e fala sobre a intuição intelectual bastante *absprechend* [al.: de modo depreciativo] – e aí então vem o método. A autorreflexão continua por tanto tempo até que se anula a si mesma; o pensamento acaba por se impor triunfante e ganha, outra vez, realidade[135]; a identidade de pensar e ser é conquistada no puro pensar[136]. O que significa dizer que a autorreflexão continua por tanto tempo até anular-se a si mesma? Para que se descubra o equívoco da au-

---

135. *Realitet*

136. Que no fundo de todo ceticismo reside uma certeza abstrata que serve como base de apoio da dúvida, e como que de uma linha pontilhada sobre a qual se desenha a figura, e que mesmo a mais esforçada tentativa do ceticismo grego no sentido de arredondar a oscilação do ceticismo nada consegue, ao acentuar que o enunciado sobre a dúvida não pode ser entendido θητικώς [*gr.*: como uma tese], tudo isso é bem certo, mas daí ainda não segue que a dúvida se supere a si mesma. Aquela certeza básica que sustenta a dúvida não pode, em momento algum, hipostasiar-se enquanto eu duvido, pois a dúvida a abandona continuamente a fim de duvidar. Se quero continuar duvidando, nunca, em toda a eternidade, avançarei nem um pouco, porque duvidar consiste em e se viabiliza por justamente fazer aquela certeza passar por uma coisa que não é. Se eu devo por um só instante afirmar a certeza como certeza, então eu tenho de, nesse instante, parar de duvidar. Mas então não é a dúvida que se anula; sou eu que paro de duvidar. Portanto, um duvidador medíocre muito provavelmente terá sucesso em obter certeza, e assim também um duvidador que apenas aproxima categorias para ver como combinam melhor, sem nem de longe se preocupar em fazer algo com elas. – Não posso deixar de retornar a este ponto, porque ele é tão decisivo; se for o caso de a dúvida superar a si mesma, e, ao duvidar de tudo, alguém nesta própria dúvida obter a verdade, sem uma ruptura e um ponto de partida absolutamente novo, então nem uma única determinação cristã se manterá firme, e assim o cristianismo estará abolido.

torreflexão, esta não tem que continuar por muito tempo, mas, por outro lado, enquanto continua, é plenamente o mesmo equívoco. O que significa dizer "por tanto tempo até quê"? Nada mais do que uma conversa aliciadora que almeja aliciar a imaginação do leitor com a quantificação, como se fosse melhor de entender que a autorreflexão anularia a si mesma caso passasse bastante tempo até isso acontecer. [VII 291] Esta quantificação é uma contraparte[137] aos ângulos infinitamente pequenos dos astrônomos, que por fim se tornam tão pequenos (os ângulos) que podem ser chamados de linhas paralelas. A narrativa de que a autorreflexão continua "por tanto tempo até quê" desvia a atenção daquilo que é, dialeticamente, a questão principal: como é que a autorreflexão se suspende. Quando se diz que alguém continuou a contar uma mentira, de brincadeira, por tanto tempo até que ele próprio acreditou que fosse verdade: então o *accent* [*fr.*: acento] ético recai sobre a transição, mas o atenuante, o divertido, está nesse "por tanto tempo"; a gente quase se esquece do caráter decisivo da transição porque ela perdura por muito tempo. Na narrativa, na descrição, no discurso retórico, o abstrato "por tanto tempo até que" produz um forte efeito ilusório, como uma ilusão de óptica (p. ex., Jd 10,10: "E Judith saiu, ela e sua serva com ela, mas os homens da cidade a observavam *até que* ela descesse a encosta e *até que* atravessasse o vale e eles não pudessem mais vê-la"; a moça sentou-se à beira-mar e seguiu seu amado com seus olhos até não mais poder vê-lo) – ou como o fantástico desaparecimento do tempo pelo fato de não haver nenhum critério, nada que seja comensurável com o abstrato "até que". (Então, o desejo venceu, e ele se extraviou do caminho da verdade – *até que* a amargura do arrependimento o deteve; – há que ter grande maestria em descrição psicológica para produzir, pela concretização, um efeito tão forte quanto o desse abstrato "até", que atrai a fantasia.) Mas, dialeticamente, esta distância fantástica é completamente sem significação. Quando uma vez se perguntou a um filósofo grego o que era a religião, ele pediu um adiamento. Quando o primeiro prazo se encerrou, ele pediu outra vez que fosse estendido, e assim por diante; queria dar a entender, com isso, que a questão não podia ser respondida adequadamente. Isso era grego e belo e engenhoso. Se, ao contrário, ele, conside-

---

137. *Sidestykke*

rando que durara bastante, tivesse achado, que agora, por menos que fosse, estava mais próximo da resposta: isso teria sido de fato um mal-entendido, do mesmo modo como no caso de um devedor, que continua "em dívida por tanto tempo até que" esta seja quitada – quitada por ter-se passado tanto tempo sem ela ser quitada. O abstrato "por tanto tempo – até quê" possui algo de estranhamente aliciante em si. [VII 292] Se alguém dissesse: A autorreflexão anula a si mesma, e depois procurasse mostrar de que modo, dificilmente alguém o compreenderia. Mas se alguém diz: A autorreflexão perdura por tanto tempo até que anula a si mesma – então talvez a gente pense: Bem, isso é outra questão; há alguma coisa aí; aí a gente se torna ansioso e medroso dessa duração; a gente perde a paciência, a gente pensa: Deixa passar – e então inicia o puro pensar. O puro pensar pode, nesse sentido, ter razão em não iniciar *bittweise* [*al.*: como um suplicante, pedindo licença], como os filósofos medíocres mais antigos, pois o leitor dá graças a Deus que ele inicie, por medo da terrível duração do "até quê".

O ceticismo da autorreflexão é anulado, então, pelo método, e o progresso do método é assegurado de um duplo modo. Antes de tudo, com a palavra mágica dos contos de fada: "por tanto tempo – até quê". Cada vez que uma transição precisa ser feita, o oposto permanece por tanto tempo até que se revire em seu oposto – e aí se vai adiante. Oh, Senhor Deus, somos todos homens fracos e gostamos muito da mudança, como diz o ditado; então, se não pode ser de outro jeito, se o oposto perdura por tanto tempo até que se transforme em seu oposto, perdura para sempre, o que seria extremamente monótono: Bom, deixa passar, então se aceita. Assim o método progride – *por necessidade*. Mas se se encontra uma cabeça dura, um homem extremamente aborrecido, que se atreva a objetar: "De fato, é como se o método fosse um ser humano a quem a gente deve ceder, por amor de quem se deve fazer alguma coisa, de modo que não se especula *methodice* [*lat.*: metodicamente] pelo amor da verdade, especula-se, isto sim, pelo amor do método, que por certo deve ser assumido como um bem tão extraordinariamente grandioso que não se pode ser escrupuloso demais – contanto que se ganhe o método e o sistema" – se se encontra um obstinado como esse, então, ai dele. O que ele representa é a má infinitude. Mas o método se entende tanto como bem quanto como mal, e no que toca à má infinitude o método não admite brincadeiras. Aquele obstinado vem a ser apontado como um imbecil, provavelmente por tanto tempo – até quê. Ora, Senhor Deus, somos todos fracos, seres humanos mortais, e todos gostaríamos de ser vistos como racionais por nossos estimados contemporâneos; então, se não pode ser de outro jeito, deixa passar. Assim o método progride – com necessidade. "O que diz ele – não é por necessidade?" "Oh, grande deus chinês[138], [VII 293] não digo mais outra coisa; é por necessidade, e quero jurar sobre isso; se não pode ser de outro modo, então há de ser por necessidade." – A má infinitude é a inimiga hereditária do método; é o duende que se muda junto cada vez que ocorre uma mudança (uma transição) e evita a transição. A má infinitude é infinitamente tenaz; se deve ser superada, precisa haver uma ruptura, um salto qualitativo, e assim se acaba com o método, com a destreza da imanência, e com a necessidade da transição. Daí se deixa explicar por que o método é tão rigoroso, e daí se deixa explicar, por outro lado, por que as pessoas têm tanto medo de representar a má infinitude quanto de ficar com o mico-preto. Se o sistema, de resto, carece de uma Ética, ele é, por outro lado, totalmente moral[ista] graças à categoria da *má* infinitude, e tão exageradamente moral[ista] que a emprega até mesmo na Lógica.

* * *

Se o pensado fosse realidade efetiva, então aquilo que fosse pensado com a elaboração mais perfeita possível, quando eu ainda não tivesse agido, já seria a ação. Deste modo, não haveria absolutamente nenhuma ação, mas o [elemento] intelectual[139] engoliria o ético[140]. Que eu deva ser da opinião de que é o exterior o que faz da ação, a ação, é uma tolice; e, por outro lado, querer mostrar o quão ética é a intelectualidade, que esta até transforma pensamento em ação, é um sofisma culpado de uma duplicidade[141] no uso da palavra: "pensar". Se é que deve haver uma diferença entre pensar e agir, então

---

138. Exclamação tirada de uma das comédias de Heiberg [N.T.].
139. *det Intellectuelle*
140. *det Ethiske*
141. *en Sophisme, der forskylder en Dobbelthed*

ela só pode ser sustentada em se atribuindo ao pensamento a possibilidade, o desinteresse, a objetividade – e à ação a subjetividade. Mas agora mostra-se facilmente um *confinium* [*lat.*: fronteira, limite]. Quando assim eu penso que hei de fazer isto ou aquilo, este pensamento por certo ainda não é uma ação e é qualitativamente diferente disso por toda a eternidade, mas ele é, contudo, uma possibilidade na qual já se reflete o interesse da realidade efetiva e da ação. Por isso, desinteresse e objetividade estão a ponto de ser perturbados, porque a efetividade e a responsabilidade querem apoderar-se deles. (Dá-se assim um pecado no pensamento.) – A realidade efetiva não é a ação exterior, mas sim uma interioridade na qual o indivíduo suspende[142] a possibilidade e se identifica com o que é pensado, a fim de existir nele. Isso é ação. A intelectualidade parece tão rigorosa com o transformar o próprio pensamento em ação, mas esse rigorismo é alarme falso, pois que seja permitido à intelectualidade suspender, de qualquer modo que seja, a ação, constitui um relaxamento. Vale então, como nas analogias citadas antes, que: ser rigoroso *no interior* de um total relaxamento [VII 294] é apenas uma ilusão e, essencialmente, apenas um relaxamento. Se alguém, por exemplo, quisesse chamar o pecado de ignorância, e interpretar, então, *no interior* desta determinação, rigorosamente pecados específicos, isso seria totalmente ilusório, pois toda determinação expressa *no interior* da definição total de que pecado é ignorância torna-se essencialmente frívola, pois a totalidade da definição é frivolidade. – No que se refere ao mal, a confusão entre pensar e agir engana mais facilmente; mas, quando se olha mais de perto, mostra-se que a razão disso é o zelo do bem por si mesmo, que se exige do indivíduo num tal grau que chega até a definir um pensamento sobre o mal como [sendo já] pecado. Mas tomemos o bem. Ter pensado em alguma coisa boa que se pretende fazer é tê-la feito? De jeito nenhum, mas também não é o exterior o que determina o resultado; pois alguém que não possui um tostão pode ser tão compassivo[143] quanto o que doa um reino. Quando o levita passou ao largo do infeliz que fora assaltado por ladrões na estrada de Jericó a Jerusalém, talvez lhe ocorresse, quando ainda estava um pouco distante do infeliz, que seria de fato belo aju-

---

142. *ophæver*
143. *barmhjertig*: misericordioso

dar um sofredor; ele talvez até já tivesse pensado qual recompensa tal boa ação traz em si mesma; ele talvez cavalgasse mais lento por estar imerso em pensamentos; mas à medida que ia chegando mais perto, as dificuldades se mostraram, e ele passou ao largo. Agora ele decerto cavalgava ligeiro para ir embora depressa, para longe do pensamento da insegurança da estrada, para longe do pensamento da possível proximidade dos bandidos, e para longe do pensamento de quão facilmente o infeliz poderia confundi-lo com os bandidos que o largaram ali deitado. Ele, portanto, não agiu. Mas suponhamos que ao longo do caminho o arrependimento o trouxesse de volta; suponhamos que ele apressadamente fizesse a volta, sem temer nem ladrões nem outras dificuldades, temendo apenas chegar tarde demais. Suponhamos que de fato chegasse tarde demais, dado que o bom samaritano já teria levado o sofredor para a hospedaria: ele, então, não agiu? Decerto que sim, e, contudo, ele não agiu no exterior. – Tomemos uma ação religiosa. Ter fé em Deus – isso significa pensar no quão glorioso deve ser ter fé, pensar na paz e na segurança que a fé pode proporcionar? De jeito nenhum. Até mesmo desejar, onde afinal o interesse, o interesse do sujeito, é muito mais evidente, ainda não é ter fé, não é agir. A relação do indivíduo [VII 295] para com a ação pensada continua sempre apenas uma possibilidade da qual ele pode esquivar-se. – Não se nega que, em relação ao mal, haja casos em que a transição é quase imperceptível, mas esses casos precisam ser explicados de um modo especial. Isso se deve ao fato de que o indivíduo está de tal modo em poder do hábito que, por ter feito frequentemente a transição do pensamento à ação, finalmente perdeu o poder para isso na escravidão do hábito, que, *por sua conta*, a torna cada vez mais rápida.

Entre a ação pensada e a ação real, entre possibilidade e realidade efetiva, não há, talvez, nenhuma diferença em termos de conteúdo; a diferença na forma é sempre essencial. A realidade efetiva é o estar interessado em existir nela.

Não se nega que a realidade efetiva da ação é muito frequentemente confundida com toda sorte de representações, intenções, impulsos para resoluções[144], prelúdios de disposições de ânimo etc.,

---

144. *Tilløb til Beslutninger*: movimento de aceleração, arrancada para resoluções

que em geral muito raramente se age; ao contrário, admite-se que isso tem contribuído grandemente para a confusão. Mas tomemos uma ação *sensu eminenti* [*lat.*: em sentido eminente]; e então tudo se mostrará claramente. O exterior na ação de Lutero era apresentar-se na Dieta de Worms, mas desde o momento em que ele, com toda a decisão apaixonada da subjetividade, existiu no querer, quando toda relação de possibilidade para com sua ação tinha que ser considerada por ele como tentação: aí ele [já] agiu[145]. Consta que Díon [de Siracusa], quando embarcou para derrubar o tirano Dionísio, teria dito que, mesmo se morresse a caminho, teria, mesmo assim, realizado um feito magnífico: já teria, portanto, agido. Supor que a decisão no exterior fosse superior à decisão no interior é o desprezível discurso de homens fracos, covardes e ardilosos sobre o que é mais alto. [VII 296] Assumir que a decisão no exterior possa decidir algo por toda a eternidade, de modo que nunca possa ser refeita, mas não a decisão no interior, é desprezo ao sagrado.

* * *

Dar ao pensamento a supremacia sobre tudo o mais é gnosticismo; fazer da realidade ética do sujeito a única realidade efetiva poderia parecer acosmismo. Que assim pareça, então, a um pensador atarefado, que tem a obrigação de explicar tudo, uma cabeça ligeira que sobrevoa o mundo inteiro, demonstra apenas que tinha uma noção muito pobre do que significa o ético para o sujeito. Se o ético tomasse de tal pensador sobrecarregado o mundo inteiro e lhe

---

145. Em geral, a relação entre a ação pensada e a ação efetiva (em sentido interior) é reconhecível pelo fato de que qualquer ulterior consideração ou ponderação em relação à primeira tem de ser considerada como bem-vinda, e em relação à última é de se considerar como tentação; e se, não obstante, essa parece ser tão importante que é respeitada, significa que seu caminho passa pelo arrependimento. Quando estou ponderando, a arte consiste justamente em pensar em todas as possibilidades; no momento em que agi (em sentido interior), a transformação está em que a tarefa consiste em me defender contra ponderações ulteriores, a não ser à medida que o arrependimento exija que algo seja re*feito*. A decisão no exterior é brincadeira, mas, quanto mais indolentemente vive uma pessoa, mais exterior se torna a única decisão que ela conhece. Uma noção da decisão eterna do indivíduo no interior de si mesmo não se tem, mas a gente acredita que, quando uma decisão é inscrita num papel carimbado, aí sim está decidido, antes não.

deixasse guardar seu próprio si mesmo, ele provavelmente pensaria: "Isso é alguma coisa? Não vale a pena manter uma coisa tão insignificante; então que se vá, junto com todo o resto"; – então, então, isso é acosmismo. Mas por que um pensador atarefado como esse fala e pensa sobre si mesmo de modo tão desdenhoso? De fato, se a intenção era ter de renunciar ao mundo inteiro e satisfazer-se com a realidade ética de uma outra pessoa, bem, então ele teria razão de desprezar o butim. Mas, para o indivíduo, sua própria realidade ética deve significar, eticamente, mais do que o céu e a terra e todas as coisas que aí se encontram, mais do que os 6.000 anos da história do mundo, e do que a astrologia, a ciência veterinária junto com tudo o que o tempo exige, o que, estética e intelectualmente, é uma enorme estreiteza da mente. Se não for assim, tanto pior para o próprio indivíduo; pois então ele não terá absolutamente nada, absolutamente nenhuma realidade efetiva; pois, para tudo o mais, ele tem, no máximo, apenas uma relação de possibilidade.

* * *

A transição da possibilidade à realidade efetiva é, como ensina corretamente Aristóteles, κίνησις, um movimento. Isso não pode, absolutamente, ser dito na linguagem da abstração, ou ali compreendido, dado que a abstração não pode dar ao movimento nem tempo nem espaço, que o pressupõem ou são pressupostos pelo movimento. Há uma parada, um salto. Se alguém disser que isto se dá porque estou pensando em algo determinado e não abstraindo, dado que, nesse caso, eu perceberia que não há nenhuma ruptura, então minha resposta repetida seria: Bem correto; pensado abstratamente, não há ruptura, mas também não há nenhuma transição, [VII 297] pois, visto abstratamente, tudo *é*. Quando, ao contrário, a existência dá movimento ao tempo e eu o copio, então o salto se mostra ali exatamente tal como um salto pode mostrar-se: ele há de vir ou já foi. Tomemos um exemplo do ético. Já se disse, com bastante frequência, que o bem tem sua recompensa em si mesmo e que, então, querer o bem não é apenas a coisa mais certa, é também a mais prudente. Um eudemonista prudente é capaz de percebê-lo muito bem; pensando na forma da possibilidade, pode aproximar-se do bem tanto quanto possível, porque na possibilidade, como na abstração, a transição é apenas uma ilusão. Mas quando a transição deve tornar-se real, toda a prudência vai expirar na tentação. O tempo real lhe separa o bem e a recompensa, o tempo lhe parece sertão eterno que a prudência não consegue reuni-los novamente, e o eudemonista agradece. Querer o bem é certamente a coisa mais prudente – mas não do modo como o entende a prudência, e sim do modo como o entende o bem. A transição é bastante clara como uma ruptura; sim, como um sofrimento. – Na pregação aparece frequentemente a ilusão dos sentidos que, eudemonisticamente, transforma a transição do tornar-se cristão numa aparência, com o que o ouvinte é enganado e a transição é impedida.

* * *

A subjetividade é a verdade; a subjetividade é a realidade efetiva.

Nota:

Necessidade tem de ser tratada separadamente. Só para grande confusão, a moderna especulação ajuntou necessidade com a concepção da história do mundo, com o que tanto possibilidade quanto realidade efetiva e necessidade ficaram confusas. Nas *Migalhas filosóficas* tentei, em poucas palavras, chamar a atenção para isso.

§ 3
A simultaneidade dos momentos particulares da subjetividade na subjetividade existente; a simultaneidade enquanto oposição ao processo especulativo

Ora, digamos que a especulação tenha direito de zombar de uma tal tricotomia como essa, de que o ser humano consiste de alma, corpo e espírito; [VII 298] digamos que o mérito da especulação esteja em definir o ser humano como espírito e, dentro deste, explicar os momentos alma, consciência e espírito como passos do desenvolvimento no mesmo sujeito[146], que se desenvolve diante de nós: uma outra questão é saber se uma transferência pura e simples do científico à existência (o que pode acontecer muito facilmente) não produz uma grande confusão. Cientificamente, sobe-se do mais baixo ao mais alto, e o [exercício do] pensar se torna o mais alto. Na concepção da história do mundo, sobe-se do mais baixo para o mais alto; os estádios da fantasia e do sentimento são ultrapassados, e o [estádio] do pensamento, como o mais alto, é o último. Por toda parte se reconhece como estabelecido que o pensamento é o mais alto; a ciência cada vez mais se distancia de uma impressão primitiva da existência; não há nada a vivenciar, nada a experimentar, tudo está pronto, e a tarefa da especulação é rubricar, classificar e ordenar *methodice* as diferentes[147] determinações do pensamento. A gente não ama, não crê, não age; mas a gente sabe o que é o amor[148], o que é a fé, e a questão se reduz à do lugar de cada uma no sistema: do mesmo modo, o jogador de dominó também tem as peças ali espalhadas, e o jogo consiste em colocá-las juntas. Por 6.000 anos a gente tem amado, e os poetas têm celebrado o amor, de modo que no século XIX a gente por certo já deve saber facilmente o que é o amor, e agora a gente tem a tarefa de assinalar a ele, especialmente ao casamento, um lugar no sistema – pois o próprio professor se casa distraído. Políticos chamaram a atenção ao fato de que, por fim, todas as guerras terminarão, e tudo será decidido nos gabinetes dos diplomatas que se sentam e apontam as forças de combate, e assim por diante – tomara que na vida não ocorra algo parecido, [VII 299]

---

146. Qual é este mesmo sujeito? Decerto não é um homem individual existente, mas sim a definição abstrata do homem em si [*rene*: puro]. A ciência não pode ter a ver com nada mais, e tem pleno direito de tratar deste, mas aqui, também, bastante seguido se joga com palavras. Tem sido dito, sempre de novo, que o pensamento se torna concreto. Mas de que modo se torna concreto? É claro que não no sentido em que se fala de algo determinado existente? Portanto, *no interior* da determinação de "abstrato", o pensamento se torna concreto, i. é, continua a ser essencialmente abstrato; pois a concreção consiste no existir, e existir corresponde ao particular [*det Enkelte*], do qual o pensamento abstrai. Pode ser inteiramente correto a um pensador, *qua* [*lat*.: enquanto] pensador, pensar o homem puro, mas, *qua* indivíduo existente, o ético [*det Ethiske*] lhe proíbe de esquecer a si mesmo, esquecer que é um ser humano existente. Bem longe de se rejubilar por mais um novo pensador, o ético o responsabiliza [*gjør ham ansvarlig*] eticamente por dizer se é legítimo [*forsvarligt*] usar a existência para este propósito, no mesmo sentido em que o ético – sem se deixar ofuscar por aquilo que dá na vista – responsabiliza qualquer outro pelo uso que faz da vida.

147. *enkelte*

148. *Elskov*

que se pare de viver, enquanto professores e livre-docentes decidem especulativamente a relação dos diferentes momentos para com o puro ser humano. A mim parece que, tal como até nos horrores das guerras mais sangrentas, há algo de humano em comparação com essa calma diplomática, assim também há algo de arrepiante, algo enfeitiçado na extinção pela qual a vida real se torna uma existência de sombras.

Do ponto de vista da ciência, pode muito bem parecer certo que o pensamento seja o mais alto; assim como, do ponto de vista histórico-universal, pode parecer certo que estádios mais antigos sejam ultrapassados, mas será que, em nossos dias, nasce uma geração de indivíduos que não possuem nem fantasia nem sentimento – será que a gente nasce para começar com o § 14 do sistema? Sobretudo, não vamos confundir o desenvolvimento histórico-universal do espírito humano com os indivíduos particulares.

No mundo animal, cada animal se relaciona diretamente, como exemplar, à espécie, participa, sem mais, do desenvolvimento da espécie, se se quer falar de uma tal coisa. Quando uma raça de carneiros, por exemplo, é aperfeiçoada, nascem carneiros aperfeiçoados, porque o exemplar expressa meramente a espécie. Mas claro que é diferente quando um indivíduo, que é determinado como espírito, se relaciona com a geração. Ou será que se admite que de pais cristãos, sem mais nem menos, nascem crianças cristãs? O cristianismo, pelo menos, não o admite; ao contrário, assume que de pais cristãos, tanto como no paganismo, nascem crianças pecadoras. Ou alguém assumirá que, ao nascer de pais cristãos, alguém está, um passo que seja, mais próximo do cristianismo do que alguém nascido de pais pagãos, caso, note bem, também este seja educado no cristianismo? E, contudo, é dessa confusão que a moderna especulação é, senão diretamente a causa, de qualquer modo, com bastante frequência, a ocasião, de modo que o indivíduo seja considerado como relacionado sem mais ao desenvolvimento do espírito humano (tal como o exemplar animal é relacionado à espécie), como se o desenvolvimento do espírito fosse algo de que uma geração pudesse dispor em testamento, em favor de outra, como se não os indivíduos, mas a geração, fosse determinada como espírito, o que é tanto uma autocontradição quanto uma abominação ética. Desenvolvimento do espírito é uma autoatividade[149]; o indivíduo espiritualmente desenvolvido leva consigo na morte seu desenvolvimento espiritual; se um indivíduo subsequente deve alcançá-lo, isto deve acontecer por sua autoatividade; por isso, ele não pode deixar passar nada. Ora, dá para entender, é mais fácil e mais simples e *wohlfeilere* [al.: mais barato] berrar que a gente nasceu no especulativo século XIX.

Se o indivíduo se relacionasse, sem mais, diretamente ao desenvolvimento do espírito humano, daí se seguiria que, em cada geração, [VII 300] nasceriam apenas exemplares defeituosos de seres humanos. Mas por certo há uma diferença entre uma geração de seres humanos e um cardume de arenques, embora hoje em dia tenha se tornado de muito bom-tom querer entreter-se com o jogo de cores do cardume e menosprezar os indivíduos, que não têm mais valor do que arenques. Cientificamente e histórico-universalmente, pode-se talvez ser indiferente a uma tal objeção, mas a ética por certo deveria ter voz e voto em qualquer visão da vida. Mas a ética, como já se disse, foi realmente empurrada para fora do sistema e, no máximo, foi substituída por um sucedâneo que confunde o histórico-universal com o individual, e as perturbadoras demandas apresentadas aos berros pela nossa época ele confunde com as exigências eternas da consciência feitas ao indivíduo. A ética se concentra no indivíduo e, entendido eticamente, é tarefa de cada indivíduo tornar-se um ser humano integral, assim como é pressuposição da ética que cada um nasceu em condições de se tornar um tal. Se ninguém o alcança é irrelevante; o principal é que a exigência esteja aí; e embora muitos indivíduos covardes, medíocres e ofuscados se agrupem para se abandonarem, a fim de se tornarem algo *em masse* [fr.: em massa, de modo gregário] com a ajuda da geração: a ética não regateia.

Cientificamente pode de fato ser bem correto – e talvez tão magistralmente que estou longe de me colocar como alguém que julga – pode ser bem correto subir, de modo dialético-abstrato, em determinações psicológicas, do psicossomático ao psíquico, ao pneumático – mas esse resultado científico não pode, contudo, perturbar

---

149. *er Selv-Virksomhed*

a existência[150]. Na existência[151], a determinação abstrata científica de ser homem é algo que é talvez superior à de ser um homem individual existente, mas talvez seja também inferior; porém, em todo caso, na existência, só há seres humanos individuais. No sentido da existência[152], portanto, não se trata de ir reunindo as diferenças na direção do pensar, pois o método progressivo não corresponde ao existir *qua* ser humano. Na existência, o importante é que todos os elementos estejam presentes de uma só vez. No que tange à existência, o pensamento não é, de modo algum, superior à imaginação e ao sentimento, mas sim coordenado. Na existência, a supremacia do pensamento provoca confusão. Quando, por exemplo, alguém diz: a expectativa de uma felicidade eterna *no além* é uma concepção baseada na reflexão finita do entendimento, uma representação que não se sustenta para o pensamento – *ergo*, a gente bem pode falar disso numa palestra popular para pessoas simples que jamais [VII 301] ultrapassaram a esfera da representação, mas para a pessoa pensante esta distinção está abolida – então, deve-se responder: "Tudo bem, para o pensamento, o pensar abstrato, ela não consegue sustentar-se; mas então, por sua vez, o pensar abstrato não consegue sustentar-se contra a existência; tão logo eu deva realmente existir, a distinção estará lá, e a consequência existencial da abolição da distinção, como foi mostrado acima, é o suicídio". – Diz-se que o caráter absoluto do princípio da contradição é uma ilusão que desaparece ante o pensamento. Correto, mas então a abstração do pensamento é, por sua vez, um fantasma que desaparece diante da realidade da existência; pois a abolição[153] do princípio da contradição, se há de ser alguma coisa e não um achado literário na imaginação de um ser de ficção, significa, para um existente, que ele próprio deixou de existir. – A fé, diz-se, é o imediato[154]; o pensamento supera[155] o ime-

---

150. *Tilværelsen*– De resto, o autor parece estar aludindo à *Psychologie*, de K. Rosenkranz [N.T.].

151. *Existentsen*

152. *Retning af Existents*

153. *Ophævelsen*

154. Que este modo de falar seja dos que mais produzem confusão na moderna especulação, os autores pseudônimos frequentemente apontaram. Se se quer falar de uma imediatidade que é abolida, esta há de ser então uma imediatidade estético-ética, e a própria fé há de ser a nova imediatidade que na existência nunca se deixa abolir, já que ela é o mais alto e, ao aboli-la, a gente se anula, vira em *Nichts* [al.: nada].

155. *ophæver*

diato. Em abstrato, isso causa uma boa impressão, mas eu gostaria de saber, contudo, como é que um existente faz para existir depois de ter cancelado toda a sua imediatidade. Não sem razão, Frater Taciturnus reclama de que todo mundo escreve livros nos quais a imediatidade é abolida, enquanto que ninguém nem sussurra como é que aí a gente consegue existir.

A ciência ordena os momentos da subjetividade num saber sobre eles, e este saber é o mais alto, e todo saber é uma superação[156], uma retirada da existência. Na existência isso não vale. Se o pensamento menospreza a fantasia, a fantasia, para compensar, menospreza o pensamento, e assim também com o sentimento. A tarefa não está em anular uma à custa da outra, mas a tarefa consiste, antes, na igualdade, na simultaneidade, e o *medium* no qual se unem é o *existir*.

Ao colocar o processo científico em vez da simultaneidade existencial (como tarefa), a vida vem a ser confundida. [VII 302] Mesmo em relação às várias idades na vida, onde o sucessivo aparece tão nitidamente, o que vale é a simultaneidade como tarefa. Espirituosamente pode-se, querendo, dizer que o mundo e o gênero humano envelheceram; mas será que, por causa disto, não nasce mais cada um como criança? E, no indivíduo, o importante é aperfeiçoar o sucessivo na simultaneidade. Ter sido jovem, depois ter envelhecido, e então por fim morrer constitui uma existência medíocre, pois este mérito o animal também tem. Mas reunir os momentos da vida em simultaneidade, eis precisamente a tarefa. E assim como é uma existência medíocre quando o adulto corta toda a comunicação com a infância e vive como adulto de modo fragmentário, é também pobre uma existência quando um pensador, que afinal de contas é ao mesmo tempo um existente, abandona a fantasia e o sentimento, o que é algo tão errôneo quanto perder o juízo.

E, contudo, é isso o que a gente parece querer. Expulsa-se e bane-se a poesia como um momento superado, porque a poesia é o que mais corresponde à fantasia. Num processo científico, quem quiser pode classificá-la como um momento superado, mas na existência importa que, enquanto houver um ser humano que tenha pretensão a uma existência humana, ele terá de preservar a poesia, e todo o seu pensamento não pode desviá-lo do encanto da poesia, mas antes

---

156. *Ophævelse*

embelezá-lo. Dá-se o mesmo com a religião. Religião não é algo para a alma infantil, no sentido de que, com o passar dos anos, deveria ser deixada de lado; ao contrário, querer fazer isso é uma credulidade pueril no pensamento. O verdadeiro não é superior ao bom e ao belo, mas o verdadeiro, o bom e o belo pertencem, essencialmente, a toda e qualquer existência humana, e se unem para um existente, não no ato de pensá-los, mas no ato de existir.

Mas assim como uma época anda com chapéu redondo e outra com o de três pontas: assim também uma moda em nossa geração leva um homem a esquecer a exigência ética. Que todo ser humano é, de algum modo, unilateral, sei muito bem, e não considero isso um defeito; mas, ao contrário, trata-se de um defeito quando um gosto da moda quer fazer de uma unilateralidade o todo. *Non omnes omnia possumus* [*lat.*: Não podemos, todos, fazer tudo] vale sempre na vida, mas nem por isso a tarefa poderia ser esquecida, e a unilateralidade, em parte, é compreendida não sem melancolia; em parte, deve resultar de uma forte resolução, que antes prefere fazer alguma coisa bem-feita do que fazer tudo malfeito. Toda individualidade excelente tem sempre alguma unilateralidade, e a própria unilateralidade pode justamente ser uma declaração indireta de sua real grandeza, [VII 303] mas a grandeza mesma esta não é. Tão longe estamos nós, seres humanos, de realizar o ideal, que o segundo lugar, a forte unilateralidade, é quase o mais alto que se alcança; mas, mesmo assim, nunca se pode esquecer de que ele é o lugar número 2. Ora, poder-se-ia dizer: Mas, nesse caso, é realmente digna de louvor esta geração, que tão unilateralmente quer ser pensante e científica. Porém a isso eu responderia: Sua desgraça não está em ser unilateral[157], mas em ser abstratamente integral[158]. O unilateral rejeita, clara e definidamente, o que não quer possuir, mas o abstratamente integral quer tudo possuir graças à unilateralidade do pensamento. Um crente unilateral, por exemplo, não quer ter nada a ver com o pensamento; alguém que unilateralmente só quer agir, nada quer ter a ver com a ciência; mas a unilateralidade do pensamento produz uma aparência de se possuir tudo; uma pessoa unilateral desse tipo tem a fé, tem a paixão, como momentos superados, é o que ela diz – e nada é mais fácil de dizer.

---

157. *eensidig*
158. *alsidig*

§ 4
O pensador subjetivo; sua tarefa, sua forma, isto é, seu estilo

Se o ensaio no puro pensar é o que decide se um homem pode ou não ser chamado de pensador, então o pensador subjetivo é, *eo ipso*, rejeitado. Mas, ao ser ele rejeitado, todos os problemas da existência também se perdem, e a triste consequência disso ressoa como um *Nota bene* crítico em meio ao júbilo da moderna especulação sobre o sistema.

Diz-se como um velho adágio: *oratio, tentatio, meditatio faciunt theologum* [*lat.*: oração, tentação, meditação fazem o teólogo]; assim também, para um pensador subjetivo se exige fantasia, sentimento e dialética, em apaixonada interioridade existencial. Mas, do início ao fim, paixão, pois é impossível a um existente pensar sobre a existência sem apaixonar-se, porque existir é uma enorme contradição da qual o pensador subjetivo não tem de abstrair, pois isso seria fácil, mas é nela que ele tem de permanecer. Para uma dialética histórico--universal, o indivíduo vai sumindo dentro da humanidade; tu e eu, cada ser humano individual existente, torna-se, para uma dialética desse tipo, impossível de descobrir, mesmo que se inventassem novas lentes de aumento para a concretude.

[VII 304] O pensador subjetivo é dialético no que tange ao existencial; ele tem a paixão intelectual para afirmar a disjunção qualitativa. Mas, por outro lado, se a disjunção qualitativa for usada de modo vago, for aplicada de modo inteiramente abstrato ao ser humano individual, pode-se então correr o risco ridículo de se dizer algo absolutamente decisivo, e de estar certo no que se diz, e ainda assim não se dizer a mínima coisa. Portanto, em sentido psicológico, é realmente notável ver a disjunção absoluta usada de modo ilusório, justamente como evasiva. Quando a pena de morte é prescrita para todos os crimes, o resultado é que absolutamente nenhum crime vem a ser punido. Assim também com a disjunção absoluta, aplicada de modo vago; é como uma letra muda – não se deixa pronunciar, ou se deixa pronunciar, mas não diz nada. A disjunção absoluta, como pertencente à existência, o pensador subjetivo a tem, pois, com paixão intelectual, mas ele a tem como a derradeira decisão, que impede que tudo se espalhe num quantificar. Ele a tem assim bem à mão, mas não de modo a que, ao recorrer abstratamente a ela, justamente impeça a existência. O pensador subjetivo tem, portanto, ao mesmo tempo paixão estética e paixão ética, por meio do que se adquire a concreção. Todos os problemas existenciais[159] são apaixonados, pois a existência, quando a gente se torna consciente dela, dá paixão. Pensar sobre eles de um modo que deixa de lado a paixão não é, de jeito nenhum, pensar sobre eles, é esquecer o ponto-chave de que se é, isto sim, um existente. Contudo, o pensador subjetivo não é poeta, mesmo que seja também um poeta, nem ético, mesmo que seja também um ético, mas é também um dialético, e está, ele mesmo, essencialmente existindo, enquanto que a existência do poeta não é essencial em relação ao poema, e, do mesmo modo, a do ético em relação ao ensinamento, e a do dialético em relação ao pensamento. O pensador subjetivo não é um homem da ciência; ele é um artista. Existir é uma arte. O pensador subjetivo é estético o bastante para que sua vida adquira conteúdo estético, ético o bastante para regulá-la, dialético o bastante para, pensando, dominá-la.

A tarefa do pensador subjetivo é *compreender-se a si mesmo na existência*. O pensamento abstrato fala, de fato, sobre contradição e sobre a propulsão imanente da contradição, embora, ao abstrair da existência e do existir, anule a dificuldade e a contradição. Mas o pensador[160] subjetivo é um existente, e, contudo, ele é pensante[161]; não abstrai da existência e da contradição, mas está nelas, e, contudo, deve pensar. [VII 305] Em todo o seu pensar, então, ele tem que pensar, além disso[162], que ele próprio é um existente. Mas então, por sua vez, também terá sempre bastante em que pensar. A gente logo liquida[163] a humanidade em geral e também a história do mundo, pois o monstro faminto – o processo histórico-universal – engole até mesmo imensas porções como China e Pérsia etc., como se nada fossem. O crer, visto de modo abstrato, a gente logo liquida, mas o

---

159. *Existents-Problemer*
160. *Tænker*
161. *Tænkende*
162. *tænke det med*
163. *er færdig med*: está pronto com, acaba, se desembaraça, se desvencilha da...

pensador subjetivo, que, ao pensar, está também junto a si mesmo na existência, achá-lo-á inesgotável quando a sua própria fé tiver que ser declinada nos múltiplos *casibus* [*lat. (gram.)*: casos] da vida. Isso não é nenhuma brincadeira, de jeito nenhum, pois a existência é o que há de mais difícil para um pensador quando ele deve permanecer nela, visto que *o instante* é comensurável com as mais altas decisões e, contudo, por sua vez, é um minutinho evanescente nos possíveis 70 anos. Poul Møller corretamente apontou que um bobo da corte usa mais chiste num único ano do que muitos autores chistosos em toda a vida. E de onde vem isso, senão do fato de que o primeiro é um existente, que a cada instante do dia tem de ter o chiste à sua disposição, e o outro é alguém que só por momentos é chistoso.

Se não se quer acreditar que o compreender a si mesmo na existência, pensando, seja algo que envolve dificuldades, então estou mais do que disposto a arriscar a seguinte experiência. Deixemos um de nossos sistemáticos encarregar-se de me explicar tão somente um dos mais simples problemas da existência. Estou bem-disposto a conceder que na contabilidade sistemática eu, indigno, sou um zero à esquerda, se comparado com tais pessoas; estou disposto a conceder que as tarefas do pensamento sistemático são muito maiores, e que tais pensadores pairam muito acima de um pensador subjetivo; mas se for verdadeiramente assim, então eles também têm de saber explicar facilmente o que é mais simples.

Em vez da tarefa de compreender o concreto abstratamente, como a tem o pensamento abstrato, o pensador subjetivo tem a tarefa contrária de compreender o abstrato concretamente. O pensamento abstrato desvia seu olhar dos seres humanos concretos para o ser humano em geral; o pensador subjetivo compreende a abstração "ser um humano" na concreção de ser este ser humano existente individual.

Compreender-se a si mesmo na existência era o *princípio grego*, e por menor que às vezes fosse o conteúdo da doutrina de um filósofo grego, o filósofo tinha uma vantagem: [VII 306] ele jamais era cômico. Eu sei muito bem que, hoje em dia, se alguém quisesse viver como um filósofo grego, isto é, caso expressasse existencialmente o que teria de chamar de sua visão da vida, caso se aprofundasse existencialmente nela, seria considerado um lunático. Seja como for. Mas ser engenhoso, sempre mais engenhoso e extremamente engenhoso, e tão engenhoso que jamais ocorra ao ilustríssimo filósofo, que está afinal de contas especulando sobre problemas da existência (p. ex., o cristianismo), perguntar-se, a quem no mundo isso poderia interessar, e menos ainda, que interessaria a ele próprio: isso eu acho ridículo. – Todo ceticismo é um tipo de idealismo. Quando então o cético Zenão, por exemplo, estudava a dúvida cética, tentando, enquanto existente, manter-se não afetado por tudo o que encontrava, de modo que, quando uma vez desviou de um cachorro raivoso, confessou envergonhado que mesmo um filósofo cético ainda é, às vezes, um ser humano, não vejo nisso nada de ridículo. Não há nenhuma contradição, e o cômico consiste sempre numa contradição. Mas quando se considera os miseráveis chistes idealistas de catedráticos, a pilhéria e a coqueteria envolvidas no fato de ser um idealista na cátedra, de modo a que não se pode ser nem mesmo um real idealista, mas meramente se jogue o jogo, tão popular, de ser um idealista, se a gente se lembra da frase de cátedra de "duvidar de tudo" – na cátedra – então, bem, então é impossível não escrever uma sátira, basta que a gente conte a verdade. Querendo ser, enquanto existente, um idealista, aprendem-se em cerca de meio ano coisas bem diferentes daquilo que se aprenderia brincando de esconde-esconde na cátedra. Ser idealista na imaginação não é nada difícil, mas ter que *existir* como idealista é uma tarefa de vida extremamente exaustiva, porque existir é, precisamente, a objeção contra isso. Expressar, enquanto existente, o que se compreendeu sobre si mesmo e, desse modo, compreender-se, não é cômico de jeito nenhum, mas compreender tudo, menos a si mesmo, é cômico de doer.

Num certo sentido, o pensador subjetivo fala tão abstratamente como o pensador abstrato, pois este fala da pura humanidade[164], da pura subjetividade, e o outro fala do ser humano único (*unum noris, omnes* [*lat.*: se conheces um, conheces todos]). Mas este ser humano único é um ser humano existente, e a dificuldade não é excluída.

Compreender-se a si mesmo na existência é também *o princípio cristão*, só que este "si-mesmo" recebeu determinações muito mais ricas e muito mais profundas, que são ainda mais difíceis de

---

164. *rene Menneskehed*: humanidade em geral, em si [sentido hegeliano, como: "puro ser", "puro pensar].

[VII 307] compreender juntamente com a existência. O crente é um pensador subjetivo, e a diferença, como se mostrou acima, é apenas entre a pessoa simples e o sábio simples. Aqui, mais uma vez, este *si-mesmo* não é a pura humanidade, a pura subjetividade e outras coisas semelhantes, com o que tudo se torna fácil, dado que a dificuldade é removida e toda a questão é transportada para o *Schattenspiel* [*al.*: jogo de sombras] da abstração. A dificuldade é maior do que para o grego, porque oposições ainda maiores são colocadas juntas, porque a existência é acentuada paradoxalmente como pecado, e a eternidade, paradoxalmente como o deus no tempo. A dificuldade está em existir neles, não em se pensar abstratamente como [estando] fora deles, nem em abstratamente pensar sobre, por exemplo, uma encarnação eterna, e outras coisas semelhantes que aparecem quando se remove a dificuldade. Por isso, a existência do crente é até mesmo mais apaixonada do que a do filósofo grego (que até em sua ataraxia precisava de um alto grau de paixão), pois a existência produz paixão, mas a existência paradoxalmente acentuada produz o máximo de paixão.

Abstrair da existência é remover a dificuldade, mas permanecer na existência de tal modo que se compreenda num momento uma coisa, no momento seguinte uma outra coisa, não é compreender-se a si mesmo. Mas compreender, junto, aquilo que há de mais oposto e compreender-se a si mesmo existindo aí, é por demais difícil. Basta que se preste atenção a si mesmo e ao que as pessoas falam e se verá o quão raramente isso é bem-sucedido. – Um é bom, outro é prudente, ou a mesma pessoa age como boa num momento, como prudente noutro; mas de uma só vez, na mesma coisa, ver o mais prudente e apenas vê-lo para já querer o bem, já é difícil. Um rirá, outro chorará, ou a mesma pessoa o faz em diferentes momentos; porém ver simultaneamente o cômico e o trágico na mesma coisa é difícil. Estar contrito por seu pecado, e então, de novo, ser um alegre companheiro, não é difícil; mas estar ao mesmo tempo contrito e despreocupado é difícil. Pensar numa única coisa e haver esquecido tudo o mais não é difícil, mas pensar numa única coisa e, no mesmo exato momento, ter o oposto dentro de ti, e uni-los na existência, isso é difícil. Aos 70 anos de idade, ter passado por todos os estados de ânimo possíveis e deixar sua vida como um catálogo que se pode folhear para escolher confortavelmente, ainda não é tão difícil; mas ter inteira e ricamente um estado de ânimo e aí ter o estado de ânimo oposto; [VII 308] dar a um estado de ânimo a palavra e o *pathos*, e aí maliciosamente contrabandear[165] o estado oposto – isso é difícil. Etc.

A despeito do esforço, o pensador subjetivo só é recompensado com um magro dividendo. Quanto mais predomina a ideia da geração, até mesmo na representação popular, mais terrível fica a transição: em vez de acertar o passo pelo gênero humano e dizer "nós, nossa época, o século XIX", tornar-se um ser humano individual existente. Que isso seja infinitamente pouco, não se nega; por isso, aí se requer muita resignação para não menosprezá-lo. Afinal, o que é um ser humano individual existente? Oh, sim, nossa época sabe bem demais quão pouco é isso, mas aí justamente reside a imoralidade específica da época. Cada época tem a sua própria; a imoralidade de nossa época não é, talvez, o prazer, o gozo e a sensualidade, mas por certo um panteístico, extravagante, desprezo por seres humanos individuais. Em meio a todo júbilo por nossa época e pelo século XIX ressoa secretamente um secreto desprezo em relação a ser um homem – em meio à importância que se dá à geração, há um desespero no que toca a ser um homem. Tudo, tudo tem de estar agrupado; as pessoas querem, de modo histórico-universal, embriagar-se na totalidade; ninguém quer ser um ser humano individual existente. Daí talvez também as muitas tentativas de agarrar-se a Hegel, até por gente que viu o que há de dúbio[166] em sua filosofia. Teme-se, ao se tornar um ser humano individual existente, desaparecer sem deixar vestígio, de modo que nem os jornais diários, menos ainda os jornais críticos, e ainda menos os especulantes histórico-universais, consigam encontrar um sinal seu. Teme-se que, ao se tornar um ser humano individual existente, tenha-se de viver mais esquecido e abandonado do que um campônio, e que, se alguém largar Hegel, nem terá a sorte de alguém lhe endereçar uma carta. E é inegável que, se não se tiver entusiasmo ético e religioso, se há de desesperar quanto a ser um ser humano individual – de outro modo, não. Quando Napoleão avançou pela África, lembrou a seus soldados de que, do alto das pirâmides, a memória de quarenta séculos os contemplava. Só de ler isso a gente

---

165. *underfundigen at underskyde*
166. *det Mislige*: o equivocado

já sente um calafrio, então não é de se admirar que no momento dessa conjuração isso tenha transformado em herói até o mais covarde dos soldados! Mas se admitirmos que o mundo exista há 6.000 anos, e que Deus por certo existe há pelo menos tanto tempo quanto o mundo, então a memória de 6.000 anos contemplando do alto do céu o ser humano individual existente deveria ser igualmente inspiradora! Mas em meio à coragem da geração é fácil descobrir a covardia e falta de coragem dos indivíduos. [VII 309] Tal como no deserto os indivíduos precisam viajar em grandes caravanas, por medo de ladrões e animais selvagens, assim também os indivíduos hoje em dia têm um horror perante a existência porque ela está abandonada por Deus; só se atrevem a viver em grandes hordas e se abraçam *en masse* para serem ao menos alguma coisa.

É preciso assumir que todo e qualquer ser humano está essencialmente de posse daquilo que faz parte essencialmente do ser homem. A tarefa do pensador subjetivo é transformar-se a si mesmo num instrumento que expresse, de modo claro e definido, o humano na existência. Consolar-se com o que concerne as diferenças é um mal-entendido, pois ter uma cabeça um pouquinho melhor, ou algo assim, é apenas uma insignificância. Que a nossa época tenha se refugiado na geração e abandonado os indivíduos, tem, muito corretamente, seu motivo num desespero estético que não alcançou o ético. Já se percebeu que ser um ser humano individual, por mais distinto que seja, não adianta nada, porque nenhuma diferença adianta. Assim, uma nova diferença foi eleita: ter nascido no século XIX. Cada um então, assim que possível, tenta definir seu bocadinho de existência em relação à geração, e se consola. Mas isso não traz nenhum proveito, é apenas uma ilusão mais grandiosa e brilhante. E, tal como em épocas antigas, e em geral em toda geração, tem havido tolos que, em suas vaidosas presunções, se confundiram com algum homem grandioso e distinto, quiseram ser este ou aquele, assim, o distintivo de nossa época é que os tolos não se satisfazem com se confundir com algum grande homem, confundem-se com a época, o século, a geração, a humanidade. – Querer ser um ser humano individual (o que a gente inegavelmente é), com a ajuda e em virtude da diferença, é moleza; mas querer ser um ser humano individual existente (o que a gente inegavelmente é), no mesmo sentido como qualquer outro pode ser:

é a vitória ética sobre a vida e sobre qualquer miragem, a vitória que é talvez a mais difícil de todas no teocêntrico século XIX.

A *forma do pensador* subjetivo, a forma de sua comunicação, é seu *estilo*. Sua forma tem que ser tão variada quanto o são os opostos que ele mantém combinados. O *eins, zwei, drei* [al.: um, dois, três] sistemático é uma forma abstrata que por isso também tem de ficar constrangida cada vez que há de ser aplicada ao concreto. Na medida em que o pensador subjetivo é concreto, na mesma medida sua forma tem de ser concretamente dialética. Mas tal como ele próprio não é poeta, nem ético, nem dialético, assim também sua forma não é diretamente a de nenhum destes. Sua forma tem de se relacionar, do princípio ao fim, com a existência, e, nesse aspecto, precisa dispor do poético, do ético, do dialético, do religioso. [VII 310] Comparado com um poeta, sua forma será abreviada [lacônica]; comparado com um dialético abstrato, sua forma será prolixa. Ou seja, a concreção no existencial é, vista abstratamente, prolixidade. O humorístico, por exemplo, em relação ao pensamento abstrato, é prolixidade, mas em relação à comunicação concreta da existência, não é, de jeito nenhum, prolixidade, a não ser que seja prolixo em si mesmo. A pessoa[167] de um pensador abstrato é indiferente em relação ao pensar, mas, existencialmente, um pensador tem de ser apresentado essencialmente como pensante, porém de tal modo que, à medida que ele expõe seu pensamento, também descreve a si mesmo. O chiste, em relação ao pensamento abstrato, é prolixo, mas não o é em relação à comunicação concreta da existência, a não ser que o próprio chiste seja prolixo. Mas o pensador subjetivo não tem repouso poético para criar no *medium* da fantasia e para, esteticamente, produzir desinteressadamente, porque ele mesmo é essencialmente um existente na existência, e não tem [à sua disposição] o *medium* da fantasia para a ilusão da produção estética. O repouso poético é prolixidade em relação à comunicação existencial do pensador subjetivo. Personagens coadjuvantes, cenários etc., que pertencem à completude da produção estética, em si mesmos são prolixidade; pois o pensador subjetivo tem apenas uma única cena, a existência, nada tem a ver com paragens ou coisas semelhantes. A cena não está naquele país encantado da fantasia, onde a poesia promove amoro-

---

167. *Person*

samente o acabamento; nem está na Inglaterra[168], nem no emprego de esmero na exatidão histórica; a cena é a interioridade no existir como ser humano; a concreção é a relação das categorias da existência entre si. Exatidão histórica e realidade histórica são prolixidade.

Mas a realidade existencial[169] não se deixa comunicar; e o pensador subjetivo tem em sua própria existência ética sua própria realidade efetiva. Se a realidade efetiva deve ser compreendida por uma terceira pessoa, tem de ser compreendida como possibilidade, e um comunicador que esteja consciente disso atentará, portanto, que sua comunicação existencial esteja na forma da possibilidade, justamente para que a comunicação esteja orientada para a existência. Uma apresentação na forma da possibilidade deixa o receptor tão próximo de existir naquilo quanto o é possível entre um ser humano e outro. Permitam-me elucidar isso mais uma vez. Dever-se-ia pensar que, quando se conta a um leitor que este e aquele *realmente* fizeram isto e aquilo (algo de grande e excelente), deixa-se o leitor mais próximo de querer fazer o mesmo e querer existir da mesma maneira do que se se apresentasse apenas a situação como possível. Não obstante o que já foi demonstrado em seu devido lugar, que o leitor só consegue mesmo compreender a comunicação ao dissolver o *esse* da realidade no *posse*, [VII 311] já que, de outro modo, ele apenas *imagina* que compreende; não obstante isso, o fato de que esta e aquela pessoa tenham realmente feito isto e aquilo pode ter um efeito tanto protelador quanto incentivador. O leitor apenas transforma a pessoa de que se trata (graças ao fato de ela ser uma pessoa *real*) numa rara exceção; ele a admira e diz: Mas eu sou muito insignificante para fazer algo assim. Agora, a admiração pode ser muito legítima em relação a diferenças, mas é um total mal-entendido em relação ao universal. Que uma pessoa seja capaz de cruzar o canal a nado e que uma outra saiba 24 idiomas e que uma terceira pessoa ande de cabeça para baixo etc. pode-se admirar, *si placet* [*lat.*: se lhe aprouver]; mas se se supõe que a pessoa em questão seja grande em relação ao universal por causa de sua virtude, sua fé, sua nobreza, sua fidelidade, sua perseverança etc., então a admiração é uma relação ilusória ou pode facilmente tornar-se tal. O que é grande em relação ao universal não

---

168. *Engeland*: (*sic!*), terra dos anjos
169. *Existents-Virkelighed*

pode, portanto, ser apresentado como objeto de admiração, mas sim como *exigência*. Na forma da possibilidade, a apresentação se torna uma exigência. Em vez de apresentar o bem na forma da realidade efetiva, como se faz de ordinário, que esta e aquela pessoa realmente viveram e realmente fizeram isto, transformando então o leitor em um observador, um admirador, um avaliador, ele deve ser apresentado na forma da possibilidade; aí, se o leitor quer ou não existir nele é algo que é colocado o mais próximo possível dele. A possibilidade opera com o ser humano ideal (não no que concerne à diferença, mas ao universal), que se relaciona com cada ser humano como uma exigência. Na mesma medida em que se insiste em que esta foi tal pessoa específica, a exceção torna-se mais fácil para os outros. Não é preciso ser exatamente um psicólogo para saber que há uma ilusão que quer ser excluída da impressão ética, justamente com o auxílio da admiração. Ao invés de o modelo ético e religioso voltar o olhar do observador para dentro de si mesmo e empurrá-lo avante, o que justamente acontece quando se coloca, entre o observador e o modelo, a possibilidade comum a ambos, ao invés disso, a apresentação na forma da realidade atrai esteticamente os olhos de uma multidão para si mesma; e a questão sobre se ela é "verdadeiramente real" etc. é discutida e examinada e virada pelo avesso, e que seja "verdadeiramente real" etc. é algo que se admira e sobre o que se joga conversa fora. Para tomarmos um exemplo, que Jó tinha fé, é algo que deveria ser apresentado de tal modo que viesse a significar para mim uma questão: se eu também quereria conquistar a fé; mas não deveria significar, de jeito nenhum, que estou numa comédia ou que sou membro de um distinto público que deve investigar se é "verdadeiramente real" e aplaudir por ser "verdadeiramente real". É uma preocupação de comédia burlesca que uma congregação sensível e seus membros individuais algumas vezes têm para com o cura d'almas escolhido [VII 312]: será que ele "realmente"; e uma alegria e uma admiração de comédia burlesca de se ter um cura d'almas, sobre quem é certo que realmente etc. É falso, em toda a eternidade, que alguém tenha sido auxiliado a fazer o bem pelo fato de uma outra pessoa o ter *realmente* feito; pois, caso ela própria viesse a fazê-lo, isso seria por ter compreendido a realidade da outra pessoa como uma possibilidade. Quando Temístocles teve insônia ao imaginar os triunfos de Milcíades, foi a compreensão da realidade efetiva como possibilidade que o fez ficar insone; se ele tivesse se ocupado com zelo em saber se Milcíades "realmente" etc., e tivesse ficado satisfeito com o fato de Milcíades tê-lo realmente feito: dificilmente teria ficado insone, mas sim, decerto, ter-se-ia tornado um admirador sonolento, ou, *höchstens* [*al.*: no máximo] um admirador dócil[170], mas nenhum Milcíades II. E, compreendido eticamente, se há algo que consegue despertar um ser humano, então é a possibilidade, quando esta se exige idealmente de um ser humano.

---

170. *lydende*

CAPÍTULO 4

O problema das *Migalhas*: Como pode uma felicidade eterna ser construída sobre um saber histórico?

SECTIO 1
PARA A ORIENTAÇÃO NO PLANO DAS *MIGALHAS*

---

§ 1
Que o ponto de partida foi tomado no paganismo, e por quê?

O leitor do fragmento de filosofia das *Migalhas* recordará que o opúsculo não ensinou à maneira docente, mas ao modo de experimentação. Tomou seu ponto de partida no paganismo para aí, experimentando, descobrir uma concepção da existência [VII 313] da qual se pudesse com verdade dizer que ia além do paganismo. A moderna especulação parece ter quase realizado a proeza de ir *além* do cristianismo, *para o outro lado*, ou de ter ido tão longe no compreender o cristianismo, que quase retornou ao paganismo. Que alguém prefira o paganismo ao cristianismo não é, de jeito nenhum, algo perturbador, mas fazer do paganismo o máximo dentro do cristianismo é uma injustiça, tanto para com o cristianismo, que se torna algo diferente do que é, quanto para com o paganismo, que passa a não ser absolutamente coisa alguma, o que, contudo, era. Aquela especulação que compreendeu completamente o cristianismo e ao mesmo tempo se transfigura no mais elevado desenvolvimento dentro do cristianismo fez assim, de modo bem curioso, a descoberta de que não há nenhum além, de que o "outro mundo"[171], o "mais além" e coisas desse tipo,

---

171. *hisset*

são rudeza dialética[172] de um entendimento finito. O além se tornou uma pilhéria, uma exigência tão incerta que não apenas ninguém a respeita, mas, também, ninguém a levanta, de modo que a gente apenas se diverte ao considerar que houve um tempo em que esta ideia transformava toda a existência. A gente logo vê qual resposta ao problema se pode esperar a partir deste ângulo: o próprio problema é uma bronquice dialética; pois, no celeste *sub specie aeterni* do pensamento puro, a distinção foi abolida. Mas eis que o problema não é, afinal de contas, um problema lógico – de fato, o que o pensamento lógico tem em comum com o mais *patético* de todos os problemas (a pergunta pela bem-aventurança eterna)? E o problema é um problema existencial, mas existir não significa ser *sub specie aeterni*. Aqui novamente se perceberá, talvez, a correção de se utilizar medidas de precaução antes de se deixar envolver com uma tal especulação; a primeira delas é separar especulação e especulante, e então, como nos casos de encantamento, feitiçaria e possessão demoníaca, usar um poderoso formulário de exorcismo para transformar ou converter o encantado especulante em sua figura real, em um ser humano individual *existente*.

Que o objeto do experimento era o cristianismo, o opúsculo, para ganhar algum fôlego, não dizia, a fim de não ser prontamente envolvido nas questões históricas, histórico-dogmáticas, introdutórias e eclesiásticas sobre o que realmente é cristianismo e o que ele não é. Pois homem algum jamais esteve tão exposto ao vento como o ficou o cristianismo nos últimos tempos. Ora [VII 314] o cristianismo é explicado de modo especulativo e o resultado é o paganismo; ora, não se sabe mesmo com certeza o que é o cristianismo. Basta folhear um catálogo de feira de livros para perceber em que tempos estamos vivendo. Na vida cotidiana, quando ouvimos os gritos dos vendedores de camarão, a primeira coisa que pensamos é que estamos em pleno verão, quando os gritos oferecem guirlandas de aspérulas, que é primavera, quando os gritos oferecem mexilhões, que é inverno; mas quando, como no último inverno, ouvimos gritar no mesmo dia camarões, guirlandas de aspérulas e mexilhões, ficamos tentados a admitir que a vida se tornou confusa e que o mundo não vai aguentar até a Páscoa. Recebemos, porém, uma impressão

---

172. *dialektiske Bornerethed*: bronquice

ainda mais confusa se prestamos atenção, por um instante, ao que tem sido anunciado num catálogo de feira de livros, tanto por parte dos autores quanto por parte dos editores, os quais em alta medida tornaram-se corresponsáveis na literatura. *Summa summarum* [*lat.*: tudo somado], o tempo em que vivemos é muito movimentado[173] – ao menos, muito confuso.

Para ganhar então um dia de descanso, algo de que muito pode necessitar a terminologia cristã, fatigada na vida, e que, de tranquila, profunda e insondável, acaba por se tornar sem fôlego e sem significado, e para evitar, tanto quanto possível, entrar na aglomeração, preferi silenciar o nome de "cristianismo", abster-me de expressões que, sempre de novo, ficam aturdidas e acidentadas na discussão. Toda a terminologia cristã foi sequestrada pela especulação, pois a especulação é, afinal, o cristianismo; até os jornais usam as mais sublimes expressões dogmáticas como brilhantes ingredientes, e enquanto os políticos esperam preocupados por uma bancarrota dos estados, uma bancarrota muito maior é talvez iminente no mundo do espírito, porque os conceitos estão gradualmente sendo abolidos e as palavras vêm a significar qualquer coisa, e, por isso, a disputa às vezes se torna tão ridícula quanto o acordo. Pois disputar sobre palavras soltas e concordar sobre palavras soltas é afinal sempre ridículo, mas quando até as palavras mais firmes se tornaram soltas – o que fazer? Tal como um velho que perdeu os dentes agora mastiga ruidosamente com a ajuda dos cotos, do mesmo modo o moderno discurso cristão a respeito do cristianismo perdeu a enérgica força da terminologia para morder – e a coisa toda é uma "conversa mole" de velho desdentado.

Que a confusão no que toca ao cristianismo deve-se ao fato de que ele foi recuado um estádio inteiro da vida, é para mim algo bem claro. Que nos tornemos cristãos na infância é algo que dá ensejo a que logo se admita [VII 315] que se é o que se antecipou κατα δυναμιν [*gr.*: segundo a possibilidade]. Por isso, o batismo infantil pode muito bem ser defensável e louvável não só como o interesse bem-intencionado da Igreja, uma salvaguarda contra fanáticos, mas também como a bela solicitude de pais piedosos: a responsabilidade

---

173. *bevæget*: emocionante

se estabelece no próprio indivíduo posteriormente. Mas é e sempre será ridículo ver pessoas, que são cristãs unicamente em virtude de uma certidão de batismo, se comportarem *à la* cristã em ocasiões solenes, pois a coisa mais ridícula que o cristianismo pode jamais se tornar é tornar-se aquilo que se chama, no sentido banal, de usos e costumes. Ser perseguido, abominado, desdenhado, escarnecido, ou ser abençoado, louvado: isso é apropriado para o maior de todos os poderes, mas tornar-se um costume domesticado, *bom ton* [*fr.*: de bom-tom] e coisa que o valha, é o seu contrário absoluto. Tentemos imaginá-lo numa ilustração. Convém a um rei ser amado por seu povo, ser honrado em sua majestade, ou, se as coisas derem errado, bem, então, que seja derrubado do trono em uma revolta, que tombe em batalha, que definhe na distância, longe de tudo o que traz a lembrança dele, numa prisão do Estado; mas um rei transformado num pressuroso garçom de aluguel que está extremamente contente com sua posição: isso é uma transformação que grita mais aos céus do que o tê-lo assassinado. Inversamente, pode ser ridículo que cristãos, às vezes, em funerais, por exemplo, apelem para expressões pagãs sobre os Campos Elíseos e coisas semelhantes; mas também é ridículo que um homem, para quem o cristianismo não significou absolutamente nada, nem ao menos o bastante para que ele se preocupasse em abandoná-lo, morra, e então o pastor, assim, sem mais, junto ao túmulo, o introduza na bem-aventurança eterna, tal como essa é entendida em terminologia cristã. Mas não me venham lembrar de que sempre haverá uma diferença entre a Igreja visível e a invisível, e que ninguém se atreva a julgar corações. Longe disso, oh, longe disso. Mas quando a gente se tornava cristão e se deixava batizar numa idade mais madura, aí ao menos se podia falar, com alguma segurança, que o cristianismo alguma importância tinha para os que eram batizados. Deixemos então reservado a Deus julgar os corações! Mas quando alguém é batizado aos catorze dias de idade, quando se considera conveniente permanecer cristão *de nomine* [*lat.*: só nominalmente], quando se torna apenas uma maçada e algo desagradável abjurar o cristianismo, quando a opinião pública, como já foi dito, soa mais ou menos assim: É inconveniente da sua parte fazer tanto barulho por causa disso – bem, aí não se poderá negar que pertencer à Igreja visível [VII 316] converteu-se num testemunho muito duvidoso de que realmente se é um cristão. A Igreja visível se expande de tal modo que por fim a relação se inverte, e tal como antigamente se requeria força e vigor de convicção para alguém se tornar um cristão, assim, atualmente, embora a expressão não deva ser elogiada, coragem e energia serão exigidas para que alguém desista de sê-lo – enquanto que agora se requer apenas irreflexão[174] para ser um cristão dessa maneira. O batismo das crianças bem pode por isso ser defendido, nenhum novo costume precisa por isso ser introduzido; mas como tudo está mudado, os próprios clérigos precisariam perceber que, se antigamente essa era a tarefa deles, ganhar pessoas para o cristianismo, quando só uns poucos eram cristãos, então agora a tarefa deve ser ganhá-las, se possível, espantando-as – já que o infortúnio, afinal, está em que elas são cristãs dessa maneira. Quando o cristianismo entrou no mundo, a gente não era cristão, e a dificuldade estava em se tornar cristão; agora, a dificuldade para se tornar um cristão está em que a gente precisa, por conta própria, transformar um primeiro ser cristão em uma possibilidade, para se tornar um cristão em verdade. E a dificuldade é tanto maior, porque isso deve e convém ocorrer silenciosamente no interior do indivíduo, mesmo sem nenhuma ação exterior decisiva, de modo que não vire numa heresia anabatista ou coisa assim. Mas qualquer um sabe que, mesmo no mundo exterior, saltar daquele lugar[175] em que se está e cair de novo na mesma marca[176] é o mais difícil de todos os saltos, e o salto fica mais fácil quando se estabelece um espaço entre a marca em que o saltador está e a marca para onde o salto deve ser feito: e, assim também, a decisão mais difícil é aquela em que a pessoa que decide não está afastada da decisão (como quando aquele que não é cristão há de decidir se quer ou não ser um cristão), mas é como se a questão já estivesse decidida. Neste caso, com efeito, a dificuldade da decisão é dupla: primeiro esta, que a primeira decisão é uma aparência, uma possibilidade, e depois a decisão propriamente dita. Se eu não sou cristão, e a decisão consiste em se tornar cristão, então o cristianismo me ajuda a me tornar atento para a decisão, e a distância entre nós ajuda por assim dizer como

---

174. *Tankeløshed*
175. *Plet*
176. *paa samme Plet*

a arrancada ajuda o saltador; mas se a coisa já parece decidida, se já sou um cristão (i. é, sou batizado, o que ainda é, afinal de contas, apenas uma possibilidade), então não há nada que me ajude a me tornar adequadamente atento à decisão, mas, ao contrário (o que é a dificuldade aumentada), há algo que me impede de me tornar atento a isso – [VII 317] a saber, a decisão aparente. Em resumo: *é mais fácil tornar-me um cristão se eu não sou um cristão do que tornar-me um cristão se sou um deles; e esta decisão está reservada àquele que foi batizado quando criança.*

O que é o batismo sem apropriação? Sim, é a possibilidade de que a criança batizada possa se tornar um cristão, nem mais nem menos. O paralelo seria: tal como a gente tem que ter nascido, tem que ter vindo à luz, para se tornar um homem, pois uma criança ainda não o é: assim também a gente tem que estar batizado para se tornar um cristão. Para o adulto que não foi batizado quando criança, é verdade que ele se torna um cristão pelo batismo, porque no batismo ele pode ter a apropriação da fé. Retira do essencialmente cristão[177] a apropriação, qual é então o mérito de Lutero? Mas abre os seus livros, e nota em cada linha a vigorosa pulsação da apropriação; nota-a no vibrante progresso de todo seu estilo, que continuamente parece ter atrás de si aquela tormenta de horror que matou Alexius e criou Lutero. Não tinha o papismo a objetividade e as definições objetivas e o objetivo, o objetivo, o objetivo em superabundância? O que lhe faltava? Apropriação, interioridade. *"Aber unsere spitzfindigen Sophisten sagen in diesen Sacramenten nichts von dem Glauben, sondern plappern nur fleissig von den wirklichen Kräften der Sacramente* (o objetivo), *denn sie lernen immerdar, und kommen doch nimmer zu der Erkentniss der Wahrheit* [Mas, ao tratar desses sacramentos, nossos sutis sofistas não dizem absolutamente nada a respeito da fé, porém palram com aplicação sobre as virtudes reais dos sacramentos (o objetivo), pois eles estão sempre aprendendo, e contudo nunca chegam a um conhecimento da verdade]" (*Von der babylonischen Gefangenschaft*, Do cativeiro da Babilônia, pequena edição de Gerlach, IV, p. 195). Mas por este caminho eles teriam realmente de

---

177. *fra det Christelige*: do crístico

chegar à verdade se a objetividade fosse a verdade. Admitamos que é verdade verdadeira, então, que o cristianismo não reside na diferença; que o mais abençoado consolo da vida neste mundo seja o fato de que a sagrada humanidade do cristianismo consiste em poder ele ser apropriado por todos – mas deve e convém ser entendido isso como significando que qualquer um é sem mais nem menos cristão, só por ter sido batizado quando tinha duas semanas de vida?[178] Ser cristão não é uma questão de comodidade, [VII 318] o simples, tanto quanto o sábio, deve fazer a gentileza de existir nele – portanto, ser um cristão se torna algo distinto de ter uma certidão de batismo guardada na gaveta e exibi-la quando se quer ser estudante universitário ou quando se quer celebrar casamento; algo distinto de passar a vida toda com uma certidão de batismo no bolso do colete. Mas o ser um cristão gradualmente tornou-se algo que se é sem mais nem menos, e, no que tange à responsabilidade, trata-se de algo que pertence antes aos pais do que à própria pessoa: que eles afinal não se descuidaram de batizá-lo. Daí provém um estranho fenômeno que, contudo, pode não ser tão raro na Cristandade, que um homem, no que lhe toca, tenha acreditado que certamente seus pais cuidaram disso, que foi batizado e, com isso, a questão esteja decidida, quando então ele próprio se torna pai, bem corretamente desperta nele a preocupação de ver batizado seu filho. Deste modo, a preocupação de tornar-se cristão passou do próprio indivíduo para o seu tutor. Na qualidade de tutor, o pai cuida que o filho seja batizado, talvez também devido a todas as incomodações com a polícia e os problemas a que o filho se exporia caso não fosse batizado. A eternidade no além e a seriedade solene do juízo (no qual, é bom notar, decidir-se-á se fui um cristão, e não se, na qualidade de tutor, cuidei para que meus filhos fossem batizados) são transformadas numa cena de rua ou numa cena de controle de passaportes, aonde os falecidos chegam correndo com suas certidões – preparadas pelo sacristão. Admitamos que seja verdade verdadeira[179] que o batismo é um divino

---

178. Nas *Migalhas* eu expressei esse equívoco dizendo que se tem feito uma tentativa de naturalizar o cristianismo, de modo que por fim ser cristão e ser homem são idênticos, e que se nasce cristão como se nasce homem; ou pelo menos nascimento e renascimento convergem num *Spatium* [*lat.*: espaço] de catorze dias.

179. *Lad det saa ti Gange være sandt*

passaporte oficial para a eternidade. Mas se a leviandade e o espírito mundano querem usá-lo como um passe livre, ainda então ele é um passaporte? O batismo certamente não é o pedaço de papel que o sacristão emite – e às vezes preenche errado. O batismo não é afinal, decerto, apenas o fato exterior de que alguém foi batizado no dia 7 de setembro às onze horas. Que o tempo, que a existência no tempo, se torne decisivo para uma felicidade eterna é em suma tão paradoxal que o paganismo nem consegue imaginá-lo; mas ter a coisa toda decidida na idade de catorze dias no dia 7 de setembro, no decurso de cinco minutos, parece ser, afinal de contas, quase um pouco paradoxal demais. Só faltava que a gente também fosse casada no berço, com tal ou qual pessoa, registrada em tal ou qual estado civil etc., assim, na tenra idade de duas semanas, a gente já teria decidido tudo para sua vida inteira – [VII 319] a não ser que uma decisão mais tardia fosse a de revogar isso, o que talvez se achasse que valia a pena em relação ao projetado casamento, mas talvez não em relação ao cristianismo. Vê só, outrora acontecia no mundo que, quando para uma pessoa tudo desabava, ainda lhe restava a esperança de se tornar cristã; agora, a gente já o é, e de tantas maneiras se é tentada a esquecer – de se tornar um cristão.

Sob tais circunstâncias, na Cristandade (a inconsistência da especulação, por um lado, e que se seja cristão sem mais nem menos, pelo outro lado), torna-se cada vez mais difícil achar um ponto de partida, caso se queira saber o que é cristianismo. Com efeito, a especulação traz o paganismo como resultado do cristianismo, e a noção de que se é um cristão sem mais nem menos, por ser batizado, transforma a Cristandade em um paganismo batizado. Por isso recorri ao paganismo, e à Grécia como representante da intelectualidade, e ao maior de seus heróis, Sócrates. Depois então de me haver assegurado do paganismo, tentei a partir dele encontrar uma diferença tão decisiva quanto possível. Se o objeto do experimento era, por isso, cristianismo, é uma outra questão, mas, de qualquer modo, isso se obteve: que, se a moderna especulação cristã compartilha essencialmente da mesma categoria do paganismo, então a moderna especulação cristã não pode ser o cristianismo.

§ 2

A importância de um acordo provisório a respeito do que é o cristianismo, antes que se possa falar de uma mediação entre o cristianismo e a especulação; a ausência de um acordo favorece a mediação, embora sua ausência torne a mediação ilusória; a intervenção do acordo impede a mediação

Que uma felicidade eterna seja decidida no tempo pela relação para com algo histórico foi a hipótese experimentada e o que agora chamo de o crístico[180]. Certamente ninguém negará que o ensinamento do cristianismo no Novo Testamento é que no tempo se decide a questão da felicidade eterna do indivíduo, e que esta se decide pela relação para com o cristianismo enquanto algo histórico. Para não perturbar despertando alguma ideia a respeito de uma eterna infelicidade, quero observar que falo apenas do positivo, portanto, de que o crente se assegura de sua felicidade eterna no tempo graças à sua relação para com algo histórico. [VII 320] Para não perturbar, não quero chamar atenção, de jeito nenhum, para outras determinações cristãs; todas elas são inerentes a esta única determinação e podem ser consistentemente derivadas dela, assim como esta determinação forma o mais agudo contraste em relação ao paganismo. Só que mais uma vez eu repito: se o cristianismo tem ou não razão, não decido eu. Já no opúsculo disse aquilo que continuamente confesso, que o meu bocadinho de mérito, se é que se trata disso, consiste em expor o problema.

Contudo, tão logo eu menciono o cristianismo e o Novo Testamento, facilmente se inicia uma infindável deliberação. Nada mais fácil para um especulante do que achar um ou outro verso da Bíblia que possa invocar em seu *faveur* [fr.: favor]. Pois nem mesmo isso a especulação esclareceu provisoriamente, em que sentido usará o Novo Testamento. Ora diz, sem mais nem menos, que o Novo Testamento situa-se na esfera da representação, e daí parece seguir que não se pode argumentar a partir dele; ora faz-se grande alarde de se ter a autoridade da Bíblia a seu favor, quando a especulação encontra uma passagem da Bíblia à qual possa apelar.

---

180. *det Christelige*

O acordo provisório a respeito do que é o que, a respeito do que seja o cristianismo, antes que a gente se meta a explicá-lo, a fim de que, em vez de explicar o cristianismo, a gente mesmo não se invente algo e o explique como sendo o cristianismo, este acordo prévio é de extrema e decisiva importância. Este comparecimento de ambas as partes perante a comissão de conciliação (para que a própria mediação não se torne uma das partes e simultaneamente a comissão diante da qual compareçem) parece não interessar à especulação, que prefere, simplesmente, tirar seu proveito do cristianismo. Tal como, no caso menor, houve decerto um ou outro que simplesmente não se preocupou muito em compreender Hegel, mas decerto preocupou-se com o benefício que se tem *em até mesmo ir além* de Hegel, assim também é bastante tentador passar além no que toca a algo de tão grande e significativo como o cristianismo. É preciso que o cristianismo compareça, não exatamente por causa do cristianismo, mas para que apareça bem este ir além. – Por outro lado, é importante que a discussão a respeito do que é o cristianismo não se torne uma discussão erudita, pois, no mesmo instante, tal como foi mostrado na primeira parte deste livro, entramos num processo de aproximação que jamais pode ser concluído. A mediação entre cristianismo e especulação não será possível nesse caso, por uma outra razão, porque a discussão não pode ser concluída.

A questão sobre o que é o cristianismo tem, portanto, de ser levantada, mas isso não pode ser feito de modo erudito, e de jeito nenhum partidário, [VII 321] na pressuposição de que o cristianismo seja uma doutrina filosófica, pois, aí, a especulação seria mais do que parte, ou simultaneamente parte e juiz. A questão tem, portanto, de ser levantada na perspectiva da existência, e tem de poder ser respondida, e respondida brevemente. Ou seja, embora se admita que um teólogo erudito empregue toda sua vida para investigar de modo erudito a doutrina da Escritura e da Igreja, seria afinal uma ridícula contradição caso um existente que perguntasse o que é o cristianismo, na perspectiva da existência, gastasse toda a sua vida deliberando sobre isso – pois, quando então ele deveria existir nele?

A questão sobre o que é o cristianismo não pode, portanto, ser confundida com a questão objetiva a respeito da verdade do cristianismo, que discutimos na primeira parte deste escrito. É certamente possível perguntar-se objetivamente sobre o que é o cristianismo, se aquele que questiona quer colocar a questão objetivamente, e por enquanto deixar em aberto se ele é ou não a verdade (a verdade é a subjetividade). Então o interrogador se exime de toda azáfama reverencial que tenta demonstrar a verdade deste, e juntamente de toda a precipitação especulativa para ir além; o que ele deseja é tranquilidade, não deseja nem recomendações nem pressa, o que ele deseja é chegar a saber o que é o cristianismo.

Ou não pode chegar a saber o que é cristianismo quem não for também cristão? Todas as analogias parecem falar a favor de que é possível vir a sabê-lo, e o próprio cristianismo precisa de fato considerar como falsos cristãos os que apenas sabem o que é o cristianismo. Aqui, mais uma vez, a questão foi confundida pela aquisição de uma aparência de ser cristão pelo fato de se ter sido prontamente batizado quando criança. Mas quando o cristianismo veio ao mundo, ou quando [hoje] é introduzido em um país pagão, não anulou ou não anula de um só risco a geração atual dos mais velhos e se apoderou das criancinhas. Naquele tempo as relações estavam em ordem: aí o difícil era tornar-se um cristão, e a gente não se ocupava com o compreender o cristianismo; agora quase atingimos a paródia de que tornar-se um cristão não é nada, mas a tarefa difícil e trabalhosa está em compreender o cristianismo. Com isso, tudo se inverteu, o cristianismo se transformou numa espécie de doutrina filosófica, e a dificuldade reside bem corretamente em compreendê-lo; ao invés de o cristianismo relacionar-se essencialmente com a existência, e o difícil ser o tornar-se cristão[181]. [VII 322] Por isso a fé é destronada, em relação ao compreender, ao invés de ser, corretamente, o máximo, quando a dificuldade consiste em tornar-se cristão. - Tomemos, então, um filósofo pagão a quem o cristianismo veio a ser anunciado –

---

181. Em relação à doutrina, compreendê-la é o máximo, e se tornar adepto é uma maneira maliciosa para aqueles que nada compreendem se esquivarem dando a impressão de ter compreendido; em relação a uma comunicação existencial, o existir nela é o máximo e o pretender compreendê-la é uma desculpa maliciosa, que quer evadir-se da tarefa. Tornar-se hegeliano é algo suspeito, compreender Hegel é o máximo; tornar-se cristão é o máximo, querer compreender o cristianismo é algo suspeito. – Isso corresponde totalmente ao que foi analisado no capítulo anterior: sobre possibilidade e realidade. Para uma doutrina, a relação de possibilidade é o máximo, para uma comunicação existencial é a realidade efetiva; querer compreender uma comunicação existencial é querer transformar sua relação para com ela numa relação de possibilidade.

se bem que não como mais uma doutrina filosófica que ele deveria compreender, mas com a pergunta se ele queria ser cristão; não lhe ficou dito o que era o cristianismo, para que ele pudesse escolher?

Que alguém possa saber o que é cristianismo sem ser cristão, é algo que, então, deve ser respondido pela afirmativa. Se alguém pode saber o que é ser cristão sem ser um cristão, é outra coisa, e deve-se responder pela negativa. Por outro lado, o cristão deve realmente saber o que é o cristianismo e ser capaz de dizê-lo – considerando que ele próprio se tornou um. Não creio que se possa exprimir a dubiedade do tornar-se cristão com catorze dias de idade de modo mais forte do que ao apontar que, com essa ajuda, é possível encontrar cristãos – que ainda não se tornaram cristãos. A passagem ao cristianismo é feita tão cedo que é apenas uma possibilidade de ser capaz de fazer a passagem. Com efeito, aquele que se tornou realmente cristão, decerto teve um período de tempo em que não era cristão; teve, então, de novo, um período de tempo em que aprendeu o que é cristianismo; então, agora, se não perdeu de todo a lembrança de como ele próprio existia antes de se tornar cristão, tem de ser capaz, por sua vez, de dizer o que é cristianismo, no que lhe concerne, ao comparar sua vida anterior com sua vida cristã. Tão logo a situação transitória se fizer contemporânea da entrada do cristianismo no mundo, ou com sua introdução em um país pagão, tudo ficará claro. O tornar-se cristão fica sendo então a mais terrível de todas as decisões numa vida humana, dado que se trata de, atravessando desespero e escândalo (os dois cérberos que guardam o acesso ao tornar-se cristão), ganhar a fé. Uma criança de catorze dias não pode, contudo, a bem-dizer, já ter absolvido o mais terrível exame da vida, aquele em que a eternidade faz a censura, por mais certidões que tenha, feitas pelo sacristão[182], de que foi batizado. [VII 323] Mas, então, também para o que está batizado, tem de vir um momento mais tardio que corresponda, essencialmente, à situação da passagem quando esta é contemporânea da entrada do cristianismo no mundo; então, para o que foi batizado, tem de vir um instante mais tardio quando ele, embora cristão, se pergunte sobre o que é o cristianismo – a fim de se tornar cristão. Pelo batismo, o cristianismo lhe deu um nome, e ele é um cristão *de nomine* [*lat.*: de nome]; mas na decisão ele se torna

---

182. *Klokkeren*: o tocador do sino

cristão e dá ao cristianismo o seu nome (*nomen dare alicui* [*lat.*: dar o nome a alguém]). – Tomemos um filósofo pagão; ele decerto não se tornou cristão quando tinha catorze dias de vida, quando não sabia o que fazia (na verdade, explicação estranhíssima para o mais decisivo dos passos, dado que este se dá quando não se sabe o que se faz!); ele bem sabia o que fazia quando resolveu relacionar-se com o cristianismo até que lhe aconteceu a coisa mais maravilhosa, que ele se tornou cristão (se quisermos expressá-lo deste modo), ou até que ele escolheu tornar-se um deles – portanto, ele sabia o que era o cristianismo quando outrora aceitou o cristianismo, quando ainda não era cristão.

Mas enquanto todos estão tão ocupados em definir eruditamente e compreender especulativamente o cristianismo, jamais se vê a questão sobre o que seja o cristianismo apresentada de tal modo que se descubra que aquele que pergunta o faz na perspectiva da existência e no interesse do existir. E por que ninguém o faz? Ah, naturalmente, porque somos todos cristãos, sem nada mais. E, graças a esta esplêndida invenção: ser cristão sem nada mais, as coisas chegaram a tal ponto na Cristandade que não se sabe ao certo o que é o cristianismo; ou a explicação do que seja cristianismo, por ter sido confundida com uma explicação erudita e especulativa do cristianismo, tornou-se um caso tão prolixo que ainda não está totalmente concluída – porém, aguarda-se um novo escrito. Aquele que realmente se tornou um cristão na pressuposição da contemporaneidade da situação de passagem com a entrada do cristianismo no mundo sabia ainda, de fato, o que é o cristianismo; e aquele que realmente deve tornar-se cristão precisa sentir esse ímpeto, um ímpeto que eu não acredito que mesmo a mãe mais apaixonada descobriria em seu filho na tenra idade de catorze dias. Mas nós somos todos, afinal de contas, cristãos. Os cristãos eruditos disputam sobre o que seria realmente cristianismo, mas nunca lhes ocorre imaginar que eles próprios não sejam cristãos, [VII 324] como se fosse possível saber com certeza que se é alguma coisa que não se sabe com certeza o que seria. O sermão se dirige à "comunidade" cristã e, contudo, quase sempre se move *em direção* ao essencialmente cristão, recomenda o abraçar a fé (ou seja, o tornar-se cristão), atrai os homens a aceitarem o cristianismo – e os homens a quem fala são a comunidade cristã e, portanto, decerto cristãos. Se morrer amanhã um ouvinte, que ontem, verdadeiramente arrebatado pelo discurso de exortação ao cristianismo feito pelo pastor, pensava: falta só um pouquinho para eu me tornar um cristão, então depois de amanhã ele será enterrado como cristão – pois ele era, afinal de contas, cristão.

Portanto, aquilo que em si mesmo parece tão óbvio, a saber, que um cristão tem de fato de saber o que é cristianismo, sabê-lo com a concentração e atitude decidida tanto pressupostas quanto fornecidas pelo fato de se ter dado o passo decisivo, agora não é mais compreensível tão diretamente. Somos todos cristãos, é claro; um especulante também foi batizado quando tinha catorze dias de idade. Quando então um especulante diz: "Eu sou cristão (*N.B.*, compreendendo com isso ter sido batizado quando se tinha catorze dias de idade); e um cristão decerto precisa saber o que é cristianismo; o verdadeiro cristianismo, eu afirmo, é a mediação do cristianismo; e atesta a correção disso o fato de que eu mesmo sou cristão" – o que deveríamos aí responder? A isso se tem de responder: Se um homem diz: "Sou cristão, *ergo*, eu tenho de saber, afinal, o que é cristianismo", e não diz nenhuma palavra mais, então há que se deixar como está; seria afinal uma tolice contradizê-lo, pois ele nada diz. Mas se ele começa a desenvolver o que ele agora entende por cristianismo, então, mesmo sem ser cristão, deve ser capaz de saber se isso é ou não é cristianismo à medida que sem ser cristão se possa saber o que é cristianismo. Se, por acaso, o que ele explica como cristianismo for essencialmente idêntico a paganismo, então tem-se o direito de negar que isso seja cristianismo.

O que seja cristianismo é algo que tem de ser decidido em primeiríssimo lugar, antes que se possa falar de qualquer mediar. Com essa questão a especulação não se envolve; não procede de modo a que primeiro se estabeleça o que é especulação, depois o que é cristianismo, para então ver se os opostos se deixam mediar; não certifica, para fazer constar, as respectivas identidades das partes adversas antes de se avançar para uma conciliação. Se se lhe pergunta o que é cristianismo, ela responde sem mais: a *concepção* especulativa de cristianismo, sem se preocupar sobre se há algo na distinção que distinga entre uma coisa e a concepção de uma coisa, [VII 325] o que parece aqui ser importante para a própria especulação, pois, na medida em que o próprio cristianismo é sua concepção pela especulação, então não há de fato mediação, já que, nesse caso, não há, logicamente, oposições, e uma mediação no interior do idêntico é realmente algo que não diz nada. Mas, nesse caso, será talvez melhor perguntar à especulação o que é afinal especulação. Mas eis que aprendemos que especulação é reconciliação, é mediação – é cristianismo. Mas, se especulação e cristianismo são idênticos, o que significa então mediá-los? E, além disso, assim o cristianismo é essencialmente paganismo, pois a especulação certamente não negará que o paganismo tinha especulação. – Eu prontamente e de boa vontade concedo que, em certo sentido, a especulação agora fala de modo totalmente consequente, mas esta fala consequente também mostra que nenhuma conciliação preliminar teve lugar antes do acordo, provavelmente porque não se pôde encontrar uma terceira posição onde as partes adversas pudessem se encontrar.

Mas mesmo quando a especulação admite uma diferença entre cristianismo e especulação, se não por outro motivo então apenas para ter o prazer de mediar, mesmo quando não indica determinada e decisivamente a diferença, há que perguntar: Não é a *mediação* a ideia da especulação? Quando, portanto, aí *se faz a mediação* dos opostos, então os opostos (especulação – cristianismo) não são iguais ante o mediador; mas o cristianismo [é, isso sim], um momento no interior da especulação, e a especulação adquire preponderância porque já tinha preponderância, e porque o instante do equilíbrio, em que os opostos se equilibrariam mutuamente, não ocorreu. Quando é feita a mediação[183] entre dois opostos, e esses são reconciliados[184] numa unidade mais elevada, aí os opostos podem talvez ser *ebenbürtig* [*al.*: de igual posição/nascimento], porque nenhum deles é o oposto da especulação. Mas quando um dos opostos é a própria especulação, o outro um oposto da especulação, e a mediação aí é feita, e a mediação é, afinal, a ideia da especulação, então é um movimento ilusório falar de um oposto da especulação, já que o poder conciliador é a própria especulação (a saber, a sua ideia, que é a mediação). No interior da especulação pode-se indicar um lugar relativo para o que quer que reivindique ser especulação, e os opostos podem ser

---

183. *medieres*
184. *medieres*

mediados, ou seja, os opostos que tenham em comum o seguinte: que cada um seja uma tentativa especulativa. Assim, quando a especulação faz a mediação entre a doutrina dos eleatas e a de Heráclito, isso pode ser inteiramente correto [VII 326]; pois a doutrina dos eleatas não se relaciona com a especulação como oposta, mas é, ela própria, especulativa, e o mesmo se dá com a doutrina de Heráclito. É diferente quando o oposto é o oposto da especulação em termos absolutos[185]. Se aqui se há de mediar (e a mediação é de fato a ideia da especulação), isso quer dizer que a especulação julga entre ela mesma e o que se opõe a ela mesma, e é, portanto, ela própria, parte e juiz. Ou isso quer dizer que a especulação admite previamente que absolutamente não pode haver nenhuma oposição à especulação, de modo que toda oposição seja apenas relativa, por se dar no interior da especulação. Mas era isso precisamente o que deveria ser negociado no acordo preliminar. Talvez seja por isso que a especulação tem tanto medo de indicar claramente o que é o cristianismo, talvez por isso ela se apresse tanto para pôr em marcha a mediação, e para recomendá-la, porque teria de temer o pior, caso se tornasse claro o que é cristianismo. Tal como, num Estado onde um ministério rebelado tomou o poder e o rei é mantido longe enquanto o ministério rebelado age em nome do rei: assim é a conduta da especulação ao mediar o cristianismo.

Contudo, o equívoco de que o cristianismo devesse ser um elemento no interior da especulação, ensejou decerto que a especulação transigisse um pouco. A especulação assumiu o título de "cristã", quis reconhecer o cristianismo pela adição desse adjetivo, tal como às vezes pelo casamento envolvendo famílias nobres se forma um nome composto a partir das duas famílias, ou assim como quando empresas comerciais se unem numa única firma que carrega, contudo, o nome de ambas. Se fosse então o caso, como tão facilmente se admite, de que tornar-se cristão não seja nada, então o cristianismo deveria de fato estar numa louca alegria por ter conseguido um tão bom partido e ter obtido honra e dignidade quase iguais às da especulação. Se, pelo contrário, o tornar-se cristão é a mais difícil de todas as tarefas, então o ilustríssimo especulante parece ter tirado maior lucro à medida que passa a ser cristão graças à sua

---

185. *overhovedet*

firma. Mas o tornar-se cristão é realmente a mais difícil de todas as tarefas, porque a tarefa, embora a mesma, varia de acordo com as habilidades dos respectivos indivíduos. Esse não é o caso das tarefas que pressupõem diferenças. No que toca ao entender conceitual[186], por exemplo, alguém com boa cabeça tem uma vantagem direta sobre o de inteligência limitada, mas isso não vale em relação ao crer. Com efeito, quando a fé exige que se renuncie ao entendimento, então ter fé torna-se tão difícil para o mais inteligente quanto para o de inteligência mais limitada, ou se torna até mesmo mais difícil para o primeiro. Vê-se de novo o equívoco de se transformar o cristianismo em uma doutrina, onde o que interessa é compreender, pois, deste modo, o tornar-se cristão reside na diferença. [VII 327] O que falta então aqui? O acordo preliminar, onde se fixa o *status* de cada uma das partes antes da nova firma ser estabelecida. – Mas vamos adiante: esta especulação cristã especula, então, no interior do cristianismo. Porém, essa especulação é algo diferente daquele *usus instrumentalis* [*lat.*: uso instrumental] da razão e algo diferente daquela especulação que, de modo inteiramente consequente, já que era especulação apenas *dentro* do cristianismo, admitia que fosse verdade na filosofia uma coisa que não o era na teologia. Assim entendido, está certo especular no interior de uma pressuposição, o que a especulação cristã afinal quer indicar com o predicado "cristão". Mas se essa especulação, que começa com uma pressuposição, enquanto especulação avança sempre mais e por fim especula inclusive a pressuposição, ou seja, remove a pressuposição – o que acontece? Bem, neste caso a pressuposição era um jogo de sombras. Sobre os habitantes de *Mol*[187] narra-se que esses, comovidos pela visão de uma árvore que se inclinava sobre o rio, com a ideia de que ela estivesse com sede, resolveram ajudá-la. Para esse fim, um *Molbo* pendurou-se à árvore, o próximo agarrou-se às suas pernas, e, assim formaram toda uma corrente, com o propósito comum de ajudar a árvore – tudo isso com o pressuposto de que o primeiro deles seguraria firme. Pois o primeiro era a pressuposição. Mas o que acontece? Subitamente, este se solta para cuspir nos punhos e assim segurar-se ainda melhor – e então? Então todos os *Molboer* caíram na água – e

---

186. *at begribe*

187. Região da Dinamarca, cujos habitantes (*Molboer*) são alvo de muitos chistes dos vizinhos [N.T.].

por quê? Porque a pressuposição foi abandonada. Especular no interior de uma pressuposição de modo a que finalmente se especule a pressuposição é exatamente a mesma proeza que pensar, no interior de um hipotético "se", algo tão evidente que ele adquire o poder de transformar em realidade a hipótese no interior da qual se obteve tal poder. – E de que outra pressuposição se pode, em suma, falar em relação à assim chamada especulação cristã, a não ser dessa, de que o cristianismo seja o exato oposto da especulação, que ele seja o miraculoso, o absurdo, com a exigência de que o indivíduo deva existir nele e não perder tempo com o compreender especulativo. Se se há de especular no interior dessa pressuposição, então a especulação terá como tarefa, por sua vez, o concentrar-se na impossibilidade de se compreender de modo especulativo o cristianismo, [VII 328] algo que foi descrito anteriormente como a tarefa do sábio singelo.

Mas talvez diga o especulante: "Se o cristianismo deve ser assim o exato oposto da especulação, seu contrário absoluto, então nem posso chegar a especular sobre ele; pois toda especulação consiste na mediação e na afirmação de que só há opostos relativos". "Talvez seja assim", eu responderia, "mas por que falas assim? É para me apavorar, para que eu tenha medo da especulação e do enorme prestígio de que ela goza numa certa opinião pública, ou é para me conquistar, de modo a que eu tenha de considerar a especulação como o bem supremo?" Aqui não se questiona se o cristianismo tem razão, mas sobre o que o cristianismo é. A especulação deixa de lado o acordo preliminar, por isso é que dá certo com a mediação. Antes de mediar, ela já mediou, ou seja, transformou o cristianismo em uma doutrina filosófica. Assim, porém, que o acordo estabelece o cristianismo como o oposto da especulação, então a mediação é *eo ipso* impossível, pois toda mediação se dá no interior da especulação. Se o cristianismo é o oposto da especulação, então ele é também o oposto da mediação, pois a mediação é a ideia da especulação; o que significará, então, mediá-lo? Mas o que é o oposto da mediação? É o paradoxo absoluto.

Deixemos então alguém que não se declara cristão perguntar o que é o cristianismo. Assim a coisa fica o mais natural possível, e evita-se a confusão[188], tão ridícula quanto triste, de que Fulano e

---

188. *Confusion*

Beltrano, que são eles mesmos *sem mais* cristãos, para uma nova confusão[189] se deem ao trabalho de explicar o cristianismo especulativamente, o que é quase insultá-lo. Se o cristianismo fosse uma doutrina filosófica, então poder-se-ia honrá-lo dizendo que ele é difícil de compreender (especulativamente), mas, se o próprio cristianismo assume que a dificuldade está em se tornar e em ser um cristão, então não deveria ser difícil compreendê-lo – a saber, compreendê-lo de tal modo que se possa começar pela dificuldade – de se tornar e de ser um cristão.

O cristianismo não é uma doutrina[190], mas expressa uma contradição existencial e uma comunicação existencial. Se o cristianismo fosse uma doutrina, [VII 329] *eo ipso* não configuraria a oposição à especulação, mas seria um momento no interior desta. O cristianismo tem a ver com existência, com o existir, mas existência e existir são justamente o oposto da especulação. A doutrina eleática, por exemplo, não se relaciona à existência, mas sim à especulação; por isso, é justo assinalar-lhe seu lugar no interior da especulação. Jus-

---

189. *Forvirring*

190. Oxalá não surja aqui em seguida um apressadinho para explicar ao mundo dos leitores quão tolo é todo o meu livro, o que se vê mais do que o suficiente pelo fato de eu espalhar algo desse tipo, que o cristianismo não é uma doutrina. Vamos nos compreender mutuamente. Uma coisa é decerto uma doutrina filosófica, que quer ser captada conceitualmente [*begribes*] e especulativamente compreendida [*forstaaes*], outra coisa uma doutrina que quer ser realizada [*realiseres*] na existência. Quando, no que concerne a esta última doutrina for o caso de compreensão, então esta compreensão tem de ser compreender que se deve existir nela, compreender quão difícil é isso, existir nela, quão enorme tarefa existencial essa doutrina coloca ao que a aprende. Quando, assim, a uma época dada, em relação a uma doutrina desse tipo (uma comunicação existencial) tornou-se comum admitir que é extremamente fácil ser o que a doutrina manda, mas que é tão difícil compreender a doutrina especulativamente: aí alguém pode estar em bom entendimento com esta doutrina (comunicação existencial), quando se procura mostrar quão difícil é segui-la em existindo. Em relação a uma doutrina dessas é, pelo contrário, um mal-entendido querer especular sobre ela. Uma dessas doutrinas é o cristianismo. Querer especular sobre ele é um mal-entendido e, quanto mais a gente avança por este caminho, tanto maior é o mal-entendido que a gente comete. Quando finalmente se alcança aquele ponto de não apenas querer especular, mas de tê-lo compreendido especulativamente, chega-se ao extremo do mal-entendido. Este ponto foi alcançado graças à mediação de cristianismo e especulação, e por isso é bem correto dizer que a moderna especulação é o supremo mal-entendido do cristianismo. Se as coisas estão de fato assim, e se está dado, além disso, que o século XIX é tão terrivelmente especulativo, então há que se temer que a palavra doutrina a cada instante seja compreendida no sentido de uma doutrina filosófica que deve e quer ser compreendida conceitualmente. Para evitar tal equívoco, optei por chamar o cristianismo de uma comunicação existencial, para designar corretamente sua diferença frente à especulação.

tamente porque o cristianismo não é doutrina, por isso vale, como já foi desenvolvido, que existe uma enorme diferença entre saber o que é cristianismo e ser cristão. Em relação a uma doutrina, esta distinção é impensável, porque a doutrina não se relaciona com o existir. Não posso remediar[191] se nossa época inverteu a relação e transformou o cristianismo numa doutrina filosófica, que deve ser compreendida, e o ser cristão numa insignificância. De resto, que só porque o cristianismo não é uma doutrina se deva concluir que o cristianismo é vazio de conteúdo, é apenas uma chicana. [VII 330] Quando um crente existe na fé, sua existência tem um enorme conteúdo, mas não no sentido de um ganho em parágrafos[192].

Tentei expressar a contradição existencial do cristianismo no problema: que uma felicidade eterna seja decidida aqui no tempo por uma relação com algo de histórico. Se eu dissesse que o cristianismo é uma doutrina sobre a Encarnação, sobre a Redenção etc., o mal-entendido logo ficaria facilitado. A especulação apodera-se dessa doutrina, aponta para a interpretação menos perfeita etc., do paganismo e do judaísmo. O cristianismo se torna um momento, talvez um momento supremo, mas essencialmente especulação.

§ 3
O problema das *Migalhas* como um problema introdutório, não ao cristianismo, mas ao tornar-se cristão

Dado que nem nas *Migalhas* nem agora tive a pretensão de explicar o problema, mas apenas de propô-lo, assim também meu procedimento é: o de continuamente aproximar-me dele, introduzi-lo, porém, convém notar, que esta introdução fique de um gênero próprio, dado que não há nenhuma transição direta da introdução para o tornar-se cristão, mas que, ao contrário, este é o salto qualitativo. Um tal introduzir, portanto (justamente porque o introduzir em sentido usual é uma contradição com relação à decisão do salto qualitativo), é [do tipo] repelente; não facilita entrar naquilo ao qual conduz; ao contrário, dificulta. Muito embora seja algo bonito

---

191. *Jeg kan ikke gjøre for*
192. *ikke i Betydning af §-Udbytte.*

e bem-intencionado, considerando que o ser um cristão há de ser o bem supremo, querer auxiliar as pessoas a se tornarem tais facilitando o acesso: eu assumo, confiadamente, a responsabilidade de tornar isso difícil, tão difícil quanto possível, segundo minhas parcas capacidades, sem, porém, fazer com que seja mais difícil do que o é – esta responsabilidade eu assumo para mim, isso é algo que se pode por certo tomar sobre si num experimento. Eu penso assim: se isso é o bem supremo, então é melhor que eu saiba com certeza que não o possuo, a fim de eu poder aspirar com toda a força alcançá-lo, do que, enfeitiçado numa ilusão, imaginar que o possuo e, por conseguinte, nem ter em mente buscá-lo. Assim compreendido, não nego de jeito nenhum que considero o batismo das crianças não apenas defensável como ortodoxo, e louvável como uma expressão da piedade dos pais, que não poderiam suportar ficar separados de seus filhos no que se refere ao que, para eles, é uma questão de felicidade, [VII 331] mas também, ainda num outro sentido, para o qual não se atenta, eu o considero como um bem – porque ele deixa o tornar-se cristão ainda mais difícil. Isso eu já expus em outro lugar; aqui devo apenas complementar. Que a decisão exterior, pela qual me torno um cristão, esteja antecipada, faz com que a decisão, se ocorrer, torne-se puramente interior e que sua interioridade seja, por isso, até maior do que se a decisão também ocorresse no exterior. Quanto menos exterioridade, mais interioridade. É algo de profundo e maravilhoso que a mais apaixonada decisão se produza numa pessoa de tal modo que não seja exteriormente detectada de jeito nenhum: era cristã, e contudo se tornou tal. Assim, se um cristão batizado na infância se torna verdadeiramente um cristão, e se torna tal com a mesma interioridade como quando alguém que não é cristão passa para o cristianismo, a interioridade de sua passagem só pode ser a maior de todas, justamente porque não há nenhuma exterioridade. Mas, por outro lado, a ausência do exterior é decerto uma tentação e pode facilmente tornar-se uma tentação para muitos, para assim deixar em suspenso a decisão, tal como se pode ver melhor na possibilidade de que um ou outro venha a se surpreender com a ideia de que ser batizado na infância possa significar que ficou mais difícil tornar-se um cristão. Entretanto, esse é o caso, e todas as analogias hão de confirmar a correção da proposição: quanto menos exterioridade, mais interioridade – se esta está verdadeiramente lá; mas também, quanto menos exterioridade, maior a possibilidade de que a interioridade fique inteiramente ausente. A exterioridade é o vigia que acorda o adormecido; a exterioridade é a mãe cuidadosa que chama seu filho; a exterioridade é o apelo que põe de pé o soldado; a exterioridade é o toque de marchar que ajuda cada um ao grande esforço; mas a ausência da exterioridade pode significar que a interioridade mesma chama por alguém interiormente: ai, mas igualmente pode significar que a interioridade esteja ausente.

Contudo, não é só assim que aquilo que tenho de chamar de uma introdução ao tornar-se cristão é extremamente diferente daquilo que em geral se chama introdução, mas é também extremamente diferente de uma introdução ao cristianismo, no caso de esta partir do ponto de vista de que o cristianismo é uma doutrina. Tal introduzir não conduz ao tornar-se cristão, mas *höchstens* [al.: no máximo] à percepção, por meio de uma visão histórico-universal, da excelência do cristianismo em relação ao paganismo, ao judaísmo etc.

O introduzir ao qual eu me dedico consiste em, rechaçando, fazer com que seja difícil tornar-se cristão, e ele concebe o cristianismo não como uma doutrina, mas como uma contradição existencial e comunicação existencial; [VII 332] não introduz, por isso, em termos histórico-universais, mas psicologicamente, ao tornar atento ao quanto ele deve ser vivido e ao quão difícil é tornar-se realmente atento à dificuldade da decisão. O que eu tenho dito bastante frequentemente, mas não consigo repetir frequentemente o bastante, tanto por mim, porque isso me ocupa muito profundamente, quanto também por causa dos outros, para que não os confunda, vou aqui repetir: não é ao homem simples que este [modo de] introduzir pode fazer com que seja difícil tornar-se cristão. Que aí também dele se exige o máximo esforço para se tornar cristão, é bem a minha opinião, além de que ninguém lhe presta favor algum ao tornar isso fácil demais, mas qualquer tarefa existencial essencial refere-se igualmente a todo homem e, portanto, faz com que a diferença seja proporcional ao modo como o indivíduo é dotado. Dominar-se a si mesmo é tão difícil para o sagaz quanto para o simples, talvez até mais difícil, porque sua sagacidade o ajudará com muitas escusas astutas. Compreender que um ser humano não é capaz de nada (a bela e profunda expressão da relação para com Deus) é tão difícil para um rei notavelmente dotado quanto para uma pessoa pobre, miserável, talvez até mais difícil, porque facilmente lhe tenta o fato de ele ser capaz de tantas coisas. O mesmo se dá com o tornar-se e o ser cristão. E quando a cultura e coisas semelhantes conseguiram fazer com que seja tão fácil tornar-se um cristão, então está certo que o indivíduo singular[193], segundo suas parcas habilidades, procure torná-lo difícil, contanto que, de qualquer modo, não torne a coisa mais difícil do que ela já é. – Mas quanto mais cultura e conhecimento – tanto mais difícil é tornar-se um cristão.

Se se quiser considerar o diálogo *Hippias* como uma introdução ao que é o belo, então se terá nele uma espécie de analogia ao tipo de introdução como aquela de que estou falando. Ou seja, depois de apresentadas algumas tentativas de explicar o que é o belo, todas elas reduzidas a nada, o diálogo termina com o dito de Sócrates de que do diálogo ele tirou o proveito de ter aprendido que a questão é difícil. Se Sócrates tem razão num tal procedimento, visto que o belo é uma ideia, e não se relaciona com o existir, não decidirei. Mas quando, na Cristandade, parece que muito já foi feito, ou se quer fazer, para se chegar a esquecer o que é o cristianismo, então o melhor juízo é o que considera uma introdução apropriada [VII 333] (para nada dizer sobre ser a única em relação ao tornar-se cristão) se, em vez de se assemelhar às introduções usuais – e aos tarefeiros que os hotéis enviam a acolher de imediato os viajantes na alfândega e recomendar-lhes suas instalações –, termina por fazer o tornar-se cristão difícil, embora a introdução tenha também procurado mostrar o que o cristianismo é. Vê só, a hospedaria precisa dos viajantes; porém, com relação ao cristianismo, seria mais apropriado se as pessoas compreendessem que elas é que precisam do cristianismo. A distinção entre saber o que é o cristianismo (o mais fácil) e ser um cristão (o mais difícil) não se aplica ao belo ou à *doutrina* sobre o belo. Se o diálogo *Hippias* tivesse elucidado o que é o belo, nada teria restado que criasse dificuldade, e aquele diálogo não teria absolutamente nada que correspondesse ao caráter dúplice de nosso empreendimento: o qual elucida o que é o cristianismo, mas só dificulta o tornar-se cristão. Mas se o tornar-se cristão é o difícil, a decisão absoluta, então não pode haver introdução sem algo de repelente que, justamente

---

193. *den Enkelte*

pela repulsão, chama atenção para o fato de que esta é a decisão absoluta. Mesmo com a mais longa introdução voltada para a decisão, a gente não se aproxima um único passo da decisão, pois, caso contrário, a decisão não é a decisão absoluta, o salto qualitativo, e a gente é feito de bobo em vez de ser auxiliado. Que a introdução, entretanto, em seu máximo não chegue nem um passo mais perto daquilo a que introduz, expressa, por sua vez, que ela só pode ser repelente. A filosofia introduz diretamente ao cristianismo; a introdução historicizante e retórica idem, e isto dá certo – porque ali se introduza uma doutrina, mas não ao tornar-se cristão.

SECTIO 2
O PROBLEMA PROPRIAMENTE DITO

A felicidade eterna do indivíduo é decidida no tempo através de uma relação para com algo histórico que, além disso, é histórico de tal modo que sua composição contém algo que, de acordo com sua natureza, não pode tornar-se histórico e que, por conseguinte, deve tornar-se tal em virtude do absurdo

O problema é patético-dialético. O patético reside no primeiro, [VII 334] pois a paixão de uma pessoa culmina na relação patética para com uma felicidade eterna. O dialético reside no último, e a dificuldade é justamente que o problema esteja assim composto. Amar é *pathos* imediato; relacionar-se com uma felicidade eterna é, na esfera da reflexão, *pathos* imediato; o dialético reside em que a felicidade eterna, com a qual se pretende que o indivíduo se relacione de forma pateticamente correta, seja, ela própria, feita dialética por meio de determinações ulteriores, que, por sua vez, operam como um incitamento para levar a paixão ao seu extremo. Quando alguém expressa, existindo, e por mais tempo expressou, que renuncia, e que renunciou a tudo para se relacionar com o τελος absoluto, a presença de condições exerce uma influência absoluta no tensionamento da paixão tão alto quanto possível. Já em relação ao *pathos* relativo, o dialético é como óleo no fogo, que expande o âmbito interior e inflama intensamente a paixão. Mas já que está esquecido o que significa existir *sensu eminenti*, como usualmente localizamos o patético na imaginação e no sentimento e deixamos que o dialético o anule, ao invés de reunir a ambos na contemporaneidade da existência, assim, em nosso filosófico século XIX, o patético caiu em descrédito, e o dialético tornou-se desapaixonado, assim como se tornou muito fácil e *geläufigt* [*al.* (com terminação dinamarquesa): corriqueiro, simples, comum] pensar contradições – pois a paixão é justamente o palpitante da contradição, e quando isso é deixado de lado a paixão é uma *Plaisanterie* [*fr.*: amenidade], um *Bonmot* [*fr.*: observação graciosa]. Um problema existencial é, pelo contrário, patético-dialético, o aqui exposto exige interioridade existencial para alcançar o patético, paixão no pensamento para alcançar a dificuldade dialética, e paixão concentrada, porque há que existir nela.

Para elucidar o problema, devo, primeiro, discutir o patético, e depois o dialético, mas peço ao leitor que continuamente recorde que a dificuldade finalmente consiste em compor as duas coisas, que o existente, que, em absoluta paixão, expressa pateticamente por sua existência sua relação patética para com a felicidade eterna, deva agora relacionar-se com a decisão dialética. Tanto como está tensionado pateticamente em relação com sua felicidade eterna, na mesma medida há de socraticamente temer estar num erro. Por isso, seu esforço é o maior possível, ainda mais porque o logro é muito fácil, pois não há nada de exterior para se ver. No amor humano, o indivíduo tem a ver com um outro ser humano, pode ouvir seu sim ou seu não; em todo empreendimento do entusiasmo, o indivíduo tem ainda algo de exterior, mas em relação à felicidade eterna o indivíduo tem a ver apenas consigo mesmo em interioridade. Tem *gratis* a palavra em sua língua mãe; pode em seguida aprender a recitar de cor um pouco disso e um pouco daquilo; no que toca ao exterior, a representação de uma felicidade eterna não oferece *nenhum proveito* para uma pessoa, [VII 335] pois ela só se apresenta quando esta pessoa aprendeu a desprezar o exterior e esqueceu a concepção mundana do que é vantajoso; no que toca ao exterior, a falta dessa concepção tampouco *prejudica* uma pessoa; pode muito bem tornar-se sem ela "um esposo, um pai, um rei dos atiradores" e, se é algo assim o que deseja, esta representação irá apenas perturbá-lo. O *pathos* existencial essencial em relação a uma felicidade eterna é comprado tão caro que, num sentido finito, comprá-lo deve ser simplesmente considerado como loucura, como é bem frequentemente expresso de diversas maneiras: uma felicidade eterna é um papel cujo preço de mercado não tem mais cotação no especulativo século XIX; na melhor das hipóteses, os reverendos curas d'alma podem usar uma promissória assim cassada para fazer de bobos os campônios. O engano é tão fácil – que o senso comum deve sentir-se simplesmente orgulhoso por não ter, tolamente, embarcado nesta galera. Por isso é tão tolo, a não ser que alguém tenha uma vida dialética *à la* de um apóstolo, querer tranquilizar as pessoas na questão da felicidade, pois, em relação a algo em que a pessoa individual só tem a ver consigo mesma, o máximo que uma pessoa pode fazer pela outra é torná-la inquieta.

A

O patético

---

§ 1

A *expressão inicial* do *pathos* existencial, a orientação absoluta (Respeito) frente ao $\tau\varepsilon\lambda o\varsigma$ absoluto expressa pela ação na transformação da existência – o *pathos* estético – O engano da mediação – O movimento monástico da Idade Média – Ao mesmo tempo relacionar-se absolutamente com seu próprio $\tau\varepsilon\lambda o\varsigma$ absoluto e relativamente com os relativos

Em relação a uma felicidade eterna como o bem absoluto, *pathos* não significa meras palavras, mas sim que esta representação transforma[194] toda a existência de um existente. O *pathos* estético se expressa em palavras e pode, em sua verdade, significar que o indivíduo sai de si mesmo para se perder na ideia, enquanto que o *pathos* existencial resulta de a ideia relacionar-se com a existên-

---

194. *omdanner*

cia do indivíduo recriando-a[195]. Se o τελος absoluto [VII 336], ao relacionar-se com a existência do indivíduo, não a transforma absolutamente, então o indivíduo não se comporta de modo patético-existencial, mas de modo patético-estético, por exemplo, ao ter uma representação correta, mas, note-se, pela qual ele está fora de si mesmo na idealidade da possibilidade com a correção da representação; não está junto a si mesmo na existência com a correção da representação na idealidade da realidade efetiva[196], não está, ele mesmo, transformado na realidade efetiva da representação[197].

Para um existente, uma felicidade eterna se relaciona essencialmente com o existir, com a idealidade da realidade efetiva e, portanto, o *pathos* precisa corresponder a isso. Se se quiser tomar o enamoramento no sentido estético, é importante que a concepção do poeta a respeito do apaixonar-se seja mais elevada do que tudo o que a realidade efetiva oferece; é importante que o poeta possa possuir uma idealidade, comparada com a qual a realidade efetiva seja apenas um frágil reflexo; é importante que, para o poeta, a realidade efetiva seja meramente a ocasião que o enseja a abandonar a realidade efetiva para buscar a idealidade da possibilidade. O *pathos* poético é, portanto, essencialmente fantasia. Mas se, pelo contrário, se quer estabelecer eticamente uma relação de poeta para com a realidade efetiva, isso então é um mal-entendido e um retrocesso. O importante aqui, como em toda parte, é manter cada uma das esferas separada das outras, é respeitar a dialética qualitativa, a sacudida da decisão que modifica tudo, de modo que o que era o mais alto numa outra esfera deve ser absolutamente rejeitado nesta. Caso se tome o religioso, o importante é que este tenha percorrido o ético[198]. Por isso, um poeta religioso é um caso especial. Com o auxílio da fantasia, quer, com efeito, um tipo desses, relacionar-se com o religioso[199], mas justamente por isso acaba por se relacionar esteticamente com algo de estético. Celebrar as façanhas de um herói da fé é uma tarefa tão estética quanto celebrar as façanhas de um herói guerreiro. Se o

---

195. *omskabende*
196. *Virkelighedens Idealitet*
197. *Forestillingens Virkelighed*
198. *at dette har gjennemgaaet det Ethiske.*
199. *forholde sig til det Religieuse*

religioso é verdadeiramente o religioso, já percorreu o ético e o tem em si mesmo, então não pode esquecer que, no sentido religioso, o *pathos* não consiste em entoar cantos de louvor e celebrar façanhas nem em compor livros de canções, mas sim está no existir pessoalmente, de modo que a produção de poeta, se não ficar totalmente ausente, ou se fluir tão abundante quanto antes, é considerada pelo próprio poeta como algo de casual, o que mostra que ele se entende a si mesmo religiosamente, pois esteticamente a produção de poeta é o importante e o poeta é o contingente.

Portanto, uma natureza poética que, pelas circunstâncias, pela educação, e coisas tais, traçou um rumo do teatro para a Igreja, pode provocar grande confusão. Fascinadas pelo estético que há nela, as pessoas acham que se trata de uma individualidade religiosa, ai, de uma *proeminente* individualidade religiosa (e justamente este aspecto de ser uma individualidade proeminente é apenas uma reminiscência estética [VII 337], pois, do ponto de vista religioso, não há proeminência, a não ser uma autoridade dialético-paradoxal do apóstolo, e proeminência, do ponto de vista religioso, de acordo com a dialética qualitativa que separa as esferas, é justamente retrocesso), embora também possa pura e simplesmente nem ser uma individualidade religiosa. Seu *pathos* é um *pathos* poético, o *pathos* da possibilidade, com a realidade efetiva como ocasião; mesmo que tenha *pathos* histórico-universal, trata-se do *pathos* da possibilidade – e, do ponto de vista ético, o *pathos* da imaturidade, pois, eticamente, maturidade é compreender a própria realidade ética efetiva como infinitamente mais importante[200] do que a concepção de toda a história do mundo.

O *pathos* correspondente e adequado a uma felicidade eterna é a transformação por meio da qual o existente, ao existir, modifica

---

200. Enquanto por isso muitas vezes se viu no mundo uma individualidade religiosa petulante que, ela mesma tão desmedidamente segura em sua relação para com Deus e atrevidamente convencida de sua salvação, com muita presunção gasta seu tempo em duvidar da dos outros e em ajudá-los, eu acredito que seria um discurso apropriado para uma pessoa verdadeiramente religiosa, se ela dissesse: Não duvido da salvação de ninguém; a única pela qual temo é a minha própria; mesmo que veja uma pessoa caída muito fundo, jamais ouso desesperar de sua salvação, mas, se se tratasse de mim mesmo, então decerto seria forçado a encarar o terrível pensamento. Uma individualidade autenticamente religiosa é sempre tão doce para com os outros, tão criativa ao imaginar desculpas; só em relação a si mesma ela é fria e rigorosa como um grande inquisidor. Com os outros, ela é como um idoso benevolente costuma ser com um jovem; só em relação a si mesma ela é velha e incorruptível.

tudo em sua existência conformando tudo com aquele bem supremo[201]. [VII 338] Em relação à possibilidade, a palavra é o *pathos* supremo; em relação à realidade efetiva, a ação[202] é o *pathos* supremo. Que um poeta, por exemplo, não se deixe influenciar por sua própria produção poética é algo que esteticamente está em ordem, ou é completamente indiferente, pois esteticamente a produção poética e a possibilidade são o que há de mais alto. Mas, eticamente, em contraste, isso é algo de infinita importância, pois eticamente a obra poética é infinitamente indiferente, mas para o poeta sua própria existência deveria ser infinitamente mais importante do que tudo o mais. Esteticamente, portanto, o *pathos* mais elevado por parte do poeta seria anular a si mesmo, ser desmoralizado, se isso se fizesse necessário, a fim de produzir obras poéticas de primeira qualidade; esteticamente é correto, para lembrar com uma palavra forte o que decerto ainda se faz, até mais frequentemente do que pensamos, vender a própria alma ao diabo – contanto que se produzam obras maravilhosas. Eticamente, talvez o *pathos* mais elevado consistisse em renunciar à brilhante existência de poeta sem dizer uma única palavra. Quando apraz a uma assim chamada individualidade religiosa descrever, com todo o encantamento da fantasia, uma felicidade eterna: isto significa que ela é um poeta escapado do estético que quer ter cidadania no religioso, sem nem compreender a língua ma-

---

201. É assim que o indivíduo se conduz (também) nas coisas pequenas quando organiza sua vida. Se alguém precisa trabalhar para viver ou se neste aspecto foi favorecido, se quer viver casado ou solteiro etc., são coisas que mudam sua existência no momento da escolha ou no momento de assumir a responsabilidade. Mas já que mesmo isso é mutável, já que ele pode de repente se apaixonar, pode de repente ficar pobre etc., essas coisas não podem, a não ser por um absurdo, transformar sua existência de modo absoluto. Por mais estranho que seja, a sabedoria de vida relacionada a isto ou àquilo não é tão rara na vida, nem é, de jeito nenhum, tão raro ver um existente que expressa existindo que se relaciona com um fim relativo, que construiu sua vida sobre ele, que renuncia ao que nele o perturbaria, e põe sua esperança no que poderá ganhar com ele. Mas um existente que expressa existindo, que se relaciona com o bem absoluto é talvez uma grande raridade, um existente que verdadeiramente pode dizer: Eu existo de tal modo, renunciando transformei minha existência de tal modo que, se eu só esperasse para esta vida, seria o mais miserável de todos, isto é, o mais horrivelmente enganado, enganado por mim mesmo ao não me agarrar. [VII 338] – Quão alarmados os homens das finanças não se tornam quando o pagamento dos juros é subitamente interrompido; quão horrorizados os viajantes dos mares não ficariam se o governo bloqueasse os portos; mas *posito* [*lat.*: suposto], que eu suponha que a felicidade eterna não virá – quantos dentre os senhores cheios de esperança (e todos nós, é claro, esperamos por uma felicidade eterna) se achariam, por isso, numa situação embaraçosa?

202. *er Gjerning* [ato, operação, obra] *den høieste Pathos*

terna deste. O *pathos* do ético consiste no agir. Portanto, quando um homem diz, por exemplo, que, por causa de sua felicidade eterna, sofreu fome, frio, esteve na prisão, em perigo no mar, foi desprezado, perseguido, flagelado etc., esse singelo discurso é um testemunho do *pathos* ético, visto que simplesmente se refere ao que ele, agindo, sofreu. Onde quer que o ético esteja incluído, toda atenção é chamada de volta para o próprio indivíduo e para o agir. Assim, o *pathos* do casamento é agir; o *pathos* do enamoramento é poesia.

Eticamente, o *pathos* mais elevado é o *pathos* do estar-interessado (o que se exprime deste modo, que eu, agindo, transformo toda a minha existência na relação com o objeto do interesse); esteticamente, o *pathos* mais elevado é o do estar-desinteressado. Quando um indivíduo rejeita a si mesmo para alcançar algo de grande, [VII 339] é movido pelo entusiasmo estético; quando desiste de tudo para salvar a si mesmo, é movido pelo entusiasmo ético.

O que aqui escrevo deve ser considerado como uma cartilha do ABC, não em sentido especulativo, mas em sentido simples. Qualquer criança sabe disso, ainda que não exatamente com a mesma experiência; qualquer um o compreende, embora não exatamente com a mesma certeza; qualquer um pode compreendê-lo; pois, de modo bem consequente, o ético é sempre muito fácil de compreender, provavelmente para que não se desperdice tempo com a compreensão, porém se possa começar imediatamente. Só que, em compensação, é muito difícil de cumprir – do mesmo modo para o sagaz e para o simples, já que a dificuldade não reside na compreensão; pois nesse caso o sagaz teria uma grande vantagem.

A existência é composta de infinitude e de finitude; o existente é infinito e finito. Agora, se para ele uma felicidade eterna é o bem mais elevado, então isso significa que os momentos da finitude são, de uma vez por todas, reduzidos por sua ação àquilo a que se deve renunciar em relação com a felicidade eterna. Uma felicidade eterna se relaciona pateticamente com alguém essencialmente existente, não com um orador que seja tão cortês a ponto de incluí-la na lista de coisas boas pelas quais ele suplica. A gente geralmente abomina negar que haja tal bem; então o inclui, mas, exatamente ao *incluí-lo*, mostra que não conta com ele. Não sei se há que rir ou chorar ao ouvir a lista: um bom ganha-pão, uma esposa bonita, saúde, o posto de conselheiro de justiça – e, então, uma felicidade eterna, o que é o mesmo que admitir que o Reino dos *céus* é um reino em meio a todos os outros reinos da *terra*, e querer buscar informações sobre ele na geografia. É bem estranho que só por falar sobre uma coisa alguém já possa mostrar que não está falando sobre essa coisa; pois dever-se-ia crer que só se poderia mostrar tal coisa ao não se falar dela. Se fosse assim, então se pode ter falado alguma coisa sobre a felicidade eterna e, contudo, quando se fala assim, nada se diz sobre ela ou, expressando de modo mais definido, não se falou sobre ela. Esteticamente, a gente pode muito bem desejar saúde, boa fortuna, a moça mais bonita – em resumo, tudo o que é estético-dialético; mas então *ao mesmo tempo desejar* para si a felicidade eterna é galimatias duplo, em parte porque a gente quer isso *ao mesmo tempo*[203] e, com isso, se converte a felicidade eterna num prêmio sob a árvore de Natal, e em parte porque se *deseja*, pois uma felicidade eterna se relaciona essencialmente ao existir, e não, estético-dialeticamente a alguém que cultiva desejos como nas histórias infantis[204]. Entretanto, a felicidade eterna muitas vezes tem de se contentar com ser incluída entre outros *bon-bon* [*fr.*: docinhos], e se considera como *três bien* [*fr.*: muito bem] da parte de uma pessoa, que ela ao menos a inclua; [VII 340] isso é considerado como quase o máximo que se pode fazer a esse respeito. E se vai mais longe, pois no que toca às outras coisas boas não se supõe que elas venham só porque as desejamos; mas a felicidade eterna, basta que a desejemos, para que venha. O homem experiente sabe, com efeito, que os dons da fortuna são distribuídos de maneira variada (porque a diferença é justamente a dialética da fortuna), mas a felicidade eterna (que, é bom notar, foi também transformada num dom da fortuna) é repartida igualmente para todos os senhores que a desejarem. Confusão dupla: primeiro, que a felicidade eterna se torne um bem desse tipo (considerada como um ganha-pão excepcionalmente avantajado e coisas tais), e então que seja repartido *igualmente*, o que é uma contradição em relação com ser dom da fortuna. De fato, o estético e o ético foram misturados em cômoda algaravia: do estético se toma a definição essencial, e do ético a igualdade na repartição.

---

203. *tillige*: também, junto
204. *til en eventyrligt Ønskende*

Mas dirá, talvez, um desses senhores aspirantes, um "homem sério" que realmente quer fazer alguma coisa por sua felicidade eterna: "Não se pode aprender com certeza, breve e claramente, o que é uma felicidade eterna? Não podes descrevê-la para mim 'enquanto eu me barbeio'[205], tal como a gente descreve os encantos de uma mulher, a púrpura real, ou regiões distantes?" Que bom que eu não posso fazê-lo, que bom que eu não seja uma natureza poética ou um clérigo bonachão, pois aí eu seria capaz de começar a fazê-lo, e talvez tivesse êxito – em, novamente, classificar a felicidade eterna sob as categorias estéticas, de modo a que o máximo de *pathos* se tornasse a magnificência da descrição, ainda que seja uma tarefa que, esteticamente, baste para levar ao desespero – dever, esteticamente, compor algo [a partir] de uma abstração como uma felicidade eterna. Esteticamente, é bem válido que eu, como um espectador, me encante pelo cenário da peça, pelo luar teatral, e vá para casa depois de ter passado uma noitada extremamente agradável, mas, eticamente, o que importa é que não há nenhuma outra transformação a não ser a minha própria. Eticamente, é inteiramente consistente que o *pathos* supremo do essencialmente existente corresponda ao que, esteticamente, vem a ser a representação mais pobre, e essa é uma felicidade eterna. De modo correto (esteticamente entendido) e engraçado já foi dito que os anjos são os mais aborrecidos de todos os seres, a eternidade a mais longa e mais aborrecida de todas as jornadas, dado que já um domingo é bastante aborrecido, uma felicidade eterna é uma infindável *Einerlei* [*al.*: mesmice], [VII 341] e que até a infelicidade é preferível. Mas, eticamente, está tudo certo, para que o existente não seja levado a desperdiçar tempo imaginando e imaginando – mas seja, sim, motivado a agir.

Ora, se um existente deve relacionar-se pateticamente com uma felicidade eterna, então importa que a existência dele expresse a relação. Logo que se sabe como um indivíduo existe, então também se sabe como ele se relaciona com uma felicidade eterna, isto é, se ele se relaciona ou não; *tertium non datur* [*lat.*: não há terceira opção], precisamente porque o τελος absoluto não pode *ser tomado junto*. Contudo, ninguém sabe disso, a não ser o próprio indivíduo consigo mesmo em sua própria consciência, e por isso ninguém precisa ouvir

---

205. Alusão a uma passagem satírica de Poul Martin Møller [N.T.].

a conversa de um outro, ou ler o escrito de um outro, ou ir ver o pastor, a comédia, ou a comédia do pastor – para ver e ouvir: o luar teatral do além, o murmurinho do riacho nas verdes campinas da eternidade. Precisa apenas prestar atenção à sua própria existência; então ele já sabe. Se isso não transformar sua existência *absolutamente*, então ele não se relaciona com uma felicidade eterna; se há algo a que ele não quer renunciar em nome disso, então ele não se relaciona com uma felicidade eterna. Até mesmo um τελος relativo transforma parcialmente a existência de um ser humano. Mas, já que a existência, em nosso especulativo século XIX, foi desafortunadamente transformada num pensar a respeito de tudo o que for possível, nós, ainda mais raramente, vemos uma existência enérgica orientada apenas para um τελος relativo. Querer juntar dinheiro energicamente já transforma uma vida humana, para nem falar sobre o τελος absoluto, o querer no mais alto sentido. Todo querer relativo se distingue por querer algo em função de alguma outra coisa, mas o τελος supremo deve ser querido em função de si mesmo. E este τελος supremo não é um algo, pois, se assim o fosse, corresponderia relativamente a alguma outra coisa e seria finito. Mas é uma contradição querer absolutamente algo finito, pois o finito deve realmente chegar a um fim, e, por conseguinte, há de vir um tempo em que não poderá mais ser querido. Mas querer absolutamente é querer o infinito, e querer uma felicidade eterna é querer absolutamente, porque ela tem de poder ser querida a qualquer instante. E por isso é tão abstrata e, do ponto de vista estético, a mais pobre das representações, porque é o τελος absoluto para alguém que se esforçará absolutamente – e que não imaginará, irrefletidamente, que já concluiu o que tinha que ser feito, e não se tornará tolamente envolvido em pechinchar, com o quê apenas perderia o absoluto τελος; [VII 342] e no sentido finito é tolice, justamente porque no sentido infinito é o τελος absoluto. E por isso aquele que quer, de maneira alguma quer saber qualquer coisa sobre este τελος, exceto que ele existe, pois tão logo aprende algo sobre ele, já começa a desacelerar seu passo.

Mas o patético reside em, existindo, expressar isso na existência; o patético não reside em dar testemunho de uma felicidade eterna, mas em transformar a própria existência num testemunho dela. O *pathos* poético é o *pathos* da diferença, mas o *pathos* existencial é o *pathos* do homem pobre, o *pathos* para qualquer um, porque qualquer ser humano pode agir em si mesmo, e, às vezes, encontramos numa criada o *pathos* procurado em vão na existência de um poeta. O próprio indivíduo pode então facilmente examinar o modo pelo qual se relaciona com uma felicidade eterna ou se se relaciona mesmo com ela. Precisa apenas permitir que a resignação inspecione toda a sua imediatidade, com todos os seus anseios etc. Se encontrar um único ponto fixo, um enrijecimento, então ele não está se relacionando com uma felicidade eterna. Nada é mais fácil – quer dizer, se isso é difícil é justamente porque sua espontaneidade não está desejando expor-se à inspeção; mas é claro que isso já é uma prova mais do que suficiente de que o indivíduo não se relaciona com uma felicidade eterna. Pois, com efeito, que a resignação visite a espontaneidade, significa que o indivíduo não pode ter sua vida nela, e a resignação significa aquilo que pode acontecer na sua vida. Mas se o indivíduo se encolhe neste ponto, quer seja tão feliz que não ouse informar-se sobre nada de diferente, ou, embora imaginando-se o mais infeliz de todos, mesmo assim suspeite de que poderia tornar-se ainda mais infeliz; quer seja esperto e calcule com as probabilidades, ou fraco e ponha sua esperança nos outros – em resumo, se o indivíduo se encolhe neste ponto, então não se relaciona com uma felicidade eterna. – Se, entretanto, a resignação visitante não descobre nenhuma irregularidade[206], isto mostra que o indivíduo, no instante da visitação, se relaciona com uma felicidade eterna.

Mas talvez diga alguém, alguém bem situado, com esposa e filhos, numa vida confortável, aconchegadamente abrigado, e que é um conselheiro da justiça, um "homem sério" que, contudo, quer fazer algo por sua felicidade eterna, contanto que os negócios de seu ofício e de sua esposa e filhos o permitam, um entusiasta que, sabe deus, não receie despender dez táleres reais nisso: "Vamos em frente com este serviço de inspeção, mas tão logo, tão logo quanto possível tiver terminado, então passaremos à mediação, não é verdade? Pois eu devo dizer, a mediação é uma invenção magnífica; parece ter surgido de dentro do meu próprio coração, ela pertence inteiramente ao século XIX e, portanto, inteiramente a mim, que também pertenço ao século XIX, e eu admiro enormemente seu grande inventor, e to-

---

206. *Mislighed*

dos precisam admirá-lo, todos os que, orientados histórico-universalmente, [VII 343] tenham entendido a legitimidade relativa de todos os pontos de vista anteriores, bem como a necessidade de que todos devam chegar à mediação". Sim, quem dera estar no lugar da mediação: ser reconhecido desta maneira até por conselheiros da justiça, e além disso por um conselheiro da justiça que observa a história do mundo, portanto, certamente um conselheiro da justiça incomum – mas não, estou me esquecendo do tempo em que vivemos, o teocêntrico século XIX; todos nós contemplamos a história do mundo – do ponto de vista de Deus. Mas esqueçamos o conselheiro da justiça e a história do mundo e o que ambos têm que decidir entre eles; vê bem, quando um alto oficial do governo ou o rei em pessoa viaja para revisar os cofres estatais, um oficial desonesto pode, às vezes, ter sucesso em deixar o caixa em ordem para o dia da inspeção, e pensa: Logo que este dia tiver passado, então tudo voltará à antiga rotina. Porém a resignação não é um rei que revisa o cofre a cargo de outro homem, mas está, certamente, de posse da consciência que o próprio indivíduo tem de si mesmo. Assim, a resignação não é de nenhuma maneira um viajante; ela toma a liberdade de permanecer com a pessoa em questão a fim de fazer de cada dia um dia de inspeção, a não ser que seja posta porta afora, com o que tudo estará perdido, e o que decerto não é nenhuma mediação. Mas quando a resignação permanece lá e jamais cochila, quando está à mão ao menor desvio e não se afasta de seu lado quando ele sai, quer ele empreenda algo de grande ou de pequeno, e habita porta a porta com seus mais secretos pensamentos: O que há, onde está então a mediação? Eu acho que lá fora.

O que é, com efeito, a mediação quando quer intrometer-se dentro do ético e do ético-religioso? É uma invenção miserável da parte de um homem que se tornou infiel a si mesmo e à resignação; ela é uma falsidade da indolência e, contudo, uma falsidade presunçosa, que se faz passar também por resignação, o que é o mais perigoso de tudo, como quando um ladrão se faz passar por policial. O mesmo se mostra em questões menores. A gente aguenta manter-se trabalhando por meio ano, talvez até, entusiasticamente, por um ano inteiro, num ou noutro empreendimento, sem perguntar pelo salário, ou se se está realizando alguma coisa, ou sobre segurança e garantias, porque a incerteza do entusiasmo é maior do que todas essas coisas; mas então a gente se cansa, aí se quer ter certeza, ao menos quer ter algo em troca dos incômodos. E quando as pessoas se cansam em relação ao eterno, quando ficam calculistas como um judeu trapaceiro[207], sensíveis como um pastor de beatas velhas, sonolentas como as virgens imprevidentes; [VII 344] quando quase não têm mais a capacidade de captar a verdade da existência (i. é, o que significa existir) como um tempo de enamoramento e como a corrida do entusiasmo rumo ao incerto: então chega a mediação. Ficar apaixonado por meio ano e com louco atrevimento arriscar tudo, isto já é alguma coisa; mas então, então a gente tem que, por Deus, conquistar a moça e chegar a estirar seus membros cansados no privilegiado leito nupcial. E em relação ao τελος relativo à mediação bem pode ter sua significação, e este pode suportar ser mediado, porque não seria razoável relacionar-se de forma absoluta para com um τελος relativo. Mas o τελος absoluto só está presente quando o indivíduo se relaciona absolutamente com ele, e como uma felicidade eterna se relacionando com uma pessoa existente, é impossível que eles obtenham um ao outro, ou na tranquilidade pertençam um ao outro na existência, isto é, na temporalidade, do modo como uma moça e um jovem podem muito bem ter um ao outro no tempo, porque ambos são existentes. Mas o que significa que eles não possam ter um ao outro no tempo? Qualquer um que esteja apaixonado o sabe; significa que o tempo aqui é um tempo do enamoramento. Em relação a um τελος relativo, parte do tempo é um tempo do enamoramento, e então chega o tempo da certeza, mas dado que a felicidade eterna está num nível mais alto do que uma mocinha, sim, até mais do que uma rainha, está certo que o tempo do enamoramento se torne um tanto mais longo, não, não um tanto mais longo, pois a felicidade eterna não é uma coisa que está num nível mais alto do que uma rainha, ela é, isso sim, o τελος absoluto, mas então está de fato em ordem que todo o tempo, a existência, seja o tempo do enamoramento.

No que tange a esta orientação para o τελος absoluto, qualquer resultado, mesmo o mais magnífico que possa surgir na mente de alguém que anseia e na imaginação criativa de um poeta, seria uma

---

207. *Skakkerjøde*, propriamente *Sjakkerjøde*: judeu que negocia de modo ardiloso, fraudulento, cambalacheiro; na gíria brasileira "trambiqueiro" [N.T.].

perda absoluta se devesse ser a recompensa, e aquele que se esforça estará em melhor situação se disser: Não, obrigado! Permitam-me apenas relacionar-me com o τέλος absoluto. Quem não admirou Napoleão, quem, com um arrepio de devotamento – tal como a criança ouve o conto de fadas uma e outra vez com um arrepio relutante, mas tanto mais maravilhado, porque o adulto de resto deixa que o conto de fadas pertença à fantasia – não pensou que aqui o conto mais fantástico se tornou realidade efetiva! Ora, Thiers empenhou-se por contar esta história, e eis que, com a maior tranquilidade, com a experiência de um estadista, como se fosse inteiramente normal, ao descrever com admiração os planos de Napoleão para o mundo, disse mais de uma vez: Mas tudo dependeu, aqui como sempre, do resultado. [VII 345] Quem quiser representar-se de uma vez a grandeza de Napoleão e relembrar o comentário tão ligeiro, tão natural, tão *geläufigt* [*al.*: corrente, familiar] feito por Thiers, creio que terá a maior de todas as impressões de tristeza ao pensar sobre o que constitui a glória humana. Em verdade, se Napoleão é tão grande quanto a mais temerária representação, se sua vida inteira é como um conto de fadas, então, tal como no conto de fadas, há, na verdade, ainda uma outra figura fantasiosa. Trata-se de uma velha bruxa enrugada, um ser murcho, um animalzinho, uma aranha tendo numa antena algumas cifras – eles são o resultado. E o herói sobre-humano do conto de fadas, a quem nada, nada, pode resistir, está, contudo, em poder deste animalzinho – e se este animalzinho não o quiser, então toda a aventura ficará reduzida a zero, ou se tornará a história de uma aranha com uma estranha marca numa antena. Vê, a pessoa mais pobre e mais miserável, que emprega absolutamente tudo a fim de se relacionar com o τέλος absoluto – sim, é claro, isso não se torna um conto de fadas, mas tampouco uma história sobre um animalzinho com uma marca vermelha numa das antenas. Em relação ao plano mais sagaz, mais temerário, para recriar o mundo inteiro, importa que se torne grande em virtude do resultado, mas em relação a uma resolução simples e franca de um pobre ser humano, importa que este plano seja superior a qualquer resultado; sua grandeza não é dependente do resultado. E, contudo, mais bem-aventurado do que ser o maior homem do mundo e trabalhar como um escravo do resultado, quer este suceda como desejado, quer não suceda – é estar ali onde somos todos pequenos, nada diante de Deus, mas onde o resultado vale por zero e é infinitamente menos do que o menor no Reino dos Céus, enquanto que no mundo o resultado é o senhor de todos os senhores e o tirano dos monarcas. Quem não admirou Napoleão – que ele pudesse ser um herói e um imperador e que considerasse o ser poeta como algo secundário que ele incluía em si, pois as palavras em sua boca, a réplica –, de fato, nem mesmo um poeta que pusesse o seu prazer em ser o maior de todos os poetas seria capaz de colocar em sua boca uma réplica mais magistral. E no entanto eu creio que aconteceu, uma vez que ele mesmo não soubesse o que estava a dizer. Esta é uma história verdadeira. Enquanto fazia a ronda nos postos avançados, encontrou um jovem oficial que atraiu sua atenção. Retornou [à capital] e o oficial daquele posto assim e assim foi recompensado com uma medalha. Mas eis que o oficial tinha sido substituído e outro está em seu lugar. Ninguém consegue compreender de onde e por que aquela condecoração; o destinatário original fica a par do fato e envia a Napoleão uma petição com requerimento de retificação. Napoleão responde: Não, esse homem não me pode servir; ele não traz a sorte a seu lado. Se é que alguém pode sentir quando a morte caminha sobre seu túmulo; [VII 346] se é que é assim – e assim é num conto de fadas, e estamos realmente num conto de fadas –, que um homem, tão vivo em meio aos outros, se despedace à menção de uma palavra, se reduza a poeira e seja soprado para longe: então, no espírito dos contos de fadas, isso deveria ter acontecido a Napoleão neste caso, porque essa palavra teria mais a ver com ele do que com o oficial.

Numa seção anterior, procurei mostrar a característica quimérica da mediação quando ela deve ser uma mediação entre a existência e o pensamento para um *existente*, visto que tudo o que é dito sobre a mediação pode ser verdadeiro e glorioso, mas se torna inverdade na boca de um existente, pois este, como existente, está impedido de obter tal ponto de apoio fora da existência, a partir do qual possa mediar aquilo que, além disso, por estar em processo de devir, impede a completude. Também foi mostrado que, em relação a um existente, toda a conversa sobre mediação é enganadora, já que o pensamento abstrato, para nem falar do pensamento puro, justamente ignora a existência, o que, do ponto de vista ético, é tão carente de mérito que chega a ser o oposto – é condenável. Fora da existência um existente pode decerto estar de dois modos, mas em nenhum desses modos ele chega a mediar. Um dos modos consiste em abstrair de si mesmo, ao conquistar uma impassibilidade e uma ataraxia cética, um estado de indiferença abstrata (μετριως παθειη), que na Grécia era considerada algo muito difícil. O outro modo pelo qual um indivíduo pode estar fora da existência consiste em estar em estado de paixão, mas no instante da paixão ele ganha justamente a impulsão para existir. Admitir que um existente tem sucesso na mediação, pouco a pouco, é a tentativa usual de distrair a atenção para longe da dialética qualitativa com o auxílio de uma fantástica desaparição do tempo e de uma quantificação corruptora.

Assim se examinou a mediação em sentido filosófico; aqui estamos numa investigação ética, e por isso a mediação tem de ser a mediação entre os momentos singulares da existência – se o τελος absoluto é também um momento entre os outros momentos. Agora, aqui reside o mal-entendido, e facilmente se mostra que a mediação, como algo de superior à resignação, é, justamente, retrocesso. A resignação fez o indivíduo encarar, [VII 347] ou verificou se ele tinha encarado, uma felicidade eterna como o τελος absoluto. Este τελος, então, não é um momento em meio aos outros momentos. O tanto--um-quanto-o-outro da mediação[208] não é muito melhor, nem mesmo menos ingênuo, do que a tagarelice jovial, mais acima já descrita, que tudo inclui. No instante da resignação, da auto-orientação, da escolha, queremos deixar o indivíduo reverenciar[209] o τελος absoluto – mas então, então vem a mediação. Assim, também se pode ensinar um cão a andar sobre duas patas por um instante[210], mas então, então vem a mediação, e o cão anda sobre quatro patas – a mediação também faz isso. No sentido espiritual, o andar ereto do ser humano é seu respeito absoluto pelo τελος absoluto; de outro modo, ele anda de quatro. No que tange aos momentos relativos, a mediação pode ter sua significação (de que todos são iguais diante

---

208. *Mediationens Baade-Og*

209. *gjøre Honneur*

210. Não exatamente isso, porque a pessoa que esteve sempre apropriadamente voltada em direção ao τελος absoluto pode mesmo degenerar, afundar, afundar muito baixo, mas jamais consegue esquecê-lo de todo, o que está posto corretamente quando se diz que se requer uma elevação para que se possa descer. Mas a miserável invenção da mediação mostra que a pessoa que media não esteve jamais propriamente direcionada para o τελος absoluto.

da mediação), mas no que toca ao τελος absoluto, mediação significa que o τελος absoluto é reduzido a um τελος relativo. Tampouco é verdade que o τελος absoluto se concretize nos relativos, pois a distinção absoluta da resignação irá salvaguardar, a cada momento, o τελος absoluto de toda e qualquer confraternização. É verdade que o indivíduo orientado em direção ao τελος absoluto vive nos relativos, mas não está neles de modo a que o τελος absoluto aí se esgote. É verdade que, diante de Deus e diante do τελος absoluto, somos todos iguais, mas não é verdade que para mim ou para um indivíduo particular Deus ou o τελος absoluto sejam iguais a tudo o mais.

Pode ser muito louvável para o indivíduo particular[211] ser um conselheiro de câmara, um trabalhador competente no escritório, primeiro amante nas representações teatrais da Sociedade Perpétua, um quase virtuoso na flauta, campeão do clube de tiro, diretor de um asilo, pai nobre e respeitado, em resumo, o diabo de um camarada que pode ser *tanto-um-quanto-o-outro* e consegue tempo para tudo. Mas o conselheiro que se cuide para não se tornar demais um diabo de camarada, que pode fazer *tanto-um-quanto* todo o resto *e-ainda* ter tempo [VII 348] para direcionar sua vida ao τελος absoluto. Em outras palavras, este *tanto-um-quanto-o-outro* significa que o τελος absoluto está no mesmo nível de tudo o mais. Mas o τελος absoluto tem a notável característica de querer ser o τελος absoluto a todo instante. Se, então, no instante da resignação, da auto-orientação, da escolha, um indivíduo o tiver entendido, isso certamente não quer dizer que ele deva esquecê-lo no instante seguinte. Portanto, como o expressei antes, a resignação permanece no indivíduo e a tarefa está longe de ter o τελος absoluto mediado entre toda a sorte de *tanto- -um-quanto-o-outro* que, bem pelo contrário, consiste em buscar um existir que tem no longo prazo o *pathos* do grande instante.

O que particularmente contribuiu para fazer a mediação eclodir e se firmar nas pernas na esfera ética foi o modo como o movimento monástico medieval foi usado de modo intimidativo. O povo foi convencido de que o respeito absoluto do existente pelo τελος absoluto conduziria ao mosteiro: que o próprio movimento monástico seria uma enorme abstração, a vida monacal uma abstração continuada,

---

211. *For det enkelte Individ*

de modo que se passaria a vida só orando e cantando hinos – ao invés de jogando cartas no clube; pois se há de ser permitido, sem mais nem menos, caricaturar um lado, então decerto também se está autorizado a representar o outro lado como ele mesmo se caricaturou. Para, então, refrear o movimento monástico, do qual a sabedoria mundana soube tirar grande vantagem, e que até hoje algumas vezes ainda usa para pregar indulgência [liberadora] de qualquer ocupação com o divino, sim, num país protestante em que o protestantismo tem dominado por trezentos anos, onde quem quisesse entrar para um convento se veria em embaraço ainda maior do que aquele em que estava o pai preocupado que escreveu: Aonde devo mandar meu filho estudar; no século XIX, em que o espírito mundano triunfa, aqui ou ali ainda ouvimos um pastor que, num discurso em que encoraja os ouvintes a participar de alegrias inocentes da vida, adverte contra a entrada para o mosteiro; isso a gente ouve e vê, eis que o pastor transpira e seca o suor, tão arrebatado está por seu assunto – portanto, para refrear o movimento monástico, a gente inventou essa conversa enganadora da mediação. Pois tal como é conversa enganadora introduzir o nome de Deus na tagarelice ordinária, assim também é tolice colocar o τελος absoluto [VII 349] na mesma linha que a dignidade de campeão do clube de tiro ou coisas semelhantes. Mas embora a Idade Média tenha errado por excentricidade, disso não se segue, de jeito nenhum, que a mediação seja louvável. A Idade Média tinha certa semelhança com a Grécia e tinha aquilo que os gregos tinham – paixão. Portanto, o movimento monástico é uma decisão apaixonada, como convém em relação ao τελος absoluto e, neste ponto, é muito preferível, em sua nobre linhagem, à lastimável sabedoria de corretor da mediação.

A mediação quer reconhecer (mas ilusoriamente, é bom notar, nem pode ser de outro modo) o instante patético da resignação, a orientação voltada ao τελος absoluto, mas então quer incluir este τελος em meio aos outros, e quer tirar vantagem, em sentido finito, da relação com este τελος. Perguntemos então assim: Qual é o máximo que uma pessoa pode ganhar ao se relacionar com o τελος absoluto? Em sentido finito, não há nada a ganhar, mas tudo a perder. Na temporalidade, a *expectativa* de uma felicidade eterna é a recompensa mais elevada, porque uma felicidade eterna é o τελος absoluto, e que não só não haja recompensa a esperar, mas haja também sofrimento a suportar, eis justamente o sinal de que se está em relação com o absoluto. Tão logo o indivíduo não consiga se satisfazer com isso, significa que o indivíduo retrocede, à sabedoria mundana, ao apego judaico às promessas para esta vida, ao quiliasmo e a coisas do tipo. Nisso reside, precisamente, a dificuldade da tarefa de se relacionar absolutamente com o τελος absoluto. Acontece repetidamente na vida humana que a gente procure escapatórias para ver se é possível liberar-se de caminhar assim nas pontas dos pés, livrar-se de – satisfazer-se com a relação para com o absoluto. Vê, o pastor diz, de fato: Há dois caminhos – e certamente é um desejo piedoso que o pastor deva dizer isso com justa ênfase. Então, há dois caminhos, diz o pastor, e quando ele começa este discurso nós sabemos muito bem o que ele quer dizer, mas podemos de bom grado escutá-lo mais uma vez, pois não se trata de anedota ou chiste, que só podem ser ouvidos uma vez. Há dois caminhos: um deles serpenteia sorridente e despreocupado, fácil de percorrer, acenando, coberto de flores, em meio a adoráveis regiões, e a marcha por ele é algo tão suave quanto dançar pelos prados; o outro caminho é estreito, pedregoso, difícil no início, mas, pouco a pouco... É o caminho do prazer e o caminho da virtude. Assim fala às vezes o pastor, mas o que acontece? [VII 350] Tal como o caminho da virtude vai mudando pouco a pouco, assim também muda[212] o discurso do pastor e, pouco a pouco, os dois caminhos começam a se assemelhar um ao outro quase por completo. A fim de atrair o leitor à virtude, a descrição do caminho da virtude se torna quase sedutora. Mas atrair é uma coisa perigosa. O orador abandona a ética e opera de um modo que esteticamente é correto, com a ajuda da perspectiva abreviada – e então? Bem, então não há realmente dois caminhos, ou há dois caminhos de prazer, sendo um deles um pouquinho mais sagaz do que o outro, tal como quando, ao escalar uma montanha para apreciar a vista, o mais sagaz está

---

212. Eu bem que gostaria de saber que passagem do Novo Testamento o pastor usa como fundamento do discurso edificante sobre o "pouco a pouco". No Novo Testamento, também consta que há dois caminhos, e que um deles é estreito e que o portão é apertado e que ele conduz à salvação e que são poucos os que o encontram, porém ali absolutamente nada é dito sobre o "pouco a pouco". Mas assim como em Copenhague existe um comitê que trabalha para embelezar a cidade, assim também parece que uma moderna sabedoria pastoral opera para embelezar o caminho da virtude com decorações estéticas.

em não se virar muito depressa – para apreciá-la ao máximo. E então? Então o amante do prazer (o eudemonista) não só é louco por escolher o caminho do prazer em vez do caminho da virtude, mas é, sim, um amante louco do prazer por não escolher o prazeroso caminho da virtude. Tão logo o "pouco a pouco" no caminho da virtude adquire um colorido estético na boca de um pastor: então estás com a boca cheia de mentiras, meu velho! Então Sua Reverência se permite esquecer que dispõe da existência como ninguém ousaria fazê-lo. Ele aponta para um τελος no tempo, e toda sua doutrina da virtude é uma doutrina da sagacidade[213]. Mas se uma pessoa religiosa ouvisse uma pregação como essa, diria para sua alma: "Não te deixes perturbar por ele; ele próprio pode não estar consciente de querer enganar-te, de querer deixar-te impaciente quando este "pouco a pouco" se estender por anos, talvez por toda a tua vida. Não, ao invés disso, trata de saber, desde o início, que ele pode permanecer estreito, pedregoso e espinhoso até o fim, de modo que eu tenho de aprender a segurar firme o τελος absoluto, guiado por esta luz na noite de sofrimentos, mas não desencaminhado pela probabilidade e pela consolação temporária". É bem-sabido que sobre o templo de Delfos havia também a inscrição: *ne quid nimis* [*lat.*: nada em excesso]. Este lema é a *summa summarum* [VII 351] de toda sabedoria de vida finita[214]; se ele for o máximo, então o cristianismo deve ser imediatamente revogado como um achado juvenil e imaturo. Basta tentar aplicar este *ne quid nimis* à divindade que se permite ser crucificada, e imediatamente se há de conjurar a zombaria sobre a religião tão engenhosa como raramente se ouviu neste mundo, dado que os zombadores da religião de ordinário são esquentados e estúpidos; pois esta seria quase a objeção mais espirituosa, que, com um traço de humor, abstendo-se de qualquer combate à eterna e histórica verdade do cristianismo, simplesmente se dispensaria de relacionar-se com ela, com estas palavras: "É demais, Reverendíssimo, que o Deus se deixe crucificar". Em muitos relacionamentos na vida, essa máxima, *ne quid nimis*, pode ser válida, mas, aplicada à relação absoluta apaixonada, ao τελος absoluto, ela é galimatias. O que importa, ao contrário, é arriscar absolutamente tudo, apostar absoluta-

---

213. *Klogskabslære*: ensino de sabedoria de vida, teoria prudencial
214. *Livs-Klogskab*

mente tudo, desejar absolutamente o τελος mais elevado, mas então, de novo, importa que mesmo a paixão absoluta e a renúncia a tudo o mais não adquiram a aparência de mérito, de aquisição de uma felicidade eterna. A primeira expressão verdadeira do relacionar-se com o τελος absoluto é o renunciar a tudo, mas para não começar no mesmo instante o retrocesso, deve-se verdadeiramente compreender que esta renúncia a tudo nada seria, contudo, caso devesse ser merecedora do bem mais elevado. O erro do paganismo encontra-se, no primeiro ponto, em não querer arriscar tudo; o erro da Idade Média no segundo ponto: compreender mal o significado de arriscar tudo; a mixórdia de nossa época faz a mediação.

O equívoco do movimento monástico (abstraindo-se do erro do presumido merecimento) estava em que a interioridade absoluta, provavelmente para demonstrar de forma bem enérgica que existia, adquiriu sua expressão óbvia numa exterioridade específica distinta, por meio da qual esta se torna, contudo, apenas relativamente diferente de todas as outras exterioridades, como quer que seja. A mediação ou bem faz a relação para com o τελος absoluto ser mediada para fins relativos, por meio da qual ela própria se torna relativa, ou então faz a relação para com o τελος absoluto, como um abstrato, exaurir-se em fins relativos como predicados, por meio da qual a majestade da relação absoluta se torna algo que não diz nada, torna-se uma elegante introdução à vida que, entretanto, permanece do lado de fora da vida, é como uma página de título que não é incluída quando o livro é encadernado. Mas não se pode dizer que a relação ao τελος absoluto se esgota em fins relativos, pois a relação absoluta pode exigir o renunciar a todos eles. Por outro lado, aquele que se relaciona com o τελος absoluto pode muito bem viver nos fins relativos exatamente para praticar a relação absoluta ao renunciar a eles. [VII 352] Já que quase todo mundo em nossa época é, no papel, um *gewaltig Karl* [*al.*: sujeito poderoso] então às vezes se tem que lidar com preocupações infundadas. Sirva como exemplo disso o perigo em que incorrem as pessoas do nosso tempo, de acabar tudo tão rápido que ficam na embaraçosa situação de ter que encontrar algo com que preencher seu tempo. Coloca-se numa folhinha de papel: "duvidar de tudo" – então já se terá duvidado de tudo; basta que uma pessoa tenha apenas trinta anos, e já fica na embaraçosa situação de ter que conseguir algo com que preencher o tempo, especialmente "se a gente não se preparou direito para a própria velhice, porque não aprendeu a jogar cartas". Assim também: renunciar a tudo – e pronto. Dizem que renunciar a tudo é uma enorme abstração – é por isso que se deve tratar de passar adiante e se agarrar a algo. Mas que tal se a gente, cuja tarefa consiste em renunciar a tudo, começasse por renunciar a alguma coisa? Tal como deve aborrecer ao professor, e tal como na escola em geral se reconhece o aluno medíocre por vir correndo com seu papel uns dez minutos depois da tarefa ter sido anunciada, dizendo: "estou pronto", assim também, ao longo da vida, os homens medíocres prontamente vêm correndo e estão prontos, e quanto maior é a tarefa, tanto mais rapidamente estão prontos; assim também deve ser cansativo para o poder que governa a existência ter que lidar com uma geração como esta. A Sagrada Escritura fala sobre a longanimidade de Deus com os pecadores como sendo algo incompreensível, o que decerto o é, mas que paciência angelical não se precisa para lidar com tais homens que em seguida já estão prontos.

À medida que, então, o indivíduo, depois de ter recebido a orientação absoluta rumo ao τελος absoluto, não deve retirar-se do mundo (e para quê esta exterioridade; mas não nos esqueçamos jamais de que a interioridade sem exterioridade é a interioridade mais difícil de todas, na qual a autoilusão é o mais fácil) – o que acontece? Bem, então é sua tarefa expressar existencialmente que tem sempre a orientação absoluta rumo ao τελος absoluto, o absoluto respeito (*respicere* [*lat.*: olhar para]). Ele deve expressá-lo existindo, pois *pathos* em palavras é *pathos* estético; deve expressá-lo existindo, e contudo nenhuma exterioridade direta ou distinta tem de ser expressão direta disso, pois assim teríamos ou bem o movimento monástico ou bem a mediação. Ele pode então viver exatamente como os outros seres humanos, mas a resignação provará se, da manhã à noite, ele trabalha para manter a solenidade com a qual [VII 353] ganhou pela primeira vez a orientação rumo ao τελος absoluto. Ele não reconhece, e não reconhecerá, um *tanto um/quanto outro*; ele o abominará assim como abomina que se use o nome de Deus em vão, assim como o amante abomina a ideia de amar alguma outra pessoa. E a resignação, a comandante em chefe da existência, fará a inspeção. Mas se ela descobrir que ele está perdendo elevação, que está desejando andar de quatro, que tem frequentado uma personagem suspeita, a mediação, que esta enfim sairá com a vitória: então a resignação ficará fora deste indivíduo, ficará ali, como se retrata o gênio da morte, inclinando-se sobre uma tocha extinta, porque ali o τέλος absoluto desaparece da visão turva do indivíduo. No exterior talvez nenhuma mudança seja discernível, pois a relação para com o τέλος absoluto não significa entrar para o mosteiro e depois, quando se estiver aborrecido disso, tornar a vestir roupas seculares, por meio do que a mudança se torna exteriormente discernível; e a relação para com o τέλος absoluto não significa de jeito nenhum que o τέλος absoluto se esgote nos [fins] relativos, pois então a mudança que havia ocorrido numa pessoa teria que ser de novo discernível exteriormente. Num certo sentido, há algo de terrível em falar deste modo a respeito da vida interior de alguém, que ela possa estar ali e não estar ali, sem que isso seja notado diretamente no exterior. Mas é também glorioso falar deste modo sobre a vida interior – se ela está ali, pois esta é precisamente a expressão de sua interioridade. Tão logo a interioridade deva expressar-se no exterior de modo decisivo e comensurável, teremos o movimento monástico. A mediação nada sabe propriamente a respeito de qualquer relação para com o τέλος absoluto, porque essa relação se esgota nos relativos. Mas então o que acontece com a interioridade? Bem, o que ocorre é que a tarefa consiste em praticar a relação absoluta para com o τέλος absoluto de modo que o indivíduo se esforce para alcançar este máximo: ao mesmo tempo relacionar-se com seu τέλος absoluto e com o relativo – não mediando-os, mas sim relacionando-se absolutamente com seu τέλος absoluto, e relativamente com o que é relativo. Esta última relação pertence ao mundo, a primeira ao próprio indivíduo, e é difícil relacionar-se, ao mesmo tempo, de modo absoluto com o τέλος absoluto e assim, no mesmo instante, participar, como outros seres humanos, de ambas as coisas, de uma e de outra. Se alguém estiver envolvido em algum grande projeto, isto bastará para fazer com que lhe seja difícil ser como os outros. Fica distraído, não quer participar em outras coisas, incomoda-se por qualquer agitação ao seu redor, a azáfama dos outros lhe é enfadonha; anseia por um cubículo para si, onde possa sentar e meditar sobre seu grande projeto – e pode ser uma tarefa adequada para diplomatas e agentes policiais [VII 354] adquirir a arte e o autodomínio que capacitam a simultaneamente agarrar-se ao grande projeto e ir a um baile, conversar com senhoras, jogar boliche, e o que mais se quiser. Mas o τελος absoluto é o maior de todos os planos com que um ser humano pode se relacionar, e por isso a Idade Média desejou um cubículo para poder se ocupar apropriadamente com o absoluto; mas foi precisamente por isso que o absoluto se perdeu, porque isso ainda era, afinal de contas, algo exterior. Quando um casal passou talvez toda uma semana socialmente ocupado, então às vezes dizem que na semana que transcorreu não tiveram tempo para viver um para o outro, e o dizem, embora tenham estado juntos no mesmo lugar e, consequentemente, tenham se visto. Alegram-se em pensar num dia, no futuro, em que realmente sejam capazes de viver um para o outro, e isto pode ser muito bonito da parte de pessoas casadas. Parece estar numa situação semelhante aquele que quer se relacionar com o τελος absoluto, mas, por estar na existência e nas múltiplas ocupações da existência, é continuamente impedido de fazê-lo. Mas então estaria tudo em ordem se de vez em quando ele realmente vivesse um dia para o seu τελος absoluto. Mas aqui está justamente a dificuldade. Isto é, marido e mulher se relacionam um com o outro em termos relativos, e por isso está tudo bem em terem aquele dia no qual realmente vivam um para o outro. Mas relacionar-se com o τελος absoluto de vez em quando é relacionar-se relativamente com seu τελος absoluto – contudo, relacionar-se relativamente com o τελος absoluto é se relacionar com um τελος relativo, pois a relação é o decisivo. Então, a tarefa consiste em exercitar sua relação com o τελος absoluto de modo a que se a tenha constantemente junto a si, enquanto a gente permanece nas metas relativas da existência – e não nos esqueçamos de que na escola, ao menos, era o caso de que se reconhecia um discípulo medíocre pelo fato de que dez minutos após o anúncio da tarefa já vinha correndo com sua folha de papel e dizia: eu já acabei.

A mediação, portanto, fica fora. Quero tomar como τελος o apaixonar-se, e deixar um indivíduo, por um mal-entendido, interpretá-lo como o τελος absoluto. Ele não vai deixar o mundo; quer ser como o resto de nós, talvez um conselheiro da justiça, talvez um comerciante etc., mas assim como uma vez ele entendeu absolutamente que seu apaixonar-se era para ele o absoluto, do mesmo modo sua tarefa absoluta será entendê-lo deste modo; e assim como uma vez foi horrível para ele que seu apaixonar-se não fosse o absoluto, mas sim que virasse um disparate de *tanto um/quanto outro*, do mesmo modo ele trabalhará com toda a sua força para que isso nunca aconteça. Onde fica a mediação, então? E qual foi o erro? O erro foi ter interpretado o apaixonar-se como o τελος absoluto. Mas, em relação ao τελος absoluto, o indivíduo se comporta corretamente, ao se comportar deste modo. Em tudo o que empreende, onde quer que esteja, qualquer que seja sua condição, quer o mundo acene ou ameace, quer ele próprio brinque ou esteja sério, [VII 355] a resignação vê aí, antes de tudo, que o respeito absoluto pelo τελος absoluto é absolutamente preservado. Mas isso não é nenhuma mediação, tampouco como não constitui uma mediação entre o céu e o inferno dizer que há um abismo escancarado entre eles; e um abismo escancarado deste tipo está firmado no respeito entre o τελος absoluto e os [fins] relativos.

Mas se é assim, e a tarefa consiste em exercitar a relação absoluta, então a existência se torna enormemente tensa, pois é continuamente feito um movimento duplo. O movimento monástico quer expressar a interioridade por meio de uma exterioridade que se supõe que seja interioridade. Nisto reside a contradição, pois ser um monge é uma coisa exterior, tanto quanto ser um conselheiro da justiça. A mediação suprime o τελος absoluto. Mas uma pessoa existente de modo verdadeiramente patético expressará para si mesma, a cada momento, que o τελος absoluto é o τελος absoluto. O sentido profundo reside na calma inviolabilidade da interioridade, mas aí também reside a possibilidade do engano e a tentação de se dizer que se fez e se está fazendo isso. Agora, se alguém quer contar uma mentira a esse respeito, é problema seu, e terei prazer em acreditar em tudo o que diz. Pois se se trata de algo grandioso, eu talvez possa ser ajudado a fazer o mesmo, e se ele realmente o fez, isto não me concerne de modo algum. Eu só lhe daria a regra de prudência de que ele não acrescente que ele *também* media, pois assim ele denunciaria a si mesmo. O existente que recebeu sua orientação absoluta para o τελος absoluto, e compreende a tarefa de exercitar a relação, pode talvez ser um conselheiro da justiça, pode ser um entre outros conselheiros de justiça, e, contudo, ele não é como os outros conselheiros de justiça, mas quando a gente olha para ele, ele é exatamente como os outros; talvez ele ganhe o mundo todo, mas não é como aquele que almeja isto; talvez se torne rei, mas toda vez que coloca a coroa em sua cabeça, e toda vez que estende seu cetro, a resignação antes inspeciona para ver se ele está expressando, existindo, o absoluto respeito pelo τελος absoluto – e a coroa perde o brilho, ainda que ele a use de maneira régia, ela perde o brilho como outrora, naquele grande instante da resignação, ainda que agora ele a use na terceira década de seu reinado, ela perde o brilho como fará algum dia diante dos olhos dos espectadores e diante de seus próprios olhos, que vão se finando na hora da morte; mas ela perdeu assim o brilho, para ele, no auge de seu vigor. O que foi feito, então, da mediação? E, contudo, aqui ninguém foi para o mosteiro.

O indivíduo não deixa de ser um humano, não se despoja do hábito da finitude, composto de múltiplas formas, a fim de colocar as vestes abstratas do mosteiro, mas ele não mediatiza[215]entre o τελος absoluto e a finitude. [VII 356] Na imediatidade, o indivíduo está firmemente enraizado na finitude; quando a resignação se convenceu de que o indivíduo ganhou a orientação absoluta rumo ao τελος absoluto, então tudo mudou, as raízes foram cortadas. Ele vive na finitude, mas não tem sua vida nela. Sua vida, como a vida de um outro, tem os diversos predicados de uma existência humana, mas ele está em meio a esses como alguém que anda com as roupas emprestadas de um desconhecido. Ele é um estranho no mundo da finitude, mas não define sua diferença em relação à *mundanidade* por um traje estrangeiro (isto é uma contradição, já que com isso ele se define justamente de forma mundana); ele está incógnito, mas seu incógnito consiste justamente em que ele se apresenta igual a todo mundo. Assim como o dentista desprende a gengiva e corta o nervo, e aí mantém o dente assentado, assim também sua vida na finitude está desprendida, e a tarefa não consiste em fazer o dente enraizar-se outra vez, o que seria a mediação. Tal como no grandioso instante da resignação não se mediou, mas sim se escolheu, assim a tarefa consiste em ganhar a habilidade de repetir a escolha da paixão, e expressá-la existindo. O indivíduo está decerto na finitude (e a dificuldade é afinal de contas preservar na finitude a escolha absoluta), mas assim como no instante da resignação retirou a força vital da finitude, assim a tarefa consiste em repetir isso. Suponhamos

---

215. *medierer ikke*

que o mundo ofereça tudo ao indivíduo; talvez ele o aceite, mas diz: Oh, tudo bem, mas este "Oh, tudo bem" significa o respeito absoluto pelo τελος absoluto. Suponhamos que o mundo retire tudo dele; ele se lamenta, mas diz: Oh, tudo bem – e este "Oh, tudo bem" significa o respeito absoluto pelo τελος absoluto. Deste modo, não se existe imediatamente na finitude.

Se para o Eterno, Onisciente, Onipresente é de igual importância que um ser humano seja privado de sua felicidade eterna ou que um pardal caia por terra; se se há de mostrar, quando tudo tiver alcançado o repouso na eternidade, que a mais insignificante circunstância era absolutamente importante – sobre isso eu não decidirei; eu posso dizer na verdade que o *tempo* não mo permite – ou seja, porque eu estou no tempo. Na existência, isso é impossível para um existente, dado que está no devir, e, para um existente, uma mediação grandiloquente (o que, no sentido grego, não se realiza nem com o maior esforço numa vida inteira, mas, no sentido alemão, se legitima no papel) não passa de macaquice[216]. O olho de um mortal não consegue suportar, e a ética o proíbe absolutamente de querer ousar suportar a vertigem de que a coisa mais insignificante fosse tão importante quanto o absolutamente decisivo, e um *existente* não pode achar descanso e não ousa conceder-se descanso para se tornar fantasmagórico, [VII 357] pois não se torna eterno enquanto estiver na existência. Na existência, a ordem é sempre "avante", e enquanto vigora o "avante", o que importa é exercitar a distinção absoluta, o importante é ter adquirido uma habilidade para fazê-lo sempre mais facilmente, e uma boa consciência. Mas de novo não se trata de mediação quando o muito experiente consola-se em saber, em consciência, que está fazendo a distinção absoluta com facilidade e alegria. Ou, quando a esposa idosa está alegremente convicta de que seu marido é absolutamente fiel a ela, do que é mesmo que ela está convencida? É da mediação que ele faz e de seu coração dividido na mediação, ou não está ela convencida de que ele no silêncio faz, continuamente, a distinção absoluta do amor apaixonado, só que ela, em alegre confiança, está convencida de que ele o faz com facilidade e lealdade e que, portanto, ela não precisa de nenhuma prova exterior? Mas não nos esqueçamos de que o casamento não é o τελος

---

216. *Abekattestreger*: travessura de macaco

absoluto, e que, por isso, só vale imperfeitamente para o casamento o que vale absolutamente para o absoluto.

Se Deus se relacionasse diretamente como um ideal para a condição humana[217], seria correto querer expressar semelhança direta. Se, assim, uma pessoa excelente é para mim o ideal, está bem correto que eu queira expressar uma semelhança direta, porque, sendo ambos seres humanos, nós dois estamos na mesma esfera. Mas há uma diferença absoluta entre Deus e um ser humano (pois deixa que a especulação conserve *a humanidade* para fazer elucubrações com ela); a relação absoluta de um ser humano para com Deus deve, portanto, expressar especificamente a diferença absoluta, e a semelhança direta se torna impertinência, frivolidade, presunção[218] etc. Se Deus, em sua sublimidade, dissesse a um ser humano: "Tu não és mais importante para mim do que um pardal" [VII 358]; e o ser humano tivesse como sua tarefa expressar uma semelhança direta para com a sublimidade divina, então o mérito consistiria, de fato, em replicar: "Nem Tu, nem tua existência têm mais importância para mim do que um pardal" – quer se interpretasse isso agora positivamente, porque tudo teria se tornado igualmente importante para esta pessoa elevada, quer negativamente, porque tudo teria para ela importância tão igual, que nada seria importante para ela. Mas isto, claro, ainda é blasfêmia insana. Justamente porque há entre Deus e homem a diferença absoluta, o homem expressa a si mesmo da maneira mais perfeita quando ele expressa a diferença absolutamente. *Adoração* é o máximo para uma relação de um ser humano com Deus, e, com isso, para sua semelhança com Deus, já que as qualidades são absolutamente diferentes. Mas adoração significa justamente que, para ele, Deus é absolutamente tudo, e aquele que adora é, por sua vez, o que

---

217. *som Ideal til det at være Menneske*: como um ideal para o ser [*verbo!*] homem

218. É algo diferente quando, em uma época muito infantil e em inocente ingenuidade, Deus se torna um honrável velhinho, ou algo similar, e vive em boas relações com as pessoas piedosas. Assim, eu me lembro de ter lido nas *Biblische Legenden der Muselmänner* [*al.*: *Lendas bíblicas dos muçulmanos*], publicadas por Weil, sobre uma das pessoas piedosas mencionadas de que o próprio Deus a seguira pessoalmente na terra e andara à frente do caixão na procissão do funeral e os quatro anjos atrás. Que algo assim seja inocente ingenuidade, mostra-se, entre outras coisas, pelo fato de que, quando alguém o lê agora, isso evoca um efeito de humor puro e inocente. [VII 358] Esta piedade infantil não quer, logicamente, ofender a Deus, mas, ao contrário, fica feliz em adorná-lo com aquilo que pode imaginar de melhor.

deve ser absolutamente diferenciado[219]. O que deve ser absolutamente diferenciado se relaciona com seu τελος absoluto, mas, *eo ipso*, também com Deus. E a distinção absoluta está justamente habilitada[220] para abrir caminho tal como um policial faz numa procissão; ele dissolve a tropelia da multidão, a turba dos fins relativos, para que aquele que deve ser absolutamente diferenciado possa se relacionar com o absoluto. Para um existente, querer se aproximar da igualdade que possivelmente existe para o eterno, não é mérito algum. Para um existente, a decisão apaixonada é justamente o máximo. Com o existir passa-se o mesmo que com o andar. Quando tudo *é* e está em repouso, dá a impressão enganadora de que tudo é igualmente importante, isto é, caso eu consiga uma visão disso que esteja igualmente em repouso. Ao contrário, tão logo o movimento se inicie, e eu em meio ao movimento, então o andar será uma diferenciação constante. Só que esta comparação não consegue estabelecer a diferenciação absoluta, porque andar é apenas um movimento finito.

Mas porque a tarefa consiste em exercitar a distinção absoluta, daí não segue que o existente se torne indiferente à finitude. Este foi o exagero da Idade Média; ela não tinha plena confiança na interioridade, a não ser que esta se tornasse uma exterioridade. Mas quanto menos exterioridade, tanto mais interioridade, e aquela interioridade que se expressa por seu contrário (mas o contrário consiste justamente em que o indivíduo seja inteiramente como todos os outros, que não haja absolutamente nada para ser notado na exterioridade) é a mais elevada interioridade – se ela existir. Isso se precisa acrescentar constantemente, como também: quanto menos exterioridade, mais fácil o engano. [VII 359] Um homem maduro pode muito bem participar da brincadeira das crianças com total interesse, pode ser aquele que realmente anima a brincadeira, mas mesmo assim ele não brinca como uma criança; do mesmo modo se relaciona com o finito aquele que entende como sua tarefa o exercitar a distinção absoluta. Mas ele não faz mediações. A Idade Média foi uma interioridade desconfiada que, por isso, queria vê-la naquilo que é exterior; era uma interioridade infeliz na medida em que ela se assemelhava a uma relação amorosa em que os amantes são zelosos com a expressão exter-

---

219. *Distingverende*
220. *skikket*: apta, idônea, configurada ou destinada

na do amor apaixonado; assim, acreditava que Deus fosse zeloso pela expressão no exterior. A interioridade verdadeira não exige nenhum sinal no exterior. No exercício da distinção absoluta, a paixão da infinitude está presente, mas quer ser interioridade, sem ciúme, sem inveja, sem desconfiança; não quer pairar contenciosamente, marcada como algo que chama a atenção na existência, por meio do que ela justamente sai perdendo, tal como quando a imagem invisível de Deus é representada de forma visível; não quer perturbar a finitude, mas também não quer mediatizar. Em meio à finitude e aos múltiplos ensejos da finitude para que o existente esqueça a distinção absoluta, ela quer ser apenas a interioridade absoluta para este, e de resto, ele pode ser um conselheiro da justiça etc. Mas o máximo da tarefa está em ser capaz de ao mesmo tempo relacionar-se absolutamente com o τελος absoluto e relativamente com os relativos, ou ter a todo o momento o τελος absoluto junto a si.

Se não dá para fazer isto, ou se não se quer aceitar isso como a tarefa, então as analogias ao movimento monástico devem ser incondicionalmente preferidas, gostando ou não, quer se queira chorar ou rir sobre esta afirmação no especulativo século XIX. No movimento monástico havia pelo menos paixão e respeito pelo τελος absoluto. Mas o movimento monástico não deve ser realizado como algo de meritório; pelo contrário, tem de realizar-se humildemente diante de Deus, e não sem algum envergonhamento. Tal como uma criança enferma não considera um mérito a permissão de ficar em casa com seus pais; tal como uma amada não considera meritório o não poder ficar por um instante sem a visão de seu amado e a incapacidade de reunir força para ter consigo o pensamento dele enquanto de resto cuida de seu trabalho, assim como não vê como meritório que se lhe permita sentar-se com ele no local de trabalho dele e ficar o tempo todo com ele: assim também tem de encarar sua relação para com Deus o candidato ao mosteiro. E, se o faz, não haverá nenhuma outra objeção à sua escolha, não importa o que se queira dizer no século XIX. Mas a criança doente logo descobrirá a dificuldade, não porque os pais não sejam carinhosos e amorosos, mas porque a convivência cotidiana faz surgir muitos pequenos conflitos; [VII 360] e a amada logo descobrirá a dificuldade, não porque o amado não seja um homem bom, mas porque a visão dele, entra dia sai dia, e a toda hora, às vezes produz uma certa canseira – e o candidato ao mosteiro decerto também se sentirá assim. Pois aqui, de novo, um pastor muitas vezes nos fará de bobos. Ele afirma, no domingo, que está tudo tão calmo e solene na igreja, e que se pudéssemos apenas ficar ali constantemente, então por certo nos tornaríamos pessoa santas – porém precisamos sair para a confusão do mundo. O pastor devia envergonhar-se de querer nos convencer de que o erro reside no mundo, e não em nós; devia envergonhar-se de nos ensinar a sermos arrogantes, como se estivéssemos escolhendo a tarefa mais difícil, especialmente se lá fora no mundo não tivéssemos também conosco a cada momento o τέλος absoluto. Eu pensava que o pastor tinha que nos ensinar a humildade e, por esta razão, dizer: "Ide agora para casa, que cada um faça o seu trabalho tal como lhe foi designado por Deus, e agradecei a Deus, que conhece a fraqueza de uma pessoa, que não seja exigido de vós ficar aqui e nada mais fazer o dia inteiro além de cantar salmos e rezar e louvar a Deus. Nesse caso, talvez viésseis a descobrir provações espirituais que Deus vos permite continuar ignorando". Ir à igreja uma vez por semana, quando, de resto, a gente se move na multiplicidade da vida, evoca facilmente uma ilusão, com a ajuda da perspectiva reduzida da estética. Mas exatamente por isto, o pastor deveria prestar atenção e não abusar sempre de novo da Idade Média para encantar a congregação para presunções grandiosas.

Em nossos dias, não há realmente tão grande motivo para se advertir contra o mosteiro, e na Idade Média o motivo talvez fosse outro diferente daquele que à primeira vista se pensa. Se eu tivesse vivido na Idade Média, jamais poderia ter-me decidido a escolher o mosteiro. Por que não? Porque aquele que o fazia era, com toda seriedade, visto na Idade Média como um santo. Então, quando eu andasse pelas ruas e um pobre miserável, que talvez fosse muito melhor do que eu[221], me encontrasse, se curvaria diante de mim e, com todo *pathos* e seriedade, suporia que eu fosse um santo. Mas para mim isto parece ser o mais terrível de tudo, e ser uma profanação do sagrado, uma infidelidade para com a relação com o τελος absoluto.

---

221. E este "talvez" nem é tão hipotético, ainda que eu fosse um outro diferente do que sou; pois a pessoa que, com seriedade e sinceridade, considera uma outra pessoa como santa, mostra *eo ipso*, por esta humildade, que ela é melhor do que a outra.

Em nosso tempo, se fosse fundado um mosteiro, uma pessoa seria considerada maluca se quisesse entrar nele. Quando, hoje em dia, se lê o programa de um médico [VII 361] para o estabelecimento de um hospício, isto tem certa semelhança com o convite para um mosteiro. Isso eu considero como um ganho extraordinário; ser considerado maluco, isso é aceitável, isso encoraja, protege a calma interioridade de uma relação absoluta, mas ser considerado seriamente como santo, isso poderia angustiar alguém até à morte. Em minha opinião, transformar o mosteiro num asilo de loucos é o que há de mais próximo depois do exterior que seja igual ao de todas as outras pessoas. Aí a exterioridade não corresponde diretamente à interioridade, o que foi justamente o erro da Idade Média. Eu, pelo menos, penso da seguinte maneira: se me deixarem ser alguma coisa no mundo, dificilmente será grande coisa, e, por menor que seja, devo procurar contentar-me com isso, mas me dispensem de uma coisa, de ser considerado, com seriedade, como um santo; pois se alguém me chamasse de santo, para escarnecer de mim, aí seria *was anders* [al.: outra coisa, diferente], isso dá para ouvir, isso até encoraja.

Mas veneração, como convém, pelo movimento monástico da Idade Média! O pastor diz, aliás, corretamente que ao entrar para o mosteiro se evita o perigo, e que por isso há mais grandeza em se manter na vida entre os perigos – mas decerto não com a ajuda da mediação? Temos de pelo menos tentar nos entender reciprocamente, e entrar em acordo a respeito do que quer dizer perigo. O candidato ao mosteiro considerava como o maior perigo o não se relacionar absolutamente com o τελος absoluto a cada momento. Deste perigo a mediação nada sabe; com o auxílio da mediação, evita-se o perigo absoluto e o esforço absoluto, evita-se a convivência com o absoluto na solidão e no silêncio, na qual a mínima perda é portanto uma perda absoluta, na qual o mínimo retrocesso é perdição, na qual não há nenhuma distração (absolutamente nenhuma, mas a recordação de um retrocesso, por menor que seja, queima como uma insolação o infeliz que não tem para onde escapar), na qual toda fraqueza, todo esmorecimento, toda indisposição é como um pecado mortal, e cada hora dessas é como uma eternidade, porque o tempo não anda: é isto que se evita, e isto é o que o pastor chama de evitar o perigo, porque a pessoa permanece nos perigos relativos, nos perigos da multiplicidade, onde a experiência mais simples ensina cada um que nunca se perde tudo (exatamente porque aqui se trata da multiplicidade), mas perde de um jeito e ganha de outro, onde os perigos são aqueles da profissão e do sustento da vida, e os da saúde, e o de ser xingado pelo jornal etc. É mesmo muito triste que repetidamente se abuse da excentricidade da Idade Média, a fim de ensinar as pessoas a se gabarem como alguns endiabrados[222], e quando se fala desse jeito em nossa época, isso soa como paródia tal como o seria se um homem num asilo de anciãos quisesse explanar que a maior coragem não está em tirar-se a própria vida, mas em abster-se disso e, [VII 362] por meio disso, induzir inclusive todas as comadres do asilo a se considerarem a si mesmas como as pessoas mais corajosas do mundo – pois elas, afinal, tiveram a coragem de se abster! Ou é como se alguém, numa reunião da gente mais endurecida, discursasse sobre a grandeza de se aguentar a própria tristeza como um homem, e deixasse de lado a determinação dialética intermediária, da grandeza de ser capaz de entristecer-se como um homem. Podemos ir ao teatro para sermos iludidos, que o ator e o espectador lá trabalhem num belo acordo para fascinar e se deixar fascinar na ilusão: isso é magnífico. No pior dos casos, que eu seja enganado pelo meu criado que me bajula, por alguém que deseja de mim um serviço, pelo meu sapateiro por eu ser seu melhor cliente, a quem ele não gostaria de perder: mas por que devo ser iludido numa igreja, e quase temer por mim, se sou um bom ouvinte! Ou seja, se sou um bom ouvinte, então ouço de tal jeito que é como se o pastor o tempo todo pregasse a meu respeito; pois o que de resto é vaidade e talvez muito comum no mundo, é exatamente o que é louvável e talvez muito raro numa igreja. E por que chego quase a temer por mim? Seria porque o pastor descreve a nós, seres humanos (i. é, a mim, se sou um bom ouvinte que assume que é sobre mim que ele está pregando), como tão corruptos, que me causa arrepios ser alguém assim, fico pálido e, arrepiado, mas também com contrariedade, digo: "Não, não sou tão mau"? Ah, não! Sua Reverência descreve a nós, seres humanos (i. é, a mim, se sou um bom ouvinte que assume que é sobre mim que ele está pregando), de modo tão magnífico, como sendo tão mais perfeitos que aqueles habitantes silenciosos dos mosteiros, que eu (que assumo, afinal, que é de mim

---

222. *bryste sig som nogle Satans-Karle*

que ele fala) fico completamente envergonhado e embaraçado e com a face vermelha, e sou obrigado a dizer, constrangido: "Não. Vossa Reverência é mesmo excessivamente gentil", e interrogando levantar os olhos para ver se quem fala é um pastor ou um congratulante de ano-novo[223].

---

223. Ver-se-á que o sermão de hoje do pastor é um tanto diferente de seu sermão do domingo passado, no qual ele encorajava a comunidade *cristã*, para quem ele pregava, a aceitar a fé *cristã* e se tornar cristã (cf. o capítulo anterior). Isto está inteiramente de acordo se o batismo das crianças faz de nós cristãos sem mais nem menos, por sermos batizados na infância; o equívoco [*Misligheden*] reside apenas, como já foi apontado, em ao mesmo tempo reconhecer o batismo infantil como decisivo em relação ao tornar-se cristão. É diferente quando o pregador faz com que todos os seus ouvintes sejam grandes heróis, sem mais nem menos. O discurso religioso tem a ver essencialmente com indivíduos e funciona essencialmente como um intermediário entre o indivíduo e o ideal, e tem seu máximo no ajudar o indivíduo a expressar o ideal. [VII 363] Assume essencialmente que todas as pessoas a quem se dirige estão extraviadas; conhece cada desvio do caminho do erro, cada um de seus esconderijos, cada condição do extraviado no caminho do erro. Mas raramente se prega assim em nosso tempo objetivo. Prega-se sobre a fé e sobre as façanhas da fé – e se é esteticamente indiferente à questão de se todos nós que ouvimos somos crentes, ou então esteticamente cortês o bastante para assumir que nós o somos. Deste modo, a fé se torna uma espécie de figura alegórica e o pastor uma espécie de trovador, e o sermão sobre a fé se torna uma analogia de algo, como a Batalha de São Jorge Cavaleiro contra o dragão. A cena ocorre no ar, e a fé sobrepuja todas as dificuldades. Assim também com a esperança e o amor. O discurso eclesiástico se torna uma contrapartida à primeira tentativa medieval no gênero dramático (os assim chamados mistérios), quando matérias religiosas eram tratadas dramaticamente e, bastante estranhamente, comédias eram encenadas justamente no domingo, e justamente nas igrejas. Só porque se fala num tom de voz cerimonioso (quer numa forma mais artística, quer num baixo profundo, a zombar de toda arte, de um crente despertado), e numa igreja, a respeito da fé, da esperança e do amor, de Deus e de Jesus Cristo, ainda assim não se segue, de jeito nenhum, que se trata de um discurso piedoso; o decisivo reside no modo [*hvorledes*: como] pelo qual o orador e os ouvintes se relacionam com o discurso, ou que se pressupõe que se relacionem com o discurso. O orador não tem de se relacionar com seu assunto apenas pela fantasia, mas como sendo ele próprio aquilo de que se fala, ou, esforçando-se para isso, tem de ter o "como" de sua própria experiência ou o "como" da experiência continuada; e os ouvintes têm de ser esclarecidos pelo discurso e encorajados a se tornarem aquilo de que se fala (no fundo, dá no mesmo, quer se assuma então uma relação direta ou indireta entre o orador e o ouvinte. Se uma relação indireta é assumida como a verdadeira, aí o discurso se tornará um monólogo, mas, é bom notar, a respeito do "como" pessoalmente vivenciado pelo orador, e neste "como", e ao falar de si mesmo, ele falará indiretamente do ouvinte). Quando se fala de modo piedoso sobre a fé, o principal é que isso nos esclareça sobre como tu e eu (i. é, os indivíduos particulares) nos tornamos crentes, e que o orador nos ajude a nos arrancar de todas as ilusões, e esteja bem-informado a respeito do longo e penoso caminho, e sobre a recaída etc. Se se transforma o tornar-se um crente numa coisa fácil (como, p. ex., em apenas ter sido batizado na infância) e o discurso só trata da fé, toda a relação é, afinal de contas, apenas estética, e estamos de fato numa comédia – dentro da igreja. Por uma bagatela temos acesso às representações dramáticas do pastor, onde nos sentamos e observamos o que a fé é capaz de fazer – não como crentes, mas como espectadores das façanhas da fé, do mesmo modo como, em nossos dias, não temos pensadores especulativos, [VII 364] mas espectadores das façanhas

[VII 363] Não, veneração, como convém, pelo movimento monástico da Idade Média; a mediação, por outro lado, é uma revolta dos fins relativos contra a majestade do absoluto, [VII 364] que deve ser rebaixado à categoria de qualquer outra coisa, e contra a dignidade do ser humano, que deve ser transformado num servidor exclusivo dos fins relativos; a mediação é uma invenção fantástica, à medida que quer ser superior à disjunção absoluta.

No papel, a mediação causa uma impressão bastante boa. Primeiro a gente põe a finitude, depois a infinitude, e então a gente diz, no papel: Há que fazer a mediação[224]. E inegavelmente um existente também descobriu aí o ponto seguro fora da existência onde pode fazer a mediação: no papel. Foi descoberto o ponto arquimédico, só não se tem notícia de que tenha conseguido mover o mundo. Quando, ao contrário, o palco não é no papel, mas na existência, porque o mediador[225] é um existente (e com isso impedido de ser um mediador), ele irá então, caso se torne consciente do que significa existir (i. é, que *ele* existe), neste mesmo exato instante tornar-se aquele que distingue absolutamente[226], não entre finitude e infinitude, mas entre existir de modo finito e de modo infinito. Pois a infinitude e a finitude estão reunidas no existir e no existente, o qual não precisa se preocupar em criar existência, ou em copiar no pensamento a existência, mas tanto mais com o existir. No papel, até mesmo a existência é produzida com a ajuda da mediação. Na existência, onde o existente se encontra, a tarefa é mais simples: se ele, por favor, quer se dignar a existir. Existindo, ele não deve, então, formar a existência a partir de finitude e infinitude, mas, composto de finitude e de infinitude, deve ele, existindo, *vir a ser* só uma das partes; e ambas as partes a gente não *vem a ser* de uma só vez, tal como se *é* por *ser* um existente, pois esta é justamente a diferença entre ser e devir, e a quimérica habilidade da mediação, se esta pertence a algum lugar,

---

da *especulação*. Mas dá para compreender, para uma época teocentricamente especulativa e objetiva, é provavelmente demasiado pouco – deixar-se envolver com essas últimas dificuldades, onde se torna, em última instância, algo tão agudo, tão penetrante, tão inquietante, tão intransigente quanto possível a questão sobre até que ponto o indivíduo [*den Enkelte*], tu e eu, é um crente, e sobre o modo como nos relacionamos com a fé dia após dia.

224. *medieres*
225. *Medierende*
226. *den absolut Distingverende*

é uma expressão – para o começo. [VII 365] Em vários aspectos, é isso que aconteceu na filosofia mais recente, a saber, que por ter tido a tarefa de combater uma desorientação da reflexão logo que a concluiu, confunde o final de seu trabalho com o final de tudo o mais, enquanto que o final de sua obra é, *höchstens* [*al.*: no máximo, na melhor das hipóteses], o começo do trabalho propriamente dito.

Pode-se ser *tanto* bom *quanto* mau, tal como se diz muito simplesmente que um ser humano tem uma disposição tanto para o bem quanto para o mal; mas não se pode *tornar-se simultaneamente* bom e mau. Esteticamente, tem-se exigido do poeta que não represente estes modelos abstratos da virtude nem personagens diabólicos, mas que faça como o fez Goethe, cujos personagens são tanto bons quanto maus. E por que esta é uma exigência legítima? Porque nós queremos que os poetas representem os seres humanos como eles *são*, e todo ser humano é *tanto* bom *quanto* mau, e porque o *medium* do poeta é o *medium* da fantasia, é o ser e não o devir; é, no máximo, o vir a ser em uma perspectiva muito limitada. Mas retira o indivíduo deste *medium* da fantasia, deste ser, e coloca-o na existência – então a ética imediatamente o confronta com sua exigência para ele, se ele agora se digna a vir a ser, e então ele vem a ser – ou bom, ou mau. No instante sério do exame de consciência, no instante sagrado da confissão, o indivíduo se retira do processo do tornar-se e analisa, no reino do ser, como ele é; ah, o resultado, infelizmente, é que ele é *tanto* bom *quanto* mau; mas tão logo ele esteja outra vez no processo de vir a ser, ele vem a ser ou bom ou mau. Esta *summa summarum*, que todos os seres humanos *sejam* tanto bons quanto maus, não interessa de jeito nenhum à ética, que não tem o *medium* do *ser*, mas o do *vir a ser* e, por isso, condena toda explicação do devir que ilusoriamente queira explicar o devir no interior do ser, com o quê a decisão absoluta de vir a ser é essencialmente revogada e tudo o que se diz a seu respeito é essencialmente alarme falso. Por isso, a ética precisa também condenar todo aquele júbilo que em nossos dias se ouve a respeito de se ter ultrapassado a reflexão. Quem é este que se supõe ter ultrapassado a reflexão? Um existente. Mas a própria existência é justamente a esfera da reflexão, e um existente está na existência, portanto, na reflexão: Como é que ele faz, então, para ultrapassá-la? Que, em certo sentido, o princípio da identidade seja mais elevado, que seja aquilo que fundamenta o princípio da contradição, não é difícil de perceber. Mas o princípio da identidade é apenas o limite; ele é como as montanhas azuladas, como a linha que o desenhista chama de linha de fundo, o desenho é o principal. A identidade é, portanto, uma intuição mais baixa do que a contradição, que é mais concreta. [VII 366] A identidade é por isso *terminus a quo* [*lat.*: o ponto de partida], mas não *ad quem* [*lat.*: meta final], para a existência. Um existente pode *maxime* [*lat.*: no máximo] chegar, e chegar sempre de novo, à identidade ao abstrair da existência. Mas, dado que a ética considera cada existente como seu servidor por toda a vida, ela o proibirá absolutamente de começar esta abstração, nem por um instante. Em vez de dizer que o princípio da identidade suprime a contradição, a contradição é o que suprime a identidade ou, como Hegel tão frequentemente o diz, deixa-a "ir ao fundo".

A mediação quer facilitar a existência para o existente, ao omitir uma relação absoluta para com um τελος absoluto; o exercício da distinção absoluta torna a vida absolutamente tensa, justamente quando também se deve manter-se na finitude e ao mesmo tempo relacionar-se absolutamente com o τελος absoluto e relativamente com os relativos. Entretanto, há, de qualquer modo, em todo este esforço, um apaziguamento e um sossego, pois não é nenhuma contradição relacionar-se com o τελος absoluto de forma absoluta, isto é: com toda sua força e renunciando a tudo o mais, porém é a reciprocidade absoluta no igual pelo igual[227]. Pois a cruel autocontradição da paixão mundana surge do fato de o indivíduo se relacionar absolutamente com um τελος relativo. Vaidade, avareza, inveja etc., são essencialmente loucura[228], pois esta é justamente a expressão mais comum da loucura: relacionar-se absolutamente com o relativo, e, esteticamente, deve ser concebida de modo cômico, pois o cômico reside sempre na contradição. É desequilíbrio mental[229] (visto esteticamente, cômico), que um ser, que é estruturado de modo eterno, aplique todo o seu poder para agarrar o perecível, para segurar o instável, e acredite que ganhou tudo quando ganhou este nada – e

---

227. *i Lige for Lige*: "elas por elas"
228. *Galskab*
229. *Afsindighed*

foi ludibriado; acredite que perdeu tudo quando perdeu este nada – e não foi ludibriado. Pois o perecível é nada, tão logo tenha passado, e sua essência consiste em ser passado, tão rapidamente quanto o instante do prazer sensual, que é a distância mais afastada do eterno: um instante no tempo cheio de vazio[230].

Mas talvez diga alguém, um "homem sério": "Será mesmo certo e seguro, então, que há tal bem, é certo e seguro que há uma felicidade eterna à nossa espera? – porque, neste caso, eu ainda quero tratar de alcançá-la; de outro modo, eu seria louco ao arriscar tudo por ela". Na exposição do pastor aparece frequentemente essa ou outra locução similar, enquanto se forma a transição àquela parte do discurso na qual, para consolo e apaziguamento da congregação, se demonstra que há uma felicidade eterna à nossa espera – [VII 367] de modo que a congregação possa tratar de alcançá-la ainda com maior zelo. Tal demonstração é como leite para o gato, e é aceita como o é a Palavra de Deus pelo estudante [de teologia] – "os exercícios práticos são protelados, como de costume". Ainda bem que eu não sou nenhum homem sério, nenhum filósofo afirmativo[231], nenhum clérigo fiador[232], pois, senão, também eu seria obrigado a demonstrar. Por sorte, minha leviandade me libera de demonstrar e, na qualidade de leviano, atrevo-me a ser da opinião de que, se alguém, acreditando nas afirmações de todos esses filósofos e na caução de toda a clerezia, decide tratar de alcançar uma felicidade eterna, então ainda não está tratando de alcançá-la, e sua *confiança* nas afirmações de todos esses filósofos e na caução de toda a clerezia é precisamente aquilo que o impede (o pastor acredita, é claro, que se trata de uma falta de confiança), e o induz a querer, por Deus![233], também *participar*, a querer fazer uma transação racional, uma proveitosa especulação na bolsa de valores, em vez de uma aventura arriscada; o induz a fazer um movimento simulado, uma arrancada simulada rumo ao absoluto, não obstante permaneça completamente no interior do relativo, uma passagem simulada, tal como aquela do eudemonismo ao ético no interior do eudemonismo. Em suma, é inacreditável o quanto as

---

230. *et Øieblik i Tid fyldt med Tomhed*
231. *forsikkrende*: fornecedor de asserções
232. *cautionerende*
233. *sgu*

pessoas são astutas e inventivas em evitar a decisão final, e quem já testemunhou as estranhas caretas de diversos soldados de infantaria, quando devem entrar na água, encontrará no mundo do espírito bem frequentemente analogias a esse respeito. O caso é o seguinte: o indivíduo só se torna infinitizado graças à aventura de risco; ele não é o mesmo indivíduo, e a aventura de risco não é um empreendimento entre muitos outros, um predicado a mais a respeito daquele único e mesmo indivíduo, não, pela aventura de risco ele próprio se torna um outro. Antes de ter arriscado, ele só pode entendê-la como loucura (e isto ainda é preferível a ser um tagarela que não reflete, que senta e imagina entendê-la como sabedoria – e, contudo, desiste de realizá-la, com o que diretamente se denuncia como louco, enquanto que aquele que a considera como loucura ainda se afirma como esperto por deixá-la de lado), e quando arriscou, já não é mais o mesmo. Assim, o *discrimen* [*lat.*: marca distintiva] da passagem ganha espaço adequado, um abismo escancarado no meio do caminho, correspondendo como palco à paixão da infinitude, uma garganta que o entendimento não consegue transpor, nem para frente nem para trás.

Mas já que eu não me envolvi de modo nenhum em demonstrar que haja uma felicidade eterna (em parte porque afinal não cabe a mim, mas, *höchstens* [*al.*: no máximo], ao cristianismo que a proclama, e em parte porque ela não existiria de jeito nenhum se se deixasse demonstrar, já que a existência do bem ético absoluto só pode ser demonstrada pelo fato de o indivíduo [VII 368], ele mesmo existindo[234], expressar que este existe[235]), então eu quero, por um instante, observar mais de perto as palavras daquele homem sério; elas bem que merecem atenção. Ele requer, portanto, que deva ser certo e definido que este bem está à nossa espera. Mas é realmente demais exigir que algo que está à nossa espera seja certo e definido, porque o que pertence ao futuro[236] e o que pertence ao presente[237] têm justamente um pequeno instante entre eles, o qual faz com que seja possível esperar pelo futuro, mas impossível, *in præsenti* [*lat.*: no presente], ter certeza e definição. A situação presente é de certeza e definição,

---

234. *existerende*
235. *er til*
236. *Futuriske*
237. *Præsentiske*

mas uma relação do presente para com um futuro é, *eo ipso*, de incerteza e, por isso, muito corretamente, uma relação de expectativa. Especulativamente, é válido que eu, recordando, retrospectivamente, seja capaz de alcançar o eterno; é válido que o eterno[238] se relacione diretamente com aquilo que é eterno[239], mas um existente, olhando para frente, só pode se relacionar com o que é eterno como com o que é futuro. – O homem sério continua: Tão logo consiga ter certeza de que tal bem está à nossa espera, arriscará tudo por ele; de outro modo, seria loucura arriscar tudo. O homem sério fala quase como um brincalhão; está bem claro que quer zombar de nós, tal como o soldado da infantaria quando corre para saltar, e realmente corre – mas dá um tchau para o salto[240]. Contanto que seja certo: aí ele quer arriscar tudo. Mas o que é mesmo arriscar? Arriscar é o correlativo da incerteza; logo que há certeza, acaba o risco. Se ele, portanto, obtém certeza e definição, torna-se impossível chegar a arriscar tudo; pois assim não arrisca nada, ainda que renuncie a tudo – e se ele não consegue obter certeza, bem, então, diz o homem sério, com a maior seriedade, bem que, então, ele não arriscará tudo – seria, afinal de contas, loucura. A ousadia do homem sério se torna decerto, deste modo, um alarme falso. Se aquilo de que tomarei posse com a ousadia é certo, então não estou ousando, então estou *negociando*. Deste modo, nada ouso ao dar uma maçã por uma pera, se estou segurando a pera em minha mão enquanto faço a troca. Rábulas e velhacos têm bastante experiência a esse respeito. Não acreditam uns nos outros e, por isso, querem ter em mãos o que estão por adquirir em um negócio. De fato, eles têm um conceito de risco tão agudo, que consideram arriscado até mesmo que o outro se vire e cuspa, para que este não faça nenhum truque. Não significa arriscar, se eu entregar todas as minhas posses por uma pérola, se, no momento da troca, seguro a pérola em minha mão. [VII 369] Se fosse talvez uma pérola falsa, com a qual fui enganado, então teria feito um mau negócio, mas não teria arriscado coisa nenhuma. Mas se, ao contrário, esta pérola estiver talvez muito afastada, na África, em algum lugar escondido, aonde é difícil de

---

238. *den Evige*
239. *det Evige*
240. *men giver Springet en god Dag*

chegar, se eu nunca tiver tido a pérola em minha mão, e então deixar casa e família, renunciar a tudo, fizer aquela longa e árdua excursão sem certeza de ter sucesso em meu empreendimento – bem, então estou me arriscando[241] – e então em uma noitada qualquer no clube se ouvirá o que dizia o homem sério: que isso é loucura. Mas quaisquer que sejam os estranhos acontecimentos que aquele aventureiro deva vivenciar na longa e perigosa viagem à África, eu contudo não creio que lhe possa ocorrer nada de mais extraordinário do que aquilo que acontece com as palavras do homem sério; pois a única palavra verdadeira que resta em toda a sua seriedade é esta: que isso é loucura[242]. Sim, claro que é loucura. [VII 370] Arriscar-se é sempre loucura, mas arriscar tudo por uma felicidade eterna esperada é lou-

---

241. Devo, com prazer, ilustrar a mesma coisa com um exemplo mais nobre. O amante pode "arriscar" tudo por seu amor, para a posse de sua amada; mas o homem casado, que está de posse de sua amada, não arrisca nada por ela, mesmo que com ela suporte tudo, mesmo quando se submete a tudo por causa dela, e, por conseguinte, o homem casado ofende sua esposa quando quer usar a expressão que é a do mais alto entusiasmo apaixonado do amante. O homem casado tem a posse de sua amada, e se a felicidade eterna pudesse estar presente para alguém deste mesmo modo, então ele também não estaria se arriscando. Mas o azar é que ela não pode estar totalmente presente deste modo, mesmo para uma pessoa existente que tenha arriscado tudo – enquanto estiver existindo – e, portanto, ainda um pequeno *N.B.*, a saber, que ela precisa ter arriscado tudo, pois não recebe a certeza adiantada e das mãos de um filósofo fornecedor de asserções ou de um pastor fiador. Pois é bem estranho que, embora a felicidade eterna seja o mais elevado bem e seja muito mais incrível do que bens terrenos e reinos, é, contudo, absolutamente o bem que, quando alguém o entrega não pergunta, de modo algum, a respeito da certeza do outro homem, e quando alguém o recebe não lhe adianta, de modo algum, ter todas as pessoas como fiadores, mas o assunto se decide pura e exclusivamente entre aquele que a cede e as respectivas pessoas – quase uma loucura tão grande, eu quase diria, tanto da parte daquele que a cede, por não olhar melhor por sua própria vantagem e segurança, quanto da parte daquele que recebe, por não se tornar desconfiado e suspeitoso de dano, quando ele, sozinho, deve perder de vista todos os fiadores.

242. Toda sabedoria de vida é, com efeito, abstração, e apenas o eudemonismo mais medíocre não tem nenhuma abstração, mas é o gozo do instante. No mesmo grau em que o eudemonismo é sagaz, tem alguma abstração; quanto mais sagacidade, mais abstração. Com isso, o eudemonismo adquire uma semelhança fugaz com o ético e o ético-religioso e, [VII 370] momentaneamente, pode parecer que poderiam *marchar juntos*. E, contudo, não é assim, pois eis que o primeiro passo do ético é a abstração infinita, e o que acontece? O passo se torna grande demais para o eudemonismo, e, embora alguma abstração seja sagacidade, a abstração infinita, entendida de modo eudemonista, é loucura. – Talvez um filósofo queira dizer que me movo apenas na esfera da representação. Sim, no papel decerto é mais fácil de sintetizar, ali a gente arrisca tudo e, ao mesmo tempo, a gente tem tudo. Mas na medida em que eu na existência deva arriscar tudo, isso é realmente uma tarefa para a vida toda, e se eu assim devo permanecer na existência com minha ousadia, devo continuar a me arriscar permanentemente. O honrado filósofo, como de costume, transfere o palco da existência para o papel.

cura geral[243]. Ao contrário, a questão sobre a certeza e a definição é sagacidade[244], pois há subterfúgios para evitar o esforço da ação e da ousadia, e jogar o problema para o saber e a conversa fiada. Não, se eu devo verdadeiramente ousar e, agindo, tratar de alcançar o bem mais elevado, então a incerteza tem de estar aí, e eu tenho de ter, se posso colocar as coisas assim, espaço para me mover. Mas o maior espaço que posso ter para me mover, onde há espaço suficiente para o mais veemente gesto de infinita paixão, é o da incerteza do saber sobre uma felicidade eterna, ou que o ato de escolhê-la é, em sentido finito, loucura: vê, agora há espaço, agora podes arriscar!

E por isso a felicidade eterna, enquanto o bem absoluto, tem a particularidade de *só poder ser definida pelo modo como é adquirida*, enquanto que outros bens, justamente porque seu modo de aquisição é casual ou, de qualquer modo, relativamente dialético, têm de ser definidos por si mesmos. Pois o dinheiro, por exemplo, tanto pode ser adquirido pelo trabalho quanto pode também ser obtido sem trabalho, e, por sua vez, estas duas maneiras são diferentes sob diversos aspectos, mas o dinheiro ainda é o mesmo bem; o conhecimento, por exemplo, é adquirido de modos diferentes, de acordo com o talento e circunstâncias exteriores e, por isso, não se deixa definir pela maneira de aquisição; mas da felicidade eterna nada mais se deixa dizer, senão que ela é o bem que é alcançado pelo ato de arriscar tudo de maneira absoluta. Qualquer descrição da glória deste bem [VII 371] já é, de certo modo, uma tentativa de tornar possíveis vários modos de aquisição – uma maneira mais fácil, por exemplo, e uma maneira mais difícil, o que mostra que a descrição não está descrevendo o bem absoluto, mas apenas imagina que o esteja fazendo, quando está, essencialmente, falando sobre bens relativos. E por isso, num certo sentido, é tão fácil falar deste bem, porque ele é certo – quando tudo se fez incerto – e porque o orador nunca estará em apuros, como é o caso dos bens relativos quando se mostra que o que ajuda uma pessoa a alcançá-los não ajuda outra. E o discurso a respeito deste bem é tão curto porque não há nada mais a dizer além de: Arrisca tudo. Não há anedotas a contar a respeito de como Pedro acumulou riqueza trabalhando, e Paulo ao ganhar na loteria,

---

243. *General-Galskab*
244. *Klogskab*: prudência mundana, "calculismo"

e João por herança, e Mateus por uma reforma monetária, e Cristóvão ao comprar um móvel de um negociante de peças de segunda mão etc. Mas, num outro sentido, o discurso é tão longo, sim, o mais longo de todos os discursos, porque arriscar tudo demanda uma transparência de consciência que só se adquire muito lentamente. Aqui reside a tarefa do discurso religioso; se ele devesse dizer apenas a palavra breve, "Arrisca tudo", não se precisaria mais do que um único orador em todo o reino; por outro lado, o discurso mais longo não pode esquecer jamais o risco. A exposição religiosa pode ocupar-se com tudo, só que ela deve continuamente relacionar tudo com a categoria absoluta da religiosidade; precisa percorrer todos os caminhos, saber onde moram todos os erros, onde os ânimos têm seus esconderijos, como as paixões se compreendem na solidão (e qualquer ser humano que tenha paixão é sempre um tanto solitário; só os babões se entregam de corpo e alma ao social[245]), saber onde as ilusões exercem sua tentação, onde os caminhos bifurcam etc. – para continuamente trazer tudo para a relação com a categoria absoluta da religiosidade. Se neste sentido um ser humano puder fazer algo por outro, então não deve dar-se ao trabalho de se mudar para a China ou a Pérsia, pois assim como o discurso religioso é mais elevado do que qualquer outro discurso, assim também todo verdadeiro discurso religioso nada sabe além do bem absoluto, uma felicidade eterna, já que sabe que a tarefa não consiste em partir do indivíduo para a geração, mas sim partindo do indivíduo, através da geração (o universal) alcançar o indivíduo. [VII 372] O discurso religioso é o caminho para o bem, quer dizer, ele reproduz o traçado[246] do caminho, que é tão longo quanto a vida; ele copia o caminho que a pessoa religiosa descreve, não no mesmo sentido em que o planeta descreve sua órbita ou o matemático descreve um círculo. Mas não há nenhum atalho para o bem absoluto, e dado que ele só pode ser definido pelo modo de aquisição, então a sua dificuldade absoluta é

---

245. *det er kun Sagle-Hovederne/Savlehovederne der ganske gaae op i det Selskabelige*

246. Aqui mais uma vez vemos por que o orador religioso não pode usar a perspectiva abreviada. Com efeito, esteticamente não há nenhum caminho, porque o estético se relaciona com a imediatidade, e a expressão para isto é a perspectiva abreviada. Eticamente e ético-religiosamente, contudo, é justamente sobre o caminho que se reflete e, por isso, eticamente e ético-religiosamente, é uma ilusão o que esteticamente é verdade.

o único sinal de que se esteja em relação com o bem absoluto. Topar por acaso com este num caminho mais fácil (por ter nascido em anos especialmente propícios, p. ex., no século XIX, por ser uma boa cabeça, por ser conterrâneo de um grande homem ou por ser da parentela de um apóstolo), ser um sortudo, é apenas prova de que se foi ludibriado; pois os Srs. Sortudos não pertencem à esfera religiosa. O mérito do discurso religioso está em tornar o caminho difícil, pois o caminho é o decisivo – de outro modo, só temos estética. Mas o cristianismo fez com que o caminho se tornasse o mais difícil de todos, e é só ilusão, que embaraçou muita gente, que o cristianismo tenha facilitado o caminho, já que justamente só ajudou as pessoas por tornar o início tal que tudo ficou muito mais difícil do que jamais. Se um pagão apenas vislumbrou o bem absoluto, então o cristianismo ajudou – pelo absurdo. Se se deixa isso de lado, então tudo se tornou realmente muito mais fácil do que no paganismo; mas se isto for sustentado, então tudo fica muito mais difícil, porque é mais fácil manter uma esperança fraca com *suas próprias forças* do que obter certeza em virtude do absurdo. Quando um sofredor estético geme e busca consolo no ético, esse de fato conforta – *aber* [*al.*: mas] antes faz com que o sofredor estético sofra ainda mais do que antes. Se isso for excluído, o ético certamente faz com que tudo seja muito fácil e confortável, mas então se está também tomando o ético em vão. Um sofredor estético, por mais que ele gema, pode muito bem sofrer ainda mais, e então quando manda chamar o ético – [VII 373] bem, este antes o ajuda a cair da frigideira para o fogo[247], de modo a que aí sim tenha motivo para gritar – e só então este pode ajudá-lo. O mesmo se dá com o cristianismo. O cristianismo exige que o indivíduo, existindo, arrisque tudo (o patético); isso um pagão também pode fazer – arriscar tudo, por exemplo, diante do "se acaso" da imortalidade. Mas então exige que o indivíduo também arrisque seu pensamento, arrisque acreditar contra o entendimento (o dialético). E enquanto aquele homem sério nunca chegou, de jeito nenhum, ao ponto de arriscar, porque queria ter certeza, é certo que há uma única certeza, a saber: que é o risco absoluto. Lutar, existindo, pela vida toda, baseado no "se acaso" da imortalidade, pode parecer bastante árduo, e ganhar uma demonstração da ressurreição, uma enor-

---

247. *af Dynen i Halmen*: *lit.*: da coberta de penas para a palha

me facilidade – se acaso a própria demonstração não for o mais difícil de tudo. Ganhar tudo com a ajuda de um mediador parece de fato bastante fácil em comparação com o paganismo, onde a sabedoria, por meio de enormes esforços, atingiu apenas um pouquinho, mas suponhamos que o mais difícil de tudo seja saber se há um mediador! Ganhar tudo com a ajuda de um evangelho parece de fato bastante fácil – se a maior de todas as dificuldades não fosse que haja um evangelho. Ser capaz de fazer tudo pela força de Deus seria bastante fácil – se a maior de todas as dificuldades não fosse não ser capaz de fazer nada por si mesmo, tão difícil que talvez haja poucos, em cada geração, que possam verdadeiramente dizer que, dia a dia, estejam, ainda que moderadamente, conscientes de que um ser humano não é capaz de absolutamente nada. Se esse ponto dialético for negligenciado, e daí? Daí tudo se torna conversa fiada de mulherzinha e gritaria de mulher, pois, como se sabe, judeus e mulheres gritam num único minuto o que um homem não consegue fazer em toda sua vida. Se o dialético for negligenciado, então a demonstração da ressurreição se torna, bem ironicamente, uma demonstração excessiva, e a certeza da imortalidade se torna menor do que no paganismo; então o mediador se torna uma personagem dúbia, uma pessoa esteticamente pomposa, com uma auréola e um chapéu de fazer mágicas; então o evangelho se torna boato, um pequeno mexerico da cidade; então aquele que pela força de Deus é capaz de tudo, torna-se o que por si mesmo é capaz de fazer um pouco, e é bastante gentil para fingir que isso tenha se dado pela força de Deus, torna-se aquele que está muito atrás daquela pessoa que, existindo, mesmo moderadamente pratica a árdua consciência de não ser capaz de nada. Se o dialético for negligenciado, então todo o cristianismo se tornará uma fantasia fácil, torna-se nada mais do que superstição, aliás, a mais perigosa espécie de superstição, porque é uma crendice na verdade, caso o cristianismo seja a verdade. A crendice na inverdade tem, com efeito, a possibilidade de que a verdade possa vir e acordá-la, mas quando há verdade, e a crendice, ao relacionar-se com ela, transmuda-a em inverdade, então nenhuma salvação mesmo é possível. Não, a facilidade do cristianismo só se conhece por uma única coisa: [VII 374] pela dificuldade; desse modo seu jugo é fácil e sua carga, leve – para aquele que jogou para longe de si todas as cargas, as cargas da esperança e do medo e do desânimo e do desespero –

mas isto é muito difícil. E a dificuldade é, por sua vez, absoluta, não se presta à dialética da comparação (mais fácil para uma pessoa do que para outra), porque a dificuldade relaciona-se absolutamente com cada indivíduo em particular, e exige absolutamente seu esforço absoluto, mas não mais do que isso, pois tão pouco como na esfera do religioso há sortudos ou sorteios de números de loteria, tampouco há individualidades injustiçadas.

§ 2

A expressão essencial do pathos existencial: sofrimento – Fortuna e infortúnio como visão estética da vida em contraste com o sofrimento como visão religiosa da vida (iluminada pelo discurso religioso) – A realidade efetiva do sofrimento (humor) – A realidade efetiva do sofrimento em última instância como sinal de que um existente se relaciona com uma felicidade eterna – A ilusão da religiosidade – Provação [espiritual] – A razão e o significado do sofrimento em primeira instância: morrer para a imediatidade e contudo permanecer na finitude – Um interlúdio (Divertissement) edificante – Humor como incógnito da religiosidade

Do parágrafo precedente deve-se recordar que o *pathos* existencial é ação, ou a transformação da existência. Estabeleceu-se que a tarefa consistia em relacionar-se, simultaneamente, de modo absoluto com o τελος absoluto e de modo relativo com os [fins] relativos. Mas esta tarefa precisa agora ser entendida de maneira mais específica em sua dificuldade concreta, para que o *pathos* existencial não seja revogado no interior do *pathos* estético, como se o *pathos* existencial consistisse em *dizer* tal coisa de uma vez por todas, ou uma vez por mês, com a inalterada paixão da imediatidade. Se tudo se resolvesse no papel, começar-se-ia prontamente na tarefa ideal, mas na existência o início tem de ser feito exercitando-se a relação com o absoluto e retirando-se o poder da imediatidade. No papel, o indivíduo é um terceiro, alguma coisa rápida que está prontamente à disposição. O indivíduo real está, sem dúvida, na imediatidade e, propriamente, até aí, de modo absoluto nos fins relativos. [VII 375] Agora o indivíduo começa, mas, é bom notar, não se relacionando ao mesmo tempo de modo absoluto com o τελος absoluto e de modo relativo com os fins relativos, pois, estando na imediatidade, está posicionado bem ao inverso; mas começa praticando a relação absoluta, pela renúncia. A tarefa é ideal e talvez nunca seja completada por ninguém; é só no papel que se começa sumariamente e prontamente se termina. Para se relacionar absolutamente com o τελος absoluto, o indivíduo deve ter praticado a renúncia aos fins relativos, e só então se pode falar sobre a tarefa ideal: ao mesmo tempo relacionar-se absolutamente com o absoluto e relativamente com os relativos. Não antes disso, pois até que isso tenha acontecido o indivíduo é sempre algo imediato e, deste modo, se relaciona absolutamente com fins relativos. E mesmo quando já ultrapassou a imediatidade, está, com sua vitória, outra vez na existência e, por meio disso, outra vez impedido de expressar absolutamente a relação absoluta para com o τελος absoluto. O *pathos* estético se distancia da existência ou está nela de um modo ilusório, enquanto que o [*pathos*] existencial aprofunda-se no existir, penetra toda ilusão com a consciência do existir, e se torna cada vez mais concreto ao transformar a existência pela ação.

Ora, agir poderia parecer o exato oposto de sofrer e, portanto, estranho dizer que a expressão essencial do *pathos* existencial (que é ação) seja sofrimento. Entretanto, só é assim aparentemente, e de novo se mostra aqui, o que é sinal da esfera religiosa – que o positivo se reconheça pelo negativo[248] (em contraste com o caráter direto[249] da imediatidade e com o caráter relativamente direto da reflexão): que o agir religioso se reconhece pelo sofrimento. A ambiguidade consiste nisso, que agir pode também significar agir no exterior,

---

248. Queira o leitor recordar: a revelação se conhece pelo mistério, a felicidade, pelo sofrimento, a certeza da fé, pela incerteza, a facilidade, pela dificuldade, a verdade, pela absurdidade; se não for assim, então o estético e o religioso se fundem em uma confusão comum.

249. A esfera existencial do paganismo é essencialmente o estético e, por isso, está certo que isto se espelhe na representação de Deus de acordo com a qual, Ele próprio, imutável, tudo move. Esta é a expressão para o agir no exterior. O religioso [*Det Religieuse*] reside na dialética da interiorização e, por isso, em relação à concepção de Deus, isto significa que Ele próprio movido, se deixa transformar [*selv bevæges, forandres*: ele mesmo (co)movido, se deixa alterar].

[VII 376] o que pode ser totalmente verdadeiro, mas pode também significar e sugerir que o discurso não esteja na esfera do religioso, e sim numa outra esfera. Agir no exterior decerto transforma a existência (como quando um imperador conquista o mundo inteiro e torna os povos escravos), mas não a própria existência do indivíduo; e o agir no exterior decerto transforma a existência do indivíduo (como quando um tenente se torna imperador, ou um mascate judeu um milionário, ou algo assim que nos ocorra), mas não transforma a existência interior do indivíduo. Portanto, toda ação desse tipo é apenas *pathos* estético, e sua lei é a lei da relação estética: o indivíduo que não foi feito dialeticamente transforma o mundo, mas se mantém, ele mesmo, inalterado, pois o indivíduo estético nunca tem o dialético em si mesmo, mas sim fora dele; ou o indivíduo é transformado no exterior, mas permanece interiormente inalterado. O palco, então, está no exterior, e por isto até mesmo a introdução do cristianismo em um país pode ser um assunto estético, a não ser que seja feita por um apóstolo, pois sua existência é paradoxalmente dialética; de outro modo, vale o seguinte: se o indivíduo não se transforma por si mesmo e continuamente, a introdução, por este, do cristianismo num reino não é uma ação mais religiosa do que a de conquistar países. Mas o essencial *pathos* existencial se relaciona com o existir essencialmente; e existir essencialmente é interioridade, e o agir da interioridade é o sofrer, pois o indivíduo é incapaz de transformar a si mesmo; isso se torna, por assim dizer, uma autotransformação de faz de conta, e por isso o sofrer é a ação mais elevada do interior. E quão difícil é esta façanha, compreendê-lo-á mesmo aquele que só possui uma parcela pequena da impaciência da imediatidade, que se orienta para o exterior, não para o interior, para nem mencionar aquele que está quase totalmente voltado para o exterior – contanto que, deste modo, não se mantenha inteiramente ignorante de que há de fato uma interioridade.

Imediatidade é felicidade[250], pois na imediatidade não há nenhuma contradição; a pessoa imediata, vista essencialmente, é afortunada, e *a visão de vida da imediatidade é a felicidade*. Caso se lhe perguntasse de onde tira esta visão de vida, esta relação essencial com a felicidade, ela poderia responder com inocência virginal: eu

---

250. *Lykke*: sorte, boa fortuna

mesma não o compreendo. A contradição vem de fora e é a infelicidade[251]. Se não vem de fora, a pessoa imediata permanece sem saber se ela existe. Quando esta de fato vem, ela *sente* a infelicidade, mas não *compreende* o sofrimento. A pessoa imediata nunca chega a um entendimento com a infelicidade, com efeito, não se torna dialética em si mesma; e se não escapa dela, torna-se por fim evidente que ela carece de *autocontrole*[252], [VII 377] ou seja, desespera porque não o compreende. Infelicidade é semelhante a uma passagem estreita no caminho da imediatidade; agora ela está no infortúnio, mas, essencialmente, sua visão de vida precisa sempre imaginar que este vai cessar, porque ele é o estranho. Se ele não cessa, ela desespera, e com isso cessa a imediatidade, e se torna possível a transição para um outro entendimento do infortúnio, isto é, para compreender o sofrimento, um entendimento que não só compreende este ou aquele infortúnio, mas compreende essencialmente o sofrimento.

Felicidade, infelicidade, destino, entusiasmo imediato, desespero, isso é o que a visão de vida estética tem à sua disposição. A infelicidade é uma ocorrência em relação à imediatidade (destino); visto idealmente (na direção da visão de vida da imediatidade), ela está, ou deve estar, excluída. O poeta expressa isso ao elevar a imediatidade a uma idealidade que é a felicidade da imediatidade, tal como não se encontra no mundo finito. Aqui o poeta se serve da felicidade. Por outro lado, o poeta (que deve sempre operar apenas dentro dos limites da imediatidade) leva o indivíduo a sucumbir ao infortúnio. Este é o significado comumente encontrado para a morte do herói ou da heroína. Mas compreender o infortúnio, chegar a um entendimento com ele, reverter tudo e fazer do sofrimento o ponto de partida para uma visão de vida: isso o poeta não consegue; com tais coisas o poeta não deve se envolver, pois estaria agindo atabalhoadamente[253].

A interioridade (o indivíduo ético e ético-religioso) compreende, por outro lado, o sofrimento como o essencial. Enquanto que o imediato desvia involuntariamente o olhar do infortúnio, não sabe que ele existe, se não se acha ali externamente: a pessoa religiosa tem o

---

251. *Ulykken*: o infortúnio
252. *Fatning*: calma, compreensão, inteligência, juízo, bom-senso, concerto, continência
253. *fusker*: trabalhando fora de sua competência, atamancadamente

sofrimento continuamente junto a si, exige sofrimento[254] [VII 378] no mesmo sentido em que a pessoa imediata exige a boa fortuna, e exige e tem sofrimento mesmo que o infortúnio não esteja presente no exterior; pois não é o infortúnio o que exige; deste modo a relação ainda seria estética e ela seria essencialmente não dialética em si mesma. Mais raramente, talvez, do que uma obra poética perfeita, a gente vê ou ouve uma exposição religiosa correta, que seja clara sobre quais categorias deve usar, e como deve usá-las. Mas, assim como numa obra poética às vezes encontramos uma réplica na boca de uma determinada personagem que é de tal modo refletida, que a personagem com isso extrapola todo o âmbito da poesia; assim também o discurso religioso é bastante frequentemente uma triste mixórdia de um pouco de todas as esferas. Mas, dá para entender: para se tornar um poeta exige-se uma vocação[255], para se tornar um orador religioso bastam somente três exames e assim decerto se recebe uma nomeação[256].

O discurso religioso não precisa, naturalmente, falar sempre sobre o sofrimento, mas, no que quer que diga, para onde quer que se vire, qualquer caminho que tome a fim de conquistar pessoas, o quanto testemunhe, em monólogo, do próprio existir do orador, deve sempre ter sua categoria de totalidade presente como um padrão de medida, de modo que a pessoa experiente perceba prontamente a orientação global na visão de vida da exposição. Assim, a exposição religiosa pode falar sobre qualquer coisa, desde que tenha, direta ou indiretamente, seu critério absoluto continuamente junto a si. Assim como é algo que confunde[257] estudar geografia somente com mapas

---

254. Trata-se, portanto, de uma colisão religiosa inteiramente correta, mas também de um mal-entendido estético não imperceptível, quando (p. ex., nas lendas maometanas sobre a Bíblia, publicadas por Weil) o homem religioso pede a Deus que ele possa ser provado naqueles grandes sofrimentos, como Abraão ou um outro escolhido qualquer. Uma oração que pede tais coisas é uma escuma que cobre a religiosidade, no mesmo sentido em que o entusiasmo de um Aladim e a felicidade de uma mocinha são a escuma que cobre a imediatidade; o mal-entendido reside em que este religioso, de qualquer modo, compreende o sofrimento como vindo de fora, portanto esteticamente. [VII 378] Nessas narrativas, o resultado em geral é que a pessoa religiosa demonstra ser fraca demais para suportar o sofrimento. Entretanto, com isso nada fica explicado, e o resultado, outra vez, reside num não imperceptível *confinium* [*lat.*: território-limite] entre o estético e o religioso.

255. *Kald*: chamado pelo nome; vocação como chamamento

256. *Kald*: convite para ocupar um posto vago; profissão, um cargo profissional

257. Se, porém, se admite, o que eu em relação a várias alocuções [*Foredrag*] religiosas concedo de boa vontade, que é mais difícil ser ouvinte de um discurso [*Tale*]

de países, e jamais ter visto num mapa-múndi a relação dos países entre si, de modo que, por exemplo, enganosamente, a Dinamarca parece ser tão grande quanto a Alemanha: assim também confundem as particularidades de uma exposição religiosa [VII 379] se a categoria de totalidade não estiver presente por toda parte para orientar, ainda que indiretamente. A exposição religiosa tem, essencialmente, de *elevar pelo sofrimento*. Tal como a fé da imediatidade se baseia na felicidade, a fé do religioso se baseia em que a vida está justamente no sofrimento. Resoluta e poderosamente deve, portanto, avançar para as águas profundas. Logo que o discurso religioso mira de esguelha para a felicidade, ele consola com a probabilidade, fortalece provisoriamente: é um falso ensinamento, é uma regressão ao estético e, portanto, obra de incompetente. Pois para a imediatidade, a poesia é a transfiguração da vida; mas para a religiosidade, a poesia é uma bela e amável brincadeira, cujo consolo a religiosidade, entretanto, desdenha, porque é justamente no sofrimento que o religioso respira. A imediatidade expira na infelicidade; no sofrimento o religioso começa a respirar. O importante é manter sempre as esferas separadas com acuidade umas das outras por meio da dialética qualitativa, para que tudo não se torne uma única coisa; mas o poeta certamente se torna um embrulhão quando quer levar consigo um pouquinho do religioso, e o orador religioso se torna um enganador que atrasa os ouvintes ao querer se meter sem competência no estético. Logo que um discurso religioso reparte as pessoas em felizes e infelizes, é *eo ipso* obra de incompetente, pois, do ponto de vista religioso, todos os seres humanos são sofredores, e o importante é chegar até o sofrimento (não mergulhando nele, mas descobrindo que se está nele), e não escapar da infelicidade. Visto religiosamente, a pessoa afortunada, a quem o mundo todo se curva, é tão plenamente sofredora, se for religiosa, quanto aquela que foi alcançada pelo infortúnio que vem de fora. Visto religiosamente, a distinção "feliz/infeliz" é claro que pode ser usada, mas apenas brincando e ironicamente, para com ela animar, a fim de acolher o indivíduo no sofrimento e para, a partir daí, definir o que é o religioso.

---

desse tipo do que ser orador [*Taler*], então, decerto de modo irônico, a alocução religiosa é tornada supérflua, e útil apenas como um purgatório onde o indivíduo se disciplina a si mesmo para na Casa de Deus poder por tudo edificar-se.

Mas o discurso religioso que se ouve hoje em dia raramente é correto em suas categorias. O orador mais honrado esquece que religiosidade é interioridade, que interioridade é a relação do indivíduo consigo mesmo diante de Deus, seu reflexo no interior de si mesmo, e que é precisamente daí que vem o sofrimento, mas aquilo que lhe pertence essencialmente também está enraizado nisso, de modo que sua ausência significa ausência de religiosidade. O orador percebe o indivíduo como alguém que apenas se relaciona com um mundo, um pequeno ou grande mundo circundante, e agora ele serve algo sobre fortuna e infortúnio, que a pessoa desafortunada não deve perder a coragem, pois há muitos que são ainda mais desgraçados. Além disso, há, afinal, a probabilidade de que, "com a ajuda de Deus, as coisas certamente fiquem melhores"[258], [VII 380] e de que finalmente uma pessoa se torne alguma coisa através das adversidades – de fato, o Conselheiro de Justiça Madsen teria se tornado um conselheiro se não tivesse etc. etc.! Vê só, as pessoas realmente gostam de escutar isso, pois é religioso pregar a dispensa indulgente do religioso – do entusiasmo do religioso com o sofrimento. Quando o orador religioso esquece que seu âmbito é o da interioridade e o da relação do indivíduo consigo mesmo, tem então essencialmente a mesma tarefa que tem o poeta, e deveria manter sua boca fechada, porque o poeta pode fazer melhor. Quando o orador religioso fala sobre o infortúnio da maneira mencionada, então, do ponto de vista religioso, isto não é apenas escandaloso (a saber, porque se faz passar por um orador religioso), mas ele também lança sobre si mesmo o merecido castigo satírico de que seja tirada desse discurso a conclusão de que há favoritos da fortuna que não sofrem absolutamente – o que, de um ponto de vista religioso, é o que há de mais duvidoso. O convite para uma fala religiosa é bem simplesmente este: Vinde todos os que estais cansados sob o peso de vosso fardo – e a alocução pressupõe que todos sejam sofredores – sim, que todos o deveriam ser. O orador não deve descer até os ouvintes e apontar para um, se houvesse um desses, e dizer: "Não, tu és demasiado feliz para necessitares do meu discurso";

---

258. Um monte de gente admite, assim sem mais, que, sempre que o nome de Deus é mencionado, o discurso é piedoso. Desse modo, o blasfemar, usando o nome de Deus, seria também um discurso piedoso. [VII 380] Não, uma visão de vida estética, ainda que recheada com os nomes de Deus e de Cristo, continua a ser uma visão de vida estética, e, quando ela é exposta, temos uma exposição estética, não uma religiosa.

pois, se isto fosse ouvido dos lábios de um orador religioso, haveria de soar como a ironia mais mordaz. A distinção entre afortunado e desafortunado é apenas brincadeira, e portanto o orador deve dizer: "Nós somos todos sofredores, mas alegres no sofrimento; eis o que nos esforçamos por ser; ali está ele, o afortunado, a quem tudo, tudo, tudo favorece como num conto de fadas, mas ai dele se ele não for um sofredor". Contudo, raramente a alocução religiosa é disposta deste modo; na melhor das hipóteses, a consideração propriamente religiosa vem no terceiro momento, isto é, depois que se usou de todos os subterfúgios possíveis nas duas primeiras terças partes para escapar do religioso, e se deixou o ouvinte religioso na dúvida se viera para a dança com o poeta ou para a edificação com o pastor. Assim facilmente parece que o religioso, em vez de ser igual para todos, e de o ser com igual sofrimento, o que constitui a vitória do sofrimento sobre a brincadeira acerca da fortuna e do infortúnio seria apenas para os extremamente desafortunados – [VII 381] uma honra muito gloriosa para o religioso[259], de poder participar como uma miserável subdivisão subordinada a uma seção da estética. É bem verdade que o religioso é o último consolo, mas, não obstante, há uma miséria ainda maior do que ser o mais desafortunado no sentido poético, e é aquela de ser tão incomparavelmente afortunado a ponto de nem entender o sofrimento que constitui o elemento vital do religioso.

Em geral, o pastor decerto pensa que tais pessoas tão incomparavelmente afortunadas só aparecem nos contos de fadas, mas que na vida o infortúnio agarra a maioria, e com isso o pastor, por sua vez, precisa tratá-las. Pode até ser, mas o pastor deveria ter tal confiança no religioso, que não precisasse impingi-lo às pessoas. Deveria gracejar despreocupado caso um homem se tornasse tão afortunado quanto alguém num conto de fadas e, contudo, ser da opinião de que o sofrimento faz parte da vida verdadeira. Deveria atingir com rigor aqueles que apenas se entristecem pelo infortúnio e só querem ouvir o consolo de que seu infortúnio, por sua vez, vai certamente acabar, porque uma tal pessoa quer na verdade evadir-se do religioso. Tal como La Fontaine ficava se lastimando e fazia seus heróis infelizes em três volumes (bem propriamente uma tarefa poética), assim também o orador religioso, se ouso dizê-lo, deve ter seu divertimento em

---

259. *det Religieuse*

fazer seus heróis tão afortunados quanto queriam ser, transformá-los em reis e imperadores, em amantes felizes que obtêm a moça, e em milionários etc. – mas ao mesmo tempo deve atentar para granjear sofrimento para eles no interior. Pois quanto mais felicidade e favorecimento no mundo externo, quando há, ainda assim, sofrimento, tanto mais claro fica que este está no interior, justamente interior. E tanto mais claro se torna que o religioso, de *prima* qualidade, é diferente da *melange* [*fr.*: mistura] do pastor.

Quando a visão de vida religiosa se mantiver em sua categoria, o orador religioso terá bastante elevação religiosa para dispor comicamente sobre todo o âmbito da poesia. Tomemos uma individualidade que viva no desejo. Quando se dirige ao poeta, este prontamente percebe que ela é utilizável de duas maneiras, seja na direção da fortuna, com a ajuda da magia do desejo, seja na direção do infortúnio até o desespero. Poeticamente, a tarefa consiste no dar asas à fantasia, quer se torne feliz, quer infeliz, e o mais importante é: nada de atabalhoamento. Mas que a mesma individualidade vá ao pastor; este, em elevação religiosa, lhe transformará a coisa toda numa brincadeira. Em sua entusiástica convicção religiosa a respeito do significado do sofrimento para a vida mais elevada, [VII 382] o pastor lhe ensinará a sorrir sobre a ardência do desejo e a elevar-se sobre a dor do desejo frustrado – ao anunciar sofrimentos maiores. Pois no aperto, quando a carruagem está atolada no intransponível ou ameaçando tombar na trilha, então o cocheiro usa o chicote, não por crueldade, mas por estar convicto de que isto ajudará, e só os melindrosos não ousam bater. Mas nada de atabalhoar. O discurso religioso afirma para si a respeitosa liberdade de abordar diretamente o que significa ser um ser humano, quase do modo como o faz a morte, que também aborda diretamente o ser dos homens, quer sejam imperadores, conselheiros de justiça ou bandidos, quer sejam extremamente afortunados e classificados pela fortuna com nota dez e estrelinha, ou que sua posição seja muito desafortunada, nota zero e abaixo da crítica. Se o pastor não consegue transformar alguém que vive no desejo numa pessoa religiosa, ou, melhor, se não é isto o que o pastor quer, então o pastor é apenas um poeta charlatão – então se deve deixar o poeta orientar, e ou bem tornar-se afortunado ou bem desesperar. A relação deve ser esta: se o discurso do poeta for tão arrebatador que deixe as moças e os rapazes com as faces coloradas de entusiasmo, então o entusiasmo do discurso religioso deve ser tal que faça o poeta empalidecer de inveja de que haja um entusiasmo desse tipo, no qual não se trata de tornar-se afortunado, e nem de se perder na temeridade do desespero, não, no qual o que entusiasma é sofrer; mas a mentalidade mundana dirá que a poesia é uma extravagância de moça, a religiosidade, um *frenesi* de homens. É por isso que o orador religioso não precisa usar um discurso vee-mente, dado que ele demonstra sua superioridade do modo mais seguro justamente pela invencibilidade com que se mantém dentro da posição inexpugnável do religioso; pois o religioso não combate contra o estético como com um igual, não combate contra ele, mas o sobrepujou como uma brincadeira.

Tal como se há de reconhecer o poeta pelo fato de saber ma-nobrar, com *pathos*, a paixão fantasista do infinito na fortuna e no desespero, como também pelo fato de puxar pelo nariz, de modo cô-mico e hilário, toda paixão finita e todo filistinismo, assim também se há de reconhecer o orador religioso por saber manobrar com *pathos* o entusiasmo do sofrimento e por espreitar, gracejando, a paixão fantasista do infinito. E como o poeta deve ser um espírito benevo-lente que logo está pronto a servir as pessoas afortunadas na terra encantada da ilusão, ou um espírito solidário que logo está pronto a servir o desafortunado, e também benevolente ao emprestar sua voz sonora para o desesperado, assim também o orador religioso, em relação à paixão fantasista da infinitude, deveria ser ou tão casmurro, indigente e indolente, [VII 383] quanto o são o dia na sala de estar e a noite no leito do enfermo e a semana na preocupação com o ga-nha-pão, de modo que as coisas não pareçam mais fáceis na igreja do que na sala de estar, ou então deve ser mais ágil do que o poeta em fazer a cada um tão afortunado quanto ele quiser, mas, é bom notar, ironicamente, a fim de mostrar que toda esta fortuna é irrelevante, e o infortúnio também; mas o sofrimento pertence essencialmente à vida mais elevada. – Quando então Julieta desfalece por ter perdido Romeu, quando a imediatidade tiver expirado em seu peito e ela tiver perdido Romeu de tal modo que nem mesmo Romeu pudesse consolá--la, pois a possessão, ela mesma, se tornaria apenas uma melancólica recordação diária, e quando o último amigo, o último amigo de todos os amantes infelizes, o poeta, silenciar, o orador religioso deve ousar, contudo, quebrar o silêncio. Talvez para apresentar um pequeno sortimento de excelentes motivos de consolo? Neste caso, a ofendida Julieta certamente voltaria seu olhar para o poeta, e ele, com sua autoridade esteticamente triunfante, ao assegurar a Sua Reverência um lugar nas partes burlescas[260] da tragédia, defenderia aquilo que em toda a eternidade pertence por direito ao poeta: a amável, a desesperada Julieta. Não, o orador religioso deverá ousar proclamar novo sofrimento, ainda mais terrível, e isto fará Julieta reerguer-se. – Ou quando um desesperado, assim que alguém se aproxima, prontamente, com uma olhadela arrogante, o condena como traidor, ou seja, um que quer consolar; quando a ira em sua face condena à morte o que ousa querer consolar, [VII 384] de modo que todos os consoladores e os motivos de conforto se derretem e se juntam em burlesco terror, tal como o leite fresco coalha em uma tempestade: assim o orador religioso saberá como se fazer ouvir – ao falar de um sofrimento e de um perigo ainda mais terríveis.

Sobretudo, o discurso religioso jamais deve usar a perspectiva abreviada, que corresponde ao estético como um movimento ético fictício. Esteticamente, esta perspectiva é o encantamento mágico da ilusão e a única coisa correta, porque a poesia se relaciona com alguém que observa. Mas o discurso religioso deve se relacionar com alguém que age, que quando volta para casa precisa esforçar-se para agir de acordo com ele. Se, então, o discurso religioso utiliza aquela perspectiva, surge a confusão funesta de a tarefa parecer muito mais fácil lá na igreja do que em casa, nos aposentos do dia a dia,

---

260. Tão logo um pastor esteja inseguro de sua própria categoria religiosa e se confunda com *Anklänge* [al.: evocações] poéticas envolvidas em experiências de vida, o poeta é então naturalmente muito superior a ele. Aquele que compreende como calcular as relações das categorias entre si perceberá com facilidade que justamente um tal cura d'almas estaria perto de ser um dos motivos mais normais para um personagem cômico numa tragédia. Uma pessoa comum, que representasse a mesma conversa sem fundamento, cujo segredo consiste em ter perdido o ponto poético, um aprendiz de barbeiro, p. ex., ou um papa-defuntos, seria naturalmente cômica, mas não tão profundamente cômica como o cura d'almas, cujo nome e veste preta têm pretensões do mais elevado *pathos*. Usar, pateticamente, um cura d'almas numa tragédia é um equívoco, pois se ele representar essencialmente o que ele essencialmente é, toda a tragédia se romperá, e, se não o representar essencialmente, deve ser, *eo ipso*, representado de modo cômico. Vemos com bastante frequência monges hipócritas e sinistros em tragédias; eu creio que um tal Zé-Mané eclesiástico-mundano, todo paramentado, estaria mais próximo da situação de nossa época.

e neste caso só se tem prejuízo ao ir à igreja. Por isso o orador deve desdenhar a perspectiva abreviada como uma ilusão da juventude – para que aquele que foi tentado em seus aposentos caseiros não seja forçado a desdenhar o discurso do orador como falta de maturidade. Quando um poeta a utiliza, e o observador está ali calmamente sentado, mergulhado na contemplação, ela é magnífica, encantadora; mas quando o orador religioso a utiliza, e o ouvinte é alguém que age, alguém a caminho, ela só o leva a bater o nariz contra a porta da sala. O orador religioso opera de maneira oposta, pela ausência de um fim, pelo fato de não haver um resultado, justamente porque o sofrimento faz parte, de modo essencial, da vida religiosa. Embora as pessoas frequentemente se preocupem tolamente em saber se o pastor realmente faz o que ele diz, sou da opinião de que toda crítica impertinente desse tipo deve ser evitada e reprimida, mas uma única coisa pode e deve ser exigida do orador, que seu discurso seja tal que se *possa* agir em conformidade com ele, para que o ouvinte verdadeiro não seja feito de bobo – justamente ao querer fazer o que o pastor diz – porque, de fato, conversa-fiada de pastor é vapor solto no ar, esteja o pastor azafamado em vastas visões histórico-mundiais e incomparáveis visões falconídeas, de acordo com as quais não se consegue agir; ou conversando esteticamente de modo tão obscuro que também fica totalmente impossível agir de acordo; ou descrevendo imaginários estados de alma pelos quais a pessoa que age procura em vão na realidade efetiva; ou consolando com ilusões que a pessoa ativa não encontra na realidade efetiva; ou evocando paixões, do modo como elas, quando muito, parecem ser para os que não as têm; ou superando perigos que não existem, e deixando sem mencionar os perigos reais; superando-os com as forças teatrais que não se encontram na vida e deixando sem uso as forças da realidade efetiva: em suma, jogando seus trunfos esteticamente, especulativamente, de modo histórico-universal, e mostrando renúncia no religioso.

[VII 385] Mas o sofrimento, como a expressão essencial do *pathos* existencial, significa que se sofre realmente, ou que a realidade efetiva do sofrimento é o *pathos* existencial, e que pela *realidade efetiva do sofrimento se compreende sua continuidade como essencial para a relação patética com uma felicidade eterna*, de modo que o sofrimento não é enganadoramente revogado e o indivíduo não avança para além dele, o que seria um retrocesso obtido pelo ato de transferir, de uma ou outra maneira, da existência para um *medium* fantástico. Assim como a resignação verificava que o indivíduo tinha a orientação absoluta rumo ao τελος absoluto, assim a continuidade do sofrimento é a garantia de que o indivíduo fica em posição e se mantém em posição. A pessoa imediata não consegue compreender o infortúnio; apenas o percebe; assim, o infortúnio é mais forte do que ela, e esta relação à paixão imaginária da imediatidade é desespero. Pela perspectiva abreviada, o poeta o descreve bem corretamente no *medium* da fantasia, como se agora a coisa toda tivesse acabado. Na existência isto se mostra diferente, e aqui a pessoa imediata frequentemente se torna ridícula por uma choradeira de mulherzinha que ocorre num instante e é esquecida no instante seguinte. Quando a imediatidade no indivíduo existente recebeu um pequeno dano, um pequeno golpe – então uma saída precisa ser encontrada, já que a cena não se passa no *medium* da fantasia. Então aparece toda a multidão de gente experimentada e entendida, de remendões e funileiros e, com o auxílio da probabilidade e dos motivos de consolo, junta os pedaços ou cose os trapos. A vida continua; junto aos homens sagazes do meio eclesiástico ou secular a gente busca conselho e a coisa toda vira um embrulho: a gente larga o poético e não agarra o religioso.

Visto religiosamente, o importante, como já foi dito, é captar o sofrimento e permanecer nele de tal modo que se reflita *sobre o* sofrimento, não *a partir* do sofrimento. Enquanto que assim a produção poética se situa no *medium* da fantasia, uma existência de poeta pode às vezes prover um *confinium* [*lat.*: território limite] ao religioso, embora qualitativamente diferente dele. Um poeta frequentemente está sofrendo na existência, mas o que se oferece para a reflexão é a obra poética que daí se produz. O poeta existente que sofre na existência não compreende o sofrimento deste modo, de jeito nenhum; ele não se aprofunda neste, mas busca, no sofrimento, escapar do sofrimento e encontrar alívio na produção poética, na poética antecipação de uma ordem de coisas mais perfeita [mais feliz]. Assim também um ator, especialmente um ator cômico, [VII 386] pode, às vezes estar sofrendo na existência, mas não se concentra no sofrimento; busca escapar dele e encontra alívio na confusão que sua arte favorece. Mas o poeta e o ator retornam da fascinação da obra poética e da desejada ordem das coisas da fantasia, da confusão com a personagem poética, para o sofrimento da realidade efetiva que eles não conseguem compreender porque têm sua existência na dialética estética entre fortuna e infortúnio. O poeta pode transfigurar[261] (*transfigurere*) toda a existência, mas não consegue explicar-se[262] a si mesmo, porque não quer tornar-se religioso e compreender o segredo do sofrimento como a forma da vida mais elevada, mais elevada do que toda boa fortuna e diferente de todo infortúnio. Pois o rigor do religioso está em que ele começa fazendo com que tudo seja mais rigoroso, e sua relação com a poesia não é como uma nova invenção que se deseja, não é como uma escapatória totalmente nova com a qual a poesia não sonhou, mas sim como a dificuldade que cria homens tal como a guerra cria heróis.

A realidade efetiva do sofrimento não é, portanto, idêntica à verdade da expressão, embora uma pessoa que esteja realmente sofrendo sempre se expressará verdadeiramente; mas aqui não se trata da expressão, porque o próprio discurso é sempre um tanto abreviado, visto que as palavras são um *medium* mais abstrato do que o existir. Assim, se eu fosse imaginar uma existência de poeta sofrendo corporal e psiquicamente em sua agonia final e [imaginasse] que, em meio a seus papéis póstumos, se encontrasse o seguinte desabafo: "Tal como o doente anseia por jogar longe as bandagens, assim também meu espírito saudável anseia por lançar para longe esta exaustão corporal, o sufocante cataplasma que é o corpo e a exaustão do corpo. Tal como o general que está vencendo exclama, quando o cavalo que ele monta é derrubado: Um novo cavalo – oh, oxalá a saúde vitoriosa de meu espírito pudesse gritar: Um novo corpo, pois só o corpo está gasto. Tal como aquele cuja vida está em perigo no mar, quando um outro que se afoga quer se agarrar a ele, afasta-o de si, com a força do desespero, assim também meu corpo se pendura como um fardo pesado ao meu espírito, de modo que me arrasta para a morte. Feito um navio a vapor na tempestade, com maquinaria demasiado grande em proporção à estrutura do casco, assim eu sofro". Aí não se pode negar a verdade da expressão, nem o terror do sofrimento, mas decerto a realidade patética do sofrimento. Como assim, alguém

---

261. *forklare*
262. *forklare*

pergunta – não é isto a realidade efetiva do sofrimento, este horror? Não, pois o existente compreende, ainda, o sofrimento como fortuito; tal como ele, abstratamente, deseja descartar o corpo, do mesmo modo deseja descartar o sofrimento como fortuito, e o que vale é que a realidade efetiva do sofrimento, do modo como se coloca para a pessoa religiosa, seria para ele uma doutrina pesada.

[VII 387] A realidade efetiva do sofrimento significa sua permanência essencial, e é sua relação essencial para com a vida religiosa. Esteticamente, sofrimento relaciona-se como algo fortuito com a existência. Portanto, este sofrimento fortuito pode muito bem perdurar, mas uma permanência de algo que se situa como o fortuito não é uma permanência essencial. Tão logo, portanto, o orador religioso use a perspectiva abreviada, quer concentre todo o sofrimento num único instante, quer abra um panorama sorridente de tempos melhores: ele regressa ao estético e sua concepção de sofrimento vem a ser um movimento religioso simulado. Quando a Escritura diz que Deus habita um coração contrito, com isso não se exprime uma relação fortuita, transitória, momentânea (nesse caso, também a palavra "habita" seria muito inadequada); mas, ao contrário, exprime-se a significação essencial do sofrimento na relação para com Deus. Se, entretanto, o orador religioso não estiver familiarizado e não for bem experiente na esfera do religioso, compreenderá a afirmação assim: o infortúnio vem de fora e esmaga o coração de um homem; então começa a relação com Deus, e então, sim, então, pouco a pouco, a pessoa religiosa se torna feliz de novo... – alto lá, só um pouquinho: Ela se torna feliz devido à relação para com Deus? Pois neste caso ela também permanece no sofrimento. Ou talvez ela se torne feliz ao herdar algum dinheiro de um tio rico, ou ao arranjar um novo amor, ou pelo fato de Sua Reverência ter bondosamente iniciado uma subscrição em seu favor no jornal *Adresseavisen*? Neste caso, o discurso retrocede[263], embora às vezes seja nesta última parte que

---

263. Deste modo, o discurso religioso também retrocede quando um homem, p. ex., diz: "Depois de muitos erros, finalmente aprendi a me apoiar em Deus com seriedade, e desde então Ele não me abandonou. Meus negócios florescem, meus projetos prosperam, estou agora feliz no casamento e meus filhos são saudáveis etc." Este homem religioso retornou à dialética estética, pois mesmo que lhe agrade dizer que agradece a Deus por toda essa bênção, a questão ainda é o modo como ele agradece, se o faz diretamente, ou se antes faz o movimento da incerteza que é o sinal característico da relação para com Deus. Com efeito, assim como uma pessoa que está

Sua Reverência, o pastor, [VII 388] se torne mais eloquente e gesticule com mais vigor, provavelmente porque a categoria religiosa não é tão palatável, mas fica mais fácil se ele atamancar[264] um pouco fazendo-se de poeta. Atamancar – sim, atamancar –, pois a sabedoria de vida que um tal cura d'almas acrescenta ao poético é um escândalo para a poesia; é uma tentativa repugnante e desonrosa de tratar Julieta como uma morta de aparência. Pois aquele que, depois de morto, desperta para a mesma vida, estava apenas aparentemente morto, e Catarina (seu nome não é Julieta; como a gente diz às crianças: uma moça da roça tomou o lugar da bem-amada da poesia) o demonstrará ao achar um novo marido. Ao contrário, o morto que desperta para a vida numa nova esfera estava, está e permanecerá morto de verdade. Não, assim é magnífico com a poesia deixar Julieta morrer, mas aquela sabedoria de vida, que é um escândalo para a poesia, é para a religiosidade uma abominação. O discurso religioso homenageia Julieta como morta, e justamente por isso quer operar até o limite do milagre ordenando que Julieta desperte para uma nova vida em uma nova esfera. E o religioso é uma nova vida, enquanto que a conversa-fiada do pastor não tinha nem a magnanimidade estética para matar Julieta[265], nem o entusiasmo do sofrimento para crer numa nova [VII 389] vida.

---

experimentando o infortúnio não tem o direito de dizer diretamente a Deus que se trata de infortúnio, já que deve suspender o juízo no movimento da incerteza, assim também não deve tomar para si todos esses ganhos como um sinal da relação com Deus. [VII 388] A relação direta é estética, e indica que o homem que agradece não se relaciona com Deus, mas com sua própria noção de felicidade e infelicidade. Ou seja, se uma pessoa não pode saber com certeza se o infortúnio é um mal (a incerteza da relação para com Deus como a forma para sempre agradecer a Deus), então também não pode saber com certeza se a fortuna é um bem. A relação com Deus tem apenas um testemunho, a própria relação com Deus; tudo o mais é ambíguo; pois no que toca à dialética da exterioridade, é piamente verdadeiro, para todo ser humano, por mais velho que seja, que: nós nascemos ontem e não sabemos nada. Quando, p. ex., o grande ator Seydelmann (tal como li em sua biografia escrita por Rötscher) foi coroado, uma noite, no teatro de ópera sob um "aplauso que durou vários minutos", e então foi para casa e agradeceu a Deus do fundo do coração por isto – exatamente o fervor interior de seu agradecimento mostra que ele não agradecia a Deus. Com a mesma paixão com a qual ele agradeceu, teria se revoltado contra Deus se tivesse sido vaiado; se tivesse agradecido religiosamente e, portanto, a Deus, então o público de Berlim e a coroa de louros e o aplauso que durou vários minutos teriam se tornado ambíguos, na incerteza dialética do religioso.

264. *at fuske*: aldravar, fazer trabalho improvisado, atabalhoado e malfeito

265. Quando se disse acima que o discurso religioso bate duramente, enquanto que o estético poupa, e agora se diz que a poesia tem a coragem de matar Julieta, isto também acerta o alvo sem que nossa apresentação seja prejudicada por qualquer auto-contradição. Pois deixar Julieta morrer é a simpatia delicada do estético, mas anunciar um novo sofrimento, e então bater duramente, é a simpatia rigorosa do religioso.

A realidade efetiva do sofrimento significa, pois, sua essencial permanência como essencial para a vida religiosa, enquanto que, visto esteticamente, o sofrimento se mantém em uma relação fortuita com a existência – pode bem estar aí, mas pode terminar; visto religiosamente, contudo, com o fim do sofrimento, termina a vida religiosa. Dado que um humorista existente é o mais próximo que se pode chegar da pessoa religiosa, ele também possui uma concepção essencial do sofrimento onde ele próprio está, ao não entender o existir como algo uno, e fortuna e infortúnio como algo que acontece ao existente, mas ele existe de tal modo que o sofrimento se mantém em relação ao existir. Mas é então que o humorista faz a volta ilusória e revoga o sofrimento na forma do gracejo. Ele entende o significado do sofrimento em relação ao existir, mas não entende o significado do sofrimento; entende que este é inerente ao existir, mas não entende seu significado para além deste fato de ser inerente. O primeiro ponto é a dor no humorístico; o segundo é o gracejo – e é por isso que a gente chora e ri quando ele fala. Ele alcança o segredo da existência na dor, mas então volta para casa de novo. A profundidade consiste em que ele compreende o sofrimento como inerente à existência e que, portanto, todos os seres humanos sofrem enquanto existem. Por sofrimento o humorista não entende infortúnio, como se um existente fosse feliz desde que tal infortúnio específico não estivesse lá. Isto o humorista entende muito bem, e então pode às vezes lhe ocorrer mencionar um pequeno aborrecimento completamente fortuito, a que ninguém chamaria de infortúnio, e dizer que poderia ser feliz, não fosse por isso. Por exemplo, quando um humorista diz: "Se eu pudesse viver para ver o dia em que meu senhorio instalasse uma nova sineta no pátio do lugar em que vivo, de modo que se pudesse saber clara e rapidamente para quem ela estaria tocando de noite, eu já me estimaria sumamente afortunado". Ao ouvir algo desse tipo, qualquer um que entenda de réplicas entenderá prontamente que o orador suspendeu a distinção entre fortuna e infortúnio em uma maluquice superior[266] – porque todo mundo sofre. [VII 390] O humorista entende o que há de profundo, mas ao mesmo tempo lhe ocorre que muito provavelmente não vale a pena dar-se ao trabalho de explicá-lo. Esta

---

266. *i en høiere Galskab*

revogação é o gracejo. Por isso, quando um humorista existente conversa com uma pessoa espontânea, com uma pessoa desafortunada, por exemplo, que tem sua vida na distinção entre fortuna e infortúnio, de novo ele produz na situação um efeito humorístico. A expressão para o sofrimento que o humorista tem à sua disposição satisfaz o desafortunado, mas então a profundidade vem e remove a distinção na qual o desafortunado tem sua vida, e então vem o gracejo. Se, desse modo, o desafortunado dissesse, "Para mim está acabado, tudo está perdido", o humorista talvez desse continuidade, "Sim, que pobres coitados somos nós, seres humanos, nas várias misérias desta vida; somos todos sofredores; se ao menos eu pudesse viver para ver o dia em que meu senhorio instalasse uma nova sineta... eu já me estimaria sumamente afortunado". E o humorista de forma alguma diz isso para afrontar o desafortunado. Mas o mal-entendido está em que por derradeiro o desafortunado acredita na fortuna (pois a imediatidade não consegue entender o sofrimento), razão por que o infortúnio, para ele, é algo de determinado em que ele cola toda a sua atenção, com o pensamento de que se isto fosse removido, então ele poderia ser feliz; o humorista, ao contrário, entendeu o sofrimento de tal modo que considera toda documentação[267] supérflua e expressa isso ao mencionar a primeira coisa que lhe vem à cabeça.

O autor latino diz: *respicere finem* [*lat.*: olha para o fim], e emprega esta expressão com seriedade; mas a própria expressão contém uma espécie de contradição, visto que *finis*, como o fim, ainda não chegou e, portanto, situa-se à frente da pessoa, enquanto que *respicere* significa rever[268]: uma contradição semelhante é, a rigor, a explicação humorística da existência. Ela admite que, se existir é como percorrer um caminho, [VII 391] então a peculiaridade da existência está em que a meta situe-se atrás – e, contudo, se seja forçado a continuar andando para a frente, porque andar para a frente é, de fato, a imagem do existir. O humorista entende o significado do sofrimento como inerente ao existir, mas então o revoga completamente, pois a explicação se encontra atrás.

---

267. *Documentation*
268. *at see tilbage*: olhar para trás

Como um humorista existe, assim também ele se expressa, e na vida se ouve, às vezes, afinal, um humorista falando; em livros suas réplicas frequentemente não se encaixam bem. Deixemos então um humorista expressar-se, e ele falará, por exemplo, assim: "Qual é o significado da vida? Sim, dize-me; como eu poderia sabê-lo; nós nascemos ontem e não sabemos nada. Mas ao menos isto eu sei, que o que há de mais agradável é bater botas, desconhecido, pelo mundo, sem ser conhecido por Sua Majestade, o Rei, por Sua Majestade, a Rainha, por Sua Majestade, a Rainha-Mãe, por Sua Alteza Real, o Príncipe Ferdinando, pois tão nobre círculo de relações apenas torna a vida pesada e penosa, tal como o deve ser para um príncipe, que viva na pobreza num vilarejo, se sua família real o conhecer. Assim também me parece que ser conhecido *por Deus no tempo* torna a vida enormemente tensa[269]. Por toda parte onde Ele estiver junto, cada meia hora terá uma importância infinita. Mas não se consegue aguentar viver desse modo por sessenta anos; já é bem difícil suportar três anos de estudo extenuante[270] para um exame, que ainda não é tão extenuante quanto uma tal meia hora. Tudo se dissolve em contradição. Ora nos exortam insistentemente, que deveríamos viver com toda a paixão do infinito e adquirir o eterno. Está bem, a gente se atira ao trabalho, corre o mais que pode rumo ao infinito e mergulha com a maior pressa na paixão; homem algum no bombardeio poderia correr mais depressa; nem o judeu que caiu da galeria poderia cair de modo mais precipitado [cf. At 20,9]. O que acontece? Então ouvimos: O leilão foi adiado; não haverá nenhuma batida de martelo hoje, mas talvez só daqui a sessenta anos. Então a gente arruma as coisas e quer ir embora; o que acontece? Neste mesmo instante, o orador se precipita atrás da gente e diz: Sim, seria possível, porém, talvez neste segundo, que tudo viesse a ser decidido pela batida do dia do juízo dos mortos. O que isto significa? *Am Ende* [*al.:* no final] todos os homens chegam no mesmo ponto. Com a existência acontece o mesmo como entre mim e meu médico. Eu me queixei de um mal-estar; ele respondeu: Decerto o senhor bebe café demais e caminha de menos. Três semanas mais tarde torno a falar com ele e digo: Realmente não me sinto bem, mas desta vez não

---

269. *anstrænget*
270. *anstrængende*

pode ser por beber café, pois não experimento café, nem por falta de movimento, pois caminho o dia todo. Ele responde: [VII 392] Bem, então a causa deve ser que o senhor não toma café e caminha demais. Ficamos então assim: meu mal-estar era e permaneceu o mesmo, mas quando bebo café, provém do fato de que bebo café, e quando não bebo café, provém do fato de que não bebo café. E é assim também conosco, humanos. Toda a nossa existência terrena é uma espécie de mal-estar. Se alguém pergunta a razão, pergunta-se a ele, em primeiro lugar, como organizou sua vida; assim que ele responde, a gente lhe diz: Aí está, eis a razão. Se um outro pergunta pela razão, a gente se comporta com este da mesma forma, e se este responder o contrário, a gente lhe diz: Aí está, eis a razão – a gente sai com o ar de importante como quem já explicou tudo, até ter dobrado a esquina, e então coloca o rabo entre as pernas e some na poeira. Mesmo que alguém me desse dez moedas de prata, eu não me responsabilizaria por explicar o enigma da existência. E por que, afinal, deveria fazê-lo? Se a vida é um enigma, termina, decerto, com aquele que propôs o enigma, ele próprio, explicando. Eu não inventei a temporalidade, mas por outro lado percebi que nos jornais semanários *Den Frisindede*, *Freischütz*[271], e em outras publicações que oferecem enigmas, a solução segue no próximo número. "Agora, é claro, usualmente acontece que uma velha solteirona ou pensionista seja mencionada e receba os parabéns por ter decifrado o enigma – portanto, conheceu a solução com um dia de antecedência – a diferença aí não é tão grande."

Em nosso tempo tem-se tentado com bastante frequência confundir o humorístico com o religioso, e até mesmo com o religioso-cristão[272], e é por isso que busco retornar a isso por toda parte. Não há realmente nada forçado nisso, pois o humorístico, justamente como o *confinium* do religioso, é muito abrangente, ele pode assumir, especialmente em um tom melancólico, uma semelhança enganosa com o religioso no sentido mais amplo, mas, contudo, enganosa somente para aquele que não está acostumado a procurar pela categoria de totalidade. Ninguém pode saber disso melhor do que eu, que sou essencialmente um humorista e que, tendo minha vida na imanência, procuro pelo religioso-cristão.

---

271. O livre-pensador, O franco-atirador
272. *det Chistelig-Religieuse*

Para aclarar a realidade efetiva do sofrimento como sua continuidade essencial, vou ainda enfatizar uma derradeira tentativa dialética de revogá-lo, transformando-o para tanto num momento constantemente superado. Visto esteticamente, o infortúnio se relacionaria com o existir como o que é fortuito[273]; visto esteticamente, não se refletiria sobre o sofrimento, mas distanciando-se dele. [VII 393] Esteticamente estouvada, a sabedoria de vida, ou a sagacidade adquirida da vida, quer pôr a significação do sofrimento numa teleologia finita; por meio das adversidades, o ser humano é treinado para se tornar algo na finitude; o humor compreendia o sofrimento como inerente ao existir, mas revogava o significado essencial do sofrimento para a pessoa existente. Vejamos agora se não é possível revogar o sofrimento por meio de uma teleologia infinita. O próprio sofrimento tem de fato significado para a felicidade eterna de uma pessoa – *ergo*, devo estar realmente contente pelo sofrimento. Portanto, pode um existente, ao mesmo tempo em que por seu sofrimento expressa sua relação para com uma felicidade eterna como o τελος absoluto, pode, ao mesmo tempo, ao estar consciente da relação, estar para além do sofrimento, pois nesse caso a expressão para a relação essencial para com uma felicidade eterna não é o sofrimento, mas a alegria – não se trata, naturalmente, da alegria direta que o discurso religioso às vezes quer nos inculcar e nos reconduzir a um breve upa-upa esteticamente desembaraçado – não, alegria na consciência de que o sofrimento significa a relação. Não vamos agora dar um passo à frente, e colocar no papel: O que é o mais elevado? e, tendo estabelecido que a última é a mais elevada, talvez até encerrar a questão; mas antes vamos gravar em nós mesmos que a questão não se faz *in abstrato*, "Qual destas duas relações é a mais elevada?", mas sim "Qual delas é possível para um existente?" Pois estar na existência é sempre um tanto embaraçoso, e a questão é se esta não é mais uma de suas pressões, a saber, que o existente não possa fazer a transformação dialética pela qual o sofrimento se converte em alegria. Na felicidade eterna não há nenhum sofrimento, mas quando um existente se relaciona com ela, a relação é bem apropriadamente expressa pelo sofrimento. Se um existente fosse capaz, por seu saber de que este sofrimento significa a relação, de se erguer para além do

---

273. *det Tilfaeldige*: o contingente

sofrimento, seria então também capaz de se transformar de um existente em um eterno, mas isso ele deixa para lá. Mas se for incapaz disso, estará novamente na posição do sofrimento, de modo que seu saber estará bem fixado no âmbito da existência. No mesmo instante, a completude da alegria se frustra, como se frustrará sempre que for possuída numa forma imperfeita. A dor sobre isso é, de novo, a expressão essencial da relação.

Mas a gente lê afinal no Novo Testamento que os apóstolos, quando foram açoitados com varas, retiraram-se alegremente, agradecendo a Deus por lhes ter sido concedida a chance de sofrer algo por causa de Cristo. [VII 394] Inteiramente correto, e não duvido de que os apóstolos tenham tido o poder da fé para, mesmo na dor corporal, se alegrar e agradecer a Deus, tal como mesmo entre pagãos encontramos exemplos de uma força de alma que se alegra até mesmo nos momentos de dor corporal como [Mucius] Scaevola, por exemplo. Mas o sofrimento de que se fala naquela passagem não é o sofrimento religioso, sobre o qual em suma só se fala pouco no Novo Testamento, e quando um assim chamado discurso religioso quer nos impingir que tudo o que um apóstolo sofre é *eo ipso* sofrimento religioso, isso só mostra quão pouco claro é tal discurso em relação às categorias, pois isto é uma contrapartida à suposição de que todo discurso em que aparece o nome de Deus seja um discurso piedoso. Não, quando o indivíduo está seguro em sua relação para com Deus e sofre apenas no exterior, este não é sofrimento religioso. Este tipo de sofrimento é dialeticamente estético, tal como o infortúnio em relação com o imediato, pode vir e pode ir embora; mas ninguém tem o direito de negar que uma pessoa seja religiosa por não ter enfrentado infortúnios em sua vida. Mas por estar sem esse tipo de infortúnio não quer dizer que não tenha sofrimento, se ela é realmente religiosa, pois o sofrimento é a expressão da relação para com Deus, isto é, o sofrimento religioso que é o sinal característico da relação com Deus, e do fato de não ter ficado feliz por ser dispensada da relação com um τελος absoluto.

Portanto, ao mesmo tempo em que o mártir (pois não direi mais nada aqui sobre o apóstolo, dado que sua vida é paradoxalmente dialética, e sua relação qualitativamente diferente da dos outros, e sua existência justificada quando ela é como a de ninguém mais ousaria ser) é martirizado, pode muito bem em sua alegria estar para além do sofrimento corporal, mas ao mesmo tempo em que um indivíduo sofre religiosamente, ele, em sua alegria pela significação deste sofrimento como relação, não pode estar para além do sofrimento; pois o sofrimento tem a ver especificamente com o fato de ele estar separado da alegria, mas indica também a relação, de modo que estar sem sofrimento indica que não se é religioso. O imediato não é essencialmente existente, pois, ele é, enquanto imediato, a feliz unidade de finitude e infinitude, ao que corresponde, como foi mostrado, fortuna e infortúnio como provenientes do exterior. O religioso está voltado para o interior e tem consciência de que, existindo, está em devir, e não obstante se relaciona com uma felicidade eterna. Assim que o sofrimento termina e o indivíduo conquista uma segurança, de tal modo que [VII 395] como o imediato, se relaciona apenas com a fortuna e o infortúnio: isto é um sinal de que é uma individualidade estética que se extraviou dentro da esfera religiosa; e confundir as esferas é sempre mais fácil do que mantê-las separadas umas das outras. Um esteta extraviado desse tipo pode ser um despertado[274] ou um especulante. Um despertado está absolutamente seguro em sua relação com Deus (pobre moço, esta segurança é infelizmente o único sinal seguro de que um ser humano existente não se relaciona com Deus), e se ocupa apenas em tratar[275] o resto do mundo em e com tratados[276]; um especulante já concluiu no papel e confunde isto com a existência.

O Apóstolo Paulo menciona em algum lugar o sofrimento religioso, e aí se descobrirá também que o sofrimento é sinal de bem-aventurança. Eu me refiro, naturalmente, à passagem de Coríntios sobre o espinho na carne. Ele conta que isto lhe aconteceu uma vez, se foi no corpo ou fora do corpo, não sabe, que foi arrebatado ao terceiro céu. Vamos lembrar de uma vez por todas que é um apóstolo quem fala, e então fala simples e singelamente sobre o assunto. Então isto lhe aconteceu uma vez, apenas uma vez; ora, é óbvio, isto decerto não pode acontecer a cada dia com um existente; ele está impedido disto justamente por existir, sim, impedido na medida em que

---

274. *Opvakt*: renascido, regenerado
275. *tractere*
276. *Tractater*

só um apóstolo, como um assinalado[277], o vivencia uma única vez. Ele não sabe se foi no corpo ou fora do corpo, mas isto decerto não pode acontecer a um existente todos os dias, exatamente porque é um ser humano particular existente; aprendemos com o apóstolo, de fato, que isto ocorre tão raramente que só aconteceu ao apóstolo, o assinalado, uma única vez. E então? Que sinal o apóstolo tem de que isto lhe tenha acontecido? Um espinho na carne – portanto, um sofrimento.

O resto de nós seres humanos ficamos satisfeitos com menos, mas a relação permanece bem a mesma. O religioso não é arrebatado para o terceiro céu, mas talvez não compreenda o sofrimento que é um espinho na carne. O homem religioso se relaciona com uma felicidade eterna, e a relação é reconhecível pelo sofrimento, e o sofrimento é a expressão essencial da relação – para um existente.

Assim como, para um existente, os mais elevados princípios do pensamento só podem ser demonstrados negativamente, e querer demonstrá-los positivamente logo revela que o demonstrador, enquanto é por certo um existente, está a ponto de se tornar fantástico: [VII 396] assim também, para um existente, a relação existencial para com o bem absoluto só pode ser definida pelo negativo: a relação para com uma felicidade eterna pelo sofrimento, tal como a certeza da fé, que se relaciona com uma felicidade eterna, é definida pela incerteza. Se removo a incerteza – para obter uma certeza ainda maior –, então não tenho um crente em humildade, em temor e tremor, mas sim um rapazote estético, um tipo levado que, dito impropriamente, quer confraternizar com Deus, mas, dito propriamente, não se relaciona com Deus de jeito nenhum. A incerteza é o sinal emblemático, e certeza sem ela é o sinal de que a gente não se relaciona com Deus. Assim, na hora do pedido de casamento, estar absolutamente certo de ser amado é um sinal seguro de que não se está apaixonado[278]. Mas, não obstante, ninguém consegue fazer um apaixonado pensar que não é uma felicidade estar apaixonado. Assim também com a incerteza da fé; mas, não obstante, ninguém consegue fazer um crente imaginar

---

277. *Udmærkede*

278. Não sendo o amor natural [*Elskov*] o τελος absoluto, a comparação deve ser tomada *cum grano salis* [*lat.*: com as devidas nuanças], ainda mais porque, na esfera do estético, estar apaixonado é a felicidade direta.

que crer não seria uma felicidade. Mas assim como uma mocinha se relaciona com um herói, um amante se relaciona com um crente – e por quê? Porque o amante, por sua vez, se relaciona com uma mulher, um crente, porém, com Deus – e para isto vale absolutamente o adágio latino *interest inter et inter* [*lat.*: há que distinguir entre uma coisa e outra]. É por isso também que o amante só tem razão relativamente, e o crente tem razão absolutamente ao não quererem ouvir nada sobre um outro tipo de certeza. Pois amar, sim, isto é belo, encantador. Oxalá eu fosse um poeta capaz de proclamar corretamente o elogio do amor[279] e descrever sua magnificência. Se ao menos eu merecesse sentar no banco e escutar quando o poeta o fizesse: mas isso é só um gracejo, eu não quero parecer desdenhoso, como se o amor natural fosse um sentimento fugaz, não, mesmo quando o mais feliz dos amores encontra sua expressão mais duradoura no mais feliz dos casamentos – sim, é magnífico estar casado e consagrado[280], com todas as suas adversidades e canseiras, a este bem-aventurado passatempo, oxalá eu fosse um orador capaz de testemunhar em favor da fama do casamento, de modo a que o infeliz, que nostálgico se mantém fora dele, não ousasse me ouvir, e o presunçoso que se mantém de fora, zombando, [VII 397] descobrisse ao ouvir, com horror, o que havia perdido: mas isto, contudo, é só um gracejo. Eu o percebo quando coloco o casamento lado a lado com οτελος absoluto, com uma felicidade eterna, e para estar certo de que é do τελος absoluto que estou falando, deixo a morte julgar como árbitro entre os dois, aí eu ouso dizer com verdade: é indiferente se alguém foi ou não casado, assim como é indiferente se alguém é judeu ou grego, livre ou escravo. O casamento é ainda uma brincadeira, uma brincadeira que deve ser tratada com toda seriedade, sem que por isso a seriedade consista no próprio casamento, mas que seja um reflexo da seriedade da relação com Deus, um reflexo da relação absoluta do esposo para com seu τελος absoluto e da relação absoluta da esposa para com seu τελος absoluto.

Mas voltemos ao sofrimento como sinal da felicidade [eterna][281]. Se, só porque um despertado consegue evitar o sofrimento, e um es-

---

279. *Elskovens*
280. *viet og indviet*
281. *Saligheden*: beatitude

peculante consegue revogá-lo (*revocare*) e fazer da própria felicidade eterna um sinal da felicidade eterna (assim como aliás toda especulação imanente é essencialmente uma revogação da existência, o que a eternidade certamente é, mas o especulante certamente não está na eternidade), portanto, se alguém, porque um *existente* não consegue revogar o sofrimento e fazer da própria felicidade eterna um sinal de felicidade eterna, o que significaria que o existente faleceu e passou para a vida eterna, quiser chamar a religião de uma ilusão: muito bem – mas tenha-se a bondade de lembrar que esta é uma ilusão que veio depois do entendimento. Poesia é ilusão antes do entendimento, religiosidade, ilusão depois do entendimento. Entre a poesia e a religiosidade, a sabedoria mundana da vida representa seu *vaudeville*. Todo indivíduo que não vive nem poética, nem religiosamente, é tolo. Como assim, tolo? Essas pessoas sagazes e experientes que sabem de tudo, que têm solução para tudo e conselho para cada um, são tolas? E em que reside sua tolice? Sua tolice está em que, depois de terem perdido a ilusão poética, não tiveram bastante imaginação e paixão de imaginação[282] suficiente para penetrar a miragem da probabilidade e a credibilidade de uma teleologia finita, tudo o que se rompe tão logo o infinito põe-se em movimento. Se a religiosidade é uma ilusão, então há três tipos de ilusão: a da poesia, da bela imediatidade (na ilusão está a felicidade, e aí, depois desta, chega o sofrimento com a realidade); a ilusão cômica da tolice; e a ilusão feliz da religiosidade (na ilusão reside a dor, e a felicidade chega depois desta). [VII 398] A ilusão da tolice é, naturalmente, a única intrinsecamente cômica. Embora toda uma tendência na poesia francesa tenha sido um tanto ativa em apresentar comicamente a ilusão estética, o que é um insulto ao estético e de modo algum um mérito aos olhos do religioso[283] (a saber, que um poeta queira fazê-lo): então seria mais útil se a poesia assumisse bem para si mesma a sabedoria mundana da vida, que é – e este é exatamente o sinal do quanto ela é cômica – igualmente cômica quer calcule corretamente[284] quer cal-

---

282. *Phantasie-Lidenskab*

283. *det Religieuse*

284. E talvez ainda mais cômica quando calcula corretamente; pois quando calcula errado a gente sente um pouco de compaixão pelo pobre rapaz. Quando, portanto, p. ex., um homem calcula fazer, graças a essas e aquelas ligações, e assim graças ao seu conhecimento do mundo, um rico casamento, e isto dá certo e ele fica com a moça e ela tem dinheiro: neste caso a comicidade exulta de alegria, pois agora

cule incorretamente, porque todo seu cálculo é uma presunção, uma azáfama em meio à quimérica noção de que haja algo que seja certo no mundo da finitude. Mas não era Sócrates, então, sábio a respeito da vida? De fato, mas expliquei várias vezes que, em um sentido mundano, sua tese principal é ainda a fala de um louco, exatamente por fazer o movimento da infinitude. Não, poesia é juventude, e sabedoria mundana vem com os anos, e religiosidade é a relação para com o eterno; mas os anos só tornam uma pessoa cada vez mais tola se ela perdeu sua juventude e não ganhou a relação para com o eterno. Vê só, o homem sério de quem falamos antes, o homem que queria saber que uma felicidade eterna é certa e definitiva para então arriscar tudo, pois, de outro modo, isto seria afinal uma loucura: Será que ele não consideraria que é uma loucura geral [VII 399] arriscar tudo quando o sofrimento se torna a certeza – a expressão correta para a incerteza?

No interior do sofrimento religioso encontra-se a determinação: provação espiritual[285], e só aí ela pode ser definida. Embora de resto eu só tenha a ver com o discurso religioso na medida em que este é o órgão da visão de vida religiosa, posso, de passagem, levar em consideração sua natureza fática em nossos dias e, aqui de novo, para aclarar a religiosidade de nosso tempo, que tem a pretensão de ter ido além da religiosidade da Idade Média e, ao tentar eu indicar o lugar da provação espiritual, lembrar, de passagem que, hoje em dia, quase nunca se escuta mencionar a provação espiritual ou, na medida em que ela é mencionada, a vemos ser sem mais nem menos amalgamada às tentações[286], sim, até mesmo às contrariedades da vida. Tão logo se omite a relação para com o τελος absoluto e se a deixa exaurir nos [fins] relativos, cessa a provação espiritual. Esta é,

---

ele se tornou espantosamente tolo. Suponhamos que ele tenha conseguido a moça, mas, vejam só, ela não tinha dinheiro; então um pouco de compaixão ainda haveria de se misturar aí. Mas, ordinariamente, a maioria das pessoas reconhece o cômico num terceiro aspecto, no resultado infeliz (o qual, contudo, não é o cômico, mas o lamentável), assim como reconhecem o patético num terceiro aspecto, no resultado feliz (o que, contudo, não é o patético, mas o fortuito). Desse modo, quando um maluco com sua ideia fixa leva a si e a outros à confusão que comporta perdas e danos, não é de jeito nenhum tão cômico como quando a existência se orienta pela sua ideia fixa. Ou seja, não é bem cômico que a existência deixe alguém descobrir que um maluco é maluco, mas é cômico que ela o oculte.

285. *Anfægtelse*

286. *Fristelser*

na esfera da relação com Deus, aquilo que a tentação é na esfera da relação ética. Quando o ponto máximo do indivíduo está na relação ética com a realidade efetiva, o maior de todos os perigos é a tentação. Está, portanto, inteiramente correto que se omita a provação espiritual, e é apenas uma negligência adicional que a gente a use como idêntica com a tentação. Mas não só desta maneira a provação espiritual é diferente da tentação; também a posição do indivíduo é diferente. Na tentação, é o inferior que tenta; na provação espiritual, é o superior, na tentação é o inferior que quer atrair[287] o indivíduo; na provação espiritual, é o superior, o qual, parecendo invejoso do indivíduo, quer assustá-lo, fazendo-o recuar. Por isso, a provação espiritual tem início apenas na esfera propriamente religiosa, e lá, só em seu percurso final, e cresce de modo diretamente proporcional à religiosidade, porque o indivíduo descobriu o limite, e a provação espiritual expressa a reação do limite contra o indivíduo finito. Era, portanto, um alarme falso, como foi mostrado acima, quando o pastor diz no domingo, que é tão bom de estar na igreja e que, se ousássemos permanecer ali, decerto nos tornaríamos santos; temos, porém, de sair para retornar ao mundo. Se, com efeito, fosse permitido a uma pessoa permanecer ali, aí ela descobriria a provação espiritual, e muito provavelmente sairia tão mal desta labuta que não teria assim tanta vontade de agradecer ao pastor por isto. No instante em que o indivíduo conseguisse, pela renúncia aos fins relativos, exercitar a relação absoluta (e isto pode aliás ser assim em instantes singulares, embora mais tarde o indivíduo esteja outra vez lançado nesse conflito), e agora deve se relacionar absolutamente com o absoluto: então descobre o limite, [VII 400], a provação espiritual se torna então a expressão para o limite. O indivíduo é decerto inocente na provação espiritual (enquanto que não é inocente na tentação), mas, não obstante, o seu sofrimento é terrível, talvez, pois nada sei a respeito, e se alguém procurar por um conforto duvidoso, prontamente lhe comunicarei que quem não for muito religioso também não será exposto a provações espirituais; porque a provação espiritual é justamente a reação frente à expressão absoluta da relação absoluta. A tentação ataca o indivíduo em seus momentos de fraqueza; a provação espiritual é a *Nemesis*

---

287. *forlokke*

[*gr.*: (deusa da) vingança e (da) justiça punitiva] sobre os momentos fortes da relação absoluta. A tentação tem, pois, uma conexão com o *habitus* [*lat.*: constituição] ético do indivíduo, enquanto que a provação espiritual carece de continuidade, e significa a própria resistência do absoluto.

Entretanto, que a provação espiritual exista é algo que não se deixa negar; e exatamente por isto poderia aparecer em nosso tempo um caso psicológico nada desprezível. Suponhamos que uma pessoa com uma necessidade profundamente religiosa ouvisse constantemente apenas o tipo de discurso sacro em que tudo se arredonda pelo exaurir do τελος absoluto nos fins relativos, e então? Ela mergulharia no mais profundo desespero, já que, em sua interioridade, vivenciaria outra coisa e, contudo, nunca ouvira o pastor falar sobre isto, sobre o sofrimento no interior da pessoa, sobre o sofrimento da relação com Deus. Por veneração ao pastor e à dignidade da posição do pastor, talvez fosse levada a interpretar este sofrimento como um mal-entendido, ou como algo que outras pessoas provavelmente também vivenciaram, mas acharam tão fácil de ultrapassar que nem mesmo foi mencionado – até que, com o mesmo horror da primeira vez em que isto ocorreu, descobre a categoria da provação espiritual. Deixemos que ela subitamente tope com um dos antigos livros de edificação e lá encontre bem corretamente descrita a provação espiritual: sim, muito provavelmente ela ficaria tão alegre quanto Robinson [Crusoé] ao encontrar Sexta-Feira; mas o que será que ela julgaria do discurso religioso-cristão que estava acostumada a ouvir? O discurso religioso deveria propriamente ser de tal tipo que, ao ouvi-lo, a gente obtivesse o mais acurado entendimento das ilusões religiosas de sua época, e de si mesmo como pertencente a esta época. Mas o que estou eu a dizer? Este entendimento pode ser obtido também ao se ouvir um discurso religioso que nem mesmo alude a provações religiosas. É óbvio que se obtém o entendimento, mas apenas indiretamente pelo discurso.

Essa é, então, a permanência essencial do sofrimento, sua realidade efetiva, por meio da qual ele permanece até mesmo na pessoa mais desenvolvida religiosamente, [VII 401] mesmo que fosse um dado que a pessoa religiosa tivesse lutado até vencer aquele sofrimento que consiste na extinção da imediatidade[288]. O sofrimento dura, portanto, enquanto o indivíduo vive, mas para que não nos apressemos a recorrer a este último sofrimento, devemos parar os indivíduos no primeiro, pois sua luta é tão prolongada e a recaída nele é tão frequente, que um indivíduo muito raramente consegue fazer seu caminho através dele, ou tê-lo dominado por muito tempo.

A razão deste sofrimento é que, em sua imediatidade, o indivíduo está, a rigor, de forma absoluta nos fins relativos; seu significado é a reviravolta da relação, morrer para a imediatidade, ou existindo expressar que o indivíduo não consegue nada por si mesmo, mas nada é diante de Deus, pois aqui, outra vez, a relação com Deus se reconhece no negativo, e a autoaniquilação é a forma essencial da relação com Deus; e isto não se deve expressar no exterior, pois assim temos o movimento monástico, e a relação é contudo secularizada; e não deve imaginar que isso se faça de uma vez por todas, pois isto é estética. E mesmo que pudesse ser feito de uma vez por todas, ele, dado que é um existente, experimentaria novamente sofrimento na sua repetição. Na imediatidade, o desejo é conseguir tudo, e a crença da imediatidade, idealmente, está em ser capaz de tudo; e a sua incapacidade se funda em algum empecilho que vem do exterior, que ela portanto ignora no mesmo sentido em que ignora o infortúnio; pois a imediatidade não é em si mesma dialética. Em termos religiosos, a tarefa está em entender que uma pessoa não é absolutamente nada diante de Deus, ou não ser absolutamente nada e, com isso, estar diante de Deus, e ela continuamente insiste em ter tal incapacidade diante de si, e o desaparecimento desta é o desaparecimento da religiosidade. A capacidade juvenil da imediatidade pode tornar-se cômica para um terceiro, enquanto que a incapacidade da religiosidade nunca pode tornar-se cômica para um terceiro, pois não há nenhum traço de contradição[289]. A pessoa religiosa não pode ser

---

288. *gjennemkæmpet den Lidelse, der er Afdøen fra Umiddelbarheden*

289. Não há nenhuma contradição no fato de que alguém não seja capaz de absolutamente nada diante de Deus, a não ser tomar consciência disso; pois isto é apenas uma outra expressão para a absolutidade de Deus, e que alguém não fosse nem κατα δυναμιν [*gr.*: potencialmente] capaz disso, seria uma expressão de que ele pura e simplesmente não existiria [*slet ikke var til*]. Não há nenhuma contradição, e, portanto, isto não é cômico, de jeito nenhum; [VII 402] pelo contrário, é cômico, por exemplo, que andar de joelhos devesse significar alguma coisa diante de Deus, assim como o cômico, em geral, se manifesta da maneira mais clara na idolatria, na

cômica deste modo, [VII 402] mas, pelo contrário, o cômico pode apresentar-se para ela, a saber, quando, para todos os efeitos no mundo exterior, parece que ela conseguiu muita coisa. Mas se esta brincadeira deve ser uma brincadeira piedosa e assim permanecer, não pode, em nenhum momento, distraí-la da seriedade do fato de que, diante de Deus, ela nada é e de nada é capaz, e do trabalho de manter isto, e do sofrimento de expressar isto em existindo. Assim, se Napoleão tivesse sido uma individualidade autenticamente religiosa, teria tido uma rara oportunidade para o mais divino divertimento; pois aparentemente ser capaz de tudo e então divinamente entender isto como ilusão: sim, de fato isto é uma brincadeira séria! Afinal, o cômico está presente em toda parte, e toda existência pode, pronta-mente, ser definida por e referida à sua esfera particular quando se fica sabendo como ela se relaciona com o cômico. A pessoa religiosa é aquela que descobriu o cômico na escala maior e, contudo, não considera o cômico como o mais elevado, pois a religiosidade é o *pathos* mais puro. Mas se ela encara a comicidade como o mais elevado, então sua comicidade é *eo ipso* mais baixa; pois a comicidade reside sempre numa contradição, e se o próprio cômico é o mais elevado, então ele carece da contradição na qual o cômico está e na qual ele se destaca. É por isso que vale, sem exceção, que, quanto mais competente uma pessoa for para existir, tanto mais ela descobrirá o cômico[290]. Já aquela pessoa que apenas concebeu um grande plano com vistas a executar algo no mundo o descobrirá. Pois que tenha consigo sua resolução, vivendo tão somente para esta, e então saia e se envolva com as pessoas: aí o cômico aparecerá – se ela permanecer em silêncio. [VII 403] A maioria das pessoas não tem grandes

---

superstição, e em coisas semelhantes. Entretanto não se deve afinal esquecer jamais de levar em consideração o aspecto pueril que pode estar na base do erro e fazer com que isto seja mais melancólico do que cômico. Tal como uma criança que deseja dar uma verdadeira alegria a um idoso pode inventar o que há de mais estranho, mas, contudo, fazendo-o com a piedosa intenção de agradar o velhinho, do mesmo modo o religioso pode também causar uma impressão melancólica quando, em zelo piedoso, já não sabe mais o que fará para agradar a Deus, e assim descobre algo totalmente absurdo [*hitter paa noget ganske Urimeligt*].

290. Mas o mais alto cômico, tal como o mais alto patético, raramente é objeto da atenção das pessoas e nem mesmo pode ser exposto pelo poeta, porque ele não *alardeia*, como se diz, enquanto que o *pathos* mais baixo e o cômico mais baixo fazem alarde ao se darem a conhecer por meio de um terceiro. O mais alto não faz alarde porque ele pertence à esfera final da interioridade e, em sentido sagrado, se ocupa consigo mesmo.

planos e frequentemente fala orientada pelo senso comum finito ou de modo totalmente imediato. Basta que a pessoa mantenha o silêncio, e aí quase que de cada duas palavras ditas, uma tocará sua grande resolução de um modo cômico. Mas se abandonar sua grande resolução e sua intensa existência interior em relação a ela: então o cômico se esvai. Se não consegue manter silêncio a respeito de seu grande plano, e precisa tagarelar sobre ele de modo imaturo, aí é ela mesma que se torna cômica. Mas a resolução da pessoa religiosa é a mais alta de todas, infinitamente mais alta do que todos os planos para transformar o mundo e para criar sistemas e obras de arte: por isso, entre todas as pessoas, a religiosa é aquela que deve descobrir o cômico – se ela realmente for religiosa; pois, de outro modo, ela própria se torna cômica. (Mais, porém, sobre isto ulteriormente.)

O sofrimento como o morrer para a imediatidade não consiste, portanto, em flagelações e coisas do tipo; não se trata de *atormentar-se*. Com efeito, aquele que se atormenta não expressa, de modo algum, que de nada é capaz diante de Deus, pois acha que o autotormento já é afinal alguma coisa. Mas o sofrimento está contudo presente e pode continuar enquanto uma pessoa existir; pois, por mais rápido que se diga que uma pessoa nada é diante de Deus, tanto mais difícil é expressá-lo existindo. Mas descrever e representar isto com mais detalhes é, de novo, difícil, porque afinal de contas o discurso é um *medium* mais abstrato do que a existência, e, em relação ao ético, todo discurso envolve um pequeno engano, porque o discurso, apesar das medidas de precaução mais sutis e qualificadas, ainda tem sempre uma aparência de perspectiva abreviada, de modo que, mesmo que o discurso faça o esforço mais entusiasmado e mais desesperado para mostrar o quão difícil isso é, ou que numa forma indireta ensaie um extremo esforço, realizar permanece contudo sempre mais difícil do que parece ser no discurso. Mas quer se fale ou não do fato de existindo se expressar esta morte [para a imediatidade], esta precisa ser afinal realizada; e religiosidade não é irreflexão, de modo que a gente de vez em quando diz o que há de mais elevado e aí, mediando, deixa dois mais dois ser cinco. O religioso não proclama indulgência, mas anuncia, isto sim, que o maior dos esforços não é nada – porém ao mesmo tempo o exige. Aqui, mais uma vez, o negativo é o sinal, pois o maior dos esforços se distingue pelo fato de que a gente por ele se torna nada, e se a gente se torna alguma coisa, o esforço é, *eo ipso*, menor. Quão irônico não parece, que, no entanto, nas situações inferiores, numa esfera mais baixa, já seja assim, pois com metade da aplicação e com um pouco de trabalho de remendão uma pessoa se convencerá de que entende de diversas ciências de todos os tipos e fará sucesso no mundo e será muito lida; com aplicação total e honestidade absoluta, terá dificuldade em entender até um minúsculo fragmento daquilo que todos entendem, [VII 404] e será considerado um indolente maçante. Mas aquilo que vale apenas relativamente nesta esfera mais baixa é absolutamente válido na esfera religiosa, e nos religiosos experimentados encontra--se por isso exposto como uma derradeira provação espiritual, que o mais extremo esforço queira seduzir alguém, com o significado de ser alguma coisa.

Dado que sou agora forçado a admitir, consternado, que não tenho condições de falar sobre a China, a Pérsia, o sistema, a astrologia ou a ciência veterinária: então (a fim de aparecer ao menos com alguma coisa em meu apuro) adestrei minha pena, de acordo com as capacidades a mim conferidas, para conseguir copiar e descrever tão concretamente quanto possível a vida cotidiana, que muitas vezes é diferente da vida dominical. Se alguém considerar aborrecido este gênero de apresentação, ou aborrecida a minha apresentação, abandone-a; não estou escrevendo para ganhar alguma medalha e, devo admitir com prazer, caso seja isso o que se exige de mim, que é muito mais difícil, ligado com complicações muito maiores, e uma responsabilidade bem diferente, matar um tio rico ao modo das novelas, a fim de obter dinheiro na narrativa, ou intercalar dez anos, deixar passar algum tempo, durante o qual a coisa mais importante aconteceu, e depois começar com o fato de que já aconteceu; e que se requer uma concisão muito mais aguda para descrever a vitória da fé em meia hora do que para descrever aquilo com que uma pessoa ordinária preenche seu dia na sala de estar. Sim, para isso se requer rapidez, para escrever uma narrativa de trinta páginas cuja ação se passa em cem anos, ou um drama no qual a ação se desenrola por três horas, mas nela acontece tanta coisa, e tantos eventos se precipitam de tal modo que tais coisas não acontecem a um ser humano em toda a sua vida! Mas, o que não se requer para descrever uma pessoa em sua vida cotidiana; se é que não se cai num embaraço pela insuficiência da linguagem, porque esta é tão abstrata em comparação com o existir no sentido da realidade. Mas o orador religioso deve afinal dignar-se a fazê-lo, dado que é justamente com a sala de estar que ele tem a ver; e o orador religioso que não sabe como se apresenta a tarefa, no dia a dia e na sala de estar, bem que poderia, do mesmo modo, calar-se, pois as visões dominicais da eternidade só levam ao vento. É óbvio, o orador religioso não deve permanecer na sala de estar; deve saber como agarrar-se à categoria de totalidade de sua esfera, mas também deve saber começar a partir de qualquer lugar. E é dentro de casa mesmo[291] que se deve travar a batalha, para que a peleja[292] da religiosidade não se torne um desfile de troca da guarda uma vez por semana; é na sala de casa que se deve travar a batalha, e não de maneira fantástica dentro da igreja, de modo que o pastor esgrima no ar e os ouvintes assistam; [VII 405] na sala de casa, contudo, deve travar-se a batalha, pois a vitória deve consistir justamente em que os aposentos domésticos se transformem num santuário. Que se atue então diretamente na igreja passando em revista as forças de combate: sob qual bandeira se combaterá, em nome de quem a vitória será conquistada; descrevendo a posição do inimigo; repercutindo o ataque; louvando o aliado onipotente e fortalecendo a confiança ao despertar a desconfiança: confiança nele junto com desconfiança em relação a si mesmo – e que se atue indiretamente pela simpatia irônica, mas por isso mesmo a mais terna, da solidariedade oculta; mas o principal é, contudo, que o indivíduo singular[293] retorne da igreja para casa com desejo e ardor, para querer combater na sala de casa. Se a atividade do pastor na igreja for tão somente uma tentativa de uma vez por semana rebocar a nave cargueira da comunidade para mais perto da eternidade, a coisa toda se transformará em nada, pois uma vida humana não pode ficar como um navio de carga, parando no mesmo lugar até o próximo domingo. Por isso, a dificuldade tem de ser exposta justamente na igreja, e é melhor voltar desanimado da igreja, e achar a tarefa mais fácil do que se acreditava, do que sair da igreja presunçoso e ficar desani-

---

291. *i Dagligstuen*; nos seus aposentos
292. *Fægtning*
293. *den Enkelte*

mado na sala de casa. Assim, o orador religioso há de se guardar até de concentrar momentos intensos em um discurso, ou de ter seu mais intenso momento no discurso, para não enganar a si mesmo e aos outros. Antes será como alguém que bem poderia falar em um tom mais elevado, mas que não ousa fazê-lo, para que o "segredo da fé" não seja fraudado e prostituído pela publicidade excessiva, mas antes seja "guardado" (1Tm 3,9) de tal modo que seja mesmo maior e mais forte nele mesmo do que parece ser no discurso dele. Dado que, com efeito, o principal da tarefa do orador, assim como de todos os outros, é expressar existindo o que ele proclama, e não, uma vez por semana, eletrizar a comunidade, levá-la a estrebuchar galvanicamente, então será cauteloso para que não experimente, ele próprio, o desgosto de ver que o que parecia ser tão magnífico no grandiloquente discurso se torna inteiramente diferente no uso diário. Mas por nada no mundo deve ceder, rebaixar o preço, pechinchar; mesmo quando ele parece bem distante da exigência absoluta da religiosidade, esta deve estar presente, deve determinar o preço e o juízo; mesmo quando se envolve com as mais miseráveis frações da vida cotidiana, o seu absoluto denominador comum deve estar sempre presente, ainda que oculto, pronto, a qualquer segundo, para pôr sua exigência absoluta.

E como estão as coisas no que toca à tarefa para o uso diário; pois tenho meu tema favorito sempre *in mente*: Será mesmo que está correto o ímpeto de nosso teocêntrico século XIX para ir além do cristianismo, ímpeto para especular, ímpeto para uma evolução contínua, [VII 406] ímpeto para uma nova religião ou para a abolição do cristianismo? No que tange à minha própria humilde pessoa, o leitor terá a bondade de se lembrar de que sou um daqueles que acham a questão[294] e a tarefa difíceis demais, o que parece indicar que não as levei a cabo, eu, que nem mesmo me dou por um cristão, porém, é bom notar, não no sentido de que eu tenha deixado de ser cristão por ir mais além. Mas já é *immer* [*al.*: sempre] alguma coisa chamar a atenção para a dificuldade disto, mesmo que se faça, como aqui, apenas num *Divertissement* edificante, que é executado essencialmente com o auxílio de um

---

294. *Sagen*

informante[295] que despacho por entre as pessoas nos dias de semana, e também com o apoio de alguns diletantes que, contra a vontade, vêm participar do jogo.

No domingo passado, o pastor disse: "Não deves te fiar no mundo, nem nas pessoas, nem em ti mesmo, mas só em Deus; pois um ser humano não é, ele mesmo, capaz de nada". E todos nós entendemos, e eu com os outros; porque o ético e o ético-religioso são tão fáceis de entender, mas, em compensação, tão difíceis. Uma criança pode compreendê-lo; o mais simples de todos pode compreender, bem do jeito que é dito, que não somos capazes de absolutamente nada, que deveríamos desistir de tudo, renunciar a tudo; aos domingos isto se compreende de modo terrivelmente fácil (sim, terrivelmente, porque esta facilidade com bastante frequência vai pelo mesmo caminho das boas intenções), *in abstracto*, e na segunda-feira fica tão difícil compreender que se trata desta coisa pequena e específica no interior da existência[296] concreta e relativa, na qual o indivíduo tem sua vida cotidiana, na qual o poderoso é tentado a esquecer a humildade, e o pequeno a confundir a humildade perante Deus com a modéstia relativa face aos que estão por cima; e, contudo, esta pequena coisa é de fato algo totalmente específico[297], uma pura bagatela em comparação com tudo o mais. Sim, mesmo quando o pastor reclama que ninguém age de acordo com sua admoestação, isto é tão terrivelmente fácil de compreender, mas no dia seguinte é tão difícil a compreensão de que, mesmo nesta coisa simples, nesta pequena bagatela, a gente dá sua própria contribuição, faz por merecer sua parte. – Depois o pastor acrescenta: "Sobre isto devemos sempre refletir". E todos nós o compreendemos, porque "sempre" é uma palavra magnífica, que diz tudo de uma só vez, e é tão terrivelmente fácil de compreender, mas, em compensação, fazer sempre uma coisa é o mais difícil de tudo, e é extremamente difícil, às quatro horas da tarde de uma segunda-feira, compreender este "sempre" ainda que aplicado só a uma meia hora. Mesmo no discurso do pastor já havia algo que indiretamente fazia com que alguém atentasse para esta dificuldade; pois havia algumas locuções do discurso formuladas de tal modo que pareciam sugerir

---

295. *Speider*: espião, explorador, escoteiro, *scout*
296. *Existents*
297. *ganske Enkelt*

que ele dificilmente o fazia exatamente sempre, sim, que ele dificilmente o teria feito em qualquer dos poucos momentos nos quais tinha meditado sobre sua prédica, [VII 407] sim, dificilmente o teria feito em qualquer parte da curta duração da prédica.

Hoje então é segunda-feira, e o informante tem tempo mais do que suficiente para se envolver com as pessoas; pois o pastor fala diante das pessoas, mas o informante conversa com elas. Ele então se engaja em uma conversa com alguém, e a conversa finalmente foca naquilo que o espião gostaria de destacar. Ele diz: "Isso é bem verdade, mas há ainda algo que não és capaz de fazer; não és capaz de construir um palácio com quatro alas e piso de mármore". A pessoa a quem ele se dirigiu responde: "Não, nisso estás certo. Como eu seria capaz de fazê-lo? O que eu ganho dá para viver, eu poupo alguma coisa a cada ano, mas verdadeiramente não tenho capitais para construir palácios, e, além do mais, não entendo nada de construções". Portanto, ele não é capaz de fazê-lo. O informante o deixa e agora tem a honra de se encontrar com um homem todo-poderoso. Bajula sua vaidade, e por fim a conversa chega ao assunto dos palácios. "Mas um palácio com quatro alas e piso de mármore talvez exceda os poderes de Vossa Excelência." "Como assim?", responde a pessoa a quem ele se dirigiu. "O Senhor parece esquecer de que já o fiz; que o meu grande palácio na praça do castelo é exatamente conforme a construção que o senhor está descrevendo." Portanto, ele é capaz[298] de fazê-lo, e o informante se retira com uma reverência, e faz votos de felicidade ao homem todo-poderoso. Ao sair andando, encontra um terceiro e conta a ele sobre a conversa que teve com os outros dois, e este terceiro exclama: "Sim, é estranha a sina de um homem no mundo; a fortuna[299] de um homem difere extremamente. Um é capaz de tanto, e outro, de tão pouco; e contudo cada ser humano deveria ser capaz de algo, caso aprendesse pela experiência e pela sabedoria mundana a se manter dentro de seus limites". Portanto, a diferença é notável, mas não é ainda mais notável que três diferentes discursos sobre a diferença digam uma só e a mesma coisa, e digam que todos os seres humanos são iguais em capacidade?[300] O homem n. 1 é in-

---

298. *formaaer*
299. *Formaaen*
300. *ere lige formaaende*

capaz de fazer isto ou aquilo [só] porque não tem dinheiro; isto é: visto essencialmente, ele é capaz. O homem n. 2 é capaz de fazê-lo; essencialmente ele é capaz, e o fato de que seja capaz se mostra casualmente pelo fato de que tem dinheiro. Pela sagacidade, o homem n. 3 é capaz de fazê-lo até prescindindo de algumas das condições e, mesmo assim, ser capaz; quão capacitado[301] estaria caso tivesse as condições! – Mas no domingo, que foi ontem, o pastor dizia que um ser humano não é capaz de absolutamente nada, e nós todos o entendíamos. Quando o pastor diz isso na igreja, nós todos o entendemos, e se alguém quisesse tentar expressá-lo existencialmente e desse sinais disto nos seis dias da semana, [VII 408] não demoraria até todos entendermos: que está maluco. Mesmo a pessoa mais temente a Deus terá um grande número de oportunidades, todos os dias, de pegar-se na ilusão de ser capaz de algo. Mas quando o pastor diz que um ser humano não é capaz de absolutamente nada, todos o entendemos de modo terrivelmente fácil; e um filósofo especulativo, por sua vez, entende esta facilidade de tal modo que, através dela, demonstra a necessidade de se ir além, ir além para o que é mais difícil de entender: China, Pérsia, o sistema, porque o filósofo especulativamente desdenha[302] o pobre *Witz* [*al.*: gracejo] sobre a sala de estar, pois, em vez de ir da igreja, e da abstrata representação dominical do ser humano, para casa, para si mesmo, ele vai da igreja diretamente para a China e a Pérsia, a astronomia – sim, para a astronomia. Aquele velho mestre Sócrates fez o contrário; renunciou à astronomia e escolheu a coisa mais elevada e mais difícil: compreender-se a si mesmo diante do deus. Mas o filósofo especulativo demonstra esta necessidade de ir além com tal necessidade, que até um pastor perde o equilíbrio e, no púlpito, tem a opinião de cátedra[303] de que a compreensão com a qual o indivíduo singular se dá conta de que por si mesmo não é capaz de absolutamente nada só vale para os homens simples e humildes; até os adverte *ex cathedra*, ou, o que eu queria mesmo dizer, do púlpito[304], para se contentarem com esta mísera tarefa, e não ficarem impacientes porque se lhes nega elevarem-se à compreensão da China e da Pérsia. E nisso o pastor tem razão, que

---

301. *formaaende*: afortunado
302. *forsmaaer*
303. *cathedralske Mening*
304. *fra Prædikestolen, lit.:* da sua cadeira de pregação

a tarefa é para o simples; porém seu segredo consiste justamente em que também é difícil para a cabeça mais eminente, dado que a tarefa não é, afinal, comparativa[305]: para uma pessoa simples em comparação[306] com uma cabeça excelente, e sim para uma cabeça excelente em comparação consigo mesma diante de Deus. E nisso o filósofo tem razão, que compreender China e Pérsia é sempre algo mais do que a abstrata compreensão domingueira do abstrato homem domingueiro; com efeito, China e Pérsia são algo de mais concreto; mas mais concreto do que qualquer outro compreender, o único absolutamente concreto é aquele com o qual o indivíduo singular se compreende a si mesmo em comparação consigo mesmo diante de Deus; e é o compreender mais difícil de todos, porque aqui a dificuldade não ousa servir de desculpa para ninguém. – E assim se avança, nos seis dias da semana somos todos capazes de algo, o rei é capaz de mais do que o ministro; o jornalista engenhoso diz: mostrarei a este e àquele o de que sou capaz, ou seja, de torná-lo ridículo; [VII 409] o oficial de polícia diz ao homem de japona[307]: Tu nem sabes do que sou capaz – ou seja, de prendê-lo; a cozinheira diz à mulher pobre que vem todo sábado: parece que esqueceu do que sou capaz de fazer – a saber, de intrigar os patrões para que aquela pobre mulher não receba os restos da semana. Nós somos todos capazes de algo, e o rei sorri da capacidade do ministro, e o ministro ri da capacidade do jornalista, e o jornalista, da do policial, e o policial, da do que veste japona, e o da japona, da da mulher do sábado – e no domingo nós vamos todos à igreja (com exceção da cozinheira, que jamais tem tempo, pois no domingo sempre há um almoço social na casa do conselheiro) e lá ouvimos o pastor dizer que um ser humano não é capaz de absolutamente nada – aliás, se, por sorte, não tivermos ido à igreja de um pastor especulativo. Porém, só mais um instante: nós chegamos à igreja; com a ajuda de um sacristão muito poderoso[308] (pois um sacristão é especialmente poderoso[309] nos domingos, e com um olhar silencioso indica a este e àquele o de quanto é capaz), cada um de nós toma seu lugar de acordo com a sua fortuna específica

---

305. *comparativ*

306. *i Sammenligning*

307. *Trøieklædte*

308. *meget formaaende Graver*: sacristão/coveiro/bedel capaz de fazer muitas coisas.

309. *især formaaende*

na sociedade; aí o pastor sobe ao púlpito – mas ainda no último instante há um homem muito poderoso[310] que chegou atrasado, e o sacristão tem de mostrar o que consegue fazer[311]; aí o pastor começa, e todos compreendemos, de nossos diferentes lugares e respectivos pontos de vista, o que o pastor diz de seu elevado ponto de vista: que um ser humano não é capaz de absolutamente nada. Amém. Na segunda-feira, o pastor é um homem muito poderoso; todos temos que reconhecer a verdade disso, com a exceção dos que são mais poderosos[312]. – Mas uma das partes tem que ser uma brincadeira: ou o que o pastor diz tem de ser uma brincadeira, uma espécie de jogo de salão, de vez em quando meditar em que um ser humano não é capaz de nada; ou o pastor tem contudo de estar certo quando diz que uma pessoa deve meditar sempre sobre isto – e nós outros, inclusive o pastor, e eu com eles, estamos errados quando fazemos uma exegese tão medíocre da palavra "sempre"[313], mesmo que a uma pessoa sejam concedidos 30, 40 ou 50 anos para se aperfeiçoar, embora de tal modo que cada dia seja um dia de preparação, mas também um dia de prova.

Hoje então é terça-feira, e o nosso informante está visitando um homem que mandou fazer uma enorme construção às portas da cidade, ele outra vez direciona a conversa para a capacidade de um ser humano e para a capacidade do estimado anfitrião; mas eis que este homem diz, não sem certa solenidade: "Um homem não é capaz de absolutamente nada; foi com a ajuda de Deus que fui capaz de acumular esta grande fortuna, e é com a ajuda de Deus que eu..." Aqui a calma solene da conversa é interrompida, dado que se ouve um barulho lá fora. O homem se desculpa e se apressa a sair; deixa as portas meio abertas atrás de si, e agora nosso informante, [VII 410] que tem bons ouvidos, para sua grande surpresa, ouve, uma após outra, as seguintes palavras: "Vou lhes mostrar o que sou capaz de fazer". O informante quase não consegue[314] impedir o riso – ora, o informante também é, afinal, um ser humano, que a qualquer instante pode ser tentado a se convencer de que é capaz

---

310. *formaaende*
311. *sin Formaaen*: sua competência
312. *mere formaaende*
313. *altid*: todo o tempo
314. *formaaer neppe*

de alguma coisa, como agora, por exemplo, que foi ele quem pegou no ridículo o homem poderoso.

Mas se uma pessoa, existindo, deve todos os dias meditar sobre o que o pastor diz nos domingos e agarrar-se a isto, e compreendê-lo como a seriedade da vida, e com isso, por sua vez, compreender todas as suas capacidades e incapacidades como uma brincadeira: isto significa que não vai realizar absolutamente nada, porque afinal tudo é vaidade e futilidade? Oh, não, neste caso não terá a oportunidade de compreender a brincadeira, pois não há contradição em colocar tudo isso junto com a seriedade da vida, nenhuma contradição: em que tudo seja vaidade nos olhos de um ser vaidoso. Preguiça, inoperância, esnobismo a respeito do finito são uma brincadeira medíocre ou, melhor, não são uma brincadeira, de jeito nenhum, mas encurtar a noite de sono e comprar cada hora do dia e não se poupar, e aí então compreender que tudo isso é uma brincadeira: sim, isso é seriedade. E, visto religiosamente, o positivo sempre se reconhece pelo negativo: seriedade pela brincadeira, quando ela é seriedade religiosa, não seriedade direta, uma tola autovalorização burocrática de um conselheiro da justiça, uma tola importância de um jornalista ante seus contemporâneos, uma tola importância de um renascido diante de Deus, como se Deus não pudesse criar milhões de gênios se estivesse em qualquer tipo de apuro. Ter o destino de muitas pessoas nas suas mãos, transformar o mundo, e então continuamente compreender que isto é brincadeira, sim, isto é seriedade! Mas, para ser capaz disso, todas as paixões da finitude devem estar extintas, todo egoísmo erradicado, o egoísmo que quer possuir tudo e o egoísmo que orgulhosamente vira as costas para isso tudo. Mas aí está justamente o nó da questão, e aqui está o sofrimento de morrer para si mesmo, e, embora a característica do ético seja que é bem fácil entendê-lo em sua expressão abstrata, é tão difícil entendê-lo *in concreto*.

Nós devemos ter sempre em mente que um ser humano não é capaz de absolutamente nada, diz o pastor; portanto, quando um homem quer ir ao *Dyrehaven*[315], ele deve também ter isto em mente, por exemplo, que não é capaz de se divertir, além de que a ilusão

---

315. *lit.*: Parque dos Cervos. Trata-se de um grande parque nas imediações da capital, inaugurado pouco tempo antes, e muito frequentado por toda a população até hoje, para distração, diversão e contato com a natureza [N.T.].

de se ser facilmente capaz de divertir-se no *Dyrehaven*, desde que tenha grande desejo de ir lá, é uma tentação da imediatidade, além de que, a ilusão de se poder facilmente ir até lá, desde que se tenha os meios para tanto, é uma tentação da imediatidade. Hoje, então, é quarta-feira, e uma quarta-feira na estação do *Dyrehaven*; então vamos de novo enviar nosso informante até lá. [VII 411] Talvez um ou outro religioso ache que não lhe convenha ir ao *Dyrehaven*. Se este for o caso, devo, em virtude da dialética qualitativa, pedir respeito para o mosteiro, porque atamancar[316] não leva a nada. Se a pessoa religiosa deve de algum modo diferenciar-se pela aparência externa, então o mosteiro é a única expressão poderosa para tanto: o resto é só trabalho de remendão[317]. Mas nossa época, é claro, foi além da Idade Média em religiosidade. O que, então, expressava a religiosidade da Idade Média? Que na finitude há algo que não se deixaria pensar junto com o pensamento de Deus, ou existindo pôr-se de acordo com ele. A expressão apaixonada para isso seria romper com a finitude. Se a religiosidade de nosso tempo foi mais além, então, como resultado, ela é capaz de, na existência, sustentar o pensamento de Deus junto à mais frágil expressão da finitude, por exemplo, com a diversão no *Dyrehaven*; a não ser que a religiosidade de nossa época tenha avançado tanto a ponto de retornar a formas infantis de religiosidade, em comparação com as quais o entusiasmo juvenil da Idade Média é algo magnífico. Uma forma pueril de religiosidade é, por exemplo, receber de Deus uma vez por semana a permissão para, por assim dizer, divertir-se por toda a semana seguinte, e então, de novo no próximo domingo, pedir permissão para a outra semana, ao ir à igreja e ouvir o pastor dizer: Devemos ter sempre em mente que um ser humano não é capaz de nada. A criança não tem reflexão e por isso não carece de reunir no pensamento o que é diferente. Para a criança, o momento mais sério é quando precisa pedir permissão aos pais; se eu tiver permissão, pensa a criança, então decerto, por Deus, vou me divertir. E quando tiver visitado o pai no escritório e obtido a permissão, sairá de lá em júbilo, consolando-se com a ideia de que facilmente terá a permissão da mãe; já saboreia um antegozo da alegria e, em relação àquele momento mais sério no

---

316. *at fuske*
317. *kun Fuskerie*

escritório, pensa algo assim: Graças a Deus, agora está resolvido – isso a criança pensa, penso eu, porque a criança propriamente não pensa. Se a mesma relação se repete na vida de alguém mais idoso em sua relação com Deus, isto é infantilidade, que, tal como a fala da criança, se reconhece por uma predileção por termos abstratos: "sempre", "nunca", "só desta vez" etc. A Idade Média fez uma poderosa tentativa de existindo pensar Deus e a finitude juntos, mas chegou ao resultado de que isto não poderia ser feito, e a expressão para tanto é o mosteiro. A religiosidade de nossa época vai mais adiante. Mas se a relação com Deus e a finitude devem combinar até nos menores aspectos (onde a dificuldade se torna maior) unidos na existência, então a aquiescência precisa encontrar sua expressão na esfera mesma da religiosidade e ser de tal natureza que o indivíduo não ultrapasse de novo a relação com Deus para voltar a existir inteiramente em outras categorias. [VII 412] Formas mais baixas do que o movimento monástico da Idade Média serão rapidamente distinguíveis nesta separação, por meio da qual a relação com Deus se torna algo por si mesmo e o restante da existência, uma outra coisa. Há, portanto, três formas inferiores: (1) quando o indivíduo volta para casa, depois da relação dominical com Deus, para existir de modo puramente imediato na dialética do agradável e do desagradável; (2) quando ele volta para casa, depois da relação dominical com Deus, para existir numa ética finita, e nem se dá conta, enquanto cuida de sua profissão, ganha dinheiro etc., da continuidade[318] da relação com Deus; (3) quando ele volta para casa, depois da relação dominical com Deus, para levar sua vida numa visão ético-especulativa que, sem mais, deixa a relação com Deus exaurir-se em fins relativos, uma visão de vida cuja fórmula é esta: competência[319] em sua ocupação, seja como rei, como carpinteiro, como dançarino de corda bamba etc., é a mais alta expressão da relação com Deus, e portanto não se precisa, propriamente, ir à igreja. Em outras palavras, ao ir à igreja uma vez por semana, toda religiosidade deste tipo se livra de se manter na relação com Deus em tudo; no domingo, ela obtém a permissão, não para se divertir ao longo de toda a semana como a criança, mas permissão para não pensar mais em Deus ao longo de

---

318. *Paaholdenhed*
319. *Dygtighed*: habilidade, destreza, maestria

toda a semana. Portanto, a religiosidade que vai além da Idade Média tem de, em sua piedosa reflexão, encontrar expresso que a pessoa religiosa deve existir na segunda-feira do mesmo modo[320], e que deve existir na segunda-feira nas mesmas categorias. O digno de veneração na Idade Média era que se preocupava com isto seriamente, mas aí chegou à conclusão de que isto só se poderia fazer no mosteiro. A religiosidade de nossa época vai além: no domingo, o pastor diz que precisamos manter sempre em mente que não somos capazes de nada; e no resto, devemos ser exatamente como as outras pessoas, não precisamos entrar para o mosteiro; podemos ir ao *Dyrehaven* – mas, *N.B.* [*Nota bene*: convém notar], por certo devemos primeiro manter em mente a relação com Deus, graças à ideia religiosa intermediária[321] de que um ser humano não é capaz de absolutamente nada. E isto é o que faz a vida ser extremamente tensa; e é isto que faz com que seja possível que talvez todos os seres humanos possam, em verdade, ser os verdadeiramente religiosos, porque a interioridade oculta é verdadeira religiosidade, a interioridade oculta na pessoa religiosa que até emprega toda a sua arte justamente para que ninguém perceba nada nela. Pois, assim como a onipresença de Deus se reconhece pela invisibilidade, a verdadeira religiosidade se reconhece pela invisibilidade, isto é, não é para ser vista; o deus a quem se pode apontar é um ídolo, e a religiosidade para a qual se pode apontar é uma espécie imperfeita de religiosidade. [VII 413] Mas que esforço! Vê, uma cantora não consegue cantar em *vibrato* sem parar[322]; de vez em quando, uma nota sai em *tremolo*[323]. Mas a pessoa religiosa, cuja religiosidade consiste na interioridade oculta, lança o *vibrato*, se posso falar assim, da relação com Deus em tudo e, o que é o mais difícil de tudo, mesmo quando uma ocasião especial é designada para isto, ela o faz tão facilmente que o faz sem gastar tempo. Portanto, a graça chega bem no lugar certo, embora ela faça, em silêncio, primeiro para si mesma, o movimento para Deus; então, quando convidada, ela chega bem a tempo com a animação desejada, embora faça antes o movimento para Deus. Ah, e quando de resto

---

320. *i det Samme*
321. *Mellentanke*
322. *kan ikke i eet Væk slaae Triller*
323. *coloreret*

uma pessoa tem ao menos um pequeno esforço extra para oferecer, este a perturba quando está se vestindo para uma festa e ela chega atrasada, e a gente vê isto nela; mas o mais exaustivo de todos os pensamentos, comparado com o qual mesmo o sério pensamento sobre a morte é mais leve – a ideia de Deus –, a pessoa religiosa consegue mover com a mesma leveza como tu e eu, João e José e o Conselheiro Madsen – pois é bem certo que não há ninguém que detecte algo em nós.

Agora o informante sai por aí; encontra talvez um homem que é incapaz de ir ao *Dyrehaven* porque não tem dinheiro, quer dizer, alguém que é capaz de fazê-lo. Se o informante lhe desse dinheiro e dissesse: Ainda assim és incapaz de fazê-lo, o homem muito provavelmente o consideraria um maluco, ou iria supor que havia alguma coisa oculta ali, que talvez o dinheiro fosse falso, ou que talvez os portões da cidade estivessem trancados e a alfândega também, em resumo, por cortesia pelo informante e a fim de não recompensar logo sua liberalidade chamando-o de maluco, decerto experimentaria algumas conjecturas perspicazes, e quando todas elas se provassem falhas pela negação do informante de que houvesse qualquer coisa deste tipo obstaculizando: aí ele o consideraria um maluco, lhe agradeceria pela dádiva – e depois iria ao *Dyrehaven*! E esse mesmo homem compreenderia muito bem o pastor no domingo seguinte, quando este pregasse ensinando que um ser humano não é capaz de absolutamente nada, e que nós devemos meditar sempre sobre isto. Justamente nisso reside o divertido, que ele possa compreender o pastor muito bem; pois se houvesse uma única pessoa tão simples a ponto de não compreender a tarefa que o pastor tinha essencialmente estabelecido, quem então poderia suportar a vida! – Então o informante encontra um outro homem, que diz: "Ir ao *Dyrehaven* [VII 414] quando se tem os meios para tanto, quando seus negócios o permitem, quando se leva junto esposa e filhos, sim, até os criados, e volta para casa numa hora decente, trata-se de uma alegria inocente, e se deve participar das alegrias inocentes, não se deve covardemente entrar para o mosteiro, que só significa fugir do perigo". O informante responde: "Mas não disseste no começo da nossa conversa que ouviste o pastor dizer no domingo que um ser humano não é capaz de absolutamente nada, e que devemos meditar sempre sobre isto, e não disseste que o compreendias?" "Sim." "Então estás esquecendo do que se trata nesta questão. Quando dizes que se trata de um prazer inocente, isto é o contrário de um prazer culpado, mas esta contraposição pertence à moral ou à ética. O pastor, entretanto, estava falando da tua relação com Deus. Pelo fato de ser eticamente permitido ir ao *Dyrehaven*, não fica só por isso dito que seja religiosamente permitido e, de qualquer modo, de acordo com o pastor, é justamente esta coisa que tu deves demonstrar ao conectá-la com o pensamento de Deus; mas é bom notar, não em termos gerais, pois com certeza não és um pastor, que deve pregar sobre este tema, embora na vida cotidiana tu e muitos outros pareçam confundir-se com tal pessoa, de modo que se vê que até mesmo ser pastor não deve ser o mais difícil. Um pastor fala em termos gerais a respeito dos prazeres inocentes, tu, porém, deves, existindo, expressar o que o pastor diz. Tu não deves, então, hoje, por ocasião de tua ida ao *Dyrehaven*, fazer um pequeno discurso sobre os prazeres inocentes da vida; este é encargo do orador. Mas, por ocasião de tua ida ao *Dyrehaven* hoje, quarta-feira, quatro de julho, junto com tua esposa, filhos e criados, deves meditar sobre o que o pastor disse no domingo, que um ser humano não é capaz de absolutamente nada, e que tu deves meditar sempre sobre isto. Era sobre teu procedimento em relação a isto que eu desejava informação tua, pois se eu desejasse algum tipo de discurso, teria ido ao pastor." "Que absurdo", replica o homem, "exigir mais de mim do que do pastor. Acho inteiramente correto que o pastor pregue deste modo, afinal de contas, é para isso que ele é pago pelo Estado, e, no que toca ao meu cura d'almas, Pastor Mikkelsen, estarei sempre pronto a atestar que ele prega a verdadeira doutrina evangélica, e é por isso que vou à igreja dele; pois não sou um herético que quer alterar a fé; mesmo que, de acordo com o que tu dizes, possa ser duvidoso, se eu sou ou não realmente um crente, uma coisa é certa, que eu sou um crente ortodoxo, que abomina os batistas. Por outro lado, jamais me ocorre colocar tais ninharias, como ir ao *Dyrehaven*, em conexão com o pensamento de Deus; de fato, isto me parece ser um insulto a Deus, e uma coisa eu sei, que isto também não ocorre a uma única pessoa entre as muitas que conheço." [VII 415] "Então tu pensas que está bem, assim como pensas que tudo bem que o pastor pregue deste modo, e que pregue sobre o fato de que ninguém realiza o que ele diz." "Conversa absurda", replica o homem, "é claro que penso que tudo bem que tal homem de Deus fale deste modo aos domingos, e nos funerais e nos casamentos; de fato, não mais do que duas semanas atrás lhe agradeci no jornal *Adresseavisen* pelo magnífico discurso que pronunciou, por sua própria iniciativa, e do qual eu *jamais* esquecerei." "É melhor dizeres, do qual tu *sempre* lembrarás, pois esta expressão recorda melhor o objeto de nossa conversa, que devemos *sempre* meditar que um ser humano não é capaz de absolutamente nada. Mas vamos interromper esta conversa, pois afinal não nos entendemos mutuamente, e eu não recebi de ti a informação que procuro, sobre o como tu procedes para realizar aquilo que o pastor diz, embora eu esteja disposto a reconhecer em ti um inegável talento para ser um pastor. Entretanto tu podes me fazer este favor, se quiseres: dá-me por escrito tua declaração e, se puderes, arranja-me atestados similares, das muitas pessoas que conheces, de que nunca ocorre nem a ti, nem a elas, conectar o pensamento de Deus com algo assim como ir ao *Dyrehaven*."

Queremos agora dispensar o informante, e só para compensar, para ver se ele escorrega[324], levantemos a questão de para que ele quer usar esses atestados e o que ele propriamente planeja[325]. Ele fala assim: "Para que quero esses atestados? Bem, vou te dizer. De acordo com o que tenho ouvido, o clero está realizando com efeito algumas convenções[326] em que os reverendos irmãos propõem e resolvem[327] a questão: O que é que a época exige? – naturalmente, no sentido religioso, pois de outro modo tal convenção se assemelharia a um encontro dos representantes dos cidadãos. Dizem que agora a convenção teria chegado à conclusão[328] de que desta vez é um novo livro de hinos[329] o que o tempo demanda. Que o exija é, afinal, bem possível, mas daí ainda não segue que precise dele. Por que não ocorreria com a época, enquanto personalidade moral, aquilo que ocorre com outras personalidades morais [VII 416], embora não jus-

---

324. *for at lokke ham paa Glatiis*
325. *har bag Øret*
326. *holder nem lig Geistligheden nogle Conventer*
327. *besvare*
328. *det Resultat*
329. *en ny Psalmebog*

tamente na qualidade do que é moral[330], ou seja, que ela exija aquilo de que não precisa, que as muitas coisas que exige, mesmo que as obtivesse, não satisfariam seu desejo[331], porque este consiste em: exigir, reclamar para si[332]. A época poderia talvez logo exigir que o pastor tivesse uma nova veste para poder edificar tanto melhor; não seria impossível que a época realmente pudesse exigir isto, e, em relação a uma tal exigência, eu não teria nenhuma aversão a admitir que a época realmente sentiria uma necessidade dela. Vê, o meu intento agora é recolher uma boa quantidade de declarações por escrito referentes ao modo como a gente compreende, na segunda-feira e nos outros dias da semana, o sermão dominical do pastor – para que, se possível, eu possa contribuir para a resposta da questão: O que é que o tempo exige? – ou, como eu preferiria me expressar: do que a época carece, de modo que a questão não se formularia assim: O que falta à religiosidade de nosso tempo?, porque é sempre enganoso incluir a resposta na pergunta, mas deste modo: O que falta ao nosso tempo? Religiosidade. Todos correm atrás do que a época demanda; ninguém parece se preocupar com o que o indivíduo necessita. Talvez não haja absolutamente nenhuma necessidade de um livro de hinos. Por que ninguém pensa numa proposta que parece tão próxima, mais próxima do que muitos acreditam: fazer uma tentativa provisória de reencadernar em nova forma o velho livro de hinos, para ver se a nova encadernação serviria, especialmente se fosse permitido ao encadernador colocar na lombada "O novo livro de hinos"? É claro que alguns poderiam objetar que, por causa da boa e velha capa, seria uma pena fazer isto, pois, por estranho que pareça, diz-se que os exemplares da congregação do velho livro de hinos estão em boas condições, provavelmente porque o livro é tão pouco usado, e além disso a nova encadernação seria uma despesa totalmente supérflua; mas contra esta objeção deve-se responder, com uma voz profunda, convém notar, com uma voz profunda: Qualquer homem sério, em nossa época seriamente preocupada, percebe que algo deve ser feito – assim qualquer objeção desaparece como nada. Pois que algumas pequenas congregações privatizantes e círculos

---

330. *ikke i Qvalitet af det Moralske*
331. *Trang*: sua necessidade
332. *at fordre, at kræve sig*

isolacionistas dogmáticos realmente sentissem a necessidade de um novo livro de hinos para que suas palavras-chave fossem ouvidas nas abóbodas das igrejas a partir do coral dos renascidos, isso não seria um problema tão sério. Mas quando toda uma época, em uníssono e em polifonia[333], exige um novo livro de hinos, sim, quase que vários novos livros de hinos: então algo tem de ser feito; assim como está não pode continuar, ou vai tornar-se o declínio da religiosidade. [VII 417] Por que será que na capital a gente frequenta relativamente tão pouco a igreja? Oh, naturalmente e claro como o sol, é por culpa do velho livro de hinos. Por que será que os que vão à igreja, contra as boas regras só chegam lá quando o pastor está subindo ao púlpito, ou um pouquinho mais tarde? Oh, naturalmente e claro como o sol, é por sua repugnância ao velho livro de hinos. O que foi que arruinou a monarquia assíria? Discórdia, Madame[334]. Por que será que as pessoas, indecorosa e prontamente, saem correndo da igreja assim que o pastor diz amém? Oh, naturalmente e claro como o sol, é por repugnância ao velho livro de hinos. Por que será que a devoção caseira é tão rara, embora aí também se pudesse usar outros livros de hinos de livre opção? Oh, naturalmente e claro como o sol, a repugnância ao velho livro de hinos é tão grande que a gente não tem vontade nenhuma, enquanto ele existir; pois sua mera existência sufoca toda devoção. Por que será que a congregação, infelizmente, age tão pouco de acordo com aquilo que é cantado no domingo? Oh, naturalmente e claro como o sol, porque o velho livro de hinos é tão ruim que até impede a pessoa de agir de acordo com o que está nele. E por que será que, infelizmente, tudo isso já ocorria muito antes da necessidade de um novo livro de hinos ser mencionada? Oh, naturalmente e claro como o sol, esta era a necessidade profunda da congregação, a necessidade profunda que até então ainda não ficara clara – já que não havia nenhuma convenção. Mas, justamente por essa razão, me parece que deveríamos retardar a abolição do velho, para que não se caia no grande embaraço de ter que explicar os mesmos fenômenos quando o novo livro de hinos já estiver introduzido. Se o velho livro de hinos jamais teve serventia, agora a tem; com o auxílio dele, a gente pode explicar tudo, tudo que de outro

---

333. *eenstemmigen og fleerstemmigen*: numa única voz e em muitas vozes.
334. Pergunta e resposta citadas da comédia de Holberg: *Feitiçaria e alarme falso* [N.T.].

modo seria inexplicável se se tem em mente que a época está tão seriamente preocupada, assim como o clero, não apenas cada um com sua própria pequena congregação, e com os indivíduos nelas, mas com toda a época. Por outro lado, suponhamos que alguma outra coisa acontecesse antes que o novo livro de hinos estivesse pronto; suponhamos que o indivíduo singular se decidisse a colocar o acento da culpa num outro lugar e nostalgicamente tentasse reconciliar-se com o livro de hinos e com o dia da sua Confirmação, que este evoca; suponhamos que o indivíduo singular escrupulosamente acorresse à igreja, chegasse pontualmente, cantasse os hinos, ouvisse a prédica, permanecesse ali conforme o decoro, retivesse a impressão na segunda-feira, fosse mais além, até na terça, sim, até mesmo no sábado: aí então a demanda por um novo livro de hinos talvez diminuísse – mas, por outro lado, dado que os indivíduos tivessem pouco a pouco aprendido a se socorrer, o clero teria tempo e ócio para se sacrificar inteiramente participando de convenções, onde os reverendos irmãos levantariam e responderiam a questão: [VII 418] o que é que a época exige – no sentido religioso, naturalmente; pois de outro modo uma tal convenção se assemelharia completamente a um encontro de representantes dos cidadãos."

Assim falaria o informante, que agora pode ir cuidar de sua vida; e então de volta ao que diz o pastor, que um ser humano não é capaz de absolutamente nada, e que devemos meditar sobre isto sempre – portanto, também quando vamos ao *Dyrehaven*. Provavelmente, muitos já se entediaram há tempos com este exemplo concreto que nunca termina e que no entanto não diz nada, em comparação com a ideia de que não somos capazes de absolutamente nada e de que devemos meditar sobre isto o tempo todo. Mas a coisa é assim, o ético e o ético-religioso, em generalidade abstrata, são ditos tão rapidamente e são terrivelmente fáceis de se entender; já na concreção da vida diária, falar sobre isto é algo muito demorado, e seu exercício é por demais difícil. Hoje em dia dificilmente um pastor se atreve a falar na igreja sobre ir ao *Dyrehaven*, ou mesmo a nomear tal palavra: tão difícil é, mesmo em um discurso devoto, conectar o *Dyrehaven* e a ideia de Deus. Mas, por outro lado, todos somos capazes de fazer isto. Onde, então, ficaram as tarefas difíceis? Na sala lá de casa e na estrada costeira que vai até o *Dyrehaven*. Hoje em dia, o discurso religioso, embora pregue contra o mosteiro, observa a mais severa decência monástica, e se distancia tanto da realidade efetiva como o fazia o mosteiro e, com isso, de um modo indireto revela suficientemente, que no dia a dia a gente existe realmente sob outras categorias, ou que o religioso não se assimilou a existência cotidiana. É deste modo que se vai mais além do que a Idade Média. Mas nesse caso o religioso, em virtude da dialética qualitativa, precisa clamar pelo mosteiro. Se este não deve ser pregado e se ainda se supõe que a religiosidade esteja mais adiantada do que a da Idade Média: então que o pastor tenha a bondade de falar das coisas mais simples e se abster das verdades eternas *in abstracto*. Pois ninguém me há de convencer de que seja tão fácil no que há de mais insignificante ter a representação de Deus junto a si. Mas isto também não quer dizer que o pastor deva sentar-se na sala lá de casa como um "João das Fontes"[335] e ficar falando sobre passear na floresta, pois isto é realmente fácil demais, a não ser que sua própria dignidade lhe tornasse a coisa um pouco difícil. Não, o que se tem em mente é que fale devotamente sobre isto e, com a autoridade divina do religioso, transforme até o falar sobre isso em um discurso edificante. Se for incapaz de fazê-lo, se achar que não dá para fazer, deve advertir contra isto – e então julgar a Idade Média de modo respeitoso. Se ao contrário o discurso religioso indiretamente reforça em nós a ilusão de que a religiosidade consiste em uma vez por semana se ter uma noção fantasiosamente decente[336] sobre si mesmo, em ouvir algumas verdades eternas proferidas *in abstracto* e em atacar aqueles que não vão à igreja, e aí, no restante, viver em outras categorias: [VII 419] que milagre, então, que a confusão de querer ir além acabe se impondo cada vez mais? Uma clerezia competente[337] deve ser a moderadora da época[338] e, se cabe ao pastor consolar, ele também deve, quando necessário, saber como tornar o religioso tão difícil a ponto de colocar de joelhos todo e qualquer insubordinado, e como os deuses empilharam montanhas sobre os Titãs que assaltavam o céu, a fim de subjugá-los, assim deveria ele jogar sobre cada rebelde

---

335. *Kildehans*: apelido dos frequentadores do parque que adoravam as nascentes [N.T.].
336. *en phantastisk-anstœndig Forestilling*
337. *dygtig Geistlighed*
338. *Tidens Moderatores*

o fardo pesado da tarefa religiosa (naturalmente, impondo-o também a si mesmo), para que ninguém imagine que o religioso seja alguma coisa com que se possa correr por aí, uma travessura, ou no máximo algo para pessoas simples e obtusas, ou imagine que a religiosidade seja relativa e comparativamente dialética, e idêntica ao convencional adestramento da finitude; ou que o religioso deva ser dificultado graças a panoramas histórico-universais e resultados sistemáticos, pelos quais ele apenas se torna ainda mais fácil. Portanto, quando o orador religioso, ao expor que um ser humano não é capaz de absolutamente nada, relaciona com isso algo totalmente particular, enseja ao ouvinte que olhe profundamente para seu próprio interior, ajuda-o a dispersar presunções e ilusões, a deixar de lado, ao menos por um momento, a cobertura doce de cidadão provinciano em que de resto se encontra. Aquilo com que o orador religioso propriamente opera é, em última instância, a relação absoluta de que um ser humano não seja capaz de absolutamente nada, mas aquilo com que ele negocia é o aspecto particular que ele conecta com isso. Se apenas se restringe a dizer, "nada", "sempre", "nunca", "tudo", pode facilmente acontecer que tudo isso resulte em nada[339]; mas caso se esqueça de si mesmo e dos absolutos básicos "nada", "sempre", "nunca", "tudo": então estará transformando o templo, se não em uma caverna de bandidos, pelo menos em uma bolsa de valores.

Se ninguém mais quer tentar correlacionar o caráter absoluto do religioso com o particular[340], uma combinação que, na existência, é justamente a base e o significado do sofrimento: então eu o farei, eu que não sou nem orador religioso, nem uma pessoa religiosa, mas tão somente um psicólogo experimentador humorístico. Se alguém quiser rir disso, deixemos que ria, [VII 420] mas eu ainda gostaria de ver o esteta ou o dialético que fosse capaz de mostrar o mínimo traço de comicidade no sofrimento da religiosidade. Se há alguma coisa que estudei desde os fundamentos e até o extremo, é o cômico; justamente por isto sei também que do sofrimento religioso o cômico está excluído, que este é inacessível ao cômico, porque o sofri-

---

339. O discurso religioso pode, portanto, tranquilamente assumir um tom um pouco trocista, justamente como a existência o é; pois o aspecto de troça reside em que nós, humanos, temos a mente cheia de grandes ideias, e aí então chega a existência e nos oferece o dia a dia.

340. *det Enkelte*: o detalhe

mento é precisamente a consciência da contradição, que é, por isso, patética e tragicamente assimilada à consciência da pessoa religiosa, e, justamente por isso, o cômico está excluído.

O que a representação de Deus ou a de sua felicidade eterna deve produzir num ser humano, é que este transforme toda a sua existência em relação a ela, uma transformação que significa um morrer para a imediatidade. Isto acontece lentamente, mas então ele se sentirá enfim[341] absolutamente cativo da representação absoluta de Deus, porque a representação absoluta de Deus não significa: ter a representação absoluta *en passant* [*fr.*: de passagem], mas sim: ter a representação absoluta a cada momento. Isto é a cessação da imediatidade e a sentença de morte do aniquilamento. Tal como o pássaro que volteava despreocupado, quando fica preso; tal como o peixe que destemidamente cortava a água e infalivelmente dirigia-se às regiões encantadas das profundezas, quando deitado na terra, fora de seu elemento; assim, também, a pessoa religiosa está cativa, porque a absolutidade não é diretamente o elemento para um ser finito. E como aquele que está doente e não pode mover-se, porque tudo dói, e como aquele que está doente não pode deixar de se mover enquanto tiver vida, embora tudo doa: assim, também, a pessoa religiosa, em sua pequenez humana, está presa à finitude, trazendo em si a representação absoluta de Deus. Nem o pássaro na gaiola, nem o peixe na praia, nem o inválido no leito de doente, nem o prisioneiro na cela mais estreita, são tão cativos quanto aquela pessoa que está cativa na representação de Deus; pois, tal como Deus, assim também a representação cativante está presente em todo lugar e a todo instante. De fato, assim como deve ser horrível para uma pessoa considerada morta, se ainda estiver viva, ter o poder dos sentidos, poder ouvir o que os presentes dizem sobre ela, mas sem conseguir, de modo algum, expressar que ainda está viva, assim também é o sofrimento do aniquilamento para a pessoa religiosa quando, em sua insignificância[342], ela possui a representação absoluta, mas não a reciprocidade. Se é que aconteceu e se é uma verdade poéti-

---

341. Eu uso aqui uma forma fantástica no sentido do desvanecimento do tempo: "lentamente – mas então enfim". Dado que o interesse de minha tarefa ainda não começou, isto assim fica bem.

342. *Intethed*: nadidade

ca [VII 421] que já apenas um grande e abrangente plano, se devesse ser depositado na mente de uma pessoa, viria a destruir o frágil vaso; se é que aconteceu que uma moça, ao ser amada por aquele que admirava, fosse aniquilada no sofrimento da felicidade: que milagre, então, que o judeu assumisse que a visão de Deus significaria a morte, e os pagãos, que a relação com Deus seria o prenúncio da loucura![343] Mesmo que a representação de Deus seja a do amparo absoluto, é também o único amparo que é absolutamente capaz de mostrar a uma pessoa seu próprio desamparo. A pessoa religiosa jaz na finitude como uma criança desamparada; quer segurar-se absolutamente à representação, e é isto o que a aniquila; quer fazer tudo, e enquanto o está querendo, começa a impotência, porque para um ser finito há de fato um entrementes[344]; ela quer fazer tudo; quer expressar esta relação absolutamente, mas não consegue fazer com que a finitude seja comensurável com ela.

Há alguém que queira rir? Se jamais a posição das estrelas no céu indicou algo de terrível, então a posição das categorias aqui não indica risada e gozação. Experimenta agora conectar com isto uma ida ao *Dyrehaven*. Tu vais te arrepiar; procurarás escapatórias; vais achar que há objetivos mais elevados pelos quais se pode viver. Sim, certamente. E então vais virar as costas. Mas há, porém, um entrementes – e, neste meio tempo, a impotência então retorna. Tu dirás: Pouco a pouco. Mas lá onde pela primeira vez o primeiro início deste pouco a pouco se manifesta como a passagem a partir do Absoluto combinado com isto, lá sim é que mora o terror. Permitir, à maneira novelística, que o tempo de um ano se interponha significa, naturalmente, apenas zombar, em termos religiosos, de mim mesmo e da pessoa religiosa.

O religioso perdeu a relatividade da imediatidade, sua diversão, seu passatempo – justamente seu passatempo; a representação absoluta de Deus o consome como o abrasamento do sol de verão quando este não quer se pôr, como o abrasamento do sol de verão quando não quer cessar. Mas, então, ele está doente; um sono refrescante irá revigorá-lo, e dormir é um passatempo inocente. Sim, alguém que

---

343. *Afsindighedens Forbud*
344. *Imedens*

jamais tratou com outros, que não seus companheiros de dormitório, bem pode achar que não há problema algum em ir para a cama; mas para aquele que pelo menos chegou a lidar com um plano grandioso, por certo o grito do vigia noturno seria um triste memento, e a lembrança da hora de dormir, mais lamentável do que a chegada da morte, [VII 422] pois o sono da morte é só um instante, e uma pausa num instante, mas dormir é um prolongado adiamento. Mas, nesse caso, ele deve começar com alguma coisa. Talvez com a primeira que aparecer? Não, que um habilidoso balconista da finitude sempre tenha algo em mãos para manipular; aquele que já teve algum relacionamento com uma pessoa amada, ainda que fosse só no pensamento do amor, sabe de algo diferente: quando o querer tudo fazer ainda não parece ser o bastante, e o esforço de querer tudo produz a fadiga, e outra vez ele está no começo. Mas, então, ele tem de voltar-se para si mesmo, compreender-se a si mesmo. Talvez expressá-lo em palavras? Se aquele que acredita que falar significa deixar a língua correr pode orgulhar-se de nunca ter ficado embaraçado, falto de palavras, jamais ter procurado em vão por palavras: aquele que só cai em silêncio de admiração diante da grandeza humana decerto aprendeu que ao menos naquele instante não precisava de nenhuma exortação para manter a língua no freio. E aquele que nunca foi para a cama chorando, chorando não por não conseguir dormir, mas por não ousar manter-se em vigília por mais tempo, e aquele que nunca atravessou sofrendo a impotência do começar; e aquele que jamais fez silêncio: deveria ao menos nunca se ocupar de falar sobre as esferas da religiosidade, mas sim ficar no lugar que é sua casa: no quarto de dormir, no armazém, no mexerico das ruas. Mas quão relativo pode ser, contudo, aquilo que permite a alguém experimentar algo assim, quão relativo, para o homem religioso, em comparação com relação absoluta para com o absoluto!

Um ser humano não é capaz de absolutamente nada, sobre isto deve sempre meditar. O religioso está neste estado – ele não é capaz, então, nem de ir ao *Dyrehaven*; e por que não? Por que, a seus próprios olhos, ele é melhor do que os outros? *Absit* [*lat.:* longe disto], esta é a superioridade[345] do movimento monástico; não, mas porque ele é um verdadeiro religioso, não um pastor fantasioso que

---

345. *Fornemhed*; distinção, nobreza; porém *SKS 7* escreve: *Fromhed*: piedade [N.T.].

fala sobre: "sempre", nem um ouvinte fantasioso que entende "sempre – e nada"; mas porque ele, hora após hora, entende que não é capaz de nada. Em estado de doença, o religioso não é capaz de unir a representação de Deus a uma coisa finita casual assim como ir ao *Dyrehaven*. A dor ele concebe, e por certo é realmente uma expressão mais profunda de sua impotência que ele a compreenda melhor em relação a algo tão trivial como isto, do que à grandiloquente expressão "nada", a qual, se nada mais se diz, facilmente se torna nada-dizente[346]. A dificuldade não está em que não seja capaz disso (falando humanamente), [VII 423] a dificuldade está em entender, antes de tudo, que não é capaz disso, e destruir a ilusão (já que deve realmente sempre meditar sobre o não ser capaz de absolutamente nada) – de que já ultrapassou esta dificuldade, e então a dificuldade está em: com Deus, ser capaz de fazê-lo. Quanto mais decisivo for um empreendimento, uma resolução, um evento, tanto mais fácil é (porque é mais direto) unir a isso a representação de Deus – tanto mais fácil, isso quer dizer, a facilidade tem sua razão no fato de se poder ser tanto mais facilmente ludibriado por si mesmo numa ilusão. Nos romances e nas novelas, não é raro que se veja, nas grandes decisões, ou bem os personagens fictícios ajoelhados em oração num grupo pitoresco, ou bem o protagonista ajoelhado em oração num local afastado. Entretanto, os honrados autores e autoras são ingênuos o bastante para revelarem indiretamente, pelo conteúdo da oração, por sua forma e pela atitude dos orantes, que seus heróis e heroínas não muitas vezes oraram antes em suas vidas, ainda que a cena tenha lugar no ano de 1844, num país cristão, e que os personagens em ação sejam cristãos, e que o romance, assim como a novela, tenha a missão de retratar as pessoas como realmente o são, ou até um pouco melhores. Com grande interioridade, o protagonista fictício une a representação de Deus com o mais importante dos eventos – mas, visto religiosamente, a interioridade daquele que ora não consiste definitivamente na sua impetuosidade no instante, mas sim na sua continuidade. Mas quanto mais insignificante uma coisa é, por outro lado, tanto mais difícil é uni-la à representação de Deus. E, contudo, é justamente nisto que a relação com Deus deve ser conhecida. No assumir uma grande resolução, no publicar uma obra que supos-

---

346. *Intetsigende*: ou seja: que nada diz, ou: que não diz nada; insignificante [N.T.].

tamente transformará o mundo inteiro em um terremoto, em celebrações de bodas de ouro, em um perigo no mar, e em nascimentos clandestinos, o nome de Deus é talvez tão frequentemente usado a modo de interjeição quanto é usado religiosamente. Por isso, a gente não deveria se deixar enganar quando um pastor omite os pequenos eventos da vida e concentra sua eloquência e sua arte mímica em episódios grandiosos, e, quando muito, meio envergonhadamente, em nome da decência, acrescenta na conclusão que também na vida cotidiana convém mostrar a mesma fé, a mesma esperança, e a mesma coragem (em vez disso, convém a um discurso religioso, ao contrário, ser disposto de modo inverso, e falar dos pequenos eventos, da vida cotidiana, e então, quando muito, acrescentar algumas poucas palavras de precaução contra a ilusão que tão facilmente pode ser a base daquela religiosidade que só se reconhece nos dias 29 de fevereiro[347]), [VII 424] pois isto é estética e, visto esteticamente, a evocação de Deus não é nem mais nem menos do que a mais ruidosa interjeição, e a manifestação de Deus nos eventos é um *Tableau* teatral [*fr.:* quadro, composição].

Abandonamos o religioso na crise da doença; mas esta doença não é para a morte. Queremos agora reconfortá-lo justamente pela mesma representação que o aniquilou, pela representação de Deus.

---

347. Em suma, não há nada tão bem escoltado [*convoieret*] pelo cômico quanto o religioso [*det Religieuse*], e sua *Nemesis* não está tão prontamente à mão em nenhuma outra parte quanto na esfera do religioso. [VII 424] Quando se ouve um discurso religioso estetizante numa igreja, é, naturalmente, dever de cada um edificar-se, mesmo que Sua Reverência diga disparates sempre de modo muito maluco, mas quando em outra ocasião a gente volta a ele, o efeito cômico não é desinteressante, e a lei que vale aqui é que onde o orador iça todas as velas a fim de expressar o mais elevado, satiriza sem o saber: "A pessoa ajoelhada em oração se levanta tão fortalecida, oh, tão fortalecida, tão extraordinariamente fortalecida". Mas, de um ponto de vista religioso, a verdadeira força é aquela que está preparada para a luta que pode começar de novo, talvez neste exato momento. "O indivíduo se liga a Deus por meio de uma promessa, de uma promessa sagrada, de que ele para sempre e eternamente etc., e então ele se sente tão seguro, oh, tão seguro." Mas, na perspectiva religiosa, a gente é cautelosa quanto a fazer promessas (cf. *Eclesiastes*), e a interioridade da promessa, vista religiosamente, distingue-se pela brevidade do termo fixo e pela desconfiança em relação a si própria. Não, a interioridade da alma toda e o assentimento do coração purificado da duplicidade na promessa para o dia de hoje, ou para esta manhã, vista religiosamente, tal promessa tem muito mais interioridade do que o estetizante brindar em homenagem a Nosso Senhor. Uma sugere que quem faz a promessa tem sua vida cotidiana colocada na esfera religiosa; o outro revela, um tanto satiricamente, que aquela pessoa que reza é um participante de visita introduzido por um pastor [*reisende Medlem*: *lit.*: membro viajante – sendo que o adjetivo, grafado em alemão, sugere um estrangeiro. N. T.].

Uso mais uma vez uma perspectiva reduzida, porque o interesse de minha tarefa ainda não está aqui, e não reside em como o ético[348] (que, entretanto, é sempre algo distanciado da absoluta relação com Deus) deve intervir regulando, e assumir o comando. Devo, entretanto, reter o leitor com algumas observações. Antes de tudo, que em cada geração não há por certo muitos que aguentem o sofrimento, ao menos o do início da relação religiosa absoluta; e em seguida, que um início no âmbito da existência é bem outra coisa que algo já decidido de uma vez por todas, pois é só no papel que a gente apronta a primeira fase e depois não tem mais nada a ver com ela. A decisão absoluta [VII 425] no âmbito da existência é e sempre será apenas uma aproximação (porém, isto não é para ser entendido de modo comparativo em relação ao mais ou menos dos outros, pois então o indivíduo teria perdido sua idealidade), pois o eterno mira lá de cima o existente, o qual, por existir, está em movimento e, assim, no instante em que o eterno o alcança, já está um pequeno momento mais adiante. O que o começo da decisão absoluta no âmbito da existência menos é, é o 'de uma vez por todas', algo já vencido, pois o existente não é um X abstrato que realiza algo e depois vai mais além, segue pela vida sem fazer a digestão, se posso colocar as coisas assim; mas o existente se torna concreto no vivenciado e, quando vai mais além, tem isto consigo e pode portanto perdê-lo a qualquer instante; ele o tem junto a si, não do modo como a gente tem algo no bolso, mas em virtude desta coisa determinada, ele é o que é de modo mais especificamente determinado, e se a perdesse perderia sua própria determinação mais específica. Pela decisão na existência, um existente, mais especificamente determinado, tornou-se o que é; se deixa isto de lado, não é como se perdesse algo, de modo que não se perdesse a si mesmo e só tivesse perdido algo, mas então ele perdeu a si mesmo e deve começar do começo.

O religioso, então, superou a doença (amanhã pode talvez haver a recidiva por um pequeno descuido), ele se fortalece talvez com a reflexão edificante de que Deus, que criou o ser humano, conhece decerto melhor todas as numerosas coisas que a um ser humano parecem ser impossíveis de serem unidas ao pensamento de Deus, todos os desejos terrestres, toda a confusão em que ele pode ser

---

348. *det Ethiske*

aprisionado, e a necessidade de diversão, de descanso, assim como do sono noturno. Óbvio que aqui não estamos falando da indulgência que é pregada no mundo, onde um ser humano se consola com o outro, consolam-se mutuamente e deixam Deus excluído. Todo ser humano é estruturado gloriosamente, mas o que arruína a muitos é, entre outras coisas, esta desgraçada verbosidade entre os homens sobre o que se deve sofrer, mas também amadurecer, no silêncio, essa confissão diante de seres humanos em vez de diante de Deus, esta comunicação cordial a este e àquele sobre algo que deveria ser um segredo e estar diante de Deus no ocultamento, este impaciente anseio ardente de consolação provisória. Não, na dor da aniquilação, o religioso aprendeu que a indulgência humana não serve para nada; por isso, nada ouve desta parte, mas fica diante de Deus e passa pelo sofrimento de ser um ser humano e assim estar diante de Deus. Por isso, não pode consolá-lo aquilo que o bando de humanos conhece uns dos outros, que têm uma representação provinciana do que significa ser um ser humano, e uma *geläufig* [*al.*: fluente], loquaz representação, de décima sétima mão, do que significa estar diante de Deus. De Deus ele deve buscar sua consolação, [VII 426] para que toda a sua religiosidade não se torne um diz-que-diz-que[349]. Com isto não está dito, de jeito nenhum, que ele deva descobrir novas verdades etc., não, ele deve apenas vigiar-se a si mesmo para não ser enrolado pelo falatório e pelo gosto da oratória, e com isso impedido de vivenciar, por si mesmo, o que milhares e milhares antes dele já vivenciaram. Se já vale para o enamoramento que um enamoramento só se enobrece quando ensina uma pessoa a fazer segredo sobre seus sentimentos, quanto mais não vale isso para o religioso![350]

Pensemos sobre algo que o paganismo poetizou, que um deus se apaixonasse por uma mortal. Se ela permanecesse insciente de que ele era um deus: aí esta relação seria a pior miséria possível; pois, na opinião[351] de que o mesmo padrão dever-se-ia aplicar a ambos, ela se desesperaria ao exigir de si mesma a igualdade. Se descobrisse, por outro lado, que ele era o deus, aí ela seria, primeiro, quase aniquilada em toda a sua humilde condição, de modo que dificilmente ousaria

---

349. *et Rygte*
350. *det Religieuse*
351. *Formening*

admitir sua pequenez; faria uma tentativa desesperada atrás da outra para elevar-se até ele; ficaria angustiada a cada ocasião que sua pequenez fizesse necessário eles se separarem; ela seria sempre mais tomada pela angústia no tormento de saber se faltava vontade ou faltava capacidade. Façamos agora uma aplicação ao religioso. Onde está, então, o limite, para o indivíduo singular[352], em sua existência concreta, entre o que é falta de vontade e o que é falta de capacidade; entre o que é indolência e egoísmo mundano e o que é a limitação da finitude? E quando então passou para um existente o período de preparação, quando esta questão não pode mais ser levantada com todo o seu preocupado esforço inicial; quando é o tempo, na existência, que é realmente uma preparação? Que todos os dialéticos se reúnam, não conseguirão decidi-lo para um indivíduo particular *in concreto* [*lat.*: em concreto]. Pois a dialética, em sua verdade, é um poder bem-disposto a servir, que descobre e ajuda a achar onde está o absoluto objeto de fé e de adoração, onde está o absoluto – ou seja, lá onde a diferença entre saber e não saber se abisma na absoluta adoração prestada pela insciência, lá onde a incerteza objetiva vota contra para forçar a avançar a apaixonada certeza da fé, lá onde, em submissão absoluta, o conflito sobre o certo e o errado se abisma em absoluta adoração. A dialética, ela própria, não vê o absoluto, mas conduz, por assim dizer, o indivíduo a ele e diz: Aqui ele deve estar, posso garantir; se adorares aqui, estarás adorando a Deus. [VII 427] Mas a adoração, ela mesma, não é a dialética. Uma dialética que faz mediações é um gênio malogrado. – Portanto, a mulher mortal que fosse amada pelo deus seria, primeiro, aniquilada em sua pequenez, mas então de certo se reergueria pela representação de que ele certamente saberia mais do que ela sobre tudo isso. Seria aniquilada ao pensar divinamente sobre ele, mas, por outro lado, seria erguida pela representação de que ele pensava humanamente a respeito dela. De fato, mesmo que uma moça de condição humilde se unisse a um rei de um povo estrangeiro, o quanto ela não sofreria para achar a despreocupada franqueza em relação a tudo que lhe lembrasse sua pequenez, de tal modo que isto parecesse ter de limitar sua relação, para encontrar paz no litígio de fronteiras entre ser indulgente consigo e exigir demais de si mesma?

---

352. *enkelte Individ*

Mas também faz parte desta pequenez do ser humano que ele seja temporal[353] e que não consiga suportar, na temporalidade, levar ininterruptamente a vida da eternidade. E se sua vida está na temporalidade, ela é, *eo ipso*, fragmentada; se é fragmentada, é, naturalmente, mesclada com diversão, e na diversão ele está ausente de sua relação para com Deus, ou não está, contudo, presente como no momento intenso. Se as pessoas dizem que é duro separar os amantes, não o seria então duro para a pessoa religiosa? E seria menos duro por ser uma diversão e não algo de trabalhoso o que separa, quando a necessidade de diversão mostra justamente da maneira mais forte sua pequenez? Pois nossa pessoa religiosa não está colocada numa posição tal que o pastor tenha que exortá-la a querer procurar por Deus; pelo contrário, ela está de tal modo tomada que precisa de alguma diversão para não vir a perecer. Vê, aqui o movimento monástico é tentador. Não seria possível com um esforço supra-humano chegar mais perto de Deus, manter a relação sem interrupção, sem dormir, se possível! A gente costuma dizer, aliás, que o amor é capaz de igualar os dois. Sim, e a gente tem razão quando está falando sobre a relação entre dois seres humanos, porque eles se situam essencialmente no mesmo nível, e a diferença é o acidental. Mas dado que entre Deus e o homem há uma diferença absoluta, esta igualdade direta é uma ideia atrevida que produz vertigem; mas o fato de ser assim não representa comparativamente nenhuma desobrigação do ser humano em relação ao esforço extremo. Dado, porém, que entre Deus e o homem há esta diferença absoluta, como se expressa então a igualdade do amor? Pela diferença absoluta. E qual é a forma da diferença absoluta? Humildade. Qual humildade? Aquela que admite inteiramente sua pequenez humana com corajosa confiança humilde diante de Deus como aquele que certamente conhece isto melhor do que a pessoa mesma. O movimento monástico é uma tentativa de querer ser mais do que um ser humano, [VII 428] uma tentativa entusiástica, talvez piedosa, de se igualar a Deus. Mas aí reside o sofrimento profundo da verdadeira religiosidade, o mais profundo que se pode pensar: relacionar-se com Deus de modo absolutamente decisivo, e não poder ter nenhuma expressão exterior decisiva para isto (pois o amor feliz se expressa exteriormente pelo fato de os

---

353. *timelig*

amantes se ganharem mutuamente), porque a mais decisiva expressão exterior é apenas relativa, é tanto demais quanto de menos, é demais porque inclui uma arrogância[354] em relação a outras pessoas, e de menos porque não obstante ainda é uma expressão mundana.

Assim, então, há dois caminhos a se considerar: o caminho da diversão humilde e o caminho do esforço desesperado, o caminho para o *Dyrehaven* e o caminho para o mosteiro. Para o *Dyrehaven*? Ó, sim, vamos mencionar só este; eu poderia do mesmo modo mencionar muitas outras coisas sob a mesma rubrica. Um tolo rirá talvez deste pensamento, uma nobre pessoa religiosa se sentirá insultada, e ambos demonstrarão que a coisa está correta. Mas por que mencionar um nome como o do *Dyrehaven*? No entanto, é muito mais correto, aos domingos, falar em expressões muito indefinidas e flutuantes, gerais, domingueiras, sobre estas alegrias inocentes – e então, nos dias úteis, falar sobre elas com a linguagem cotidiana. Sim, claro que é mais correto; e eu pressinto qual a irritação que, neste contexto, o termo *Dyrehaven* irá despertar num homem respeitável, porque, nesta conexão talvez isto lembre em que sentido a religiosidade de nossa época está para além da Idade Média; e porque é desagradável ter uma expressão como essa, que traz o elemento religioso para tão perto da vida, em vez de vê-lo a distância ao dizer "nada", "tudo", "sempre", "nunca", "vigilância diária" etc. – Nossa pessoa religiosa escolhe o caminho para o *Dyrehaven*, e por quê? Porque não ousa escolher o caminho para o mosteiro. E por que não ousa fazê-lo? Porque este é demasiado nobre. Então ela vai ao outro. "Mas ela não se diverte", dirá talvez alguém. Sim, sim, é claro que ela se diverte. E por que ela se diverte? Porque a mais humilde expressão para a relação com Deus é reconhecer sua humanidade[355], e é humano divertir-se. Se uma mulher consegue transformar-se totalmente só para agradar o marido, por que a pessoa religiosa, em sua relação com Deus, não conseguiria divertir-se, se isto é a mais humilde expressão da relação com Deus?

Se acaso um pobre trabalhador se apaixonasse por uma princesa e acreditasse ser amado por ela, qual seria o modo mais humilde para

---

354. *Anmasselse*: petulância, presunção
355. *sin Menneskelighed ("Menneske-lighed")*: que se é igual a todos os homens

manter a relação? Não seria, talvez, permanecer exatamente como os outros trabalhadores, ir ao trabalho como sempre, compartilhar com os outros, e então, se durante o trabalho se pusesse a pensar na relação, aí se animar com a ideia de que a humildade seria mais agradável [VII 429] à princesa do que qualquer outra coisa, se ele, porém, pensasse nela constantemente em seu ânimo tranquilo e estivesse mais do que pronto a expressar a relação do modo mais vigoroso que pudesse ousar? Pois nunca poderia ocorrer ao humilde trabalhador que a princesa fosse tão tola, e tão tolamente presa ao mundano, que sentisse alguma alegria se o mundo tomasse consciência, pela conduta afetada do trabalhador, de que ela era amada por um trabalhador. Mas há certa espécie de religiosidade que, talvez porque o primeiro início da aniquilação não foi eficaz e não serviu bastante no sentido da interioridade, tem uma representação de Deus como sendo um déspota ciumento, de entendimento limitado, que é consumido por um veemente desejo de que o mundo saiba, pela conduta afetada de uma pessoa particular, que Deus foi amado por uma pessoa particular. Como se Deus desejasse uma distinção, ou como se isto fosse uma distinção apropriada para Deus, pois qualquer um pode perceber que mesmo para uma princesa não é nenhuma distinção ser amada por um trabalhador! Uma religiosidade deste tipo é, ela própria, doente e malsã e, por isso, também torna Deus doente. Que possa ocorrer a uma pessoa tirânica exigir que se torne bem claro para o mundo, pela submissão manifesta dos outros, quanto poder ela tem sobre eles, é algo que afinal não prova nada com referência a Deus. Ou quiçá a pessoa religiosa tomaria em consideração fazer tudo isso, se lhe pudesse ocorrer pensar deste modo acerca de Deus, a saber, que Deus de fato estivesse carente – da admiração do mundo e da estranha afetação dos crentes despertados que atrairiam a admiração do mundo e, com isso, dirigiriam a mais elevada atenção do mundo para a existência de Deus – o coitado do Deus que, em sua posição embaraçosa, por ser invisível e contudo tão ávido de ter a atenção pública dirigida para Ele, fica lá sentado e esperando que alguém faça isto por Ele.

Até agora eu mantive isto um tanto abstrato e agora deixarei as coisas correrem como se fosse hoje, pois hoje é realmente quarta-feira, na temporada do *Dyrehaven*, e nossa pessoa religiosa irá ao bosque, enquanto que eu, experimentando, verifico os estados psicológicos. Falar sobre isto a gente consegue; fazê-lo é outra coisa. E, no entanto, falar sobre isto, num certo sentido, talvez não seja tão fácil; estou bem consciente do risco que estou correndo, de que estou pondo em jogo meu bocadinho de renome como autor, já que todos acharão isto extremamente aborrecido. Ainda estamos na mesma quarta-feira na temporada do *Dyrehaven*; tudo gira em torno de ir ao *Dyrehaven* e até agora já se gastaram tantas páginas, que um romancista estaria em condição de ter narrado os mais interessantes eventos dos últimos dez anos, incluindo cenas grandiosas e situações excitantes e encontros amorosos e nascimentos clandestinos; [VII 430] de fato, gastaram-se tantas páginas que, com a metade delas, um pastor poderia ter acabado com o tempo e a eternidade e a morte e a ressurreição, com Tudo e Sempre e Nunca e Nada, e acabado de tal modo que se poderia ter, numa única pregação, o bastante para toda a vida.

É então uma quarta-feira na temporada do *Dyrehaven*. A pessoa religiosa familiarizou-se[356] com a noção comum da importância da necessária distração, mas daí afinal não se segue, de jeito nenhum, que esta seja necessária justamente hoje. É aqui justamente que reside a dificuldade da concreção, que permanecerá enquanto a pessoa religiosa estiver na existência, quando ela for relacionar tal noção com o momento determinado de um dia determinado, com tal e qual estado de alma definido, com tais e tais circunstâncias determinadas. Quando a vida é compreendida deste modo, desaparecem as vãs diferenças quantitativas, pois o "como" da interioridade determina o significado, e não o "o quê" da quantidade.

Ora, nosso religioso é um homem independente e próspero, que possui cavalo e carruagem próprios; ele, na questão em pauta, tanto tem tempo quanto tem meios para ir todos os dias ao *Dyrehaven*, se fosse preciso. Assim a questão se apresenta melhor, pois, como já foi dito acima, o discurso[357] religioso deve ser bastante irônico para fazer as pessoas extraordinariamente felizes nas questões exteriores, só para que o [essencial do] religioso possa chegar a se mostrar da maneira mais clara. Um homem que tenha só uma única quarta-feira livre, na

---

356. *har forstaaet sig selv i*: compreendeu-se a si mesma na
357. *Foredrag*

temporada do *Dyrehaven*, talvez não tenha tantas dificuldades em dar uma saída, mas esta facilidade, e a dificuldade de não poder dar umas saídas nos outros dias, também possibilitam que o religioso não se torne o fator determinante. Aqui se dá o mesmo que com a seriedade. Muito homem acredita ser sério porque tem mulher e filhos e penosos negócios. Mas daí não segue, contudo, que tenha seriedade religiosa; sua seriedade poderia também ser mau humor e má vontade. Quando se há de apresentar a seriedade religiosa, mostra-se mais vantajoso fazê-lo em favoráveis condições externas, pois, nesse caso, não pode facilmente ser confundida com alguma outra coisa.

Ele irá, então, antes assegurar-se de que não é um prazer momentâneo, uma ideia imediata, o que o determina; ele quererá saber por si mesmo que necessita da distração, e se confortará com a ideia de que Deus decerto também tem de saber disso. Não se trata da impertinente segurança de um despertado[358] em relação a Deus, como quando um camarada estético e otimista desse tipo se deixa reconhecer por ter recebido, carta branca de Deus, de uma vez por todas. [VII 431] Mas embora ele saiba disso em sua consciência e de que não procura distração por um prazer da imediatidade, porque ele com o maior prazer preferiria dispensá-la, a preocupação[359] ainda levantará desconfiança sobre si mesmo e o fará perguntar a si mesmo se não poderia dispensá-la por mais algum tempo. Mas aqui, também, ele sabe em consciência que já no último domingo sentiu a necessidade de distração sem ceder a ela, a fim de provar de que canto vinha o impulso; pois de uma coisa ele está convencido, de que Deus não irá deixá-lo desamparado, mas o ajudará a descobrir qual é a coisa certa, lá onde é tão difícil de encontrar a fronteira entre a indolência e o que é limitação da finitude. Mas eis que, no mesmo instante em que ele, preocupado, dispensaria se possível a distração, visando aguentar mais um dia, quase no mesmo instante desperta a irritabilidade humana que sente bem o aguilhão de ser assim dependente, de ter que sempre entender que não se é capaz de absolutamente nada. E esta irritabilidade é obstinada e impaciente; ela quase deseja concordar com a preocupação numa dúbia conspiração, pois a preocupação renunciaria à distração por entusiasmo, mas a obstinação o

---

358. *Opvakts*: renascido, fanático
359. *Bekymringen*: o cuidado, a cura

faria por orgulho. E esta irritabilidade é sofística; quer fazê-lo pensar que a relação com Deus se desvirtua ao ser posta em conexão com ninharias deste tipo, e que se manifesta em sua verdade apenas nas decisões maiores. E esta irritabilidade é orgulhosa, pois, embora a pessoa religiosa tenha, mais de uma vez, se assegurado de que entregar-se à necessária distração é a mais humilde expressão da relação com Deus: é sempre aliciador[360] compreender o que talvez não se deva realizar no mesmo instante, no instante intenso do entusiasmo, quando o trabalho está caminhando bem, é aliciador em comparação com entendê-lo justamente quando o que deve ser realizado é algo totalmente específico[361]. Mas esta provação desaparece de novo, porque a pessoa religiosa silencia, e a pessoa que silencia diante de Deus aprende a ceder, mas também aprende que isto é abençoado. Se nossa pessoa religiosa tivesse à mão um amigo falador, facilmente teria chegado ao *Dyrehaven*, pois isto é coisa simples quando se tem cavalo e carruagem e bastante dinheiro, e se é conversador – mas então não teria sido nossa pessoa religiosa, e nossa pessoa religiosa também chegou ao *Dyrehaven*. Agora ficou resolvido que se procure distração; no mesmo instante, a tarefa se altera. Se um pouco mais tarde passa por sua alma a ideia de que isto tudo, afinal, é um desacerto, então ela simplesmente lhe contrapõe uma consideração ética, pois, em face de uma resolução tomada após [VII 432] honesta deliberação, uma ideia fugaz não deve brincar de senhor e mestre; ela desarma esta ideia eticamente, para que não chegue mais uma vez à relação mais elevada, com o que a significação da distração resolvida seria anulada. O rumo aqui também não vai na direção da relação com Deus, como quando o pastor prega, mas é a relação com Deus, ela mesma, que ordena à pessoa religiosa que procure alguma outra coisa por um momento, como se isto fosse um acordo entre a solicitude de Deus e a legítima defesa da pessoa. A consideração ética é bem simplesmente esta, que quando não tem solução, é pior tornar-se um conversador fiado do que, com decisão, realizar o que foi decidido, o que talvez até tenha sido menos adequadamente considerado, porque o palavrório é a ruína absoluta de toda e qualquer relação espiritual. – Vê, nós todos, com certeza, estamos esperando

---

360. *bestikkende*: sedutor, tentador
361. *ganske Enkelt*

por um grande evento, de modo que tenhamos a oportunidade de mostrar, agindo, que camaradas nós somos; e quando um príncipe herdeiro assume o governo do mais poderoso reino da Europa, responsabiliza-se pelo destino de milhões de pessoas, há aí uma oportunidade de tomar uma decisão e de agir *sensu eminenti* [*lat.*: em sentido eminente]. Incontestável! Mas isto é o que há de profundo e, ao mesmo tempo, de irônico na existência[362], que a ação possa se dar do mesmo modo, inteiramente *sensu eminenti*, quando o agente é uma pessoa muito simples, e o ato a ser realizado consiste em ir ao *Dyrehaven*. Pois o mais elevado que Sua Alteza Imperial pode fazer, afinal, é tomar sua decisão diante de Deus. O acento está nisso: "diante de Deus"; os muitos milhões são apenas uma ilusão. Mas o mais humilde ser humano também pode tomar sua decisão diante de Deus, e aquele que realmente fosse uma pessoa religiosa de tal tipo que pudesse decidir diante de Deus ir ao *Dyrehaven* não passaria vergonha diante de nenhuma Alteza Imperial.

Isso no tocante ao sofrimento religioso, que consiste em morrer para[363] a imediatidade: que baste sobre o assunto. Eu mesmo percebo melhor que qualquer um quão pobre parece ser investigar tais questões do dia a dia, que qualquer um, até a mais simples criadinha e o mais simples soldado raso, conhece; quão imprudente é reconhecer a sua dificuldade e, com isso, trair talvez uma falta de talento para se elevar, um bocadinho que seja, acima do horizonte da classe mais humilde; quão próximo espreita a sátira por se ter gastado tempo e aplicação ao longo de vários anos e se terminar sem nada avançar além do que sabe a pessoa mais tola de todas – aí, em vez de, ao longo do mesmo tempo e com a mesma aplicação, ter quiçá podido apresentar algo referente à China, à Pérsia, ou até à astronomia. Talvez não haja dez pessoas que aguentem ler o que é exposto aqui, e dificilmente haveria uma única pessoa no reino que teria vontade de assumir o incômodo de reunir algo assim por escrito; [VII 433] mas este último ponto de algum modo me consola, pois se todos poderiam fazê-lo, se o produto não passaria de trabalho de copista, fica sendo então justamente o meu mérito o de ter feito aquilo que todos poderiam fazer (aqui reside o que é tão desencorajador para o

---

362. *Tilværelse*
363. *Afdøen fra*

frágil coração humano), mas que nenhum outro está com vontade de fazer. Então, ninguém está com vontade de expô-lo; mas, existindo, expressá-lo, fazê-lo? Sim, é claro que a ação[364] tem sempre vantagem sobre a exposição[365]; que o que precisa de bastante tempo para ser exposto pode ser feito muito rapidamente – se se é capaz [de fazê-lo]. Mas antes de se ter chegado então ao ponto de ser capaz, quanta inconveniência antes de se ser capaz de fazê-lo? Bem, apenas digo que não sou capaz de fazê-lo, mas já que o segredo reside precisamente na interioridade oculta da religiosidade, então talvez todos sejam capazes de fazê-lo – pelo menos não se percebe nada sobre isso. – Se, por outro lado, alguém se horroriza diante do enorme esforço que pode ser viver deste modo, e de quão exaustivo, isto é, eu posso saber bem como é, já que eu, que só fico aqui sentado e faço experimentações a respeito, e portanto me mantenho essencialmente de fora, sinto o esforço até deste trabalho: bem, prefiro não dizer mais nada, ainda que eu admire a proeza[366] interior da religiosidade, a admire como a maior das maravilhas, mas também francamente admito que comigo não daria certo: partindo da e com a mais alta representação de Deus e de sua felicidade eterna, conseguir divertir-me no *Dyrehaven*. Maravilhoso isto é, assim o considero, e eu por certo não falo sobre isto com a intenção, se tal me fosse possível, de tornar a vida das pessoas pobres ainda mais difícil (ah, longe disso!), pois já é difícil o bastante, ou de atormentar alguém fazendo com que sua vida fique mais difícil (Deus me livre!), pois já é difícil o bastante; ao contrário, espero prestar um favor aos mais cultos, quer elogiando a interioridade oculta da religiosidade deles (porque o segredo consiste em que ninguém perceba nada, e por certo não há ninguém que perceba algo), quer, se possível, fazendo com que a coisa seja tão difícil que consiga satisfazer as demandas dos mais cultos, dado que eles, em seu ir além, é claro que já deixaram para trás tantas dificuldades. Pois se alguém se horroriza ante o esforço enorme de viver deste modo, aí eu acho ainda mais horroroso que se possa ir ainda mais além, e, além disso, vá além saltando para a especulação e a história do mundo, acho isto ainda mais horrível;

---

364. *Gjerning*
365. *Fremstilling*: descrição
366. *Bedrift*: façanha, obra, desempenho

mas, o que estou dizendo, tudo que vai além se reconhece, afinal, por ser *não apenas* isto, mas *também* algo mais; portanto acho isto mais horrível – e também algo mais: horrivelmente tolo.

[VII 434] O significado do sofrimento religioso está em morrer para a imediatidade; sua realidade efetiva consiste em sua permanência essencial; mas esta pertence à interioridade e não deve expressar-se no exterior (o movimento monástico). Quando tomamos um homem religioso, o cavaleiro da interioridade oculta, e o colocamos no plano da existência, uma contradição aparecerá quando ele se relacionar com o mundo à sua volta, e ele próprio deve estar consciente disto. A contradição não consiste em que ele seja diferente de todos os outros (pois esta autocontradição é justamente a lei da *Nemesis* do cômico ao movimento monástico), mas a contradição está em que ele, com toda esta interioridade oculta nele, com esta prenhez de sofrimento e bênção em seu interior, pareça ser bem como os outros – e com isso a interioridade de fato justamente se oculta, pelo fato de ele parecer ser exatamente como os outros[367]. Algo de cômico está presente aqui, pois aqui há uma contradição, e onde há uma contradição, o cômico também está presente. Este [aspecto] cômico, entretanto, não é para os demais que nada sabem a respeito, mas é para a própria pessoa religiosa quando o humor é seu incógnito, como diz Frater Taciturnus (cf. *Estádios no caminho da vida*). E vale a pena compreender isto mais de perto; pois, logo depois da confusão da especulação moderna que acha que fé é imediatidade, a confusão mais perturbadora talvez seja que o humor é o que há de mais alto, pois humor ainda não é religiosidade, mas o seu *confinium*; sobre o que já se encontrarão algumas [VII 435] observações acima, que devo pedir ao leitor que recorde.

---

367. Um outro autor (em *Ou isto, ou aquilo*) reportou corretamente o ético à determinação: de que é dever de todo e qualquer ser humano tornar-se *aberto* [*aabenbar*: manifesto, transparente] – portanto, ao *revelar-se* [*Aabenbarelsen*]. Religiosidade, por outro lado, é interioridade oculta, mas, note-se, não a imediatidade que deve ser franca, não a interioridade inexplicada, mas a interioridade cuja determinação esclarecedora está em ser oculta. – De resto, nem precisaria ser lembrado que, quando digo que o incógnito do religioso deve parecer ser exatamente como todos os outros, isto não quer dizer que seu incógnito é a realidade de um bandido, um ladrão, um assassino; pois tão fundo o mundo por certo não afundou a ponto de que uma aberta ruptura com a legalidade possa ser vista como o universalmente humano. Não, a expressão "parecer-se inteiramente com todos os outros seres humanos" naturalmente garante a legalidade, mas isto pode muito bem ocorrer sem que haja qualquer religiosidade na pessoa.

Porém, é o humor o incógnito do religioso? Seu incógnito não está nisto, que não haja nada a ser percebido, absolutamente nada que poderia levantar suspeita sobre a interioridade oculta, nem mesmo algo assim como o humorístico? Em seu máximo supremo[368], se este pudesse ser alcançado na existência, seria decerto assim[369]; mas, enquanto continuarem a luta e o sofrimento na interioridade, a pessoa religiosa não conseguirá ocultar completamente sua interioridade, mas não a expressará diretamente, e a impedirá negativamente com a ajuda do humorístico. Um observador que se põe em meio às pessoas para encontrar a pessoa religiosa seguiria, portanto, o princípio de que todos em que descobrisse o humorístico tornar-se-iam objetos de sua atenção. Mas se ele se tivesse esclarecido a relação da interioridade, saberia também que pode ser enganado, pois o religioso não é um humorista, mas em sua aparência externa é um humorista. Assim, um observador que está procurando pela pessoa religiosa e pretende reconhecê-la pelo humorístico, seria enganado caso se encontrasse comigo; encontraria o humorístico, mas se enganaria se tirasse qualquer conclusão a partir daí, porque eu não sou o religioso, mas só e unicamente humorista. [VII 436] Talvez alguém ache que é uma terrível pretensão atribuir a mim mesmo a designação de humorista, e também ache que, se eu realmente fosse um humorista, ele certamente deveria demonstrar um honroso respeito em relação a mim; não vou me estender nem sobre uma coisa nem outra, pois

---

368. *sit høieste Maximum*

369. Em *Temor e tremor*, foi descrito um "cavaleiro da fé" deste tipo. Mas essa descrição foi apenas uma antecipação temerária, e a ilusão foi alcançada ao descrevê-lo em um estado de completude [*Færdighed*: acabamento, perfeição] (portanto, num falso plano [*Medium*]), ao invés do plano existencial [*Existenz-Mediet*], e o começo foi feito esquivando-se dessa contradição – de que modo um observador poderia se tornar tão *atento* a ele, de modo que pudesse se colocar de fora, admirando, e admirar-se de que nada houvesse, absolutamente nada, para *perceber*, a não ser que Johannes de Silentio queira dizer que o cavaleiro da fé é sua própria produção poética, mas aí a contradição retorna, residindo na duplicidade [*Dupplicitet*: ambiguidade] de que ele simultaneamente se relaciona, como poeta e observador, com a mesma coisa; criando, como poeta, um personagem no plano da imaginação (pois este é, afinal, o plano poético) e, como observador, observa a mesma figura poética no plano existencial. – A esta dificuldade dialética, Frater Taciturnus já parece ter estado atento, pois evitou tal equívoco graças à forma do experimento. Ele não se relaciona com o Quidam do experimento observando-o, mas sim transpõe sua observação em produção poético-psicológica e então de novo se aproxima o mais possível da realidade efetiva, usando, em vez da perspectiva abreviada, (de modo aproximativo) a forma do experimento e o padrão de longitude [*Længdemaal*: medida de duração] da realidade efetiva.

aquele que levanta esta objeção está manifestamente supondo que o humor seja o mais elevado. Eu, ao contrário, afirmo que infinitamente mais elevada do que o humorista está a pessoa religiosa *stricte sic dictus* [*lat.*: no estrito sentido da palavra], e que é qualitativamente diferente do humorista. E no que tange ao resto, que não queira considerar-me um humorista: muito bem, então eu estou disposto a transpor a situação do observador de mim para aquele que faz a objeção; deixar o observador prestar atenção a ele: o resultado será o mesmo – o observador é enganado.

Há três esferas existenciais: a estética, a ética, a religiosa. A essas correspondem duas zonas-limite[370]: ironia é o *confinium* entre o estético e o ético; o humor é o *confinium* entre o ético e o religioso.

Tomemos a ironia. Quando um observador descobre um irônico, fica atento, pois pode ser que o irônico seja um ético, mas ele pode também estar enganado, pois não está dito que o irônico seja um ético. O imediato[371] se reconhece prontamente, e, assim que é reconhecido, está dado que não é nenhum ético; pois não fez o movimento da infinitude. A réplica irônica, quando é correta (e supõe-se que o observador seja um homem experiente, que sabe como trapacear e confundir o orador a fim de ver se se trata de algo aprendido de cor, ou se há ali moeda corrente irônica de sobra, tal como um irônico existente sempre o terá), trai que o orador fez o movimento da infinitude, mas nada mais do que isto. A ironia aparece à medida que justapõe continuamente as particularidades da finitude e a exigência ética infinita, e faz surgir a contradição. Aquele que pode fazê-lo com habilidade, de maneira a não se deixar prender por nenhuma relatividade na qual sua habilidade se inibisse, há de ter feito um movimento da infinitude, e, deste modo, pode ser que seja ético[372].

---

370. *Confinier*

371. *Den Umiddelbare*: o espontâneo [no sentido brasileiro de irrefletido [N.T.]].

372. Se o observador for capaz de capturá-lo numa relatividade que ele não tenha força de captar ironicamente, então ele não será propriamente irônico. Com efeito, [VII 437] se a ironia não for tomada em sentido decisivo, então no fundo todos os homens serão irônicos. Assim que uma pessoa que tem sua vida numa certa relatividade (e isto mostra justamente que não é irônica) é transposta desta para uma relatividade que ela considera como inferior (um homem da nobreza, p. ex., posto num grupo de camponeses, um professor numa companhia de sacristãos de aldeia, um milionário da cidade junto com vendedores ambulantes, um cocheiro do palácio real numa sala com carroceiros de turfa, uma cozinheira de mansão junto a capina-

[VII 437] O observador não será, portanto, capaz nem mesmo de capturá-lo por este não conseguir entender-se ironicamente, pois até isto este consegue, consegue falar de si mesmo como de uma terceira pessoa, colocar-se como uma evanescente individualidade em conexão com a exigência absoluta – de fato, *colocar ambos juntos*. Como é estranho[373] que a expressão que significa a última dificuldade da existência, que consiste justamente em colocar junto o absolutamente diferente (tal como a representação de Deus junto com a ida ao *Dyrehaven*), que a mesma expressão ["implicação"], em nossa língua também signifique "implicância"![374] Mas embora isto esteja dado, não está dado ainda que ele seja um ético. Ético ele só o é ao se relacionar, no interior de si mesmo, com a exigência absoluta. Um tal ético emprega a ironia como seu incógnito. Sócrates era um ético neste sentido, porém, é bom notar, voltado para a fronteira do religioso, e é por isso, afinal, que acima (na Seção 2, Cap. 2) foi apontado o que há de análogo com a fé na existência dele. O que é, então, ironia, se se quer chamar Sócrates um irônico e não se quer, como o Mag. Kierkegaard, consciente ou inconscientemente, trazer à luz apenas um aspecto? Ironia é a unidade[375] de paixão ética, que na interioridade acentua infinitamente o próprio *eu* em relação à exigência ética – e de cultura, que na exterioridade abstrai infinitamente do *eu* próprio como uma finitude em meio a outras finitudes e individualidades[376]. Esta abstração faz com que ninguém perceba o primeiro aspecto, e é ali justamente onde reside a arte, e, com isso, a verdadeira infinitização do primeiro aspecto[377] está condicionada[378]. [VII 438]

---

doras etc.), então ela é irônica, quer dizer, ela não é irônica, dado que sua ironia é apenas a ilusória superioridade da relatividade, mas os sintomas e as réplicas terão certa similaridade; porém a coisa toda é apenas um jogo no interior de uma certa pressuposição, e a inumanidade se reconhece bem na incapacidade da pessoa a que nos referimos de entender a si mesma ironicamente, e a inautenticidade se reconhece pela subserviência desta mesma pessoa quando se apresenta uma relatividade que é mais elevada do que a sua. Ai, isso é o que o mundo chama de modéstia: o irônico, este é orgulhoso!

373. *forunderligt*: maravilhoso, assombroso

374. *Drilleriet*: provocação

375. *Eenheden*: unicidade

376. *Enkeltheder*: particularidades

377. *det Første sande Uendliggørelse*: a verdadeira acentuação infinita do eu

378. A tentativa desesperada da malograda ética hegeliana de fazer do Estado a última instância do ético é uma tentativa altamente antiética de finitizar os indivíduos, uma fuga antiética da categoria da individualidade para a categoria da geração

A grande massa das pessoas vive de maneira inversa; esfalfam-se em ser alguma coisa quando alguém as está olhando; elas são, possivelmente, alguma coisa aos seus próprios olhos, assim que os outros as estejam olhando; mas, em seu interior, onde a exigência absoluta as está olhando, não sentem o gosto por acentuar o próprio *eu*.

Ironia é uma determinação existencial, e não há nada de mais ridículo do que considerá-la como um modo de falar, ou quando um autor se regozija por se expressar aqui ou ali ironicamente. Aquele que tem a ironia essencialmente, ele a tem o tempo todo, não vinculada a nenhum forma, porque ele tem a infinitude dentro dele.

Ironia é cultura do espírito[379] e segue, por isso, logo após a imediatidade; depois vem o ético, depois o humorista, depois a pessoa religiosa.

Mas por que o ético usa a ironia como seu incógnito? Porque capta a contradição que há entre o modo em que ele existe em seu íntimo e o fato de que seu exterior não o expressa; pois decerto o ético se revela, na medida em que se exaure nas tarefas da sua realidade fática, mas a pessoa imediata também o faz, e o que faz com que o ético[380] seja o ético é o movimento[381] pelo qual ele integra sua vida exterior [VII 439], voltando-a para dentro, com a exigência infinita do ético, e isto não aparece de modo direto. Para não se deixar perturbar pela finitude, por tudo o que há de relativo no mundo, o

---

(comparar o Cap. I da Seção II). O ético em *Ou isto, ou aquilo* já protestava, direta e indiretamente, contra tal coisa, indiretamente na conclusão do ensaio Sobre o equilíbrio entre o estético e o ético na personalidade, onde ele próprio precisa fazer uma concessão em relação ao religioso; e, mais uma vez, na conclusão do artigo sobre o casamento (no livro dos *Estádios*), onde, mesmo a partir da ética que ele defende, que é diametralmente oposta à hegeliana, decerto eleva em espiral o preço do religioso tanto quanto possível, mas, mesmo assim, ainda deixa espaço para ele.

379. *Aandens Dannelse*: formação espiritual

380. *Ethikeren*

381. Quando Sócrates se relacionava negativamente frente à realidade efetiva do Estado, em parte isto se devia a que ele haveria justamente de descobrir afinal o ético, e, em parte, à sua posição dialética como exceção e *extraordinarius*, e, finalmente, ao fato de ser ele um ético voltado para a fronteira do religioso. Assim como se encontra nele uma analogia para a fé, assim também pode ser encontrada uma analogia para a interioridade oculta, só que ele a expressa externamente apenas pela ação negativa, pela abstinência, e até aí contribuiu para que a gente atentasse para ela. A interioridade oculta da religiosidade no incógnito do humor se esquiva à atenção ao ser como os outros, só que há uma ressonância humorística na réplica singela e um toque disso no modo de vida cotidiano, mas há que ser realmente um observador para se atentar a isso; para a abstinência de Sócrates qualquer um tinha de atentar.

ético coloca o cômico entre si e o mundo e, assim, se assegura de não se tornar ele próprio cômico por um ingênuo mal-entendido de sua paixão ética. Um entusiasta imediato solta seus gritos pelo mundo da manhã à tarde; sempre do alto de seus coturnos, ele atormenta as pessoas com seu entusiasmo, e não percebe de jeito nenhum que isto não faz com que se entusiasmem, a menos que seja para lhe baterem; não há dúvidas de que está bem-informado, e a ordem pede uma transformação completa – do mundo inteiro; claro, é aqui que ouviu errado, porque a ordem pede por uma transformação completa de si mesmo. Se um entusiasta desses for contemporâneo de um irônico, este naturalmente dele tirará proveito cômico. O ético, pelo contrário, é bastante irônico para ver muito bem que aquilo que o ocupa absolutamente, não ocupa os outros absolutamente; ele mesmo compreende esta discordância, e intercala o cômico entre eles, a fim de ser capaz de, tanto mais intensamente, segurar o ético dentro de si mesmo. Agora se inicia a comédia, pois o juízo dos homens sobre uma pessoa destas será sempre: para ele, nada é importante. E por que não? Porque para ele o ético[382] é absolutamente importante; pois nisso ele é diferente dos homens em geral, para os quais tantas coisas são importantes, sim, quase tudo é importante – mas nada é absolutamente importante. – Porém, como já foi dito, um observador pode ser enganado se tomar um irônico por um ético, pois a ironia é apenas a possibilidade.

Assim sucede também com o humorista e com o religioso, pois, de acordo com o que foi dito acima, a dialética própria do religioso interdita a expressão direta, a diferença perceptível, protesta contra a comensurabilidade da exterioridade, e contudo valoriza, na falta de melhor[383], o movimento monástico, bem acima da mediação. O humorista continuamente (não no sentido do "sempre" do pastor, mas a qualquer momento do dia, onde quer que esteja e o que quer que esteja pensando ou fazendo) coloca a representação de Deus em conexão com algo mais e traz à tona a contradição – mas ele não se relaciona pessoalmente com Deus em paixão religiosa (*stricte sic dictus*: [*lat.*: no sentido estrito da palavra]); transforma-se a si mesmo fazendo pilhéria e no entanto de maneira profunda num lugar

---

382. *det Ethiske*
383. *Naar galt skal være*

de passagem para todas estas transações, mas ele não se relaciona pessoalmente com Deus. A pessoa religiosa faz o mesmo, coloca a representação de Deus em conexão com tudo e vê a contradição, [VII 440] mas em seu ser mais interior relaciona-se com Deus; enquanto que a religiosidade imediata repousa sobre a piedosa crendice de ver Deus diretamente em todas as coisas; e o despertado impertinentemente põe Deus na obrigação de estar presente onde ele está, de modo que basta que alguém o veja para estar certo de que Deus está junto, dado que o despertado o tem em seu bolso. Religiosidade com humor como incógnito é, portanto: a unidade de paixão religiosa absoluta (interiorizada dialeticamente) e maturidade espiritual, que chama a religiosidade de volta da exterioridade para a interioridade e, assim, é de novo nisto de fato a absoluta paixão religiosa. O religioso descobre que aquilo que o ocupa absolutamente parece ocupar os outros muito pouco, mas daí não tira nenhuma conclusão, em parte porque não tem tempo para tanto, e em parte porque não pode saber com certeza se todas estas pessoas não seriam, apesar de tudo, cavaleiros da interioridade oculta; ele se deixa forçar pelo mundo circundante a fazer o que a interiorização dialética exige dele – dispor um véu entre as pessoas e ele mesmo, a fim de guardar e proteger a interioridade de seu sofrimento e de sua relação com Deus. Daí não se segue, porém, que uma tal pessoa religiosa se torne inativa; ao contrário, ela nem se retira do mundo, mas permanece nele, porque isto constitui justamente o seu incógnito. Mas, diante de Deus, ela aprofunda interiormente sua atividade exterior ao reconhecer que não é capaz de nada, ao romper com toda relação teleológica dirigida ao exterior, todo *provenu* [*fr.:* provento] dela na finitude, mesmo que ainda trabalhe dando o máximo de sua habilidade; e isto justamente é entusiasmo. Um despertado sempre acrescenta o nome de Deus exteriormente[384]; a certeza de sua fé é suficientemente segura. Mas a certeza da fé é de fato distinguível pela incerteza, e assim como sua certeza é a mais elevada de todas, assim também esta mesma certeza é a mais irônica de todas, pois de outro modo não se trata da certeza da fé. Ela está certa de que tudo o que agrada a Deus sucede bem para o piedoso – isto é certo, oh, tão certo; sim, nada é tão

---

384. Lembremo-nos: que a vida de um apóstolo é paradoxalmente dialética; daí provém que ela se volte ao exterior; qualquer um que não seja apóstolo torna-se, por este meio, apenas um esteta extraviado.

certo quanto isto. Mas agora o próximo ponto, e convém notar que a investigação não se dá no papel, mas na existência, e que o crente é um existente individual na concreção da existência. Então esta é a certeza eterna, que o que agrada a Deus sucederá bem ao piedoso. Mas agora o próximo ponto; isto que agrada a Deus, o que é? É isto ou é aquilo, é este estado civil que ele deve escolher, é esta moça que ele deve desposar, este trabalho que ele deve começar, este projeto que ele deve abandonar? [VII 441] Sim, talvez, e talvez não. Isto não é bastante irônico? E contudo é eternamente certo e não há nada de tão certo quanto isto, que o que agrada a Deus irá suceder bem ao piedoso. Sim, mas exatamente por esta razão, a pessoa religiosa não deve se preocupar tanto com o que é exterior, mas deve perseguir os bens mais elevados, paz de alma, a salvação de sua alma: isto sempre agrada a Deus. E isto é certo, tão certo como que Deus vive, que o que agrada a Deus irá suceder bem ao piedoso. Então agrada a Deus que ele venha a fazer tal coisa, mas quando é que ele terá sucesso? Prontamente, ou em um ano, ou talvez não antes do fim de sua vida mortal, não podem a luta e a provação durar tanto? Talvez sim, talvez não. Isto não é bastante irônico? E contudo é certo, muito certo, que o que agrada a Deus irá suceder bem ao piedoso; se esta certeza falha, a fé falha, mas se a incerteza, que é sua marca e sua forma, cessa, então nós não avançamos em religiosidade, mas recaímos em formas infantis. Tão logo a incerteza não seja a forma da certeza, tão logo a incerteza não mantenha a pessoa religiosa continuamente suspensa em busca de continuamente alcançar a certeza, tão logo a certeza por assim dizer marque com chumbo, a pessoa religiosa, bem, então ela está naturalmente a ponto de fazer parte da massa. – Mas da interioridade oculta com o humor como seu incógnito parece seguir que a pessoa religiosa está preservada de se tornar um mártir, o que o despertado quer acima de tudo. Sim, de fato, o cavaleiro da interioridade oculta está protegido. Ele é uma criança mimada em comparação com o despertado, que caminha cheio de confiança rumo ao martírio – a não ser que martírio signifique o sofrimento da aniquilação, em que se morre para a imediatidade, a resistência da própria divindade contra um existente que fica impedido em seu relacionar-se absolutamente consigo, e finalmente a vida no mundo, com esta interioridade, sem ter uma expressão para ela. Psicologicamente, vale pura e simplesmente a lei de que a mesma força que, quando é empregada para fora, consegue isso ou aquilo, esta mesma força necessita ali uma força ainda maior para impedi-la de agir no exterior. Força direcionada para fora e resistência que vem do exterior, então a resistência deve ser avaliada como apenas resistência pela metade; metade é apoio. A interioridade oculta tem seu martírio em si mesma. Mas então é possível que de cada duas pessoas uma seja um cavaleiro da interioridade oculta? Bem, por que não? A quem isto pode prejudicar? Talvez a um ou outro que tenha sim alguma religiosidade e considere irresponsável que isto não seja adequadamente apreciado, portanto, a alguém que não consegue suportar a visão da mais apaixonada interioridade assemelhando-se enganosamente a seu oposto no mundo exterior. Mas por que uma pessoa religiosa deste tipo não escolhe o mosteiro, [VII 442] onde há até mesmo avanço e promoção, uma hierarquia para os religiosos? Ao cavaleiro da interioridade oculta, isto não chega a perturbar; está exclusivamente ocupado em ser [um tal cavaleiro], menos em parecer (à medida que ele precisa empregar algum esforço para impedi-lo), e de modo algum preocupado em saber se todos os outros homens são considerados tais.

Mas deixemos esta mirada hipotética e retornemos ao observador: este pode ser enganado se tomar sem mais nem menos um humorista por um religioso. Em seu íntimo, o religioso é tudo menos humorista; ao contrário, está absolutamente ocupado em sua relação com Deus. Não coloca, de jeito nenhum, o cômico entre si e os outros para torná-los ridículos, ou para rir deles (uma tal orientação ao exterior está fora da religiosidade), mas dado que, por ser a verdadeira religiosidade interioridade oculta, não se atreve a expressá-la no mundo exterior, porque com isso ela seria mundanizada, precisa descobrir continuamente a contradição; e justamente porque não teve ainda inteiro sucesso em revogar a interioridade, o humor se torna seu incógnito e um *indicium* [*lat.*: indício]. Não oculta então sua interioridade para conceber os outros como cômicos; não, ao contrário, para que a interioridade dentro dele possa ser verdadeira, ele a oculta, e, com isso, descobre o cômico, mas não arranja tempo para compreendê-lo. Ele não se sente, de modo algum, como melhor do que os outros, pois tal religiosidade comparativa é justamente exterioridade e, portanto, não é religiosidade. Ele não acha, de jeito nenhum, que alguém tenha por loucura aquilo que para ele é o que há de mais importante; e mesmo que alguém diga isso, não tem tempo para escutar, mas sabe que o limite do entendimento mútuo está na paixão absoluta. Paixão absoluta não pode ser compreendida por um terceiro; isso vale tanto para a relação de outros com ele quanto para a sua com outros. Na paixão absoluta, o apaixonado está no ápice de sua subjetividade concreta, por se ter refletido fora de qualquer relatividade exterior, porém um terceiro é justamente uma relatividade. Quem quer que esteja absolutamente apaixonado já sabe disto. Quem está absolutamente apaixonado não sabe se está mais ou se está menos apaixonado do que outros, pois aquele que o sabe não está, de fato, absolutamente apaixonado; ele não sabe, de jeito nenhum, que é a única pessoa que verdadeiramente esteve apaixonado, pois, se o sabe, justamente não está absolutamente apaixonado – e contudo sabe que um terceiro não pode compreendê-lo, porque um terceiro, no assunto da paixão, o compreenderá na generalidade, não na absolutidade da paixão. Se alguém achar que isto se dá porque o objeto do amor natural tem um momento de casualidade pelo fato de ser este indivíduo particular e então objeta que Deus, afinal de contas, não é uma coisa individual[385] e que, portanto, [VII 443] uma pessoa religiosa precisa compreender uma outra na paixão absoluta: a isso há que se responder que toda compreensão entre os homens deve sempre estar em alguma terceira coisa, algo de mais abstrato, que nenhum deles é. Mas na paixão absoluta, ocorre o extremo da subjetividade, e é justamente no intenso "como" desta paixão que o indivíduo[386] está distanciado ao máximo deste terceiro. Mas o amor natural tem uma dialética totalmente diferente da da religiosidade, pois o amor pode se expressar no exterior, a religiosidade não, se é que a verdadeira religiosidade consiste na interioridade oculta, e se até mesmo o movimento monástico é um engano.

Se alguém disser que esta interioridade oculta com o humor como seu incógnito é orgulho, então apenas denunciará que ele próprio não é o religioso, pois, de outro modo, estaria exatamente na mesma situação do outro, absolutamente voltado para dentro. O que o objetor realmente pretende com sua objeção é arrastar o religioso

---

385. *ikke er noget Enkelt*
386. *Individet*

para uma querela relativa sobre qual dos dois é mais religioso e, por meio disso, alcança que nenhum deles venha a sê-lo. Em suma, há um grande número de objeções que contêm apenas autodenúncias e, pensando sobre tais coisas, frequentemente recordo a estória de um tenente e um judeu que se encontraram na rua. O tenente ficou irado porque o judeu olhou para ele, e exclamou: "O que são esses olhos arregalados para cima de mim, judeu!" O judeu, ironicamente correto, respondeu: "De onde sabe, Sr. Tenente, que estou olhando para você?" Não, se algo é orgulho e arrogância, sem querer acusar a ninguém, e menos ainda de modo a que este tomasse consciência disso: então o é toda expressão direta para a relação com Deus, toda expressão direta por meio da qual o religioso quer se dar a conhecer. Se a relação com Deus é a mais alta distinção de um ser humano (ainda que esta distinção esteja franqueada a qualquer um), então a expressão direta é arrogância, sim, mesmo a expressão de ser aquilo que se chama de um proscrito[387], sim, mesmo a mudança da zombaria do mundo a respeito de alguém em uma expressão direta do fato de se ser religioso é arrogância, pois a expressão direta inclui uma acusação indiretamente contra todos os outros, de que não são religiosos. O humano[388] é a interioridade oculta em paixão absoluta; aqui está, mais uma vez, a implicação de que todos os outros têm de ser igualmente capazes de se aproximar de Deus, pois aquele que, em absoluta interioridade, quer estar sabendo que ele é um escolhido, *eo ipso* carece de interioridade, já que sua vida é comparativa. É este comparativo e relativo que, com bastante frequência, numa ilusão inconsciente, procura uma indulgência que alivia, na forma de mútuas efusões cordiais. O que está absolutamente apaixonado não tem nada a ver com qualquer terceiro; [VII 444] de boa vontade assume que qualquer outro esteja tão apaixonado como ele; não acha ninguém ridículo na qualidade de amante; mas o que considera ridículo é que alguém, na qualidade de amante, se relacione com um terceiro, tal como, ao inverso, todo amante com certeza consideraria ridículo quem quisesse ser um terceiro. A religiosidade da interioridade oculta não se acha melhor do que nenhum outro homem, não pretende sobressair, na relação com Deus, em um modo que não seja

---

387. *Forskudt*: repudiado, postergado
388. *det Humane*

possível a qualquer um, e aquele que se humilha diante do ideal nem se considera bom, muito menos melhor do que os outros, mas também sabe que se acaso está presente um terceiro como testemunha (com seu conhecimento, senão seria o mesmo que não haver nenhuma) de que ele se humilhou diante de Deus, então não foi diante de Deus que ele se humilhou. Disso se segue, porém, bem consequentemente, que ele irá justamente participar dos cultos exteriores de adoração do divino; pois em parte sua necessidade de estar lá será como a de todos os outros, em parte porque sua abstenção seria uma tentativa mundana de chamar negativamente atenção sobre si, e, finalmente, porque nenhum terceiro está *lá*, pelo menos não com o conhecimento da pessoa religiosa. Ela naturalmente assume que cada um que lá está encontra-se lá por conta própria, não para observar os outros, o que nem mesmo é o caso da pessoa que, de acordo com as palavras de um aristocrático proprietário de terras, vai à igreja por causa de seus servos, para se adiantar a eles com um bom exemplo – de como não se deve ir à igreja.

O cômico[389] vem à tona pela relação da interioridade oculta com o mundo circundante à medida que o religioso ouve e vê o que produz um efeito cômico quando esse é posto em conexão com a sua paixão interior. Por isso, mesmo se duas pessoas religiosas conversassem uma com a outra, uma produziria um efeito cômico sobre a outra, porque cada uma delas teria continuamente sua interioridade *in mente* e agora ouve o que a outra diz, paralelo a isso, e o ouve como cômico, pois nenhuma delas ousaria expressar diretamente a interioridade oculta; no máximo, acabariam por desconfiar uma da outra por causa da ressonância humorística.

Agora, se há ou se já houve tal religioso, se todos o são ou ninguém, eu não decido, e me é impossível poder decidir. Mesmo se eu fosse realmente um observador, com relação a tal religioso eu jamais iria além de conceber uma suspeita, com base no humorístico – e no que toca a mim, sei muito bem que não sou este religioso. Bem, mas de qualquer modo eu poderia me conceder o prazer de me sentar aqui e experimentar como seria na vida[390] uma pessoa religiosa desse

---

389. *det Comiske*
390. *Tilværelsen*

tipo, sem tornar-me especulativamente culpado do paralogismo [VII 445] de concluir do hipotético ao ser, contrariando a velha sentença: *conditio non ponit in esse* [*lat.:* a condição não leva ao ser], muito menos de ir do meu pensamento hipotético à conclusão de que ele seja eu mesmo, em virtude da identidade entre pensar e ser. Meu experimento é tão inocente e está tão distante quanto possível de ofender qualquer pessoa, porque não chega perto demais[391] de uma pessoa, dizendo ser ela uma pessoa religiosa, e nem ofende[392] uma pessoa, negando que o seja. Isto abre a possibilidade de que ninguém o seja e de que todos o sejam – com exceção daqueles a quem isto não chega a ofender, já que eles mesmos dizem que não são religiosos deste modo, quer o digam diretamente, como eu, ou indiretamente, por terem ido mais além. Aqui se teria de incluir um ou outro despertado, que se ofenderia caso se dissesse ser ele uma pessoa religiosa daquele tipo – e meu experimento não deve ofender ninguém. Ele admite de bom grado que um despertado como esse não é o cavaleiro da interioridade oculta; isto é fácil de reconhecer, pois o despertado é fácil de reconhecer. Tal como há uma impiedade que se faz notar e quer ser notada, assim também há uma piedade semelhante, embora convenha prestar atenção à questão de até que ponto esta cognoscibilidade não tem mesmo sua razão de serem que o despertado, subjugado pelo religioso, está doente, e, portanto, a cognoscibilidade é uma inabilidade de que ele mesmo sofre, até que a religiosidade se concentre nele de um modo mais saudável no seu interior. Mas onde a piedade quer ser reconhecida, a situação é diferente. É uma expressão devota e, no sentido mais estrito, piedosa, para a relação com Deus, reconhecer-se como um pecador; há uma impiedade que quer ser conhecida pela obstinação com que vociferando o nega; mas então há este outro lado da cognoscibilidade: se três despertados travam uma contenda entre si para decidir qual deles é o maior de todos os pecadores, uma batalha por esta dignidade: então, é claro, esta expressão piedosa se tornou para eles um título mundano.

No século XIX, uma tese proposta pelo Lorde Shaftesbury, que fazia do riso a prova da verdade, provocou uma ou outra pequena

---

391. *for nær*
392. *fornærme*

investigação para saber se era ou não assim. [VII 446] Em nosso tempo, a filosofia hegeliana quis dar supremacia ao cômico, o que poderia parecer especialmente engraçado da parte da filosofia hegeliana, que, de todas as filosofias, era a menos capaz de suportar um golpe deste ângulo. Na vida cotidiana, a gente ri quando algo se torna risível, e depois de rir assim, às vezes a gente diz: Porém é injustificável que se tome uma coisa dessas como ridícula. Mas se a coisa ficar bem boa de rir, a gente não consegue deixar de espalhar a estória – naturalmente, com a edificante sentença adicional, depois de ter rido: É injustificável que se tome uma coisa dessas como ridícula. A gente não percebe o quão ridículo é que a contradição resida na tentativa fingida de agir de modo ético graças a uma edificante sentença adicional[393], ao invés de renunciar à sentença antecedente[394]. Quando as coisas chegaram a este ponto, quando o avanço e a generalização da cultura e da polidez, o refinamento da vida, contribuem para o desenvolvimento do senso do cômico, de modo que uma preponderante predileção pelo cômico seja característica de nosso tempo, o qual, tanto no sentido correto quanto no incorreto, parece regozijar-se com a observação aristotélica que eleva o senso do cômico a algo que caracteriza a natureza humana: então o discurso religioso teria de ter estado, há muito tempo, atento ao modo como o cômico[395] se relaciona com o religioso[396]; pois aquilo que ocupa tanto a vida das pessoas, o que repetidamente retorna em conversas, no convívio social, em livros, na modificação de toda a visão da vida, não se permite que o religioso ignore, a não ser que as *performances* de domingo na igreja sejam uma espécie de indulto em que, com devoção aborrecida, uma pessoa compra, numa hora, permissão para rir durante toda a semana sem se envergonhar. A questão da legitimidade do cômico, de sua relação com o religioso, se ele próprio não tem uma legítima significação[397] no discurso religioso, é uma questão de essencial importância[398] para uma existência religiosa em nosso tempo, no qual o cômico triunfa por toda parte.

---

393. *Eftersætningen*
394. *Forsætningen*
395. *det Comiske*: a comicidade
396. *det Religieuse*: a religiosidade
397. *Betydning*
398. *Betydning*

Exclamar "oh" e "ai" ante esta manifestação só mostra o quão pouco os defensores respeitam o religioso que defendem, pois exigir que o religioso seja instalado com suas prerrogativas na vida cotidiana é algo que mostra muito maior respeito pelo religioso do que mantê-lo afetadamente afastado, a uma distância dominical.

[VII 447] A coisa é bem simples. O cômico está presente em qualquer estádio da vida (*só que a posição é diferente*), pois onde há vida, há contradição, e onde há contradição, o cômico está presente. O trágico e o cômico são o mesmo, na medida em que ambos são a contradição, mas *o trágico é contradição sofredora, e o cômico é contradição indolor*[399]. Que aquilo que a interpretação cômica vê

---

399. A definição aristotélica (*Poética*, Cap. V): το γαρ γελοιον εστιν άμαρτημα τι και αισχος ανωδυνον ου φζαρτικον [pois o ridículo pode ser definido como um engano ou uma deformação que não produz dor ou dano aos outros] não é de tal natureza que impeça que famílias inteiras do cômico estejam seguras em seu ridículo, e fica de fato duvidoso em que medida a definição, mesmo em relação ao cômico que abarca, não nos coloca em colisão com o ético. Seu exemplo: que a gente ria de uma face feia e retorcida desde que, convém notar, isto não cause dor no que tem tal face, não é totalmente correto nem foi tão felizmente escolhido, de modo que, por assim dizer, de um só golpe explicasse o mistério do cômico. O exemplo carece de reflexão, pois, mesmo que a face retorcida não cause dor, é de fato ainda doloroso ser caracterizado de modo a logo provocar o riso apenas pelo fato de se mostrar a face. É bonito e correto que Aristóteles queira apartar do ridículo aquilo que provoca compaixão, ao qual também pertencem o miserável [*Ynkelige*] e o digno de lástima [*Ynkevœrdige*]. Mesmo entre poetas cômicos, aliás de primeira classe, podem-se achar exemplos de uso em que não se emprega o ridículo puro, mas sim com um acréscimo do lastimável ("Trop", p. ex., em algumas cenas é mais digno de pena do que ridículo. O Assoberbado, por outro lado, é de um ridículo sem mistura justamente porque está de posse de todas as condições que se requer para viver de modo feliz e sem aflições). Neste sentido, o exemplo aristotélico carece de reflexão, mas a definição carece desta na medida em que concebe o ridículo como alguma coisa, em vez de ser o cômico uma relação, a discrepância da contradição, mas indolor. – Lançarei aqui, desordenadamente [*tumultuarisk*], alguns exemplos para mostrar que o cômico está presente onde quer que haja uma contradição, e onde justificadamente se abstrai da dor por esta não ser essencial. Hamlet jura sobre uma tenaz de fogo; o cômico reside na contradição entre a solenidade de um juramento e o atributo que anula o juramento, não importando qual era seu objeto. [VII 448] – Se alguém dissesse: "Ouso arriscar minha vida na aposta de que há, no mínimo, quatro xelins em ouro na encadernação deste livro", isso seria cômico. A contradição reside entre o *pathos* mais elevado (apostar a vida) e o objeto; o que é aguçado chistosamente pela expressão "no mínimo", que abre a perspectiva para a possibilidade de quatro xelins e meio, como se esta então fosse menos contraditória. – De Holofernes se dizia que tinha a altura de 7 côvados e ¼. A contradição reside essencialmente nesta última parte. 7 côvados é fantástico, mas o fantástico não costuma usar quartas partes ao contar; "um quarto", como medida, faz recordar a realidade. Aquele que ri dos 7 côvados não ri corretamente, mas quem ri de 7 côvados e ¼, este sabe do que está rindo. – Quando o pastor gesticula mais veementemente lá onde a categoria vem de uma esfera mais baixa, isso é cômico. É como se alguém, calmo e indiferente, dissesse: "Eu darei minha vida por minha pátria"; e então com o mais eleva-

do *pathos*, com gestos e expressão facial, acrescentasse: "Sim, por dez táleres eu o faço". Mas quando isto acontece na igreja, não posso rir disso, porque não sou um espectador [*Tilskuer*] estético, e sim um ouvinte [*Tilhører*] religioso, não importa o que o pastor seja. – É genuinamente cômico quando Pryssing diz "este aí [*han*]" para Trop. Por quê? Porque a relatividade de Mecenas que P. quer fazer valer frente a Trop, por meio desta fala, está em contradição com o ridículo total no interior do qual P. e Trop são homens iguais em bases iguais. – Quando uma criança de quatro anos se dirige a uma criança de três anos e meio e diz, solicitamente: "Vem, meu cordeirinho", isto é cômico, mesmo que se sorria em vez de rir, porque, em si mesma, nenhuma criança é ridícula, e não se sorri sem alguma emoção. Mas o cômico está na relatividade que o pequeno quer fazer valer em relação ao outro pequeno. O que emociona está na maneira infantil com que isto é feito. – Quando um homem solicita uma permissão para trabalhar como estalajadeiro e esta lhe é negada, isto não é cômico; mas se for negada por haver muito poucos estalajadeiros, isto é cômico, porque a razão em favor da solicitação é usada como um motivo contrário. Assim se conta de um padeiro que disse a uma pobre mulher: "Não, mãezinha, a senhora [*hun*] não vai ganhar nada; há pouco esteve aqui uma outra que também não ganhou nada; nós não podemos dar para todos". O cômico reside em que ele por assim dizer chega à soma e ao resultado: "todos", ao subtrair. – Quando uma moça solicita permissão para trabalhar como prostituta e esta lhe é negada, isto é cômico. Considera-se corretamente que é difícil se tornar algo respeitável (p. ex., quando alguém solicita tornar-se Monteiro-Mor [*Jægermester*: Mestre de caça] [VII 449] e lhe é negado, isto não é cômico), mas a negação de uma solicitação para se tornar algo desprezível é uma contradição. É evidente que, se ela recebe a permissão, isto também é cômico, mas a contradição é outra: que a autoridade legal mostre sua impotência justamente ao mostrar seu poder, seu poder ao dar a permissão, sua impotência ao não poder tornar tal coisa lícita. – Enganos e equívocos são cômicos e devem todos ser explicados pela contradição, não importa o quão complicadas as combinações se tornem. – Quando algo intrinsecamente cômico se tornou rotineiro e pertence à ordem do dia, a gente não liga mais para isso, e não se ri disso, até que se mostre como elevado à segunda potência. Quando a gente sabe que um homem é distraído, a gente se familiariza com isso e não reflete sobre a contradição até que esta ocasionalmente se redobre, quando a contradição consiste em que, aquilo que deveria servir para ocultar a primeira distração, revela uma ainda maior. Como quando um distraído vai com as mãos a uma travessa de espinafre que o garçom está oferecendo, dá-se conta de sua distração, e, para ocultá-la, diz: "Oh, pensei que fosse caviar", pois caviar tampouco se pega com os dedos. – Uma lacuna [*Spring*: salto] na fala pode ter um efeito cômico porque a contradição é a lacuna junto à representação racional de fala, que é justamente o que faz a conexão [*det Sammenhængende*]. Se quem fala é um louco, a gente não ri disto. – Quando um camponês bate à porta de um homem, que é alemão, e conversa com ele para perguntar se por acaso não mora na casa um homem, cujo nome ele esqueceu, mas que havia encomendado uma carga de turfa, e o alemão, impaciente por não conseguir entender o que o camponês está dizendo, exclama, *"Das ist doch wunderlich* [Mas é estranho]", para a imensa alegria do camponês, que diz: "Certo! O homem se chamava *Wunderlich"*, neste caso, a contradição consiste em que o alemão e o camponês não conseguem conversar um com o outro porque a linguagem é um empecilho, e que, não obstante, o camponês consegue a informação graças à linguagem. – Algo que não seja intrinsecamente ridículo pode, por meio da contradição, evocar o riso. Quando um homem ordinariamente anda por aí vestido de modo estranho e então afinal aparece uma vez bem-vestido, a gente ri disso porque se lembra do outro. – Quando um soldado para na rua olhando fixamente para o esplendor de uma vitrine de uma loja de presentes galantes, e chega mais perto para ver melhor, quando, com sua face realmente incandescente e seus olhos fixos nos adornos da vitrine, não percebe que o vão da entrada avança desproporcionadamente, de modo que ele desaparece no vão justamente quando está para ter uma visão adequada, então a contradição está no movimento, a direção para cima, da cabeça e do olhar, e a direção para baixo, ao cair no vão. Caso ele não estivesse olhando para cima, isso não seria tão risível. Portanto, é mais cômico quando um homem que está andando e olhando para as estrelas cai num buraco do que quando isto acontece a alguém que não está tão elevado acima do mundo terreno. [VII 450] – Portanto, um homem que encheu a cara [*em fuld Mand*] pode ter um efeito cômico deste tipo porque expressa uma contradição de movimento. O olho exige a regularidade do andar; quanto mais houver alguma razão para insistir nisso, mais cômico será o efeito da contradição (então um ébrio completo [*Pærefuld*: borracho até as tampas] é menos cômico). Se um chefe, p. ex., vem passando, e o bêbado, atento a ele, quer compor-se e andar reto, o cômico se torna mais nítido porque a contradição também se torna assim. Ele tem sucesso por alguns passos, até que o espírito da contradição mais uma vez o carrega. Caso tenha total sucesso enquanto passa por seu chefe, aí a contradição será outra, é que nós sabemos que ele está bêbado e, no entanto, isto não é visto. No primeiro caso, rimos dele quando cambaleia, porque o olho exige regularidade; no outro caso, rimos dele porque está se mantendo direito quando nosso conhecimento de que ele está bêbado exige vê-lo cambalear. Do mesmo modo, há também um efeito cômico quando vemos um homem sóbrio em uma conversa sincera e íntima com um homem que ele não sabe que está bêbado, mas o espectador está sabendo. A contradição reside na reciprocidade dos dois homens conversando, ou seja, que ela não ocorre, e o sóbrio não se deu conta disso. É cômico, quando na conversação do dia a dia um homem emprega a forma da pergunta retórica do sermão (a qual não exige uma resposta, mas apenas prepara a transição para que ele mesmo responda); é cômico quando aquele com quem ele fala entende mal [*misforstaaer*] a questão e se prontifica a responder. O cômico reside na contradição entre querer ser orador e ao mesmo tempo interlocutor, ou em querer ser orador numa conversa; o engano da segunda pessoa o torna evidente e constitui um justo castigo [*Nemesis*], pois aquele que fala de tal modo com outra pessoa, indiretamente diz: Nós dois não conversamos, mas quem fala sou eu. – A caricatura é cômica, de que modo? Graças à contradição entre semelhança e dessemelhança; a caricatura precisa assemelhar-se a alguém, e mais, a uma pessoa real, definida; se não se assemelha a absolutamente ninguém, não é cômica, e sim uma tentativa direta de fantasia insignificante. – A sombra de um homem numa parede, enquanto a gente se senta e conversa com ele, pode ter um efeito cômico, porque é a sombra do homem com quem a gente está conversando (a contradição: que a gente, ao mesmo tempo, vê que ela não é ele). Se alguém vê a mesma sombra na parede, mas sem que haja ninguém, ou se alguém vê a sombra e não vê o homem, então isso não é cômico. Quanto mais se acentua a realidade do homem, tanto mais cômica se torna a sombra. Se alguém se deixa cativar, p. ex., pela expressão facial; pelo som agradável da voz, e pela propriedade dos comentários – e então no mesmo instante vê a sombra formando uma careta – o efeito cômico é o maior de todos, a não ser que isto magoe. Se aquele com quem se está conversando é um néscio, a sombra não tem tanto efeito cômico, na medida em que até satisfaz a gente ver que, de algum modo, se assemelha a ela idealmente. [VII 451] – O contraste produz um efeito cômico pela contradição, qualquer que seja a relação: quer se use o que em si e por si não é ridículo para ridicularizar aquilo que é ridículo [*latterligt*: risível], ou o ridículo ridicularize o que em si e por si não é ridículo, ou o ridículo e outro ridículo se ridicularizem reciprocamente, ou que o não ridículo, em si e por si, e a outra coisa não ridícula, em si e por si, se tornem ridículos ao serem relacionados. – É cômico, quando um pastor teuto-dinamarquês (usando *Flæsk* para traduzir *Fleisch*), proclama do púlpito: "O Verbo se fez carne de porco" [*lit.*: toicinho; *Flæskekød* = carne de porco; Jo 1,14, em alemão, diz "*Das Wort ward Fleisch*"; mas em dinamarquês seria: *Ordet blev Kød*. [N.T.]]. O cômico não está exatamente na contradição comum que surge quando alguém fala uma língua estrangeira que não conhece bem, e evoca com esta palavra um efeito completamente diferente do que desejava evocar; mas porque é um pastor e está a pregar, a contradição se aguça, já que o falar, em relação ao sermão de um pastor, só é usado num sentido mais especial, e o mínimo que se assume como dado é que ele seja competente para falar a língua. Além disso, a contradição também roça o domínio ético: que se pode, inocente, tornar-se culpado de uma blasfêmia. – Quando, caminhando pelo cemitério, se lê numa lápide as efusões, em verso, de um homem que lamenta em três linhas a perda de seu filhinho, até que finalmente prorrompe no verso, "Consola-te, razão, ele vive!", e se vê que esta efusão está assinada: Hilário, Carrasco – isto por certo produz um efeito cômico em todos. Primeiro, o próprio nome (Hilário), nesta conexão, produz um efeito cômico; involuntariamente pensa-se: Bem, se um homem se chama Hilário, não surpreende que saiba consolar-se! Então vem sua dignidade como carrasco. É verdade que todo ser humano pode ter sentimentos, mas há ainda certas ocupações que não conseguem ser percebidas numa relação próxima com o sentimento. Enfim, a irrupção: "Consola-te, razão!" Pois que a um professor de Filosofia possa ocorrer confundir-se a si mesmo com a razão, ainda daria para pensar, mas no caso de um carrasco isso não daria tão certo. Se alguém disser que o carrasco não se dirige a si mesmo (Consola-te, homem racional!), mas à razão, aí a contradição se torna até mais cômica, pois, diga-se o que se quiser sobre a razão em nossa época, ainda será, contudo, ousado demais admitir que ela esteja por desesperar com o pensamento de que Hilário perdeu seu filho. – Que bastem estes exemplos, e a quem esta nota [de rodapé] perturbar, que a deixe sem ler. Facilmente se verá que os exemplos não foram reunidos com cuidado, mas também que não são restos de naufrágio de estetas. Certamente há bastante de cômico [VII 452] por toda parte e a qualquer momento, se se tiver um olho para tal; dever-se-ia poder avançar à vontade se, tendo clareza sobre onde se deve rir, não se soubesse ao mesmo tempo onde não se deve rir. Deixemos que o cômico participe; tão pouco como chorar é indecente [*usœdelig*: imoral], tampouco é indecente rir. Mas assim como é indecente/imoral andar por aí lamentando a todo momento, também é indecente/imoral abandonar-se à excitação da indefinição que se encontra no ato de se rir quando não se sabe direito se se deve rir ou não, de modo que não se tenha alegria do riso, e que se torne impossível lamentar-se se se riu no lugar errado. A razão pela qual o cômico se tornou tentador em nossa época é que o próprio cômico quase parece desejar a aparência de coisa ilícita, a fim de ter o fascínio pelo proibido e, por sua vez, como o proibido, sugerir que o riso possa consumir tudo. Ainda que eu, *qua* autor, não tenha muito do que me orgulhar, estou contudo orgulhoso na consciência de que dificilmente abusei de minha pena no que toca ao cômico, jamais lhe permiti estar a serviço do momento, nunca empreguei a interpretação cômica a qualquer coisa ou a qualquer pessoa sem antes ver, pela comparação de categorias, de que esfera vinha o cômico e como estava relacionado à mesma coisa ou à mesma pessoa interpretada com *pathos*. Dar-se conta corretamente daquilo em que reside o cômico é algo que também satisfaz, e muita gente poderia talvez perder o riso se o compreendesse; mas uma pessoa assim jamais teve realmente um senso de comicidade, e contudo é com o riso de tais pessoas que contam aqueles que são canhestros [*fuske*] no cômico. Haveria talvez também aquele que só consegue ser comicamente produtivo na traquinagem e na animação exagerada, alguém que, caso se lhe dissesse, "Lembra-te que és eticamente responsável pelo uso que fazes do cômico", e ele se desse tempo para refletir sobre este aviso, poderia perder sua *vis comica* [*lat.*: vigor cômico]. Contudo, no que toca ao cômico, é o exato oposto que dá a ele seu cerne e o impede de soçobrar. Traquinagem e exagero de animação como poderes produtivos resultam na risada aguda da indefinição e excitação sensível, o que é extraordinariamente diferente do riso que acompanha a calma transparência do cômico. Quem quiser passar por uma boa escola deverá, por algum tempo, abster-se de rir daquilo que desperta paixão antipática, na qual forças sombrias podem tão facilmente arrebatar alguém, e exercitar-se em enxergar o cômico na pessoa ou na coisa que se quer tratar, onde a simpatia e o interesse, sim, a predileção, formam a resistência formadora contra o desatino.

comicamente possa provocar [VII 448] na figura cômica um pretenso sofrimento, não altera em nada a questão. Assim, seria incorreto, por exemplo, conceber comicamente o Assoberbado[400]. A sátira também provoca dor, [VII 449] mas esta dor é teleologicamente dialética em direção à cura. A diferença entre o trágico e o cômico consiste [VII 450] na relação da contradição com a ideia. A interpretação cômica [VII 451] produz a contradição ou permite que esta se revele ao ter *in mente* a saída; por isso, a contradição é indolor. A interpretação trágica vê a contradição e desespera da saída. [VII 452] É evidente que isso deve ser entendido de tal modo que as diferentes nuanças, por sua vez, obedeçam à dialética qualitativa das esferas, a qual condena[401] a arbitrariedade subjetiva. Se acaso alguém quisesse tornar tudo cômico com nada, ver-se-ia prontamente que sua comicidade é irrelevante, [VII 453] pois esta carece de apoio em alguma esfera, e o próprio inventor poderia tornar-se cômico do ponto de vista da esfera ética, porque ele próprio, enquanto um existente, precisa ter seu apoio na existência, de um modo ou de outro. Se alguém dissesse: O arrependimento é uma contradição, *ergo* ele é cômico – ver-se-ia prontamente que é insensatez[402]. O arrependimento reside na esfera ético-religiosa e, portanto, é determinado de tal modo que tem acima dele apenas uma esfera, a saber, o religioso no sentido mais estrito. Mas não seria isto, é claro, o que se usaria para tornar ridículo o arrependimento, *ergo*, usar-se-ia algo mais baixo e, nesse caso, o cômico é ilegítimo ou algo quimericamente superior (a abstração), e, nesse caso, o tipo risonho é, ele próprio, cômico, tal como tenho frequentemente apontado acima em relação aos especulantes, a saber, que, ao se tornarem fantásticos e ao terem desta maneira chegado ao ponto mais alto da estrada, se tornaram cômicos. O inferior nunca pode fazer com que o superior fique cômico, isto é, não pode interpretar o mais alto como cômico, e não tem o poder de fazê-lo cômico; coisa bem diferente é que o inferior, ao ser unido ao superior, possa fazer a relação ficar ridícula. Assim, um cavalo pode também ocasionar

---

400. *den Stundesløse*: na comédia de Holberg, o personagem sem tempo para nada [N.T.].

401. *bryder Staven over*: cf. o costume romano em que os juízes definiam a condenação do acusado "quebrando os pauzinhos"; expressão já utilizada desde a dissertação sobre a ironia, em 1841, ao falar da posição de Hegel sobre os Irmãos Schlegel [N.T.].

402. *Nonsens*

que um homem se mostre ridículo, mas o cavalo não tem o poder de torná-lo ridículo.

Os diferentes estádios da existência ocupam suas respectivas posições[403] a partir de sua relação com o cômico, conforme tenham o cômico neles ou fora deles, todavia não no sentido de que o cômico devesse ser o que há de mais elevado. A imediatidade tem o cômico fora dela, pois onde quer que haja vida, há contradição, mas na imediatidade não há contradição, portanto, esta vem de fora. O senso comum limitado[404] interpretará a imediatidade comicamente, mas, ao fazê-lo, torna-se, ele próprio, cômico, pois aquilo que supostamente deve justificar sua comicidade é que ele facilmente conhece o caminho de saída[405], mas a saída que ele conhece é ainda mais cômica. Este é um cômico injustificado. Onde quer que haja uma contradição e não se conheça a saída, não se saiba a contradição suspensa e justificada num mais elevado, a contradição não será indolor[406], e onde a justificação é algo de quimericamente mais elevado (da coberta de penas para a palha[407]), é ainda mais cômico porque a contradição é maior. É assim na relação entre a imediatidade [VII 454] e o senso comum limitado. Assim também o cômico do desespero é injustificado, porque o desespero justamente não conhece nenhuma saída, não conhece a contradição suspensa e deve, portanto, interpretar a contradição como trágica; o que é justamente o caminho para a sua cura. Aquilo pelo qual o humor é justificado é seu lado trágico, que ele se reconcilia com a dor da qual o desespero quer abstrair, embora este não conheça nenhuma saída. Ironia se justifica em relação com a imediatidade, porque o equilíbrio, não como a abstração, mas como arte da existência, é mais elevado do que a imediatidade. Por isso, só um irônico existente está justificado na relação com a imediatidade;

---

403. *rangere*

404. *endelige Forstandighed*: a prudência finita

405. *Udveien*: a escapatória

406. Contudo, isto deve ser entendido de tal modo que a gente não esqueça que desconhecer a saída pode ser interpretado como cômico. Assim, o Assoberbado é cômico, porque é cômico que um homem sensato, e próspero, não conheça o caminho de saída de toda essa bobagem de papelada de escritório, a saída que bem simplesmente consiste não em contratar mais outros escreventes para conferir as anotações, mas sim em mostrar a todos a porta da rua.

407. *af Dynen i Halmen*: *lit.*: de mal a pior, da frigideira para o fogo (cf. supra VII 373) [N.T.].

a ironia total, de uma vez por todas, como um achado barato, no papel, é injustificada, como toda abstração, em relação a qualquer esfera da existência. Com efeito, ironia por certo é a abstração, e a composição abstrata, mas a justificação do irônico existente reside em que ele próprio, existindo, expressa que ele aí conserva a sua vida, e não se enfeita com a grandiosidade da ironia enquanto ele mesmo leva sua vida em filistinismo; pois neste caso sua comicidade seria injustificada.

A imediatidade tem o cômico fora dela; a ironia o tem *em* si mesma[408]. O ético que tem ironia como seu incógnito é capaz, por sua vez, de ver o cômico na ironia, mas só tem legitimação para o ver ao manter-se continuamente no ético e, portanto, o vê apenas como algo constantemente evanescente.

[VII 455] O humor tem o cômico *em si*, é justificado no humorista existente (pois o humor de uma vez por todas, *in abstracto*, é, como tudo o que é abstrato, injustificado; o humorista se justifica ao ter sua vida nisso), ele só não está justificado em relação ao religioso, mas justifica-se em relação a tudo o que se faz passar por religiosidade. A religiosidade que tem humor como seu incógnito é capaz, por sua vez, de ver o humorístico de forma cômica, mas só tem justificação para isso ao, constantemente, manter-se a si mesma, em paixão religiosa, orientada para a relação com Deus, e, portanto, o vê apenas como algo constantemente evanescente.

Agora chegamos ao limite. A religiosidade que é interioridade oculta é *eo ipso* inacessível à interpretação cômica. Não pode ter o cômico fora de si mesma justamente porque ela é interioridade *oculta*

. **408.** Aristóteles faz o comentário (*Retórica*, 3, 18): ᾽ἔστι δ᾽ἡ εἰρωνεία τῆς βωμολοχίας ἐλευθεριώτερον. ὁ μεν γαρ αυτοῦ ᾽ἕνεκα ποιεῖ τό γελοῖον, ὁ δὲ βωμόλοχος ἑτέρου [A ironia convém mais a um homem livre do que a bufonaria; o irônico brinca para se divertir, o bufão, para divertir os outros]. O próprio irônico goza o cômico, contrastando com o bufão, que está a serviço dos outros ao tornar uma coisa risível. Portanto, um irônico que precisa da ajuda de parentes e amigos e de aplausos para gozar o cômico é *eo ipso* um irônico medíocre, e está no caminho de se tornar um *scurra* [*lat.*: galhofeiro]. Mas também em outro sentido o irônico tem o cômico dentro de si mesmo e, ao se tornar consciente disso, se assegurou de não tê-lo fora de si. Tão logo um irônico existente escorrega de sua ironia, torna-se cômico, como se, p. ex., Sócrates se tivesse tornado patético no dia do julgamento. Aqui reside justamente o justificado, quando a ironia não é um achado impertinente, mas sim uma arte da existência, pois neste caso um irônico resolve tarefas maiores do que um herói trágico, justamente por seu irônico autodomínio.

e, por conseguinte, não pode entrar em contradição com algo. Aquela contradição que o humor domina, a mais alta abrangência do cômico, foi ela mesma que trouxe à consciência e a tem junto a si mesma como algo mais baixo. Deste modo, ela está absolutamente armada contra o cômico, ou está protegida pelo cômico contra o cômico.

Quando por vezes a religiosidade na Igreja e no Estado buscou ajuda no legislador e na polícia para proteger-se do cômico, a intenção pode ter sido muito boa; mas uma questão é até que ponto o determinante em última instância é algo de religioso; e é uma injustiça contra o cômico considerá-lo como um inimigo do religioso. Tampouco como a dialética, tampouco o cômico é um inimigo do religioso – ao qual, ao contrário, tudo serve e obedece. Mas aquela religiosidade que essencialmente tem pretensão de exterioridade, que essencialmente torna a exterioridade comensurável, deve decerto precaver-se e temer mais por si mesma (que não se transforme em estética) do que ter medo do cômico, o qual poderia legitimamente ajudá-la a abrir os olhos. Muita coisa no catolicismo pode servir de exemplo para isso. No que toca ao indivíduo, aí vale o seguinte: o [indivíduo] religioso que quer que tudo seja sério, talvez tão sério quanto ele mesmo, porque ele é tolamente sério, está numa contradição; e o religioso que não conseguisse suportar, se tivesse de acontecer, que todos rissem daquilo que o ocupa absolutamente, carece de interioridade e, por isso, quer consolar-se com a ilusão dos sentidos de que muitas pessoas são da mesma opinião que ele, sim, do mesmo parecer, e quer ser edificado em acrescentando o histórico-universal ao seu bocadinho de realidade efetiva, "dado que agora de fato por toda parte começa a se agitar uma nova vida, o anunciado novo ano com visão e coração para a causa".

[VII 456] A interioridade oculta é inacessível ao cômico, o que também se pode ver a partir do fato de que se um tal religioso pudesse ser subitamente incitado a fazer valer sua religiosidade no exterior, se, por exemplo, esquecesse de si mesmo e entrasse em conflito com um religioso da espécie comparativa, e de novo esquecesse de si mesmo e da exigência absoluta da interioridade ao querer ser comparativamente mais religioso do que o outro: nesse caso, ele seria cômico, e a contradição consistiria em querer ser simultaneamente visível e invisível. Contra formas pretensiosas de religiosidade, o humor usa legitimamente o cômico, justamente porque um religioso deve por certo conhecer, por si mesmo, a saída, desde que o queira. Se tal não se pode assumir, então tal concepção se torna duvidosa[409] no mesmo sentido como o seria a concepção cômica do Assoberbado [de Holberg], se ficasse estabelecido que realmente era insano[410].

A lei do cômico é bem simples: ele está em toda parte em que haja contradição e onde a contradição seja indolor por ser vista como superada, já que o cômico certamente não anula a contradição (ao contrário, faz com que ela se torne manifesta), mas o cômico justificado pode fazê-lo; de outro modo, ele não estaria justificado. O talento reside em ser capaz de descrevê-lo *in concreto*. O teste para o cômico está em verificar que relação entre as esferas o enunciado cômico inclui; se a relação não está correta, o cômico é injustificado; e uma comicidade[411] que não mora em absolutamente nenhum lugar é *eo ipso* injustificada. O sofístico em conexão com o cômico tem por isso seu refúgio no nada, na pura abstração, e está expresso por Górgias na abstração: aniquilar a seriedade por meio do cômico, e o cômico por meio da seriedade (cf. ARISTÓTELES. *Retórica*, 3, 18). Aqui é com lixo que tudo se quita[412], e facilmente se descobre o equívoco de que um existente se tenha transformado em um fantástico X; pois ainda tem de ser afinal um existente o que quer usar este procedimento, o que só torna a ele mesmo ridículo, quando se aplica a ele a fórmula de exorcismo contra os especulantes que já foi mostrada acima: "Posso ter a honra de perguntar com quem tenho a honra de falar, se se trata de um ser humano etc.?" Górgias aterrissa, com efeito, com sua descoberta, nos fantásticos arrabaldes do puro ser, porque, quando ele aniquila um por meio do outro, então sobra nada. Contudo, Górgias, mais provavelmente, apenas desejava descrever a esperteza de um advogado manhoso, que vence ao trocar sua arma com a arma de seu opositor; [VII 457] mas um advogado chicaneiro não é nenhuma instância legítima em relação ao cômico; pode esperar sentado pela legitimação – e se contentar com o lucro, que todos sabem que sempre foi o resultado

---

409. *Mislig*: equivocada
410. *sindssvag*: lit.: fraco da cabeça
411. *en Comik*
412. *Det Qvit som Alt her ender med er Skidt*

favorito dos sofistas – dinheiro, dinheiro, dinheiro, ou qualquer coisa que esteja no mesmo nível deste.

Na esfera religiosa, quando esta é mantida pura na interioridade, o cômico está a serviço. Poder-se-ia dizer, por exemplo, que o arrependimento é uma contradição, *ergo*, há nele algo de cômico, certamente não para o estético ou para o senso comum limitado, que são inferiores, ou para o ético, que tem sua força nesta paixão, ou para a abstração, que é fantástica e, por isso, inferior (foi o querer interpretar, deste ponto de vista, como cômico [o arrependimento], o que rejeitamos como sem sentido no precedente), mas para o próprio religioso, que conhece um remédio para isso, uma saída. Porém não é assim; o religioso não conhece nenhum remédio para o arrependimento que abstraia do arrependimento; o religioso, ao contrário, usa continuamente[413] o negativo como sua forma essencial, a consciência do pecado é assim um elemento determinado copertencente[414] à consciência do perdão do pecado. O negativo não é de uma vez por todas e então o positivo, mas o positivo está continuamente no negativo, e o negativo é a marca distintiva, assim, o princípio regulador: *ne quid nimis* [*lat*.: nada em demasia] não pode ser empregado aqui. Quando o religioso é interpretado esteticamente, quando a indulgência por quatro xelins é pregada na Idade Média, e se assume que com isto se quita a questão, se alguém quer se agarrar a esta ficção: então o arrependimento há de ser concebido como cômico, então a pessoa contrita pelo arrependimento é tão cômica como o Assoberbado, contanto que tenha os quatro xelins, pois a saída é realmente tão fácil, e, nesta ficção, se assume afinal que esta é a saída. Mas todo este galimatias é consequência de o religioso ter se tornado uma farsa. Mas, no mesmo grau em que se aboliu o negativo na esfera religiosa, ou se faz com que ele seja de uma vez por todas e com isso baste, no mesmo grau o cômico se afirmará contra o religioso, [VII 458] e com direito – porque o religioso se tornou estética e contudo ainda quer ser o religioso.

---

413. Daí provém igualmente que mesmo quando o religioso concebe o sofrimento estético com certo traço cômico, ele o faz com delicadeza, porque se reconhece que este sofrimento terá sua hora. O arrependimento, em contraste, visto religiosamente, não terá sua hora para então passar; a incerteza da fé não terá sua hora para então passar; a consciência do pecado não terá sua hora para então passar: neste caso retornaríamos ao estético.

414. *er saaledes et bestemt Medhenhørende*

Encontram-se bem frequentemente exemplos de um esforço mal-
-entendido para afirmar o patético e o sério[415] em um sentido risível,
supersticioso, como um bálsamo universal da felicidade, como se a
seriedade fosse, em si e por si mesma, um bem ou algo a ser tomado sem receita; então tudo estaria bem desde que se fosse sério, só
sério e sempre sério, mesmo que muito estranhamente acontecesse que a gente nunca tivesse sido sério no lugar certo. Não, tudo
tem sua dialética, sua dialética com a qual, convém notar, a coisa
não se torna sofisticamente relativa (isto é a mediação), mas com a
qual o absoluto se torna distinguível como o absoluto em virtude do
dialético. Portanto, é tão questionável[416], justamente tão exatamente
questionável, ser patético e sério no lugar errado, tanto como rir no
lugar errado. Nós, unilateralmente, dizemos que um tolo ri o tempo
todo, porque decerto é verdade que é tolice rir o tempo todo; mas
é unilateral rotular de tolice só o abuso do riso, dado que a tolice é
igualmente grande e igualmente perniciosa quando se expressa pelo
fato de se ser também todo o tempo seriamente tolo.

§ 3
**A expressão *decisiva* do *pathos* existencial é *culpa* – Que
a investigação anda para trás ao invés de para frente – O
eterno recordar da culpa é a mais alta expressão da relação
da consciência de culpa para com uma beatitude eterna –
Expressões mais baixas da consciência de culpa e formas
de reparação que lhes correspondem – A penitência
autoinfligida – Humor – A religiosidade da interioridade oculta**

O leitor dialético verá facilmente que a investigação anda para
trás, ao invés de para frente. No § 1, a tarefa foi posta: relacionar-se
ao mesmo tempo de modo absoluto com o τελος absoluto e de modo
relativo com os [fins] relativos. Justo quando o começo tinha de ser
feito aqui, mostrou-se que primeiro a imediatidade tinha de ser ultra-

---

415. *det Pathetiske og det Alvorlige*
416. *mislig*

passada, ou que o indivíduo[417] tinha de morrer para ela, antes que se pudesse falar de realizar a tarefa do § 1. O § 2 fez do sofrimento a expressão essencial do *pathos* existencial, sofrimento como o morrer para a imediatidade, sofrimento como a marca distintiva na relação de um existente com o τελος absoluto. No § 3, faz-se da culpa a expressão decisiva para o *pathos* existencial, e a distância em relação à tarefa do § 1 fica ainda maior, contudo não de tal modo que a tarefa seja esquecida, [VII 459] mas de modo a que a investigação, de olho nela, aprofundando-se na existência, ande para trás. Com efeito, é assim que ocorre na existência, e a investigação procura imitá-lo. *In abstracto* e no papel isto é mais fácil de fazer. Ali se propõe a tarefa, faz-se do indivíduo algo de abstrato que, de todas as maneiras, está à disposição tão logo a tarefa seja proposta – e então se está pronto.

Na existência, o indivíduo é uma concreção, o tempo é concreto, e mesmo enquanto o indivíduo para para pensar, ele é eticamente responsável pelo emprego do tempo. A existência não é uma coisa abstrata feita às pressas, mas um esforçar-se e um contínuo "entre-mentes"[418]; mesmo no instante em que a tarefa é posta, algo já se perde, porque entrementes se existiu, e o começo não foi prontamente feito. Assim a coisa anda para trás: a tarefa é trazida ao indivíduo na existência, e justamente quando quer jogar-se nela com vontade (o que contudo só pode ser feito *in abstracto* e no papel, porque o hábito[419] daquele que abstrai: calças folgadas de esbanjador, é bem diferente do daquele que existe: a camisa de força da existência), e quer começar, descobre-se que outro começo é necessário, o começo de um enorme rodeio que é morrer para a imediatidade; e justo quando o começo está para ser feito aqui, descobre-se que, já que o tempo do entrementes passou, foi feito um mau começo, e que o começo deve ser feito por um tornar-se culpado, e a partir desse instante a culpa total, que é decisiva, pratica usura[420] com nova culpa. A tarefa parecia ser tão sublime, e se pensou "elas por elas", assim como a tarefa é, tem que ser aquele que deve realizá-la, mas então vem a existência com um *aber* [al.: porém] depois do outro, então vem o sofrimento

---

417. *Individet*

418. *Imedens*: enquanto isto, neste meio-tempo

419. *Habit*

420. *aagrer*: acumula juros

como uma determinação mais próxima, e se pensou: Ora, um pobre existente tem que suportá-lo, dado que está na existência; mas então chega a culpa como a determinação decisiva: agora o existente está realmente em apuros[421], isto é, agora está no âmbito da existência.

E, contudo, este andar para trás é um progresso, na medida em que aprofundar-se em algo é avançar. *In abstracto* e no papel, o que constitui o engano é que o indivíduo deva, tal como Ícaro, sair voando rumo à tarefa ideal. Mas tal progresso é, enquanto quimérico, um puro retrocesso, e cada vez que um existente começa algo assim, o inspetor da existência (o ético) lhe chama a atenção de que está se fazendo culpado, mesmo que ele próprio não atente a isto. Por outro lado, quanto mais o indivíduo se aprofunda na existência, mais avança, [VII 460] mesmo que a expressão, se quisermos, recue. Mas assim como toda deliberação mais profunda é um retornar aos fundamentos[422], assim também o chamado de volta[423] da tarefa para o mais concreto é justamente um aprofundar-se na existência. Em comparação com a totalidade da tarefa, o realizar um pouco dela é um retrocesso, e, contudo, é um avanço em comparação com: a tarefa toda e absolutamente nada realizado. Li em algum lugar um sumário de um drama indiano – o drama mesmo eu não li. Dois exércitos estão parados frente a frente. Justo quando a batalha vai começar, o comandante mergulha em pensamentos. Com isto inicia-se o drama que contém seus pensamentos. É assim que se mostra a tarefa para um existente, por um instante ela ilude, como se esta vista fosse a coisa toda, como se ele agora estivesse pronto (pois o início sempre tem uma certa semelhança com o fim), mas aí a existência interfere, e quanto mais ele, agindo, lutando, aprofunda-se na existência (este é o traço distintivo essencial do âmbito da existência, um pensador abstrai mais ou menos da existência), mais distante está da tarefa na tarefa.

Mas como a consciência da culpa pode tornar-se a expressão decisiva para a relação patética de um existente para com uma felicidade eterna, e de tal modo que qualquer existente que não tenha esta consciência, não esteja *eo ipso* relacionando-se com sua felicidade eterna? Dever-se-ia pensar, afinal, que esta consciência é a

---

421. *ret i Vaande*
422. *Tilbagegaaen til det Tilgrundliggende*
423. *Tilbagekaldelse*

expressão de que alguém não está em relação com a felicidade eterna, expressão definitiva de que esta pessoa está perdida, e a relação abandonada. A resposta não é difícil. Justamente porque é um existente que deve relacionar-se com ela, mas a culpa é a mais concreta expressão da existência, a consciência da culpa é a expressão desta relação. Quanto mais abstrato é o indivíduo, tanto menos ele se relaciona com uma felicidade eterna e mais se distancia também da culpa; pois a abstração põe a existência em indiferença, mas culpa é a expressão da mais forte autoafirmação da existência e, afinal, é um *existente* que deve relacionar-se com uma felicidade eterna. Entretanto, a dificuldade é decerto uma outra; pois, enquanto a culpa é explicada pela existência, o existente parece ter sido feito sem culpa; parece que ele tem de conseguir [VII 461] sacudir de si a culpa sobre aquele que o pôs na existência, ou sobre a própria existência. Nesse caso, a consciência da culpa não é outra coisa senão uma nova expressão para o sofrimento na existência, e a investigação não terá chegado além daquela do § 2, e, por isso, o § 3 deveria afinal ser suprimido ou tratado como um apêndice ao § 2.

Portanto, o existente poderia empurrar a culpa, de si mesmo para a existência, ou para aquele que o pôs na existência, e deste modo ficar sem culpa. Atentemos, de modo dialeticamente bem simples, sem [provocar] nenhuma trovoada ética, para onde estamos indo. O procedimento proposto contém uma contradição. Jamais poderá ocorrer àquele, que é essencialmente inocente, empurrar a culpa para longe de si; pois o inocente não tem absolutamente nada a ver com a categoria da culpa. Portanto, quando num caso particular, alguém empurra a culpa para longe de si mesmo e acredita ser inocente, faz neste mesmo momento uma confissão, de que ele, em última análise, é alguém que essencialmente é culpado, só que, neste aspecto particular, possivelmente não seria culpado. Mas aqui não se trata, por certo, de um caso particular, no qual alguém que, reconhecendo-se como essencialmente culpado precisamente por sua justificação, empurra a culpa para longe de si, mas sim da relação essencial de um existente na existência. Mas isto de querer essencialmente jogar para longe de si mesmo a culpa, isto é, a determinação total da culpa, para assim tornar-se inocente, é uma contradição, dado que este comportamento é justamente uma autoacusação. Se vale para qualquer determinação, mais vale para a "culpa": ela captura; sua dialética é tão ardilosa que aquele que se justifica totalmente justamente se denuncia, e aquele que se justifica parcialmente, denuncia-se totalmente. Contudo, isto não significa o mesmo que o velho adágio: *qui s'excuse accuse* [*fr.*: Quem se escusa, (se) acusa]. O provérbio quer dizer que aquele que se defende ou se desculpa com relação a algo, pode fazê-lo de tal modo que acaba acusando-se desta mesma coisa, assim que a desculpa e a acusação referem-se à mesma coisa. Não é este o significado aqui; não, quando alguém realmente se desculpa no particular, ele se denuncia no todo. Qualquer um que não viva apenas comparativamente logo atentará para isto. No dia a dia da vida[424], a culpa total, como algo que é universalmente dado, pouco a pouco se torna tão pressuposta, que acaba esquecida. E, contudo, é esta totalidade da culpa que em última instância torna possível para alguém ser culpado ou não culpado no caso particular. Aquele que é total ou essencialmente inocente não pode de jeito nenhum ser culpado no caso particular, mas aquele que é totalmente culpado pode muito bem ser inocente num caso particular. Portanto, não apenas por ser culpado no particular [VII 462] ele se denuncia como sendo essencialmente culpado (*totum est partibus suis prius* [*lat.*: o todo tem prioridade sobre suas partes]), mas igualmente por ser inocente neste caso particular (*totum est partibus suis prius*).

A prioridade da culpa total não é nenhuma determinação empírica, nenhuma *summa summarum*, pois uma determinação de totalidade jamais aparece numericamente. A totalidade da culpa nasce para o indivíduo quando este conecta a sua culpa, seja ela apenas uma, seja a mais insignificante de todas, à relação com uma felicidade eterna. Foi por isso que começamos dizendo que a consciência da culpa é a expressão decisiva para a relação com uma felicidade eterna. Aquele que não se relaciona com esta, jamais chegará a compreender-se como total ou essencialmente culpado. A mínima culpa, mesmo que o indivíduo daí em diante fosse um anjo, quando conectada à relação para com uma felicidade eterna, é o suficiente; pois a conexão dá a determinação da qualidade. E no *pôr em conexão*[425] consiste todo aprofundamento na existência. Comparativamente, re-

---

424. *i Handel og Vandel*
425. *at saette sammen*

lativamente, diante de um tribunal humano, percebida na memória (em vez de na recordação da eternidade), uma única culpa (entendida coletivamente) não é, de jeito nenhum, suficiente para tanto; tampouco o é a soma de todas elas. O nó, entretanto, está em que é simplesmente antiético levar sua vida no comparativo, no relativo, no exterior, e ter o tribunal policial, o tribunal de conciliação [de pequenas causas], um jornal, ou alguns notáveis da província, ou a plebe da capital, como a última instância em relação a si mesmo.

Nos teólogos ortodoxos mais antigos, quando defendem a eternidade das penas do inferno, lemos a determinação de que a magnitude do pecado requer tal punição, e que a magnitude do pecado, por sua vez, define-se por ser um pecado contra Deus. O que há de ingênuo e exterior nisso é o fato de que, realmente, pareça ser uma corte, um tribunal, uma terceira parte, que delibera e vota nesta causa entre Deus e homem. Assim sempre aparece algo de ingênuo e exterior, tão logo um terceiro fala sobre aquilo que diz respeito essencialmente ao indivíduo, justamente em sua isolação diante de Deus. O ingênuo e o exterior desaparecem completamente quando é o próprio indivíduo que põe a representação de Deus em conexão com a representação de sua culpa, mesmo que esta agora fosse tão pequena – não, alto lá, isso o indivíduo não sabe, pois isso, afinal, é o comparativo, que desencaminha. Quando a representação de Deus a acompanha, a determinação de culpa se transforma em uma determinação de qualidade. Colocada em conexão com o comparativo como critério, a culpa se torna algo quantificável; [VII 463] confrontada com a qualidade absoluta, a culpa se torna dialética como qualidade[426].

---

426. No discurso religioso, acham-se às vezes exemplos da tática oposta, quando o orador religioso, trovejando culpa sobre a cabeça do indivíduo, quer comparativamente introduzir o indivíduo à força na totalidade da consciência da culpa. Isso justamente não se deixa fazer; e quanto mais ele troveja, quanto mais abominável ele o torna *em comparação com* os outros homens, tanto menos alcança o que pretendia, e quando ele gesticula com a maior veemência, está muito mais longe disso, para nem falar da olhadela irônica que isso proporciona sobre o estado da alma de Sua Reverência. A coisa vai melhor de uma outra maneira, quando o orador religioso, "humilde diante de Deus, submisso à majestade real do ético", em temor e tremor pelo que se refere a si mesmo, conecta a culpa com a representação de uma felicidade eterna, assim o ouvinte não se inflama, mas é influenciado indiretamente à medida que lhe parece que o pastor estava falando apenas sobre si mesmo. Na tribuna, constitui um gesto soberbo apontar o dedo acusativamente para Catilina quando ele está lá sentado, no púlpito é melhor bater no próprio peito, especialmente quando o discurso trata da totalidade da culpa; pois quando o pastor bate em seu próprio peito, impede toda comparação; se apontar o dedo para si mesmo, teremos então de novo o comparativo.

A infantilidade e a consciência de culpa comparativa se caracterizam por não captarem a exigência da existência: *pôr em conexão*. Assim, a infantilidade, em relação ao pensar, se distingue por pensar apenas ocasionalmente, por ocasião disto ou daquilo, e então, outra vez, sobre uma outra coisa, se caracteriza por não ter, bem no fundo, um pensamento único, mas muitos pensamentos. No que toca à consciência de culpa, a infantilidade admite que hoje, por exemplo, é culpada disso e daquilo, então por oito dias é inocente, mas então no nono dia tudo dá errado outra vez. A consciência de culpa comparativa se caracteriza por ter seu critério fora dela mesma, e quando o pastor no domingo usa um critério muito elevado (sem, contudo, usar o da eternidade), parece ao que faz a comparação ser terrível aquilo de que se tornou culpado; em boa companhia na segunda-feira, isso já não lhe parece tão ruim, e assim o contexto externo vai determinando uma interpretação completamente diferente, que, contudo, apesar de suas variações, perde sempre uma coisa: a determinação essencial da eternidade.

[VII 464] Portanto, a consciência essencial de culpa é o maior aprofundamento possível na existência, e simultaneamente expressa que um existente relaciona-se com uma felicidade eterna (a consciência infantil e comparativa da culpa relaciona-se consigo mesma e com o comparativo), é a expressão da relação ao expressar a relação falha[427]. Contudo, por mais que a consciência seja sempre tão decisiva, é ainda sempre a relação que suporta a não relação, só que o existente não consegue segurar a relação porque a relação falhada posiciona-se continuamente no meio como expressão para a relação. Mas, por outro lado, não se repelem mutuamente (a felicidade eterna e o existente), de tal modo que a ruptura se constitua como tal, ao

---

427. Isto é: no interior da determinação de totalidade, na qual agora nos encontramos. O leitor se recordará (da segunda seção, Cap. II, por ocasião da discussão das *Migalhas*) de que o acentuar *paradoxal* da existência mergulha paradoxalmente na existência. Isto é o especificamente crístico [*det specifike Christelige*] e vai reaparecer na Seção *B*. As esferas se relacionam da seguinte maneira: imediatidade; senso comum finito; ironia; ética com a ironia como incógnito; humor; religiosidade com humor como incógnito – e então, finalmente, o crístico, reconhecível pela acentuação paradoxal da existência, pelo paradoxo, pela ruptura com a imanência e pelo absurdo. Portanto, religiosidade com humor como incógnito não é ainda religiosidade crística. Mesmo que esta seja também interioridade oculta, relaciona-se com o paradoxo. É claro que o humor também tem a ver com paradoxos, mas também continuamente limita-se ao interior da imanência, e continuamente parece estar consciente de outra coisa – daí o gracejo.

contrário, é só por se manter unida que a não relação se repete como a consciência decisiva da culpa essencial, não desta ou daquela culpa.

Quer dizer, a consciência da culpa como essencial reside por certo ainda na imanência, diferentemente da consciência do pecado[428]. Na consciência da culpa, é o mesmo sujeito que, ao pôr a culpa em conexão com a relação para com uma felicidade eterna, torna-se essencialmente culpado, porém a identidade do sujeito é de tal forma que a culpa não transforma o sujeito em um outro, o que é a expressão para a ruptura. Mas uma ruptura, em que consiste a acentuação paradoxal da existência, não pode intrometer-se na relação entre um existente e o eterno, porque o eterno em toda parte abrange o existente, e por isso a não relação permanece no interior da imanência. Caso a ruptura deva se constituir, o próprio eterno tem de determinar-se como algo temporal[429] [VII 465], como [o que está] no tempo, como histórico, pelo qual o existente e o eterno no tempo têm a eternidade entre si. Isto é o paradoxo (sobre o qual se refere no precedente, na segunda seção, Cap. II, e no que segue em B).

Na esfera religiosa, o positivo se distingue pelo negativo; a relação com uma felicidade eterna se distingue pelo sofrimento (§ 2); ora, a expressão negativa é decididamente mais forte: a relação se distingue pela totalidade da consciência da culpa. Com relação à consciência da culpa como sinal distintivo, o sofrimento poderia parecer ser uma relação direta (naturalmente, não uma relação esteticamente direta: felicidade que se reconhece pela felicidade). Pode-se dizer, então, que a consciência da culpa é uma relação repulsiva. Mais correto, entretanto, é dizer que sofrimento é a reação direta de uma relação repulsiva; a consciência da culpa é a reação repulsiva de uma relação repulsiva, porém, convém notar, ainda continuamente no interior da imanência, mesmo que um existente seja continuamente impedido de ter sua vida nela, ou de ser *sub specie aeterni* [*lat.*: sob o aspecto da eternidade], mas só a tem numa possibilidade suspensa, não como se suspende o concreto para encontrar o abstrato, mas como se suspende o abstrato ao permanecer no concreto.

---

428. Sobre este ponto, cf. o Apêndice a B.
429. *et Timeligt*

A consciência da culpa é a expressão decisiva para o *pathos* existencial em relação a uma felicidade eterna. Logo que se remove a felicidade eterna, também se exclui essencialmente a consciência da culpa, ou se mantém em categorias infantis que estão no mesmo nível das notas de uma criança no boletim, ou se torna uma legítima defesa civil. Portanto, a expressão decisiva da consciência da culpa é, por sua vez, a continuação essencial desta consciência, ou a recordação eterna da culpa, porque é continuamente conectada à relação com uma felicidade eterna. Aqui não se trata então de uma questão infantil de começar tudo outra vez, de ser um bom menino outra vez, mas também não se trata de uma questão de indulgência universal, dado que todos os homens são assim. Como disse, basta uma única culpa, e então com isto o existente que se relaciona com uma felicidade eterna está aprisionado para a eternidade, pois a justiça humana só sentencia à prisão perpétua na terceira ofensa, mas a eternidade sentencia logo de primeira para toda a eternidade; está preso para sempre, estirado nas correias da culpa, e jamais se livra das correias, não como um animal cargueiro, do qual pelo menos de vez em quando a carga é removida, não como o trabalhador de sol a sol, que pelo menos de vez em quando tem um tempo livre; nem sequer à noite está essencialmente livre das correias. Chama de grilhão esta recordação da culpa e diz que ele nunca será removido do prisioneiro, e terás descrito apenas um lado da questão; pois ao grilhão se liga mais proximamente a noção de privação da liberdade, mas a recordação eterna da culpa é também uma carga que precisa ser arrastada de um canto para o outro no tempo, [VII 466] e por isso é melhor chamares esta recordação eterna da culpa de correias/arreios e dizer do prisioneiro: nunca ficará sem os arreios. Pois sua consciência é a de estar decisivamente alterado, embora a identidade do sujeito ainda seja a ideia de que é ele próprio que se torna consciente disto ao conectar a culpa com a relação com uma felicidade eterna[430]. Mas ele ainda se relaciona com uma felicidade eterna, e a consciência da culpa é uma expressão mais elevada do que o sofrimento. Além disso, no sofrimento da consciência da culpa, a culpa é por sua vez ao mesmo tempo o que alivia e o que rói, alivia porque é a expressão

---

430. A consciência do pecado é o paradoxal, e com isso outra vez bem consequentemente é isto o paradoxal, que o existente não o descubra por si mesmo, mas venha a conhecê-lo a partir do exterior. Com isso, a identidade se rompe.

da liberdade, tal como esta pode ser na esfera ético-religiosa, onde o positivo se distingue pelo negativo, a liberdade pela culpa, e não se distingue diretamente de modo estético: liberdade que se reconhece pela liberdade.

Desse jeito, se retrocede; sofrer culpado é uma expressão inferior a sofrer inocente, e, contudo, é uma expressão superior, porque o negativo é uma marca do positivo mais elevado. Um existente que sofre apenas como inocente, *eo ipso* não se relaciona com uma felicidade eterna, a não ser que o existente seja ele mesmo o paradoxo, com cuja determinação estamos em outra esfera. É verdade a respeito de todo existente puro e simples que, se está sofrendo apenas como inocente (naturalmente compreendido no sentido total, não no sentido de que neste e naquele caso, ou em muitos casos, sofra como inocente), então não está se relacionando com uma felicidade eterna e evitou a consciência da culpa ao existir abstratamente. Isto deve ser afirmado para que as esferas não se confundam e não escorreguemos subitamente de volta a categorias muito inferiores à da religiosidade da interioridade oculta. Só na religiosidade paradoxal, no crístico[431], e do paradoxo, pode ser verdade que sofrer como inocente seja uma expressão superior à de sofrer como culpado. Para classificar as totalidades das esferas, usa-se bem simplesmente o humor como *terminus* [*lat.*: termo] para definir a religiosidade da interioridade oculta, e usa-se esta religiosidade como *terminus* para definir o crístico. O crístico também se distingue por sua categoria, e onde quer que esta não esteja presente, ou seja usada como conversa mole, o crístico não está presente, de jeito nenhum, a não ser que se admita que o mencionar o nome de Cristo já seja cristianismo, inclusive o tomar o nome de Cristo em vão.

A eterna recordação da consciência da culpa é sua expressão decisiva; porém a expressão mais forte do desespero no instante não é *pathos* existencial. Relacionar-se de modo patético existencial com uma felicidade eterna não é jamais [VII 467]: de vez em quando pegar para valer, mas sim é constância na relação, a constância com a qual ela é colocada em conexão com tudo; pois nisto consiste toda a arte da existência, e é aqui talvez que os humanos mais fracassam.

---

431. *det Christelige*

Que promessas sagradas não sabe um homem fazer num momento de perigo mortal, mas assim que este passa, bem, aí tudo é bem rápida e completamente esquecido, e por quê? Porque ele não sabe colocar em conexão; quando o perigo mortal não vem de fora, não sabe por si mesmo colocá-lo em conexão com o seu esforço. Quando a terra treme com a erupção do vulcão, ou quando a peste se espalha sobre a terra: quão rápida e radicalmente até mesmo o mais lerdo, até mesmo o mais sonolento, compreende a incerteza de tudo! Mas quando isso passa, bem, então é incapaz de estabelecer a conexão, e, contudo, era precisamente aí que deveria aplicar-se para consegui-lo; pois quando a existência[432] faz a conexão por ele, quando a fúria dos elementos prega para ele mais do que o faz a eloquência domingueira: aí então o compreender achega-se quase por conta própria, de fato, tão facilmente que a tarefa antes consiste em, tendo compreendido a mesma coisa mais cedo, impedir o desespero.

No eterno recordar da consciência da culpa, o existente relaciona-se com uma felicidade eterna, mas não de modo que tenha agora chegado diretamente mais perto dela; pois, ao contrário, está agora distanciado dela tanto quanto possível, contudo ainda se relaciona com ela. O dialético que há aqui, embora no interior da imanência, levanta sua voz contrária para potenciar o *pathos*. Na relação que serve de base[433] para a não relação, na imanência pressentida que serve de base para a separação dialética, ele se prende à felicidade eterna pelo mais fino dos fios, por assim dizer, graças a uma possibilidade, que continuamente perece[434]; justamente por isso o *pathos* é bem mais forte, se ele está aí.

A consciência da culpa é o decisivo, e uma única culpa posta em conexão com a relação a uma felicidade eterna já basta, e contudo vale para a culpa, mais do que para qualquer outra coisa, que ela semeia a si própria. A culpa total, entretanto, é o decisivo; tornar-se catorze vezes culpado é uma brincadeira infantil, comparado com isso – é por isso que a infantilidade sempre permanece no numérico. Quando, ao contrário, a consciência da nova culpa é remetida outra vez à consciência absoluta da culpa, o eterno

---

432. *Tilværelsen*
433. *Grund*: fundamento
434. *gaaer til Grunde*

recordar da culpa é, com isso, preservado, caso o existente esteja a ponto de esquecê-la.

Se alguém disser que nenhum ser humano consegue aguentar uma tal recordação da culpa, que isto tem de levar à insanidade ou à morte: então que se atente para ver quem é que o diz; pois o senso comum limitado frequentemente fala desse modo, para pregar indulgência. [VII 468] E este modo de falar raramente deixa de lograr seu efeito, desde que estejam reunidos três ou quatro, pois eu duvido que alguém na solidão tenha sido capaz de se enganar com este discurso, mas quando se está junto em grande número e se ouve que os outros se comportam deste modo, aí a gente se sente menos embaraçada; quão desumano, também, querer ser melhor do que os outros! Mais uma vez, um despiste, pois aquele que está sozinho com o ideal não tem como saber se ele é melhor ou pior do que os outros. Portanto é possível que este eterno recordar possa levá-lo à insanidade ou à morte. Está bem, vê que um ser humano não consegue sobreviver por muito tempo a pão e água, mas então um médico pode discernir como arranjar as coisas para o indivíduo, de modo a que ele, reparem, não chegue a viver como rico, mas que a dieta de fome lhe seja tão cuidadosamente calculada, que possa continuar vivo. Justamente porque o *pathos* existencial não é o do instante, mas o da permanência, o próprio existente, que se entusiasma no *pathos* e não olha em torno, depravado pelos usos e costumes, à procura de subterfúgios, procurará encontrar o mínimo de esquecimento, de que precisa para aguentar, dado que, é claro, ele próprio está atento a que o momentâneo é um mal-entendido. Mas já que é impossível encontrar uma certeza absoluta neste dialetizar, ele terá, a despeito de todo o seu empenho, uma consciência da culpa, outra vez totalmente definida pelo fato de que, em sua relação com uma felicidade eterna ele jamais ousaria dizer que fez tudo o que podia para segurar a recordação da culpa.

O conceito de culpa como uma categoria de totalidade pertence essencialmente à esfera religiosa. Tão logo o estético quer ocupar-se com ele, este conceito se torna dialético como fortuna e infortúnio, com o que tudo acaba confundido. Esteticamente, a dialética da culpa é esta: o indivíduo é inocente, então chegam culpa e inocência como categorias alternantes na vida, ora o indivíduo é culpado disto ou daquilo, ora é inocente. Não tivesse ocorrido isto ou aquilo, o indivíduo não se teria tornado culpado; em outras circunstâncias, aquele que agora é considerado inocente, ter-se-ia tornado culpado. Este *pro et contra* [*lat.*] como *summa summarum* (portanto, não um caso avulso[435] de culpa ou inocência no interior da categoria de totalidade da culpa) é objeto da atenção dos tribunais, do interesse dos romancistas, do mexerico da cidade e da meditação de alguns pastores. As categorias estéticas são fáceis de reconhecer, e até se pode muito bem, é claro, usar o nome de Deus, o dever, a culpa etc., sem falar ética ou religiosamente. O estético consiste em que o indivíduo seja, em última instância, não dialético em si mesmo. Ele vive sessenta anos, é condenado três vezes e colocado sob vigilância policial; vive sessenta anos e não foi jamais condenado por nada, mas há vários rumores feios a seu respeito; vive sessenta anos, um homem realmente simpático: [VII 469] e daí? Aprendemos alguma coisa disso? Não, ao contrário, ganhamos uma noção de como uma única vida humana atrás da outra pode passar na tagarelice[436], quando o existente não tem dentro de si mesmo a interioridade que é a terra natal e o solo nativo de todas as categorias de totalidade.

O discurso religioso tem a ver essencialmente com a categoria de totalidade. Pode usar um crime, pode usar uma fraqueza, pode usar uma negligência, em resumo, qualquer tema particular; mas o que distingue o discurso religioso como tal é que ele se move deste particular para a categoria de totalidade, conectando este particular à relação com uma felicidade eterna. Pois o discurso religioso sempre tem a ver com a categoria de totalidade, não cientificamente (de modo que se faça abstração do particular), mas existencialmente, e por isso o que tem de fazer é submeter o indivíduo singular[437], por bem ou por mal, direta ou indiretamente, dentro da totalidade, não para que este desapareça nela, mas para que fique conectado com ela. Se o discurso religioso espraia-se apenas em particularidades, se distribui ora o louvor, ora a reprovação, se aprova alguns *encomio publico ornatus* [*lat.*: honrados com louvor público] e reprova outros: então ele se confunde com um júri solene de exames para

---

435. *et enkelt Tilfælde*
436. *gaae hen i Sladder*
437. *den Enkelte*

adultos, só que sem menção de nomes. Se a intenção do discurso religioso é ajudar a polícia, trovejando contra crimes que se esquivam do poder da polícia, mais uma vez é verdade que, se o orador religioso não troveja em virtude da categoria de totalidade, e esta, por si só, é tão séria que não necessita de muita contundência gesticulatória, então Sua Reverência se confunde com uma espécie de agente de polícia, e deveria, mais apropriadamente, circular com um cassetete e ser remunerado pela edilidade. Na vida diária, no comércio[438], no trato social, um é culpado por isto, outro por aquilo, e fica-se nisso; mas um discurso religioso tem a ver com a interioridade, na qual a categoria de totalidade agarra o homem. A categoria de totalidade é o religioso; tudo o mais que carece disso é, visto essencialmente, ilusão dos sentidos, por meio da qual até o maior dos criminosos é não obstante no fundo inocente, e uma pessoa de boa índole é um santo.

Que a recordação retenha eternamente a culpa é a expressão do *pathos* existencial, a expressão mais elevada, por isso mais elevada até do que a penitência [VII 470] mais entusiasmada que deseja reparar a culpa[439]. Esta retenção da culpa não consegue encontrar sua expressão em algo exterior, por meio do qual ela ficasse finita; pertence, portanto, à interioridade oculta. Aqui, como em toda parte, nossa apresentação a ninguém ofende, não ofende pessoa alguma ao dizer dela que é religiosa, ao revelar o que ela oculta; não ofende ninguém ao negar que seja uma pessoa religiosa, pois o nó da questão está justamente em que ela é oculta – e não há ninguém que note alguma coisa.

Indicarei agora brevemente as concepções de culpa e as respectivas concepções de satisfação[440], que são mais baixas do que a recordação eterna da culpa na interioridade oculta. Dado que no parágrafo precedente fui muito minucioso, posso aqui ser bem mais breve; pois o que foi mostrado no parágrafo precedente como mais baixo

---

438. *Handel og Vandel*

439. Recordemos que o perdão dos pecados é a satisfação paradoxal em virtude do absurdo. Apenas para que fiquemos atentos a quão paradoxal isto é, a recordação eterna da culpa como a mais elevada expressão tem de intervir para que as esferas não se confundam e não se tagarele sobre o crístico em meio a categorias infantis do perdão dos pecados, que se situam num plano onde o ético não aflorou, muito menos o religioso, e menos ainda o crístico.

440. *Fyldestgørelse*

tem de se mostrar de novo aqui. Também aqui, como em toda parte, só a categoria[441] é respeitada e, por isso, incluo concepções que, embora frequentemente chamadas de cristãs[442], quando reportadas à categoria, muitas vezes provam que não o são. Que um pastor, mesmo um pastor paramentado de seda, que um cristão batizado, ornado com títulos e enfileirado entre os verdadeiros cristãos, embaralhe algo, não faz com que tal coisa seja cristianismo, tampouco como se seguiria diretamente, do fato de um médico rabiscar algo numa folha de receita, que esta coisa seja por isso um remédio – pode até ser aguapé[443]. Nada há de tão novo no cristianismo que aparentemente não tenha havido antes no mundo[444], e, contudo, tudo é novo. [VII 471] Se acaso alguém usa o nome do cristianismo e o de Cristo, mas as categorias (apesar das expressões) não têm nada de crísticas, será isto então cristianismo? Ou se por acaso alguém (cf. Seção I, Cap. II) propõe que uma pessoa não pode ter seguidores e um outro se põe como adepto desta doutrina, não há assim um mal-entendido entre eles, a despeito de todas as asseverações do adepto sobre sua admiração e sobre o quanto se apropriou totalmente – do mal-entendido? O sinal distintivo do cristianismo é o paradoxo, o paradoxo absoluto.

---

441. *Categorien*

442. *christeligt*: crísticas

443. *Pøit*: vinho aguado

444. Nesse caso, o cristianismo seria reconhecível diretamente de modo estético: a novidade pela novidade; e aí tudo estaria de novo confundido. Uma novidade direta pode ser o sinal distintivo, p. ex., de uma descoberta mecânica, e esta novidade é acidentalmente dialética, mas esta novidade não pode, de jeito nenhum, causar escândalo. Escândalo ocorre, em última instância, para um indivíduo em relação àquilo que é essencial, quando alguém quer fazer com que seja novo para ele algo que ele essencialmente crê já possuir. Aquele que não tem absolutamente nenhuma religiosidade não pode por certo de jeito nenhum escandalizar-se com o cristianismo, e a razão por que os judeus estiveram mais próximos do que todos os outros de se escandalizar foi porque estavam mais próximos dele do que os outros. Se o cristianismo tivesse apenas acrescentado algo novo ao velho, isto só teria podido provocar escândalo relativamente; mas justamente porque quis tomar todo o velho e fazê-lo novo, o escândalo estava tão próximo. [VII 471] Se a novidade do cristianismo nunca tivesse surgido no coração de um ser humano, no sentido de que ele nunca tivesse tido nada em seu lugar que imaginasse ser o mais elevado, nunca poderia causar escândalo. Justamente porque sua novidade não é direta, mas antes precisa anular uma ilusão, o escândalo é possível. Por isso, a novidade do cristianismo tem atrás de si, como baliza [*Terminus*], a eterna religiosidade da interioridade oculta; pois em relação ao eterno, uma novidade é certamente um paradoxo. Tomado ao acaso, junto com outras novidades, ou afirmado por uma asserção de que em meio a todas as novidades ele é a mais notável, ele é apenas estética.

Tão logo uma assim chamada especulação cristã abole o paradoxo e transforma esta determinação em um momento [logo superado], aí todas as esferas estão confundidas.

Uma concepção mais baixa de culpa é então qualquer uma que não coloque a culpa, através de um eterno recordar, em conexão com a relação para com uma felicidade eterna, porém, pela memória, coloca-a em conexão com algo de mais baixo, algo de comparativo (sua própria casualidade, ou de outros) e permite que o esquecimento se intrometa nas particularidades da culpa. Isto torna a vida fácil e desembaraçada, como o é a vida de uma criança, porque a criança tem muita memória (orientada para o exterior), mas nenhuma recordação, no máximo a interioridade do instante. Fica sempre uma questão a respeito de quantas pessoas há que, em última análise, se relacionam de forma absoluta na determinação do espírito; fica uma questão, mas eu não digo, pois claro que é possível que nós todos o façamos, posto que a interioridade oculta é justamente a oculta. Certo é apenas isto, que a questão não é, de jeito nenhum, igual àquela sobre capacidades, graduações, habilidade, conhecimentos etc. A pessoa mais humilde pode relacionar-se consigo absolutamente na determinação do espírito, de modo tão pleno quanto a mais dotada; pois dons, conhecimentos e talento são afinal um "o quê", mas o caráter absoluto da relação do espírito é um "como" em relação ao que se é, seja isto muito ou pouco.

Uma concepção mais baixa de culpa é qualquer uma que queira colocar a culpa em conexão com a representação de uma felicidade eterna momentaneamente, aos domingos, por exemplo, [VII 472] na celebração das matinas do ano-novo, com o coração de jejum, e depois ficar livre de novo por toda a semana, ou por todo o ano.

Uma concepção mais baixa de culpa é qualquer mediar: pois mediação libera sempre da relação absoluta para com o absoluto, e deixa que esta se esgote em predicados fragmentários, no mesmo sentido em que uma nota de cem táleres vale o mesmo que tantas e tantas de um. Mas a relação absoluta é justamente o absoluto por ter o seu por si mesmo[445], por relacionar-se com o absoluto, uma joia que só pode ser possuída inteira e não pode ser trocada. A mediação dispensa o homem de se aprofundar na categoria de totalidade e faz

---

445. *ved at have Sit for sig selv*

com que ele se encha de ocupações exteriores, torna sua culpa algo de exterior, a dor de seu castigo algo de exterior; pois o lema da mediação e sua indulgência é que o exterior é o interior e o interior o exterior, com o que a relação absoluta do indivíduo para com o absoluto é suprimida.

Tal como a concepção de culpa é mais baixa, assim também corresponde a cada concepção uma satisfação[446] que é mais baixa do que aquela concepção superior a todas, que é a do eterno recordar, que, por isso, não aceita nenhuma satisfação, embora a imanência subjacente, dentro da qual está o dialético, seja uma possibilidade insinuada.

Uma satisfação mais baixa é o conceito civil de punição. Este conceito corresponde a esta ou aquela culpa e, portanto, está completamente fora da categoria de totalidade.

Uma satisfação mais baixa é o conceito estético-metafísico de *nemesis* [*gr.:* (deusa da) vingança e (do) castigo implacável]. *Nemesis* é algo exteriormente dialético, é a consequência ou a justiça natural[447] da exterioridade. O estético é uma interioridade não aberta; por isso, aquilo que é ou deve ser interioridade precisa manifestar-se no exterior. É como quando numa tragédia o herói do tempo passado se mostra como um espírito para alguém que está dormindo: o espectador tem de ver o espírito, embora aquilo que se mostra seja a interioridade de quem está dormindo. Assim também com a consciência da culpa: a interioridade torna-se exterioridade. Por isso as Fúrias eram visíveis, mas exatamente sua visibilidade tornou a interioridade menos terrível, e justamente por causa de sua visibilidade foi estabelecido um limite para elas: no templo, as Fúrias não ousavam entrar. Se, por outro lado, toma-se a consciência da culpa contudo meramente como mágoa[448] em relação a uma culpa específica, aí este ocultamento é justamente o terrível; pois mágoa ninguém pode ver, e mágoa acompanha a pessoa através de qualquer limiar. A visibilidade das Fúrias expressa simbolicamente, porém, a comensurabilidade entre o exterior e o interior, [VII 473] por meio da qual a

---

446. *Fyldestgjørelse*
447. *Naturretfærdighed*
448. *Nag:* ressentimento, rancor, remorso

consciência da culpa é finitizada, e a satisfação reside no sofrimento da punição na temporalidade, e a reconciliação consiste na morte, e tudo termina na exaltação melancólica que é o abrandamento[449] da morte, de que agora tudo passou e não havia nenhuma culpa eterna.

Uma satisfação mais baixa é uma penitência autoinfligida, não apenas porque ela é autoinfligida, mas porque até a penitência mais entusiástica finitiza a culpa, ao torná-la comensurável, enquanto que seu mérito é descobrir, no interior, a culpa que escapa da atenção, não apenas da polícia, mas também da *Nemesis*. O que foi dito acima sobre o movimento monástico da Idade Média, vale outra vez aqui: todo respeito pela penitência da Idade Média! Ela constitui sem dúvida um ensaio pueril e entusiástico em grande estilo, e aquele que não consegue penetrar na perspectiva da Idade Média, e consegue mesmo enaltecer o esquecimento e a falta de reflexão e o "vejam só o meu vizinho" como algo de mais verdadeiro, só pode ter perdido toda a fantasia e, graças ao seu grande senso comum[450], ter se tornado quase que completamente estúpido. Pois se a penitência na Idade Média não era verdadeira, então era uma comovente e entusiástica inverdade, e mesmo que o esquecimento e a falta de reflexão não sejam culpados da falsa representação de Deus, de que Ele haveria de se comprazer ao ver um ser humano se flagelar, então com certeza é uma inverdade ainda mais terrível deixar Deus o tempo todo fora do jogo, se ouso dizê-lo assim, e consolar-se com a ideia de não se ter sofrido nenhuma condenação, e ser até diretor de baile no clube. A Idade Média, por outro lado, se assim posso dizer, deixou que Deus participasse do jogo; entende-se, as noções são bastante pueris; mas Deus está presente contudo absolutamente. Ensaiemos o seguinte experimento mental: um homem que põe sua culpa em conexão com a representação de uma felicidade eterna e que, justamente por isso, isola-se consigo mesmo, com sua culpa, e com Deus (aqui reside o verdadeiro, em comparação[451] com toda atividade e despreocupação comparativas[452] no cardume de arenques), imaginemos seu desesperado meditar sobre se não haveria afinal algo que ele pudesse

---

449. *Formildelse*
450. *Forstandighed*
451. *i Sammenligning*
452. *comparativ*

encontrar[453] para a satisfação pela culpa, imaginemos a aflição da inventividade, se não seria afinal possível encontrar alguma coisa que pudesse contentar novamente Deus: e podemos rir, se conseguirmos, do sofredor que encontra a penitência, à medida que assumimos – o que aliás sempre convém fazer num experimento mental – que, com toda honestidade, sua intenção e seu desejo é que Deus pudesse comover-se e abrandar-se com todo este sofrimento. Certamente há algo de cômico aí, porque esta concepção transforma Deus em uma figura de história de aventuras, um Holofernes, um paxá com três rabos de cavalo, a quem tais coisas poderiam agradar: mas será melhor abolir Deus de tal jeito [VII 474] que Ele se torne um medalhão[454] ou um pedante[455] que se assenta nos céus e não consegue aparecer, de modo que ninguém o percebe, porque o efeito produzido por Ele só atinge o indivíduo singular[456] através da massa compacta das causas intermediárias, e o choque se reduz, portanto, a um toque imperceptível? Será melhor abolir Deus capturando-o nas malhas da lei natural e no desenvolvimento necessário da imanência? Não, todo respeito pela penitência da Idade Média e pelo que, fora do cristianismo, apresenta analogias com ela; aí reside sempre o elemento verdadeiro de que o indivíduo não se relaciona com o ideal através da geração ou do estado ou do século ou do preço de mercado dos homens na cidade onde vive, quer dizer, impede-se por meio dessas coisas de se relacionar com o ideal, porém ele se relaciona com o ideal mesmo que erre em seu entendimento a respeito. O que uma moça não descobrirá a fim de voltar às boas com o amado, se crê que ele está ofendido? Mesmo que lhe venha à mente algo de risível, o amor que há nela não santifica o ridículo? E não será no caso dela o verdadeiro que ela se relacione idealmente para com seu amor na originalidade apaixonada da ideia e, por isso, não procure a companhia de nenhuma comadre que possa lhe dizer de que modo outras moças tratam seus amados? Quem tiver olhos para as categorias, facilmente perceberá que a primeira moça é cômica apenas para uma concepção mais pura, que, por isso, sorri dela com leveza e simpa-

---

453. *at hitte paa*
454. *Titulatur*
455. *Peernittengryn*
456. *den Enkelte*

tia, para ajudá-la rumo a algo melhor, mas sempre com respeito por sua paixão; e que, por outro lado, uma comadre, uma mexeriqueira, que só sabe coisas de terceira mão, é incondicionalmente cômica no papel de uma apaixonada[457], na qual tais ocupações secundárias caracterizam uma baixeza de sentimentos, o que, pior do que a infidelidade, prova que não tem nada a que ser fiel.

E assim também: sobre o religioso que se extravia na originalidade, a paixão da originalidade lança uma luz benevolente, em contraste com o religioso que aprende da rua, do jornal, do clube, como lidar com Deus, e como os outros cristãos sabem lidar com Ele. Por causa do enredamento com a ideia de estado, de socialidade forçada, de comunidade e de sociedade, Deus já não consegue atingir diretamente o indivíduo singular; por maior que seja a ira de Deus, a punição que está para cair sobre o culpado tem de se transplantar através de todas as instâncias da objetividade: deste modo, com a terminologia filosófica mais vinculante e cheia de reconhecimento, conseguiu-se despachar Deus para longe. A gente se apressa para obter uma representação de Deus cada vez mais verdadeira, mas parece esquecer-se dos fundamentos iniciais: que se deve temer a Deus. Um religioso objetivo na massa humana objetiva não teme a Deus; não o escuta na trovoada [VII 475], pois esta é uma lei da natureza, e talvez tenha razão; não o vê nos eventos, pois trata-se da necessidade imanente entre causa e efeito, e talvez tenha razão; mas então, e a interioridade do isolamento diante de Deus? Bem, isso é muito pouco para ele; isso ele não conhece, ele que está em vias de realizar o objetivo.

Se a nossa época é mais imoral do que outras, não devo decidir, mas tal como uma penitência degenerada foi a imoralidade específica numa época da Idade Média, assim também a imoralidade de nossa época poderia facilmente tornar-se uma debilidade fantástico-ética, uma dissolução de um desespero voluptuoso e mole, no qual indivíduos, como num sonho, tateiam à busca de uma representação de Deus, sem sentir nenhum terror nisso, ao contrário, jactando-se desta superioridade, que, em sua vertigem de pensamento, e com a imprecisão da impessoalidade, têm um vislumbre, por assim dizer,

---

457. *Elskerinde, lit.*: (uma) amante

de Deus no indefinido, e, fantasticamente, encontram-se com aquele cuja existência se mantém mais ou menos como a das sereias. E o mesmo poderia facilmente repetir-se na relação do indivíduo consigo mesmo, que o ético e a responsabilidade e a força de agir e o enrijecedor isolamento do arrependimento evaporam-se num brilhantismo da dissolução, no qual o indivíduo sonha consigo mesmo metafisicamente, ou deixa a existência toda sonhar a respeito de si mesma, e confunde-se com Grécia, Roma, China, história do mundo, com a nossa época, e com o século; capta de modo imanente a necessidade de seu próprio desenvolvimento e aí, por sua vez, objetivamente deixa seu próprio *eu* flutuar, no todo, como uma penugem, esquecendo-se de que mesmo que a morte transforme o corpo de uma pessoa em pó e o misture com os elementos, é terrível que, em vida, ela se torne uma forma a mais no imanente desenvolvimento do infinito. Então, seria melhor pecarmos, pecarmos para valer, seduzir moças, assassinar homens, roubar na estrada: de tais coisas a gente pode afinal arrepender-se, e um tal criminoso Deus consegue, afinal, agarrar. Mas desta distinção[458], que se elevou tão alto, desta é difícil arrepender-se; tem uma aparência de profundidade que engana. Então, seria melhor escarnecer de Deus, para valer, como já aconteceu antes no mundo; isso sempre será preferível à presunção debilitante com que se quer provar a existência de Deus. Pois provar a existência[459] de alguém que existe[460] é o atentado mais desavergonhado, dado que é uma tentativa de torná-lo ridículo; mas a desgraça está em que a gente nem ao menos suspeita disso, e que, em total seriedade, considera-se tal coisa como um empreendimento piedoso. Como pode ocorrer, porém, a quem quer que seja provar que ele existe, a não ser porque a gente se permitiu ignorá-lo; e agora a gente o faz de um modo ainda pior ao provar sua existência a um palmo do nariz dele. [VII 476] A existência[461] ou a presença[462] de um rei tem geralmente uma expressão própria de subordinação e reverência: e que tal, se alguém, diante de sua soberana presença, quisesse provar

---

458. *Fornemhed*: nobreza
459. *Tilvœr*: *lit.*: ser aí
460. *er til*: está presente
461. *Tilvœrelse*: estar aí
462. *Tilstedevœrelse*

que ele existia?[463] A gente o prova, desse modo? Não, a gente o faz de bobo, pois sua presença a gente demonstra pela expressão de reverência, por mais diferentes que sejam os costumes de cada país: e assim se prova também a existência de Deus pela adoração – não pelas demonstrações. Um pobre coitado de um escritor a quem, mais tarde, um pesquisador retira da obscuridade do esquecimento, com certeza há de ficar louco de alegria pelo fato de o pesquisador ter conseguido demonstrar sua existência; mas um ser onipresente só mesmo pela piedosa estupidez[464] de um pensador pode ser levado a este embaraço ridículo.

Mas se isso pode acontecer assim, ou quando numa época é este o caso: de onde provém, senão justamente do fato de que a gente deixa de lado a consciência da culpa? Assim como o papel-moeda pode ser um importante meio em função do comércio entre as pessoas, mas, em si mesmo, é uma quantidade quimérica se em última instância não há lastro[465]: assim também, a concepção comparativa, convencional, exterior, burguesa do ético é decerto útil em situações ordinárias, mas se fica olvidado que o lastro do ético tem de estar presente na interioridade do indivíduo, se é que deve estar algures, e se toda uma geração pudesse esquecê-lo, então a geração – ainda que se quisesse admitir que ali não havia um único criminoso, mas só gente muito decente (o que, aliás, não se pode nem de longe dizer incondicionalmente que educação e cultura tragam consigo) – então esta geração seria, contudo, no essencial eticamente empobrecida e essencialmente uma geração que está indo à falência. No trato com as pessoas é bem correto julgar cada terceiro como um terceiro, mas se esta habilidade no trato social também leva cada indivíduo particular a julgar a si mesmo, em sua interioridade diante de Deus, como um terceiro, isto é, apenas exteriormente, aí o ético está perdido, a interioridade sumiu, a ideia de Deus já não diz mais nada, desapareceu a idealidade, pois aquele cuja interioridade não reflete o ideal não tem nenhuma idealidade. Em relação à multidão das pessoas (i. é, quando o indivíduo[466] olha

---

463. *var til*: estava aí
464. *Klodderagtighed*: obtusidade, "canhotice"
465. *Valuta*
466. *Enkelte*

para os outros, mas isto, é claro, faz um círculo, uma vez que cada um dos outros é, por sua vez, o indivíduo singular), é correto usar um critério comparativo; mas se este uso do critério comparativo assume o controle de tal modo que, em seu ser mais interior, o indivíduo o use para si mesmo, o ético se extinguiu, e o ético desgastado bem poderia encontrar seu lugar em um jornal comercial sob a rubrica: preço mediano e qualidade mediana.

[VII 477] O que havia de respeitável na penitência da Idade Média era que o indivíduo aplicava o critério absoluto em relação a si mesmo. Se não se conhece nada mais elevado do que o comparativo, o critério cívico, provinciano, do crente sectário, bem-ajustado: então não se pode sorrir da Idade Média. Todos concordam, afinal de contas, em que o filistinismo burguês é cômico. Mas o que é o filistinismo? É possível não ser um filistino em uma cidade grande? Por que não? O filistinismo burguês consiste sempre no uso do relativo como absoluto em relação ao essencial. Que muita gente não o perceba quando o que se utiliza é uma relatividade óbvia, apenas mostra sua limitação em relação ao cômico. Dá-se, com a concepção do filistinismo burguês, o mesmo que com a de ironia; cada um, até o mais terra a terra, procura de modo canhestro[467] ser irônico, mas lá onde a ironia realmente começa, todos caem fora, e o bando desses todos, em que cada um por si é relativamente irônico numa escala decrescente, volta-se amargurado contra o irônico de verdade. Ser a melhor de todas as pessoas de Kjøge[468], é algo de que em Copenhague a gente se ri; mas ser a mesma coisa em Copenhague é igualmente ridículo, pois o ético e o ético-religioso não têm a ver absolutamente nada com o comparativo. Todo critério comparativo, seja o de Kjøge ou o de Copenhague ou o de nossa época ou o deste século, caso isso deva ser o absoluto, é filistinismo burguês.

Por outro lado, logo que o indivíduo voltar-se para si mesmo com a exigência absoluta, aparecerão também analogias com a penitência autoinfligida, mesmo que não se expressem tão ingenuamente e, sobretudo, se conservem no refúgio da interioridade e ao abrigo

---

467. *fusker i*
468. *Kjøge*: Uma cidadezinha ao sul de Copenhague [N.T.].

da exterioridade óbvia, que tão facilmente se torna uma invitação ao mal-entendido, tão nocivo ao indivíduo quanto aos outros; pois toda comparação atrasa, e é por isso que a mediocridade a aprecia tanto e, se possível, captura todo mundo nela, como numa armadilha, com sua desprezível amizade, quer o prisioneiro seja admirado como algo de acima do comum – em meio a mediocridades, quer seja ternamente abraçado por seus iguais. Está total e completamente em ordem que cada ser humano, até mesmo o mais excelente, como um terceiro em relação a outro ser humano (motivado por simpatia ou por qualquer outra coisa), aplique um critério inferior àquele que todo ser humano deveria e poderia ter dentro de si mesmo devido à relação silenciosa com o ideal. Aquele, portanto, que acusa os homens, que foram eles que o corromperam, fala bobagem e apenas acusa a si mesmo, que se esquivou de algo e agora quer voltar sorrateiramente para algo, pois por que não se preveniu contra isso, [VII 478] e por que continua [na mesma situação], em vez de compensar se possível o que foi corrompido, buscando em silêncio pelo critério que há dentro de si? É bem certo que uma pessoa pode exigir de si mesma esforços contra os quais seu mais bem-intencionado amigo, se estivesse sabendo deles, lhe desaconselharia; mas ninguém acuse o amigo; ela acusa a si mesma, por ter procurado tal alívio regateando. Todo aquele que, em verdade, arriscou sua vida, teve o critério do silêncio; pois um amigo jamais pode nem deve recomendar tal coisa, muito simplesmente pelo motivo de que aquela pessoa que, quando está para arriscar sua vida, precisa de um confidente com quem irá deliberar a respeito – não serve para isso. Mas quando as coisas começam a ficar quentes, e o esforço final é exigido – então ela pula fora, então procura alívio com um confidente e recebe o conselho bem-intencionado: Poupe-se. Aí o tempo passa, e a necessidade desaparece. E quando então num momento posterior recebe a visita de uma recordação, então a gente culpa os outros, para mais uma prova de que se perdeu a si mesmo e de que sua idealidade está entre as coisas que se foram. Mas aquele que silencia não acusa ninguém além de si mesmo, não ofende ninguém com seu esforço; pois esta é sua convicção vitoriosa, que há e pode e deve haver em todo ser humano este consaber com o ideal, que exige tudo e só consola no aniquilamento diante de Deus. Que qualquer um que queira ser porta-voz da mediocridade resmungue contra ela ou faça alvoroço; se é legítimo defender-se contra um bandido na estrada, então também há uma defesa legítima e, acima de tudo, agradável a Deus, ao assédio da mediocridade – é o silêncio. Na relação do silêncio para com o ideal há um julgamento sobre um ser humano. Ai daquele que, como terceiro, atreve-se a julgar assim uma pessoa; não há apelação possível deste julgamento a alguma instância superior; pois esta é em absoluto a mais elevada. Mas há uma escapatória, e então se recebe um julgamento indescritivelmente mais brando. E quando então alguém numa certa ocasião repassa em sonhos sua vida, fica aterrorizado e acusa os homens – em mais uma prova de que o caso deste alguém ainda continua pendente do fórum da mediocridade. Na relação de silêncio para com o ideal, há um critério que transforma até o maior esforço em uma ninharia, transforma o esforço continuado ano após ano em um passinho de galo – mas na conversa vazia, passos de gigante são dados sem esforço. Assim, quando o desânimo se apossou de uma pessoa, quando ela achou cruel da parte do excelso que todo o seu esforço concentrado nele tenha desaparecido como nada, quando não pôde suportar que a intransponibilidade fosse o caminho e o critério do ideal: então ela procurou alívio e o encontrou, encontrou-o junto a alguém talvez sinceramente bem-intencionado, [VII 479] que fez o que se pode e deve exigir de um terceiro, e lhe agradeceu por isso até que, levianamente, acabou por acusar os homens porque ela própria, no caminho facilmente transitável da mediocridade, não avançou. No acordo do silêncio com o ideal, falta uma palavra cuja ausência não se sente, pois o que ela designa nem existe – é a palavra "desculpa". No clamor do exterior, na conformidade sussurrada entre o vizinho do lado e o da frente, esta palavra é a palavra radical e suas derivações são incontáveis. – Que isto seja dito em honra da idealidade do silêncio. Aquele que vive deste modo não pode, é claro, dizê-lo, pois é silencioso; pois bem, então o digo eu, e não preciso acrescentar então que não me apresento como alguém que o faça.

Aquele que se volta para si mesmo com o critério absoluto será incapaz, é claro, de ir levando a vida na alegria de, pelo fato de guardar os mandamentos e não ter nenhuma condenação sobre si e de ser considerado pela *clique* [*fr.*: corja, *coterie*] dos despertados como uma pessoa bem cordial, ser então um sujeito simpático, que, se não morrer logo, se tornará, em pouco tempo, perfeito demais para este mundo; ao contrário, ele descobrirá a culpa, sempre de novo, e, por sua vez, a descobrirá no interior da categoria de totalidade: culpa.

Mas está profundamente enraizado na natureza humana que culpa requer punição. Quão próximo se encontra, então, o inventar uma coisa qualquer, um trabalho penoso, talvez, mesmo que seja de tal modo dialético que possa, quem sabe, beneficiar outros, beneficência aos necessitados, negar a si mesmo um desejo etc. Será tão ridículo isso? Eu acho que isso é infantil e bonito. E, contudo, isto é, afinal, análogo à penitência autoinfligida, mas ainda finitiza a culpa, por mais bem-intencionado que seja. Há nisso uma esperança infantil e um desejo infantil de que tudo possa assim ser reparado, uma infantilidade em comparação com a qual a recordação eterna da culpa na interioridade oculta é terrível seriedade. O que é que faz a vida da criança ser tão fácil? É que tão seguido se fale de estar quites e de um novo começar a partir do zero. A infantilidade da penitência autoinfligida está em que o indivíduo quer, contudo, piedosamente, persuadir-se de que a punição é pior do que a recordação da culpa. Não, a punição mais pesada é justamente a recordação. Para a criança, a punição é o mais pesado, porque a criança não tem nenhuma recordação, e a criança pensa desse jeito: Se pudesse escapar da punição, estaria feliz e contente. Mas o que é interioridade? É recordação. A irreflexão das pessoas gregárias[469] e comparadoras, que são bem iguais às outras aqui na cidade e assemelham-se umas às outras como soldadinhos de chumbo numa caixa, [VII 480] está em que todas as suas comparações carecem de um verdadeiro *tertium comparationis* [*lat.*: terceiro elemento em uma comparação, padrão]. A interioridade infantil do adulto é atenção para consigo mesmo, mas aquilo que engana é a quitação[470]. Mas a seriedade é esta recordação eterna, e que justamente não se há de confundir com a seriedade de se casar, ter filhos, ter gota, fazer o exame da graduação em teologia, ser deputado do conselho estamental, ou até, quem sabe, carrasco.

O humor, enquanto *confinium* [*lat.*: território-limite] da religiosidade da interioridade oculta, apreende a totalidade da consciência da culpa. Por isso, o humorista raramente fala desta ou daquela culpa, porque apreende o total, ou acentua casualmente esta ou aquela culpa particular porque a totalidade se exprime por meio dela indiretamente. O humorístico emerge em se deixando que o infantil

---

469. *Dusin-Mennesker*: *lit.*: homens às dúzias
470. *Qvitteringen*: a conta já paga, com recibo

se reflita na consciência total. A cultura do espírito[471] na relação com o absoluto[472], quando justaposta com a infantilidade, produz o humor. Com bastante frequência, encontramos gente grande, com a confirmação feita, pessoas "cordiais" que, embora mais velhas em idade, fazem ou deixam de fazer tudo como uma criança e, mesmo aos quarenta anos, seriam sem dúvida consideradas como crianças promissoras, caso fosse uso e costume viver 250 anos. Mas infantilidade e gaiatice[473] são muito diferentes de humor. O humorista tem o infantil, mas não é possuído por ele, continuamente o impede de se expressar diretamente, e lhe permite transparecer só através de uma cultura absoluta. Se, por isso, uma pessoa de cultura absoluta for colocada junto a uma criança, sempre descobrirão juntos o humorístico: a criança fala algo assim e não sabe de onde vem; o humorista entende o que foi dito. Cultura relativa, ao contrário, posta junto a uma criança, nada descobre, porque não presta atenção à criança e à sua tolice.

Lembro-me de uma réplica numa situação específica que devo relatar agora. Foi num daqueles grupinhos que se formam de maneira efêmera no interior de uma reunião social maior. Uma jovem casada, motivada por algum evento infeliz que estava em discussão, de modo não inapropriado, expressou sua dor diante da vida, que cumpre tão pouco do que promete: "Não, a infância feliz, ou, melhor, a felicidade da criança!" Calou-se, curvou-se para uma criança que carinhosamente se agarrava a ela, e acariciou o queixo do pequeno. Um dos falantes, cuja emoção claramente simpatizava com a jovem esposa, continuou: "Sim, e sobretudo a felicidade da infância, de levar surra"[474], [VII 481] e,

---

471. *Aands Dannelse*: a formação do espírito

472. *Absoluthedens Forhold*

473. *Labansstreger*

474. Quando a réplica foi feita, todos riram dela. Foi um puro mal-entendido. Tomaram a réplica por ironia, o que não era o caso, de jeito nenhum. Se a réplica tivesse sido irônica, seu autor teria sido um irônico medíocre; pois na réplica havia uma ressonância de dor, o que, do ponto de vista irônico, é totalmente incorreto. A réplica era humorística e, por isso, tornava a situação irônica por conta do mal-entendido. Isto, por sua vez, está de acordo, porque uma réplica irônica não pode tornar a situação irônica, pode, no máximo, trazer à consciência que a situação o é, enquanto que uma réplica humorística pode tornar a situação irônica. O irônico se afirma e evita a situação, mas a dor oculta do humorista contém uma simpatia em virtude da qual ele próprio ajuda a compor a situação e, assim, faz-se possível uma situação irônica. Mas bem frequentemente conlogo após, afastou-se para conversar com a anfitriã que passava por ali.

[VII 482] Justamente porque o chiste no humor reside na revogação (uma profundidade incipiente que é revogada), ele, naturalmente, recorre com frequência à infância. Se um homem como Kant, que paira nas alturas da erudição científica, dissesse, ao tratar das provas da existência de Deus: "Bem, não sei nada mais sobre isso do que aquilo que o meu pai me falou": isto é humorístico, e de fato diz

funde-se o que aí é dito ironicamente com aquilo que, uma vez dito, pode ter um efeito irônico na situação. Neste caso, ela se tornou irônica porque riram e tomaram a réplica por galhofa [*Drillerie*], sem descobrir que a réplica continha muito mais melancolia [*Veemod*] em relação à felicidade da infância do que a réplica da jovem esposa. A concepção melancólica da infância situa-se em relação àquela oposição, a partir da qual se toma a visão nostálgica. Mas a maior oposição é a recordação eterna da culpa, e a nostalgia mais melancólica [*veemodigste Længsel*] está bem propriamente expressa na saudade das surras recebidas. Quando a jovem esposa falou, ficaram um pouco comovidos; com a réplica do humorista ficaram quase ofendidos, apesar de terem rido, e, no entanto, ele dissera algo muito mais profundo. A partir de todas as maçadas da vida, das canseiras que consomem o espírito e da malvada fadiga, sim, da seriedade rabugenta dos cuidados da subsistência, sim, até mesmo da dor cotidiana de um casamento infeliz, ter saudades da felicidade da infância não chega, contudo, nem perto de ser tão melancólico quanto ter saudades dela a partir da recordação eterna da culpa, e era sobre isso que o humorista estava refletindo melancolicamente, pois, a partir da totalidade da consciência da culpa, ter saudades de uma representação imaginária da pura inocência da criança é propriamente parvoíce, embora seja algo muitas vezes usado de modo comovente – por gente superficial. A réplica não era uma galhofa descortês; ao contrário, era cheia de simpatia. Conta-se a respeito de Sócrates que um homem veio até ele e queixou-se de que o estavam difamando pelas costas; Sócrates respondeu: "Isto é algo com que se preocupar? Para mim é tão indiferente o que fazem comigo em minha ausência, que até poderiam surrar-me à vontade, eu estando ausente". Esta réplica é, corretamente, ironia; exclui aquela simpatia com a qual Sócrates poderia criar uma situação recíproca [VII 482] (e a lei para a ironia galhofeira é bem simplesmente esta: que a astúcia do irônico sempre impeça o diálogo de ser um diálogo, embora, sob todos os aspectos, pareça ser um diálogo, talvez até um diálogo cordial); ela é ironicamente galhofeira, ainda que o seja orientada para o ético, a fim de despertar o homem a conquistar autoafirmação. Portanto, Sócrates muito propriamente diz menos do que tinha dito o outro, pois difamação é alguma coisa, afinal de contas, mas surrar alguém em sua ausência é algo que nada significa. Uma réplica humorística, por outro lado, deve sempre conter alguma coisa profunda, embora escondida no chiste, e deve, por isso, dizer mais. Assim, quando um homem se volta para um irônico para lhe confiar um segredo, sob a promessa de silêncio, e este responde: "Confia totalmente em mim; a mim pode-se confiar incondicionalmente um segredo, pois eu o esqueço tão depressa quanto ele é dito": assim aqui bem corretamente, graças a esta dialética abstrata, aniquila-se a confiança. Caso o outro realmente lhe confesse seu segredo, estão de fato dialogando, mas se há de ser um diálogo confidencial, então isto é um mal-entendido. Se, contudo, aquele homem perseguido pela difamação tivesse dito, p. ex., para uma jovem o que disse a Sócrates, tivesse reclamado deste e daquele que falou mal dele em sua ausência, e a moça tivesse respondido: "Então eu posso me dar por feliz, pois de mim ele esqueceu completamente": aí a réplica tem um toque de humor, embora não seja humorística, à medida que não reflete sobre alguma categoria de totalidade, cujo oposto específico constitui o humorístico.

mais do que um livro inteiro de provas, se o livro se esquecer disto. Mas justamente porque no humor há sempre uma dor escondida, há também uma simpatia. Na ironia não há nenhuma simpatia; ela é autoafirmação, e sua simpatia está, portanto, simpatizando, de todo indiretamente, não com algum ser humano, mas com a ideia de autoafirmação como possibilidade para cada um dos seres humanos. Por isso, nas mulheres frequentemente encontra-se humor, mas jamais ironia. Se uma tentativa dessas é feita, não lhes cai bem, e uma natureza puramente feminina há de considerar a ironia como uma espécie de crueldade.

O humor reflete sobre a consciência da culpa em sua totalidade e, por isso, é mais verdadeiro do que toda medida e rejeição comparativas. [VII 483] A profundidade, porém, é revogada no chiste, bem do mesmo modo como mais acima, na concepção do sofrimento. O humor apreende a totalidade, mas justo quando deve começar a explicá-la, torna-se impaciente, revoga tudo: "Isto bem provavelmente se tornaria prolixo e profundo demais; por isso, eu revogo tudo e devolvo o dinheiro". "Nós somos todos culpados", diria um humorista, "caímos muitas vezes e em muitos pedaços, todos nós que pertencemos à espécie animal chamada humana, a qual Buffon descreve da seguinte maneira..." A isto poderia seguir, logo, uma definição de pura história natural. A oposição aqui chegou a seu máximo: entre um indivíduo[475] que, na recordação eterna, tem a totalidade da consciência da culpa e um exemplar de uma espécie animal. Não se acha, pois, absolutamente nenhuma analogia com a metamorfose do desenvolvimento de um ser humano, suposto que este experimente o desenvolvimento mais elevado: submeter-se à determinação absoluta do espírito. Uma planta, enquanto espira, é essencialmente aquilo em que se torna como uma planta desenvolvida, e é assim também o animal; mas uma criança não, de onde também resulta que decerto haja, em toda geração, muitos que jamais chegarão a submeter-se à determinação do espírito[476] de forma absoluta. A oscilação humorística entre indivíduo e

---

475. *Individ*

476. Recorde-se que com isso não se trata de diferenças de talento, mas sim de que há a possibilidade disso para todo ser humano, enquanto que a despeito disso a metamorfose é uma mudança tão qualitativa que não se deixa explicar pelo pouco a pouco de um desenvolvimento direto, muito embora a consciência eterna, desde que colocada, pressuponha eternamente a si mesma.

espécie é, de resto, um retrocesso a determinações estéticas, e não é aí, de jeito nenhum, que reside o que há de profundo no humor. A totalidade da consciência da culpa no indivíduo singular[477] diante de Deus em relação a uma felicidade eterna é o que define a religiosidade. Sobre isso o humor reflete, mas o revoga de novo. Em outras palavras, visto religiosamente, a espécie é uma categoria inferior à do indivíduo, e enfiar-se sob a rubrica da espécie é um subterfúgio[478].

O humor põe a recordação eterna da culpa em conexão com tudo o mais, mas, nesta recordação, não se relaciona ele mesmo com uma felicidade eterna. [VII 484] Agora chegamos à interioridade oculta. A recordação eterna da culpa não pode ser expressa no mundo exterior, que lhe é incomensurável, dado que toda expressão no exterior torna a culpa finita. Mas a recordação eterna da culpa no caso da interioridade oculta também não é, de jeito nenhum, desespero; pois desespero é sempre o infinito, o eterno, o total no momento da impaciência, e todo desespero é uma espécie de iracúndia[479]. Não, a recordação eterna é o sinal característico da relação para com uma felicidade eterna, tão longe quanto possível de ser um sinal direto, mas, contudo, sempre suficiente para impedir o salto do desespero.

O humor descobre o cômico ao colocar a culpa total em conexão com todas as relatividades entre os homens. O cômico reside em que a culpa total é o subjacente[480] que sustenta toda esta comédia. Em outras palavras, se a inocência essencial, ou a bondade, subjaz ao relativo, isto não é cômico, pois não é cômico que no interior da determinação positiva se determine mais ou menos. Mas se a relatividade baseia-se na culpa total, então o mais ou menos baseia-se naquilo que é menos do que nada, e esta é a contradição que o cômico[481] descobre. À medida que o dinheiro é algo, a relatividade entre o mais rico e o

---

477. *i det enkelte Individ*

478. Somente na determinação última do religioso, no religioso-paradoxal, o gênero humano se torna superior, mas também só em virtude do paradoxo; e, para tornar-se consciente do paradoxo, há que se interpor a determinação do religioso, de que o indivíduo [*Individet*] é superior à espécie, para que as diferenças das esferas não se amalgamem, e não se fale de modo estético sobre o religioso-paradoxal.

479. *Arrigskab*

480. *Tilgrundliggende*: o que está na base, na origem

481. *det Comiske*

mais pobre não é cômica, mas se se tratar de dinheiro simbólico [para jogos], é cômico que se trate de uma relatividade. Se a razão para as pessoas ficarem a correr em círculo for a possibilidade de evitar o perigo, a correria não é cômica; mas se, por exemplo, ela se dá num navio que afunda, há algo de cômico em toda essa circulação, pois a contradição consiste em que, a despeito de toda a movimentação, não se movem para longe do lugar onde se dá o naufrágio.

A interioridade oculta precisa também descobrir o cômico, não no fato de a pessoa religiosa ser diferente das outras, mas no fato de, embora mais pesadamente sobrecarregada por sustentar uma recordação eterna da culpa, ser como todas as outras. Ela descobre o cômico, mas como está sempre relacionando-se com uma felicidade eterna, em recordação eterna, o cômico é um elemento continuamente evanescente.

Entreato entre A e B

O problema exposto (cf. Seção 2, Cap. 4) era um problema existencial e, como tal, patético-dialético. A primeira parte (A), já foi tratada, a parte patética: da relação com uma felicidade eterna. [VII 485] Agora deve-se passar para o dialético (B), que é o decisivo para o problema. Pois a religiosidade que foi tratada até agora e que doravante, por brevidade, aparecerá sob a denominação de religiosidade *A*, não é a especificamente cristã. Por outro lado, o dialético só constitui o decisivo na medida em que é conectado ao patético para um novo *pathos*.

Em geral não se presta atenção às duas partes ao mesmo tempo. O discurso religioso quer representar o patético e eliminar o dialético, e, por isso, por mais bem-intencionado que seja, é às vezes um *pathos* confuso e tumultuário, do tipo salada mista: estética, ética, religiosidade *A*, cristianismo; por isso às vezes é autocontraditório, "mas há passagens adoráveis nele", especialmente adoráveis para quem deve agir e existir de acordo com elas. O dialético se desagrava ao escarnecer, secreta e ironicamente, dos gestos e das grandes palavras e, sobretudo, com seu juízo irônico sobre o discurso religioso, que muito bem pode ser ouvido, mas não pode ser executado. A ciência quer encarregar-se do dialético e, acaba por levá-lo para o *medium* da abstração, com o que o problema fica de novo malresolvido, já que é um problema existencial, e a dificuldade dialética propriamente dita desaparece ao ser explicada no *medium* da abstração, que prescinde da existência. Se o discurso religioso tumultuário é para os homens sensíveis, rápidos em transpirar e livrar-se dele[482], a concepção especulativa é para os pensadores puros; nenhuma das alternativas, porém, é para seres humanos agentes e, por força do agir, existentes.

A distinção entre o patético e o dialético deve, contudo, ser determinada mais precisamente, pois a religiosidade *A* não é, de jeito nenhum, não dialética, só que não é paradoxalmente dialética. A religiosidade *A* é a dialética da interiorização; é a relação com uma felicidade eterna não condicionada por algo, mas é a interiorização dialética da relação, portanto só condicionada pela interiorização, que é dialética. Por outro lado, a religiosidade *B*, como será doravante denominada, ou religiosidade paradoxal, como vinha sendo chamada, ou aquela religiosidade que tem o dialético num segundo lugar[483], impõe condições de tal modo que estas condições não são aprofundamentos dialéticos da interiorização, mas são algo determinado que determina mais precisamente a felicidade eterna (enquanto que, em *A*, a determinação mais precisa da interiorização é tão somente a determinação mais precisa), não ao determinar mais precisamente a apropriação que o indivíduo faz dela, mas ao determinar mais precisamente a felicidade eterna, porém não como uma tarefa para o pensamento, mas justamente de modo paradoxal como empurrando para um novo *pathos*.

[VII 486] A religiosidade *A* tem de estar já presente no indivíduo antes que possa falar de tornar-se atento ao dialético *B*. Quando o indivíduo, na mais decisiva expressão do *pathos* existencial, relaciona-se para com uma felicidade eterna, pode-se então falar do tornar-se atento ao modo como o dialético em segundo lugar (*secundo loco*) o derruba para o *pathos* do absurdo. Ver-se-á, por isso, quão tolo é

---

482. *til at svede og til at svede ud*
483. *paa andet Sted*

quando um homem sem *pathos* quer relacionar-se com o crístico, pois antes que absolutamente se possa falar sobre simplesmente se estar na situação de tornar-se atento a isso, deve-se, antes, existir na religiosidade *A*. O errado acontece, entretanto, com bastante frequência: a gente abusa sem mais de Cristo e do cristianismo e do paradoxal e do absurdo, em suma, de todo o crístico, num galimatias estético, bem assim como se o cristianismo fosse um *gefundenes Fressen* [*al.*: comida achada, pechincha] para imbecis por não poder ser pensado, e bem como se justamente a determinação de não poder ser pensado não fosse a mais difícil de se manter, quando se há de existir nela – a mais difícil de se manter, especialmente para boas cabeças.

A religiosidade *A* pode estar presente no paganismo, e no cristianismo pode ser a de todo aquele que não é decididamente cristão, seja batizado ou não. Compreende-se, tornar-se uma edição *wohlfeil* [*al.*: barata] de um cristão com toda comodidade é muito mais fácil, e ao mesmo tempo tão bom quanto o mais elevado, afinal, ele foi batizado, recebeu de presente uma cópia da Bíblia e um livro de hinos; não é ele, então, um cristão, um cristão evangélico luterano? Porém, isto aí é um assunto para aqueles a quem diz respeito; minha opinião é que a religiosidade *A* (dentro de cujos limites levo minha existência) é tão fatigante para um ser humano que há sempre bastante tarefa nela; meu propósito é o seguinte: fazer difícil tornar-se um cristão, contudo, não mais difícil do que o é, e não, de modo algum, difícil para homens tolos e fácil para boas cabeças, mas difícil em termos qualitativos, e no essencial igualmente difícil para qualquer ser humano, pois, visto essencialmente, é igualmente difícil para qualquer ser humano renunciar a seu entendimento e a seu pensamento e manter sua alma no absurdo; e comparativamente é mais difícil para aquele que tem muito entendimento, quando a gente recorda que nem todo aquele que não perde seu entendimento por causa do cristianismo, demonstra com isto que o tem. Meu propósito é este, quer dizer, só na medida em que um experimentador que faz tudo por interesse próprio possa ter um propósito. Todo ser humano, o mais sábio e o mais simples, pode, em termos comparativos, de maneira essencialmente igual (o comparativo produz o mal-entendido, como quando uma boa cabeça se compara com um homem simples, [VII 487] ao invés de compreender que a mesma tarefa foi dada a cada um em particular e não para os dois em comparação), fazer a distinção entre aquilo que ele compreende e aquilo que ele não compreende (compreende-se, será o fruto de seu esforço mais exaustivo, esta fatigante conclusão[484], e dois mil anos se passaram entre Sócrates e Hamann: os dois que sustentaram esta distinção), pode descobrir que há algo que é, embora contra a seu entendimento e pensamento. Se ele arrisca toda a sua vida sobre este absurdo, então executa o movimento em virtude do absurdo, e está essencialmente enganado se o absurdo que escolheu se revelar como não sendo o absurdo. Se este absurdo é o cristianismo, então ele é um cristão crente[485]; mas se ele compreende que isso não é o absurdo, então não é, *eo ipso*, um cristão crente (mesmo que seja batizado, confirmado, portador da Bíblia e do livro de salmos, ainda que este fosse o esperado novo livro de salmos), até que outra vez anule a compreensão como ilusão e mal-entendido, e se relacione com o absurdo cristão. Com efeito, se a religiosidade *A* não intervém como o *terminus a qvo* [*lat.*: ponto de partida] para a religiosidade paradoxal, então a religiosidade *A* é mais elevada do que a *B*, pois, nesse caso, o paradoxo, o absurdo etc., não devem ser compreendidos *sensu eminenti* [*lat.*: em sentido eminente] (de que não podem absolutamente ser compreendidos, nem pelo mais sabido nem pelo mais tolo), mas empregados esteticamente a respeito do maravilhoso em meio a muitas outras coisas, o maravilhoso que é mesmo maravilhoso, mas que, no entanto, pode ser captado em conceitos. A especulação (à medida que não quer abolir toda religiosidade para nos introduzir[486] *enmasse* na terra prometida do puro ser) tem de consequentemente ser da opinião de que a religiosidade *A* é superior à *B*, dado que é a da imanência: Mas por que, então, chamá-la de cristã? O cristianismo não se contentará em ser uma evolução[487] no interior da determinação total da natureza

---

484. *Sluttethed*

485. A definição de fé foi dada na Seção 2, Cap. 2 e Cap. 3, sobre idealidade e realidade [*Realitet*]. Se se raciocina da seguinte maneira: Não se pode parar no não compreender o paradoxo, porque esta é uma tarefa muito pequena e muito fácil ou muito cômoda – então a resposta deve ser: Não, pelo contrário, é exatamente o oposto, é o mais difícil de tudo, entra dia e sai dia relacionar-se com algo sobre o que se fundamenta a sua felicidade eterna, mantendo a paixão com a qual se compreende que não se pode compreender, especialmente quando é muito fácil escorregar para a ilusão de que agora a gente o compreendeu.

486. *introducere*

487. *Evolution*

humana; um *engagement* [*fr*.: compromisso] deste tipo é muito pouco para se oferecer ao deus; tampouco quer ser uma vez o paradoxo para o crente, e então, de modo sub-reptício, pouco a pouco, torná-lo compreensível, [VII 488] pois o martírio da fé (crucificar o próprio entendimento) não é o martírio do momento, mas justamente o martírio da constância.

Existindo religiosamente, a gente pode expressar sua relação com uma felicidade eterna (imortalidade, vida eterna) fora do cristianismo, e isto por certo também tem acontecido; pois da religiosidade *A* pode-se dizer que, mesmo que não tivesse ocorrido no paganismo, poderia ter ocorrido, porque tem como seu pressuposto apenas a natureza humana no que esta tem de comum, enquanto que a religiosidade com o dialético no segundo lugar[488] não pode ter sido anterior a si mesma, e, depois de ter surgido, não se pode dizer que poderia ter ocorrido onde não ocorreu. O específico para o cristianismo é o dialético no segundo lugar, só que, é bom notar, isto não é tarefa para o pensamento (como se o cristianismo fosse uma doutrina, não uma comunicação existencial; cf. Seção 2, Cap. 2; cf. Seção 2, Cap. 4, *sectio* 1, § 2), mas relacionando-se com o patético como um incitamento para novo *pathos*. Na religiosidade *A*, uma felicidade eterna é algo simples[489], e o patético torna-se o dialético na dialética da interiorização; na religiosidade *B*, o dialético fica num segundo lugar, dado que a comunicação se orienta para a existência, pateticamente na interiorização.

Conforme [o modo] como o indivíduo, existindo, expressa o *pathos* existencial (resignação – sofrimento – totalidade da consciência da culpa), no mesmo grau aumenta a sua relação patética com uma felicidade eterna. Quando então a felicidade eterna, por ser o τελος absoluto, tornou-se para ele absolutamente o único consolo, e quando então no aprofundamento existencial, a relação com ela é reduzida ao seu mínimo, enquanto a consciência da culpa é a relação repulsiva[490] e quer, continuamente, retirá-la dele, e, contudo, este mínimo e esta possibilidade são absolutamente mais para ele do que qualquer outra coisa: então o conveniente[491] é começar com

---

488. *paa andet Sted*
489. *et Enkelt*
490. *frastødende*: chocante, que escandaliza
491. *det passende*

o dialético – quando ele estiver neste estado, [o dialético] provocará um *pathos* ainda mais elevado. Mas a gente não se prepara para tornar-se atento ao cristianismo com a leitura de livros, ou com as visões panorâmicas histórico-universais, mas com o aprofundar-se no existir. Qualquer outro estudo preliminar acabará *eo ipso* num mal-entendido, pois o cristianismo é comunicação existencial, ele se recusa a ser compreendido[492] (cf. Seção 2, Cap. 2), o dificultoso não é o compreender o que seja o cristianismo, mas sim o tornar-se e o ser um cristão (cf. Seção 2, Cap. 4, *sectio* 1, § 2).

Anotação: Uma vez que o edificante é um predicado essencial de toda religiosidade, a religiosidade *A* também terá o seu edificante. Onde quer que a relação com Deus seja encontrada pelo existente na interioridade da subjetividade, aí estará o edificante, que pertence à subjetividade, enquanto que pelo tornar-se objetivo a gente renuncia àquilo que, [VII 489] embora pertencente à subjetividade, não é, contudo, o arbitrário, tampouco como o amor e o amar, a que, aliás, a gente também renuncia ao tornar-se objetivo. A totalidade da consciência da culpa é o que há de mais edificante na religiosidade *A*[493]. O edificante na esfera da religiosidade *A* é o da imanência, é a aniquilação, na qual o indivíduo põe a si mesmo de lado para encontrar Deus, já que, com efeito, é o indivíduo mesmo que constitui o obstáculo[494]. O edificante é também aqui muito corretamente distinguível pelo negativo, pela autoaniquilação que encontra no interior de si mesma a relação com Deus, que, perpassado pelo sofrimento, mergulha na relação com Deus, fundamenta-se nela, porque Deus está no fundamento, assim que tudo que está no caminho seja removido, toda finitude, e, antes de tudo, o próprio indivíduo em sua finitude, em sua mania de querer ter razão frente a Deus. Esteticamente, o lugar sagrado de repouso do edificante está fora do indivíduo, que procura o lugar; na esfera ético-religiosa, o próprio indivíduo é o lugar, quando o indivíduo tiver aniquilado a si mesmo.

---

492. *frabeder sig Forstaaelse*

493. Recorde o leitor de que uma relação direta com Deus não passa de estética e não é propriamente nenhuma relação com Deus, tampouco como uma relação direta com o absoluto é uma relação absoluta, dado que a separação [*Udsondring*: segregação] do absoluto não ocorreu. Na esfera religiosa, o positivo torna-se reconhecível pelo negativo. O maior bem-estar de uma imediatidade feliz, que lança gritos de alegria por causa de Deus e de toda a existência, é muito amável, mas não é edificante e, essencialmente, não é nenhuma relação com Deus.

494. O estético sempre reside em que o indivíduo imagina estar muito ocupado atingindo Deus e agarrando-o – reside, pois, na ilusão de que o indivíduo não dialético já será bem jeitoso se conseguir agarrar Deus como algo exterior.

Este é o edificante na esfera da religiosidade *A*. Se a gente não presta atenção a isto e não leva em conta esta determinação do edificante em meio a isso, tudo se confunde novamente quando se determina o edificante paradoxal, que então se confunde com uma relação estética voltada para fora. Na religiosidade *B*, o edificante é algo fora do indivíduo; o indivíduo não encontra edificação ao encontrar a relação com Deus no interior de si mesmo, mas relaciona-se com algo exterior a si mesmo a fim de encontrar edificação. O paradoxo está em que esta relação aparentemente estética, que o indivíduo se relacione com algo externo a ele mesmo, deve ser, contudo, a absoluta relação com Deus; pois na imanência Deus nem é uma coisa, mas sim tudo, e é infinitamente tudo, nem está fora do indivíduo, pois a edificação consiste justamente em que ele esteja no interior do indivíduo. O edificante paradoxal, portanto, corresponde à determinação de Deus no tempo como um ser humano individual[495], pois, quando é assim, o indivíduo relaciona-se com algo fora de si mesmo. Que isto não se deixa pensar é justamente o paradoxal. Algo diferente é saber se o indivíduo[496] não é empurrado de volta para fora daí: isso é problema dele. Mas se não se sustenta o paradoxo deste modo, então a religiosidade *A* é mais elevada, e todo o cristianismo é jogado de volta para determinações estéticas, [VII 490] a despeito da insistência do cristianismo de que o paradoxo do qual fala não se deixa pensar; diferentemente, pois, de um paradoxo relativo, que pode ser pensado, *höchstens* [*al.*: no máximo, na pior das hipóteses], com dificuldade. Deve-se conceder à especulação que se mantenha na imanência, mesmo que isto deva ser entendido de modo diferente do puro pensar de Hegel, mas a especulação não pode chamar-se de cristã. É por isso que a religiosidade *A* nunca foi chamada por mim de cristã ou de cristianismo.

B
O dialético

É com isto, essencialmente, que as *Migalhas* lidaram; por isso, posso reportar-me continuamente a elas, e posso ser mais breve. A dificuldade reside apenas em manter a dialética qualitativa do paradoxo absoluto e desafiar[497] as ilusões dos sentidos. No que tange ao que pode, deve e virá a ser o paradoxo absoluto, o absurdo, o incompreensível, o importante é que a paixão mantenha dialeticamente a

---

495. *som enkelt Menneske*
496. *den Enkelte*
497. *at trodse*: afrontar, opor, resistir

distinção da incompreensibilidade. Assim como, em relação a algo que pode ser compreendido, é ridículo ouvir uma supersticiosa e exaltada conversa obscura a respeito de sua incompreensibilidade, seu oposto também é ridículo: ver, em relação ao essencialmente paradoxal, tentativas de compreendê-lo, como se a tarefa fosse esta, e não, justamente o oposto qualitativo disso: sustentar que ele não pode ser compreendido, para que a compreensão, ou seja, a má compreensão[498], não acabe por confundir também todas as outras esferas. Se o discurso religioso-paradoxal não atenta a isto, abandona-se a uma justificada interpretação irônica, quer o discurso, com o obnubilamento de um despertado e o inebriamento espiritual vislumbre por trás da cortina, se aconselhe com obscuras runas, lance um olhar para a explicação, e após faça um sermão sobre isso em um tom cantante que é a ressonância do convívio antinatural do vidente com as coisas maravilhosas, dado que o paradoxo absoluto declina justamente de qualquer explicação; quer o discurso religioso-paradoxal modestamente renuncie à compreensão, disposto contudo a reconhecer que se trata de algo muito mais elevado; quer faça uma corrida de impulsão para a compreensão e somente depois conceda a incompreensibilidade; ou trace um paralelo entre a incompreensibilidade do paradoxo com alguma outra coisa etc. Todas essas coisas, que a ironia precisa farejar e trazer à luz do dia, baseiam-se no fato de que não se respeita a dialética qualitativa das esferas; que o que é o meritório em relação ao que não se compreende, [VII 491] mas que, não obstante, essencialmente é compreensível, a saber, o compreendê-lo, que isto, em relação ao que é essencialmente incompreensível, está longe de ter mérito. O mal-entendido se baseia em que, a despeito de uso do nome de Cristo etc., o cristianismo tem sido relegado ao estético (algo que os hiperortodoxos, inconscientemente, conseguem realizar especialmente bem), onde o incompreensível é o relativamente incompreensível (relativamente: quanto ao ainda não ter sido compreendido, ou quanto à necessidade de um vidente com olhos de falcão para compreendê-lo), o qual tem sua explicação, como algo de superior, no tempo, para trás, ao invés de ser o cristianismo uma comunicação existencial que faz com que o existir seja paradoxal, razão porque ele se mantém como o paradoxo enquanto se existe, e só na

---

498. *Misforstaaelsen*: mal-entendido

eternidade ele tem a explicação; sem que por isso fosse meritório querer, enquanto se está no tempo, atamancar numa explicação[499], isto é, querer fantasiar que se está na eternidade, pois enquanto se está no tempo, a dialética qualitativa acusa toda tentativa deste tipo de ser intromissão ilegítima[500]. A dialética qualitativa continuamente inculca que não se deve flertar *in abstracto* com aquilo que é o mais elevado, e depois tentar aí agir canhestramente[501], mas que se deve compreender *in concreto* a própria tarefa e expressá-la essencialmente.

Mas há certas coisas que entram com mais dificuldade na cabeça de certas pessoas, e, entre elas, inclui-se a determinação apaixonada do incompreensível. O discurso começa talvez de modo completamente adequado, mas, *vupt*, a natureza ultrapassa a disciplina, e Sua Reverência não consegue resistir à ilusão de que vislumbrar seja algo de mais elevado, e então começa a comédia. Já em relação a muitos problemas relativos, as pessoas seguidamente tornam-se ridículas por seu empenho atabalhoado em explicá-los com um indício profundo. Mas em relação ao paradoxo absoluto, este vislumbre e contração das pálpebras, este silêncio atento da congregação dos despertados, que só é quebrado quando um despertado depois do outro levanta-se e, numa postura tensa, procura vislumbrar aquilo que Sua Reverência vislumbra, enquanto as mulheres tiram seus chapéus para capturar cada palavra profética: toda esta tensão com relação aos vislumbres de Sua Reverência é muito ridícula. E o mais ridículo de tudo é que este vislumbre deva ser algo de mais elevado do que a paixão da fé; se devesse ser alguma coisa, deveria antes ser algo para tolerar[502] como uma fraqueza num crente mais fraco, que não tivesse força para acentuar apaixonadamente a incompreensibilidade e, por isso, precisasse vislumbrar alguma coisinha; pois todo vislumbrar é impaciência[503]. E o prazer de vislumbrar e de buscar indícios comumente também só é tentador para uma certa classe de pessoas limitadas e fantasiosas; [VII 492] qualquer um mais aplicado

---

499. *at ville fuske paa Forklaringen*
500. *uberettiget Fuskerie*: charlatanice, falcatrua
501. *fuske derpaa*
502. *at taale*
503. *Utaalmodighed*

e mais sério esforça-se para saber o que é o que, se é algo que se pode e deve compreender, de modo que não vai querer vislumbrar; ou se é algo que não se pode nem se deve compreender, e aí tampouco vai querer vislumbrar nem tampouco, o que neste caso é o mesmo, fazer pilhérias[504]; pois, a despeito das sérias caretas e das sobrancelhas alçadas, esse vislumbre não passa de travessura, ainda que o Sr. Knud, seu autor, creia tratar-se da mais pura seriedade.

Todo este vislumbre com tudo o que lhe pertence, que, afinal de contas, por qualquer que seja a razão, raramente aparece em nosso tempo, não é mais nem menos do que um piedoso flerte. Um clérigo cristão que não sabe, com humildade e com a paixão do esforço existencial, conter-se e à sua congregação ao anunciar que o paradoxo não pode e não deve ser compreendido, que não estabelece a tarefa como sendo justamente mantê-lo, e suportar esta crucifixão do entendimento, mas que compreendeu especulativamente tudo: é cômico. Mas quanto mais alguém acentua o incompreensível, se mesmo assim ele termina em vislumbres, tanto mais corrosivo é o seu flerte, porque tudo isso se torna um cumprimento a ele mesmo; enquanto que a dificuldade e a incompreensibilidade são um obstáculo aos "desprovidos de espírito", ele é bastante espirituoso – para vislumbrar [algum sentido] no discurso obscuro. O cristianismo é uma comunicação existencial que torna o existir paradoxal, e tão difícil como jamais o foi antes e jamais poderá ser fora dele; porém não é um atalho para o tornar-se incomparavelmente espirituoso. De modo especial entre estudantes universitários despertados aparece talvez, contudo, o fenômeno de que, quando não se consegue progredir pelo caminho estreito da ciência, do conhecimento e do pensamento, a gente pula fora e se torna absolutamente despertado [ou: esperto] – e incomparavelmente brilhante de espírito[505]. É melhor, neste caso, o mal-entendido da especulação, no qual, fora isso, há uma abundância tanto para aprender quanto para admirar nos homens que combinam o poder do gênio com uma persistência férrea; é melhor o mal-entendido da especulação: de que ela possa tudo explicar. Com a crucifixão do entendimento feita pela fé ocorre o mesmo que com muitas determinações éticas. Alguém renuncia à

---

504. *skimte*: vislumbrar; *skjemte*: fazer pilhérias
505. *mageløs aandrig*

vaidade – mas quer ser admirado por fazê-lo. Alguém abandona o entendimento, como ele o diz, para então crer – mas então adquire um entendimento mais elevado, um entendimento tão elevado que, em virtude deste, ele se comporta como um vidente incomparavelmente brilhante de espírito etc. Mas é sempre escabroso querer tirar vantagem ou receber da própria religiosidade vantagens que dão na vista. Porque um indivíduo, na fé, abandona o entendimento, e crê contra o entendimento, não deve, por isso, julgar o entendimento como uma coisa mais humilde, ou subitamente inventar falsamente para si mesmo [VII 493] uma distinção esplêndida no interior do âmbito total do entendimento; pois um entendimento superior ainda é também, afinal de contas, um entendimento. Aí reside a arrogância do despertado religioso; mas assim como se deve ser respeitoso ao lidar com um cristão, e assim como se deve ser cuidadoso com o doentio que às vezes pode perturbar e ter um efeito perturbador num período de transição: assim também se deve calmamente entregar um despertado arrogante ao tratamento da ironia. Se o morador do mosteiro, no período degenerado da Idade Média, quisesse tirar vantagem desta sua vida para ser honrado como um santo: assim também é digno de repreensão, e só um pouco mais ridículo, pretender tornar-se incomparavelmente brilhante de espírito graças à sua religiosidade; e se é um triste erro, em vez de se tornar sempre mais humilde, pela virtude e pela santidade, querer ser diretamente semelhante a Deus, então ainda mais ridículo é querer sê-lo por se ter um cérebro incomparavelmente brilhante; pois virtude e pureza estão de qualquer modo ainda essencialmente ligadas à natureza de Deus, mas essa outra determinação torna o próprio Deus ridículo como *tertium comparationis* [*lat.*: terceiro elemento para comparação]. Aquele que verdadeiramente renunciou ao seu entendimento e crê contra o entendimento sempre há de preservar um respeito cheio de simpatia por esta capacidade, cujo poder conhece muito bem por tê-la contra si; e também, com seu esforço diário para conservar-se na paixão da fé, que empurra para frente contra o entendimento, o que é como rolar um peso montanha acima, neste esforço ele estará impedido de bancar o gênio por conta de sua religiosidade. A contradição no despertado arrogante está em que ele, depois de ter sido introduzido, graças ao confronto da fé com o entendimento, no último recôndito da interioridade, quer também estar lá fora na rua e ser incomparavelmente brilhante de espírito. E a farsa, ou representação beneficente, se torna em seu progresso igualmente ridícula, tanto no caso de ele tirar proveito da admiração do mundo quando a ocasião se apresenta (uma nova inconsistência: que alguém que tenha um entendimento mais elevado vá permitir-se ser admirado pelo mundo, que, afinal, tem apenas um entendimento inferior, e cuja admiração, portanto, não tem sentido); ou no caso de ele condenar e trovejar contra a carência de espírito do mundo, quando este não quiser admirar (uma cerimônia estranha, dado que ele bem sabe, é claro, que o mundo tem apenas o entendimento inferior); reclamar por estar sendo malcompreendido, o que, de qualquer modo, está totalmente em ordem, e a reclamação acerca disso é apenas um mal-entendido, que trai a secreta ligação entretida por ele com o mundano.

O mal-entendido consiste sempre na ilusão de que a incompreensibilidade do paradoxo devesse relacionar-se com a diferença entre maior ou menor entendimento, com a comparação entre cabeças boas e ruins. [VII 494] O paradoxo relaciona-se essencialmente com o fato de se ser um ser humano, e, qualitativamente, com cada ser humano em particular, tenha ele muito ou pouco entendimento. Portanto, o mais inteligente dos homens pode muito bem crer (contra o entendimento) e só ser impedido de crer, devido ao seu grande entendimento, por ter também a vantagem de saber bem o que significa crer contra o entendimento. Sócrates, cuja ignorância foi acima mostrada (Seção 2, Cap. 2) como uma espécie de analogia da fé (mantendo continuamente em mente, entretanto, que não há analogias ao religioso-paradoxal em sua integridade), não era um imbecil, porque não flertava com vislumbrar e saber isto ou aquilo; porém queria ser absolutamente ignorante. Mas, por outro lado, tampouco ocorreu jamais a Sócrates, depois de ter desaprovado o saber humano ordinário, querer ser admirado por seu entendimento superior, ou querer envolver-se diretamente com qualquer ser humano, dado que ele, em sua ignorância, tinha destruído essencialmente a comunicação com todos eles.

Os despertados têm-se ocupado, bem frequentemente, com o mundo ímpio, que zomba deles, algo que eles próprios, em outro sentido, desejam, a fim de estarem bem certos de que são despertados – já que são escarnecidos – e então, outra vez, a fim de terem a vantagem de poder reclamar da impiedade do mundo. Entretanto, é sempre uma demonstração duvidosa da incredulidade do mundo que ele ria de um despertado – em especial quando este começa a vislumbrar coisas, pois aí este é realmente ridículo. Em nossa época, cuja tolerância ou indiferença é tão grande, por certo não seria absolutamente impossível para um cristão verdadeiro – que, rigoroso consigo mesmo, não se ocupa com julgar os outros – conseguir que lhe permitam ir levando a vida em paz; mas, dá para entender, ele ainda teria dentro de si o martírio: de crer contra o entendimento. Mas tudo o que é arrogante, se, por acréscimo, for autocontraditório, é cômico. Tomemos alguns exemplos de situações menores da vida, mas sempre lembrando para a aplicação a diferença absoluta, e lembrando que não possui nenhuma analogia com a esfera do paradoxalmente religioso, e, portanto, que este uso, quando entendido, é uma revogação. Um homem organiza sua vida de determinada maneira, uma maneira que, de acordo com seu conhecimento de si mesmo, de suas capacidades, defeitos etc., é a mais proveitosa para ele e, neste sentido, também a mais agradável; portanto, pode muito bem ser que este modo de vida, e especialmente sua realização consequente, a um primeiro olhar, ou a partir de muitos outros pontos de vista diferentes, se mostre ridículo: se ele for uma pessoa arrogante, seu estranho modo de vida será naturalmente aclamado como um entendimento superior etc. [VII 495]; se, ao contrário, ele for uma pessoa séria, ouvirá calmamente o ponto de vista da outra pessoa; pelo modo como se engaja num diálogo sobre isso, mostra que ele próprio percebe muito bem o aspecto cômico que a coisa toda tem para algum terceiro – e, depois, volta para casa muito calmamente e segue seu próprio plano de vida, concebido de acordo com seu conhecimento de si mesmo. Assim também com alguém que é verdadeiramente um cristão – se lembramos que não há analogia. Ele pode muito bem ter entendimento (de fato, tem de tê-lo para crer contra o entendimento), pode usá-lo em todas as outras circunstâncias, pode usá-lo no convívio com outros (já que é uma inconsistência querer conversar com alguém que não tenha um entendimento superior, quando a própria pessoa quer usar um entendimento superior, pois a conversa é a expressão do ordinário, e a relação entre alguém que tem um entendimento superior e uma pessoa ordinária será a de um apóstolo ou de um mestre absoluto, mas não de um companheiro[506]), ele conseguirá entender muito bem qualquer objeção, até levá-las adiante tão bem quanto qualquer outra pessoa, pois, em outro caso, um entendimento superior se tornará, de modo dúbio, um ambíguo encorajador de bobagens e absurdos. É bastante fácil pular fora da cansativa tarefa de desenvolver e acurar o próprio entendimento e então provocar para si, no passo da valsa, um grito[507] mais elevado, e defender-se de qualquer imputação com a observação: de que se trata de um entendimento superior[508]. Portanto, o cristão crente não só possui, mas também utiliza seu entendimento, respeita o que é comum a todos os humanos[509], não vem com a explicação de que se alguém não se tornar cristão será por falta de entendimento, mas na relação com o cristianismo ele crê contra o entendimento e emprega também aqui o entendimento – a fim de prestar atenção a que crê contra o entendimento. Por isso, não crê no sem-sentido contra o entendimento, como alguém poderia temer, pois o entendimento perceberá com acuidade que se trata de algo sem sentido e o impedirá de crer naquilo; mas ele usa tanto o entendimento que, graças a este, torna-se atento ao incompreensível, e então se relaciona com isto crendo contra o entendimento. – Uma individualidade ética entusiasmada emprega o entendimento para descobrir o que é mais sagaz, a fim de não fazê-lo; pois aquilo que nós, de ordinário, chamamos de mais sagaz[510], raramente é o nobre. Mas até mesmo este comportamento (uma espécie de analogia com o do crente, [VII 496] só que a compreensão da aplicação é revogação) bem raramente é entendido; e quando se vê uma pessoa entusiasticamente sacrificar-se, entusiasticamente escolher o esforço em vez do conforto, sim, um esforço que só é recompensado com ingratidão e perda, em vez do conforto que seria recompensado com admiração e vantagem: aí muitos pensam que isto é uma espécie de limitação, sorriem para ela, e talvez, em um acesso de bondade, chegam ao ponto

---

506. *Medmenneskes*

507. *Hopsasa*

508. É por isto que foi dito acima que é sempre uma coisa grave apresentar como sendo o absurdo, o incompreensível, algo que uma outra pessoa possa explicar que é fácil de entender.

509. *det Almen-Menneskelige*

510. *Det Klogeste*: o que há de mais esperto

de ajudar o pobre camarada a ver qual é a coisa mais sagaz a ser feita – embora só ajudem o pobre simplório a ter um pequeno vislumbre irônico sobre a alma do conselheiro. Tal aconselhar é um mal-entendido que se baseia mais na falta de entusiasmo do que na falta de entendimento. O ético cheio de entusiasmo não se deterá, portanto, de modo algum, nem na objeção nem na zombaria; muito antes disto lhe acontecer, já se teria posto em condições de ver que era provável que acontecesse; será mais capaz do que qualquer outro de interpretar seu esforço como cômico e então, muito calmamente, teria escolhido usar o entendimento para ver o que é mais sagaz, para então deixar de fazê-lo. A analogia não é direta, pois, para um tal ético entusiasta, não há sofrimento nesta relação contra o entendimento; seu entusiasmado agir é contudo entendimento do que é infinito, e ele só rompe com a sordidez sagaz; nele não há ruptura, e nenhum sofrimento por ruptura. Mas um crente que crê, isto é, crê contra o entendimento[511], leva a sério o mistério da fé e não flerta com o compreender, mas está consciente de que curiosidade que busca vislumbres é infidelidade e fraude a tarefa.

O dialético do problema requer a paixão do pensar – não para querer entendê-lo, mas para entender o que significa romper desta maneira com o entendimento, e com o pensamento, e com a imanência, a fim de, então, perder o último ponto de apoio da imanência, a eternidade atrás de si e, situado no extremo da existência, existir[512] em virtude do absurdo.

Como já foi dito, é particularmente esta dialética que as *Migalhas* discutem; eu devo ser mais breve e, ao referir-me àquelas [*Migalhas*], apenas tentar, tanto quanto possível, resumi-las de modo ainda mais definido.

---

511. A fé pertence, essencialmente, à esfera do religioso-paradoxal, como tem sido continuamente enfatizado (cf., entre outras passagens, Seção 2, Cap. 2, e 3); toda outra fé é apenas uma analogia, que não é nenhuma, uma analogia que pode servir para tornar atento, mas nada mais, cujo entendimento é, por isto, uma revogação.

512. *existere*

§ 1
[VII 497]
A contradição dialética que é a ruptura: esperar uma felicidade eterna no tempo mediante uma relação com um outro[513] no tempo

Nesta contradição a existência é paradoxalmente acentuada, e a distinção entre *aqui* e *no além*[514] é absolutamente determinada pela acentuação paradoxal da existência, porque o próprio eterno veio a existir em um momento do tempo. Convém lembrar constantemente que não assumo para mim a tarefa de explicar o problema, mas apenas de apresentá-lo.

A concepção da distinção entre "aqui e no além" é decisiva para toda comunicação existencial. A *especulação* a supera absolutamente (ela é uma expressão do princípio da contradição) no puro ser; esta superação, por sua vez, é uma expressão de que a especulação não é uma comunicação existencial, o que perfaz sua dubiedade, à medida que quer explicar a existência. A religiosidade *A*, que não é a especulação, porém é especulativa, reflete sobre esta distinção ao refletir sobre o existir; mas mesmo a categoria decisiva da consciência de culpa ainda se encontra no interior da imanência. *O religioso-paradoxal* determina a distinção absolutamente ao acentuar paradoxalmente o existir. Com efeito, já que o eterno veio a existir em um momento do tempo, o indivíduo existente não chega, no tempo, a relacionar-se com o eterno, ou recordar sua relação (isto é *A*), mas [só] consegue *no tempo* relacionar-se com o eterno [que está] *no tempo*; de modo que a relação está, portanto, dentro do tempo, relação esta que contraria diretamente todo pensamento, quer se reflita sobre o indivíduo, quer sobre o deus.

A concepção da distinção "aqui e no além" é, no fundo, a concepção do *existir*, e em torno disso, outra vez, as distinções se concentram quando se leva em conta que o cristianismo não é uma doutrina, e sim uma comunicação existencial. A especulação abstrai

---

513. *til et Andet*
514. *her og hisset*: esta vida aqui de baixo e a outra lá de cima

da existência[515]; para ela, o existir se transforma no ter existido (o caráter de passado), a existência [se transforma] no momento evanescente e superado no puro ser do eterno. A especulação jamais pode, como abstração, tornar-se contemporânea com a existência e, por isso, não pode captar a existência como existência, mas somente após. É isto o que explica por que a especulação prudentemente guarda distância da ética e por que se torna ridícula quando se mete nisto. A religiosidade *A* acentua o existir como realidade efetiva, e a eternidade, que na imanência subjacente ainda sustenta o todo, desaparece de tal modo que o positivo se deixa ver pelo negativo. [VII 498] Para a especulação, a existência já desapareceu e só há o puro ser; para a religiosidade *A*, só é efetividade a existência, e, contudo, o eterno está constantemente oculto para ela, e ocultamente presente. *O religioso-paradoxal* põe de modo absoluto a contradição entre a existência e o eterno; pois justamente isto, que o eterno esteja em um determinado momento temporal, expressa que a existência é abandonada pela imanência oculta do eterno. Na religiosidade *A*, o eterno está *ubique et nusquam* [*lat.*: em toda parte e em lugar algum], mas oculto da realidade efetiva da existência; no religioso--paradoxal, o eterno está num lugar determinado, e isto constitui justamente a ruptura com a imanência.

Na Seção 2, Cap. 2, ficou dito que aquilo que nossa época esqueceu, e o que permite explicar o mal-entendido da especulação sobre o cristianismo, é: o que significa existir e o que é interioridade. É bem correto que o religioso seja a interioridade existente, e a religiosidade se eleva tanto mais quanto mais se aprofunda esta determinação, e o religioso-paradoxal se torna o derradeiro.

De acordo com sua determinação da interiorização dialética do indivíduo se escalonam[516] todas as concepções da existência. Pressupondo o que foi desenvolvido a respeito neste livro, devo agora apenas recapitular lembrando que, naturalmente, a especulação está fora do jogo, dado que, como objetiva e abstrata, é indiferente quanto à categoria do sujeito existente, e no máximo tem a ver com a humanidade pura; enquanto comunicações existenciais entendem algo diferente por *unum*

---

515. *seer bort fra*: ignora, negligencia, desapercebe
516. *rangere*: hierarquizam-se

[um], quando se diz *unumnoris, omnes* [*lat.*: se conheces um, conheces todos], entendem algo diferente por "ti mesmo" quando se diz "conhece-te a ti mesmo", entendem com isto um ser humano real efetivo, e com isso indicam que elas não se ocupam com as diferenças anedóticas entre Fulano e Beltrano. – Se, em si mesmo, o indivíduo é não dialético e tem sua dialética fora de si mesmo: então temos as *concepções estéticas*. Se o indivíduo está orientado dialeticamente para seu interior em autoafirmação de tal modo que o último fundamento não se torna dialético em si, já que o si-mesmo subjacente é usado para ultrapassar e afirmar a si mesmo: então temos a *concepção ética*. Se o indivíduo está determinado dialeticamente orientado para o interior em autoaniquilação diante de Deus: então temos a religiosidade *A*. Se o indivíduo for dialético--paradoxal, se todo resíduo de imanência original estiver aniquilado, e toda conexão cortada, e o indivíduo situado nos extremos da existência: então teremos o *religioso-paradoxal*. Esta interioridade paradoxal é a maior possível, [VII 499] pois até a mais dialética determinação, se ainda estiver no interior da imanência, terá, por assim dizer, uma possibilidade de escape, de pular fora, de um retomar-se para dentro do eterno atrás de si; é como se não estivesse realmente tudo empenhado. Mas a ruptura faz da interioridade a maior possível[517].

De acordo com a concepção do que seja "existir" escalonam-se, por sua vez, as diversas comunicações existenciais. (A especulação, como abstrata e objetiva, ignora completamente o existir e a interioridade; e é, dado que o cristianismo de fato acentua paradoxalmente o existir, o maior mal-entendido possível em relação ao cristianismo.) *A imediatidade, o estético*, não encontra nenhuma contradição no existir; existir é uma coisa, contradição é uma outra coisa que vem de fora. *O ético* encontra a contradição, mas no interior da autoafirmação. A religiosidade *A* concebe a contradição como sofrimento na autoaniquilação, contudo no interior da imanência; mas, ao acentuar eticamente o existir, ela impede o existente de permanecer abstratamente na imanência, ou de se tornar abstrato ao querer permanecer na imanência. O *religioso-paradoxal* rompe com a imanência, e faz do existir a contradição absoluta, não no interior da imanência, mas

---

517. De acordo com este esquema, a gente será capaz de orientar-se e, sem se deixar perturbar pelo uso que alguém faça do nome de Cristo e de toda a terminologia cristã em um discurso estético, será capaz de olhar somente para as categorias.

contra a imanência. Não há nenhum parentesco imanente subjacente[518] entre o temporal e o eterno, porque o próprio eterno veio ao tempo e aí quer constituir parentesco.

Anotação: Compare-se isto com os dois primeiros capítulos das *Migalhas* a respeito do aprendizado da verdade, o instante, o deus no tempo como mestre. Na *concepção estética*, um é o mestre, o outro é o aprendiz; então este, por sua vez, é o mestre etc. – em resumo, a relação é a da relatividade. *Religiosamente*, não há nem discípulo nem mestre ("o mestre é apenas a ocasião", cf. *Migalhas*); cada indivíduo é no essencial eternamente estruturado de igual modo e essencialmente relacionando-se ao eterno; o mestre humano é uma passagem evanescente. *No modo religioso-paradoxal*, o mestre é o deus no tempo, o discípulo é uma nova criação ("O deus como mestre no tempo oferece também a condição", cf. *Migalhas*). No interior do religioso-paradoxal, vale entre um homem e outro a religiosidade *A*. Portanto, quando um cristão (que paradoxalmente é um discípulo do deus, no sentido de ser uma nova criação), no interior do cristianismo, se torna, por sua vez, um discípulo deste ou daquele, aí desperta uma suspeita indireta de que todo o seu cristianismo ainda seja um pouco de galimatias estético.

[VII 500] O problema tratado constantemente aqui era: como pode ser dado um ponto de partida histórico etc. Na religiosidade *A* não há nenhum ponto de partida histórico. O indivíduo descobre apenas no tempo que deve pressupor-se como eterno. O momento no tempo é, portanto, *eo ipso* engolido pelo eterno. No tempo, o indivíduo reflete sobre o fato de que é eterno. Esta contradição está apenas no interior da imanência. É diferente quando o histórico está fora e permanece fora, e o indivíduo, que não era eterno, agora se torna eterno, portanto não reflete sobre o que é, mas se torna o que não era, e, convém notar, torna-se algo que tem a dialética de que, assim que passe a ser, deve necessariamente ter sido, pois esta é a dialética do eterno. – O que é inacessível a qualquer pensamento é: que a gente possa tornar-se eterno embora a gente não o fosse[519].

Em *A*, o existir, minha existência, é um momento no interior da minha consciência eterna (é bom notar, o momento que *é*, não o momento que passou, pois este último é uma volatilização da especulação), assim, alguma coisa de menor que me impede de ser o infinitamente maior que eu sou; em *B*, ao contrário, o existir, embora ainda menor[520] por ser paradoxalmente acentuado, é, entretanto,

---

518. *til Grunde liggende*
519. *at man kan blive evig, uagtet man ikke var det*
520. *ringere*: mais humilde

muito maior, que só na existência eu me torno eterno e, portanto, o existir engendra de si mesmo uma determinação que é infinitamente maior do que o existir.

§ 2
A contradição dialética de que uma felicidade eterna se baseie na relação com algo histórico

Para o pensamento vale que o eterno é superior a tudo o que é histórico, dado que ele é o que serve de base[521]. Na religiosidade da imanência, portanto, o indivíduo[522] não baseia no seu existir no tempo a sua relação para com o eterno; mas, a relação do indivíduo para com o eterno determina, na dialética da interiorização, que este transforme sua existência de acordo com a relação, exprima sua relação pela transformação.

A confusão da especulação, aqui como em toda parte, está em que esta se perde no puro ser. Visões irreligiosas e imorais da vida fazem do existir um nada, uma bobagem. A religiosidade *A* faz do existir algo tão tenso quanto possível (fora da esfera do religioso-paradoxal); mas não baseia a relação para com uma felicidade eterna sobre seu existir, e sim faz com que a relação para com uma felicidade eterna baseie a transformação da existência. Da relação do indivíduo para com o eterno resulta o "como" da existência dele, e não o contrário, razão pela qual vem à luz infinitamente mais do que tinha sido colocado.

[VII 501] A contradição dialética consiste aqui, entretanto, essencialmente, em que o histórico esteja em outro lugar[523]. Vale, com efeito, para todo saber e conhecimento histórico que, mesmo em seu máximo, ele é apenas uma aproximação. A contradição está em basear sua felicidade eterna em uma aproximação, o que só se deixa fazer quando não se tem nenhuma determinação eterna em si mesmo (o que, por sua vez, não se deixa pensar, nem o modo como alguém chega a tal ideia; portanto, o deus tem de dar a condição), e esta é a razão pela qual isto, por sua vez, está em conexão com a acentuação paradoxal da existência.

---

521. *Tilgrundeliggende*: o subjacente, o fundamento sobre o qual se constrói
522. *Individet*
523. *paa andet Sted*

Em relação ao histórico, todo saber ou todo conhecimento a respeito é, em seu máximo, uma aproximação, mesmo em relação ao próprio saber do indivíduo a respeito de sua própria exterioridade histórica. A razão disto é, em parte, a impossibilidade de ser capaz[524] de identificar-se absolutamente com o objetivo e, em parte, que tudo o que é histórico, visto que deve ser conhecido, é, *eo ipso*, passado, e possui a idealidade da recordação. Na Seção 2, Cap. 3, está exposta a tese de que a efetividade ética própria do indivíduo é a única realidade efetiva, mas a efetividade ética não está na exterioridade histórica do indivíduo. Que minha intenção era esta e aquela, posso, em toda a eternidade, saber absolutamente, pois esta é a expressão do eterno em mim, sou eu mesmo, mas a exterioridade histórica do próximo instante só pode ser alcançada *approximando* [*lat.*: por aproximação].

O historiador busca alcançar a maior certeza possível, e o historiador não cai em nenhuma contradição, pois não está apaixonado; no máximo tem ele a paixão objetiva do pesquisador, mas não está subjetivamente apaixonado. Participa, como pesquisador, de um esforço maior, de geração em geração; é sempre importante para ele, objetiva e cientificamente, chegar o mais próximo possível da certeza; mas isto para ele não é subjetivamente importante. Se, por exemplo, se tornasse subitamente uma questão de honra pessoal (o que, contudo, é um defeito em um pesquisador) para um pesquisador obter certeza absoluta sobre isto e aquilo, ele, tendo se exposto a uma *Nemesis* justa, descobriria que todo saber histórico é apenas uma aproximação. Isto não é nenhuma diminuição[525] do pesquisar histórico, mas justamente ilumina a contradição em trazer a mais extrema paixão da subjetividade para a relação com algo histórico, que é a contradição dialética no problema, que não fala de alguma paixão injustificada, mas da mais profunda de todas. – O filósofo busca permear a efetividade histórica com o pensamento, está objetivamente ocupado com este trabalho e, quanto mais tem sucesso, menos importante torna-se para ele o detalhe histórico. Aqui, outra vez, nenhuma contradição.

---

524. *Umuligheden af at kunne*

525. *Forkleinelse*: apoucamento; palavra criada em moldes dinamarqueses a partir do alemão *"klein"*, pequeno, em paralelo ao *al. Verkleinerung* [N.T.].

A contradição só aparece quando o sujeito, no extremo de sua paixão subjetiva (no cuidado por uma felicidade eterna), deve baseá-la em um conhecimento histórico, [VII 502] cujo máximo permanece uma aproximação. O pesquisador leva a vida calmamente; o que o ocupa objetiva e cientificamente não tira nem põe, em seu subjetivo ser e existir. Caso se suponha que alguém de um ou outro modo está subjetivamente apaixonado, e a tarefa então é renunciar a esta paixão, então a contradição também desaparecerá. Mas exigir a paixão subjetiva maior possível, até o ponto de odiar pai e mãe, e então colocá-la em conexão com o conhecimento histórico que, em seu máximo, só pode ser uma aproximação – isto é a contradição. E a contradição é, por sua vez, uma nova expressão para a paradoxal ênfase na existência; pois, se há algum resto de imanência, qualquer determinação eterna remanescente no existente; então não dá para fazer. O existente tem de ter perdido a continuidade consigo mesmo, precisa ter-se tornado um outro (não diferente de si mesmo no interior de si mesmo), e agora, ao receber a condição do deus, tornar-se uma nova criatura. A contradição é que o tornar-se um cristão comece com o milagre da criação, e que isto aconteça a alguém que [já] foi criado, e que no entanto o cristianismo seja proclamado a todos os homens, que devem ser considerados como não existindo[526], dado que o milagre pelo qual eles vieram à existência[527] tem de intervir como real [efetivo] ou como uma expressão da ruptura com a imanência e da resistência, que absolutamente faz com que a paixão da fé seja paradoxal enquanto haja existência na fé, isto é, por toda uma vida; pois ele sempre baseou, afinal, sua felicidade eterna em algo histórico.

Aquele que, no estado de paixão maior possível, em tormentos a respeito de sua felicidade eterna, está, ou deveria estar, interessado em que isto e aquilo tenham existido[528]; tem de estar, necessariamente, interessado em cada mínimo detalhe; e, contudo, não pode alcançar mais do que uma aproximação, e está absolutamente em contradição. Caso se conceda que a historicidade[529] do cristianismo seja verdadeira: se todos os historiógrafos do mundo se reunissem

---

526. *ikke tilværende*: não sendo-aí
527. *bleve til*: advieram
528. *været til*
529. *Historiskhed*: o conjunto dos fatos históricos, o aspecto histórico

para pesquisar e estabelecer a certeza, ainda seria impossível estabelecer mais do que uma aproximação. Portanto, historicamente, não há objeções a serem feitas, mas a dificuldade reside em outro lugar; ela surge quando a paixão subjetiva deve ser colocada em conexão com algo histórico, e a tarefa não é renunciar à paixão subjetiva. Se uma amada tivesse de receber, de segunda mão, uma garantia de que seu amado, que estava morto e de cuja boca ela jamais tinha ouvido a declaração, teria declarado que a amava: [VII 503] digamos que a testemunha seja ou as testemunhas sejam as mais confiáveis, digamos que o problema fica de tal forma que um historiador e um advogado minucioso e desconfiado venham a dizer: Isto é certo – a mulher apaixonada logo descobrirá o equívoco, e à apaixonada que não age assim, não se lhe faz justamente um *compliment* [*fr*.: cumprimento, louvor, elogio], pois a objetividade não é a coroa de glória de alguém que ama. Caso alguém, baseado em documentos históricos, encontrasse certeza absoluta em relação a se foi uma criança legítima ou ilegítima, e toda a sua paixão estivesse ligada a esta questão de honra pessoal, e as circunstâncias fossem tais que não houvesse tribunal, ou qualquer outra apropriada autoridade legal, que pudesse finalmente decidir o caso, de modo que pudesse encontrar repouso: será que conseguiria encontrar aquela certeza que bastaria para a sua paixão, ainda que encontrasse uma certeza que satisfaria ao mais meticuloso advogado e uma pessoa objetiva? Contudo, a mulher apaixonada e o homem preocupado com sua honra certamente se esforçariam para renunciar a esta paixão, encontrando conforto no eterno, que é mais abençoado do que o mais legítimo nascimento, e o é a felicidade especial de se estar apaixonado, seja amado ou não. Mas a preocupação[530] com uma felicidade eterna é algo a que não se pode renunciar, porque, em relação a ela, não se tem nada mais que seja eterno e com o qual se possa consolar-se; e, contudo, ele deve basear sua felicidade eterna em algo histórico, do qual o conhecimento, em seu máximo, é uma aproximação.

Anotação: Comparem-se com isto: *Migalhas*, Cap. III, IV, V *passim*. – A concepção objetiva do cristianismo é responsável pelo erro e pela aberração de que, ao aprender objetivamente o que o cristianismo é (tal como um pesqui-

---

530. *Bekymring*: cuidado

sador, um sábio, o encontra, por meio de investigação, informação, instrução), a gente se torna um cristão (o qual baseia sua felicidade na relação para com algo que é histórico). Deixa-se de fora justamente a dificuldade, ou se assume, o que a teoria da Bíblia e a teoria da Igreja basicamente assumem, que nós todos somos, sem mais, o que, de algum modo, chama-se de cristãos, e de agora em diante (pois no momento em que nos tornamos cristãos isto não era tão necessário) precisamos aprender objetivamente o que é o propriamente crístico (provavelmente para deixar de ser cristão, o que de fato foi tão fácil de se tornar que nem se precisou saber mesmo o que era cristianismo – isto é, para se deixar de ser cristãos e tornar-se pesquisadores). A dificuldade (que, convém notar, é essencialmente a mesma em todas as gerações, de modo que agora e no ano 1700, e assim por diante, é igualmente difícil tornar-se um cristão como o era na primeira geração, e como em qualquer geração em que o cristianismo se introduziu em um país) consiste em converter subjetivamente a informação sobre o histórico no interesse da própria felicidade eterna; e quem não tem esta suprema paixão subjetiva não é um cristão, pois, como foi dito em algum lugar mais cedo, um cristão objetivo é um pagão.

Em relação à religiosidade *A*, vale o seguinte: quer a história do mundo, com seus seis mil anos, seja verdade ou não: isto não faz diferença para o existente, no que toca à sua felicidade, pois esta repousa, em última instância, na consciência da eternidade.

[VII 504] Objetivamente, não é, de jeito nenhum, mais difícil vir a saber o que é o cristianismo do que vir a saber o que é o maometanismo, ou qualquer outra coisa histórica, a não ser pelo fato de que o cristianismo não é uma coisa simplesmente histórica; mas a dificuldade está em tornar-se cristão, porque qualquer cristão só o é ao ser pregado no paradoxo de ter baseado sua felicidade eterna na relação com algo histórico. Transformar especulativamente o cristianismo numa história eterna, o deus-no-tempo em um eterno vir-a-ser-da-divindade etc., não passa de escapatórias e jogo de palavras. Dito mais uma vez: a dificuldade consiste em que eu não posso vir a conhecer nada histórico de tal modo que eu (que, de fato, objetivamente, posso estar muito satisfeito com a informação), subjetivamente, possa basear nisso uma felicidade eterna, não a de alguém mais, mas a minha própria – isto é, que eu possa pensá-lo. Se eu o faço, rompo com todo pensamento, e então não deveria ser tolo o bastante para querer entendê-lo mais tarde, já que eu, se devo entender, não posso, nem antes e nem depois, vir a entender nada além do fato de que isto contraria todo pensamento.

§ 3

A contradição dialética de que o histórico, de que aqui se trata, não é algo simplesmente histórico, mas é formado por aquilo que só pode tornar-se histórico contra sua essência, portanto, em virtude do absurdo

O histórico consiste em que o deus, o eterno, veio a ser[531] em um momento específico do tempo como um ser humano individual. Esta natureza especial do histórico, que não se trata do histórico em sentido simples, mas do histórico que só contrariando sua essência pode ter vindo a sê-lo, ajudou a especulação a entrar em uma prazerosa ilusão sensorial. Algo histórico desta espécie, algo de eternamente histórico, como se diz, pode-se facilmente compreender, sim, até compreendê-lo eternamente. Muito obrigado pelo clímax; ele tem a peculiaridade de andar para trás; pois compreendê-lo eternamente é justamente mais fácil, contanto que a gente não se constranja pelo fato disto ser um mal-entendido. Se a contradição está no se basear uma felicidade eterna na relação com algo de histórico, então esta contradição não se anula, afinal, pelo fato de que o histórico do qual se trata seja formado por uma contradição, se ainda se há de manter que ele é algo de histórico; e se isto não for mantido, então o eterno não se tornou realmente histórico; e mesmo que isso não devesse ser mantido, o clímax sempre se torna ridículo, já que, se fosse preciso formá-lo, teria que ser formado ao contrário.

Algo de eternamente histórico é um jogo de palavras, e é transformar o histórico em mito, mesmo se no mesmo parágrafo se combate a tendência mitologizante. Em vez de estar consciente de que há duas contradições dialéticas: a primeira, basear a sua felicidade eterna na relação com algo de histórico [VII 505], e então que este histórico seja composto contra todo pensamento; omite-se a primeira, e se volatiliza a última. Um ser humano, de acordo com sua possibilidade, é eterno, e toma consciência disto na temporalidade: esta é a contradição no interior da imanência. Mas que o eterno por natureza advenha no tempo, nasça, cresça, morra, é uma ruptura com todo pensamento. Se, ao contrário, o advir do eterno no tempo

---

531. *er bleven til*: adveio

há de ser um eterno vir a ser: então a religiosidade *B* está abolida, *"al Theologie Antropologie"* [*al.*: "toda teologia é antropologia"[532]], o cristianismo é transformado de uma comunicação existencial em uma engenhosa doutrina metafísica que se relaciona com professores, a religiosidade *A* é enfeitada com uma ornamentação estético-metafísica que, no aspecto categorial, nem tira nem põe.

Comparem-se a esse respeito *Migalhas*, Cap. IV e V, onde se enfatiza a dialética especial do histórico-paradoxal. Por isso fica também abolida a diferença entre o discípulo de primeira mão e o discípulo de segunda mão, porque, em relação ao paradoxo e ao absurdo, nós estamos todos igualmente próximos (cf., neste livro, Seção 2, Cap. 2).

Anotação: Este é o religioso-paradoxal, a esfera da fé. Pode-se crer em tudo isto – contra o entendimento. Se alguém fantasia que o entende, pode estar certo de que o entende mal. Quem o entende diretamente (em contraste com o entender que isto não pode ser entendido) confunde o cristianismo com uma ou outra analogia do paganismo (analogia que é a do engano em relação à realidade efetiva fática), ou o confunde com a possibilidade subjacente a todas as analogias ilusórias do paganismo (que não possuem a invisibilidade essencial de Deus como determinação intermediária superior dialética, mas deixam-se enganar por uma direta perceptibilidade estética; cf. Seção 2, Cap. 2, Apêndice). Ou confundirá o cristianismo com algo que afinal de contas brotou do coração do homem, isto é, do coração da humanidade, confundi-lo-á com a ideia de natureza humana e esquecerá a diferença qualitativa que acentua os pontos de partida absolutamente diferentes: o que vem de Deus e o que vem do homem; graças a um mal-entendido, em vez de usar a analogia para, a partir dela, definir o paradoxo (a novidade do cristianismo não é uma novidade direta, e justamente por isto ele é paradoxal; cf. acima), ele, ao contrário, revogará o paradoxo com auxílio da analogia, que é, contudo, somente uma analogia do engano, cujo emprego é, portanto, a revogação da analogia, não do paradoxo. Mal-entendendo, entenderá o cristianismo como uma possibilidade e esquecerá que o que é possível no âmbito fantasioso da possibilidade, possível na ilusão, ou possível no fantástico *medium* do pensamento puro (e este é o básico para todo discurso especulativo sobre uma eterna encarnação da divindade, que a cena se transfira para o *medium* da possibilidade) [VII 506], no *medium* da realidade efetiva tem de tornar-se o paradoxo absoluto. Esquecerá, mal-entendendo, que o entender só vale para aquilo cuja possibilidade é superior à sua realidade efetiva; enquanto que aqui

---

532. Citação de FEUERBACH, L. *A essência do cristianismo*. Prefácio [N.T.].

dá-se diretamente o oposto, a realidade efetiva é o mais elevado, é o paradoxo; pois o cristianismo como um projeto não é difícil de entender, a dificuldade e o paradoxo estão em que ele é real efetivo. Por isso, foi mostrado na Seção 2, Cap. 3, que a fé é uma esfera totalmente particular[533], que, paradoxalmente, afastando-se do estético e do metafísico, acentua a realidade efetiva, e distinguindo-se paradoxalmente do ético, acentua a realidade efetiva de um outro, e não da própria; um poeta religioso constitui uma determinação duvidosa em relação ao religioso-paradoxal porque, esteticamente, possibilidade é superior a realidade efetiva, e o poético reside justamente na idealidade da intuição da fantasia, razão pela qual nós não raramente vemos hinos que, embora emocionantes e infantis e poéticos por meio de um traço de fantasia que toca os limites do fantástico, não são, considerados categorialmente, cristãos, considerados categorialmente, por meio daquilo que é tão delicioso, do ponto de vista poético: o azul celeste, o som de dim-dom dos sinos, favorecem o mítico muito melhor do que qualquer livre-pensador, pois o livre-pensador declara que o cristianismo é um mito; o poeta ingênuo ortodoxo abomina isto, e afirma a realidade efetiva histórica do cristianismo – em versos fantasiosos. Aquele que entende o paradoxo (no sentido de compreendê-lo imediatamente) esquecerá, mal-entendendo-o, que aquilo que uma vez alcançou, na paixão decisiva da fé, como o paradoxo absoluto (não como um paradoxo relativo, pois aí a apropriação não seria a fé), portanto, como aquilo que não era, absolutamente, seus próprios pensamentos, nunca poderá tornar-se seus pensamentos (em sentido imediato) sem transformar a fé em uma ilusão, com o que então, mais tarde, chegará a entender que o crer absolutamente que não se tratava de seus próprios pensamentos fora uma ilusão[534]. Na fé, entretanto, ele pode muito bem continuar a preservar sua relação para com o paradoxo absoluto. Mas no interior da esfera da fé não pode jamais introduzir-se o momento em que ele compreende o paradoxo (em sentido imediato), porque, se isto acontece, então toda a esfera da fé se esvai como um mal-entendido. A realidade efetiva, isto é, que tal e tal coisa efetivamente aconteceu, é o objeto da fé e, contudo, não constitui decerto os pensamentos próprios de qualquer ser humano ou da humanidade, pois neste caso o pensamento é no máximo a possibilidade, mas a possibilidade como compreensão é exatamente aquela compreensão por meio da qual realiza-se o passo atrás, em que a fé cessa de existir. Aquele que compreende o paradoxo esquecerá, entendendo-o mal, que o cristianismo é o paradoxo absoluto (assim como sua novidade é a novidade absoluta), justamente porque ele aniquila uma possibilidade (as analogias do paganismo, uma eterna encarnação da divindade[535]) como uma ilusão sensorial, e faz

---

533. *ganske egen*: bem-específica
534. *Skuffelse*
535. *en evig Gudvorden*

dela uma realidade efetiva, e justamente isto é o paradoxo, não o estranho, o incomum num (estético) sentido direto, mas o aparentemente conhecido, e contudo absolutamente desconhecido, que, justamente como realidade efetiva, transforma o aparente em um engano. Aquele que compreende o paradoxo esquecerá que, pelo entender (a possibilidade), retrocedeu ao antigo e perdeu o cristianismo. No *medium* de fantasia da possibilidade, Deus pode muito bem fundir-se com o ser humano para a imaginação, mas fundir-se na realidade efetiva com o ser humano individual é justamente o paradoxo.

[VII 507] Contudo, confundir e avançar ao retroceder, ou condenar e berrar em defesa do cristianismo, quando a gente mesmo com barulho e fazendo-se de importante usa as categorias do mal-entendido, é consideravelmente mais fácil do que manter a rigorosa dieta dialética, e geralmente gratifica mais, quando se considera como gratificação (e não como um inquietante *nota bene*) adquirir adeptos; se se considera como gratificação (e não como um inquietante *nota bene*) ter satisfeito as exigências do tempo.

Apêndice a B
O retroagir do dialético sobre o patético aguçando o pathos*, e os momentos simultâneos deste* pathos

A religiosidade que não tem algo dialético no segundo lugar, ou seja, *A*, que é a transformação da existência patética própria do indivíduo (não a transformação paradoxal da existência para a fé pela relação com algo histórico), orienta-se para o puro ser humano de tal modo que se deve assumir que qualquer ser humano, visto essencialmente, é participante desta felicidade e por fim torna-se bem-aventurado. A diferença entre o religioso e aquele que não transforma religiosamente sua existência, torna-se uma diferença humorística: que, enquanto o religioso emprega toda a sua vida para tornar-se consciente de sua relação para com uma felicidade eterna, e o outro não se preocupa com isso (mas convém notar que o religioso tem a satisfação em si próprio e, voltado para seu interior, não se agita em reclamações sem sentido sobre o fato de outros alcançarem facilmente o que ele busca com dificuldade e com o esforço mais extremo), ambos, visto eternamente, chegam igualmente longe. Aqui reside o humor simpático, e a seriedade está em que o religioso não se deixe perturbar pela comparação com os outros. Assim, na religiosidade *A*, há uma possibilidade constante de retomar a existência na eternidade que mora lá atrás.

A religiosidade *B* é isoladora, segregadora, é polêmica: só com esta condição[536] venho a ser bem-aventurado, e, tal como me vinculo absolutamente a isto, assim também eu excluo qualquer outro. Este é o incitamento de particularismo no *pathos* comum. Todo cristão tem *pathos* como o da religiosidade *A*, e então este *pathos* da segregação. Esta segregação dá ao cristão uma certa semelhança com alguém que é feliz por favorecimento; e quando isto é concebido por um cristão, de modo egoístico, temos a desesperada presunção da predestinação. [VII 508] O felizardo não consegue simpatizar essencialmente com outros que não estão ou não conseguem chegar à posse do favorecimento. Por isto, o felizardo, ou precisa continuar a ignorar que existem outros, ou se tornará infeliz por causa desta consciência. Ter sua felicidade eterna fundada em algo histórico faz com que a felicidade[537] do cristão se reconheça pelo sofrimento, assim como a determinação religiosa de ser um escolhido de Deus é paradoxalmente, tão contrário quanto possível a ser um sortudo[538], justamente porque o escolhido não é o infeliz; mas tampouco, de jeito nenhum, na compreensão direta, é o felizardo – não, isto é tão difícil de compreender que, para todos os outros, com exceção do eleito, deve ser algo sobre o que desesperar. É por isso que é tão repulsiva aquela concepção de ser o eleito que, esteticamente, deseja estar, por exemplo, no lugar de um apóstolo. A felicidade ligada a uma condição histórica exclui todos os que estejam de fora da condição e, entre estes, encontram-se inúmeros que estão excluídos sem culpa própria, mas pela circunstância acidental de o cristianismo não lhes ter sido ainda anunciado.

O *pathos* aguçado, definido mais de perto, é:

a) A consciência do pecado[539]. Esta consciência é a expressão para a paradoxal transformação[540] da existência. O pecado é o novo *medium* da existência. Existir[541] significa, em outras circunstâncias,

---

536. *Vilkaar*
537. *Lykke*: sorte, fortuna
538. *Lykkens Pamphilius*
539. Compare-se com isto o que foi analisado em *A*, § 3 sobre a consciência de culpa. Cf. também Seção 2, Cap. 2.
540. *Forvandling*
541. *at existere*

apenas que o indivíduo por ter vindo a ser está aí e em devir[542]; agora isto significa que por ter vindo a ser se tornou um pecador; existir, em outras circunstâncias, não é um predicado mais precisamente determinante, mas sim é a forma de todos os predicados mais precisamente determinantes; a gente não se torna algo por vir a ser, agora, porém, o vir a ser significa tornar-se um pecador. Na totalidade da consciência da culpa, a existência se afirma de modo tão forte quanto possível no interior da imanência, mas a consciência do pecado é a ruptura; ao vir a ser, o indivíduo se torna um outro, ou, no agora em que ele deve vir a ser, ele vem a ser ao vir a ser um outro[543], pois, de outro modo, a determinação do pecado é colocada no interior da imanência. Desde a eternidade o indivíduo não é pecador; se então a essência estabelecida eternamente, que no nascimento vem a ser, vem a ser um pecador no nascimento ou nasce como um pecador: então é a existência que o envolve de tal modo que toda comunicação da imanência pela via da recordação em virtude do regresso ao eterno é rompida, e o predicado "pecador", que antes, mas também prontamente, aparece em virtude da existência, [VII 509] ganha um poder tão paradoxalmente opressivo que o vir a ser o transforma em um outro. Esta é a consequência da aparição do deus no tempo, que impede o indivíduo de relacionar-se com o eterno com um movimento para trás, pois agora ele se move para frente a fim de no tempo tornar-se eterno graças à relação para com o deus no tempo.

A consciência do pecado o indivíduo não pode, portanto, obter por si mesmo, o que é o caso em relação à consciência da culpa; pois na consciência da culpa a identidade do sujeito consigo mesmo é preservada, e a consciência da culpa é uma alteração[544] do sujeito no interior do próprio sujeito; a consciência do pecado, ao contrário, é alteração do próprio sujeito, o que mostra que fora do indivíduo tem que haver aquele poder que esclarece para ele que ele ao vir a ser se tornou um outro, diferente do que era, que se tornou pecador. Este poder é o deus no tempo. (Compare-se isto com o Cap. 1 das *Migalhas*, o referente ao instante.)

---

542. *ved at være blevet til er til og i Vorden*
543. *i det Nu han skal blive til bliver han ved at blive til en Anden*
544. *Forandring*

Na consciência do pecado, o indivíduo se torna consciente de si naquilo que o diferencia do humano comum, o qual, só por si mesmo, torna-se consciente do que significa existir[545] *qua* ser humano. Pois já que a relação para com aquele evento histórico (o deus no tempo) condiciona a consciência do pecado, não poderia ter havido a consciência do pecado em todo o tempo antes deste evento histórico ter ocorrido. Entretanto, visto que o crente, na consciência do pecado, também quer tornar-se consciente do pecado de todo o gênero humano: assim aparece um outro isolamento. O crente amplia a consciência do pecado a todo o gênero humano e, ao mesmo tempo, não sabe se toda a geração está salva, visto que a salvação do indivíduo singular dependerá, afinal, do fato de ter sido levado à relação com aquele evento histórico, o qual, precisamente por ser histórico, não pode estar em toda parte ao mesmo tempo, mas precisa de tempo para tornar-se conhecido pelos seres humanos, tempo durante o qual uma geração depois da outra morre. Na religiosidade *A*, a simpatia é com todos os seres humanos, porque ela se relaciona com o eterno, como todo ser humano supõe ser capaz, essencialmente, e porque o eterno está por toda parte, de modo que não se precisa de tempo algum para esperar ou enviar uma mensagem para aquilo que, por ser histórico, está impedido de estar em toda parte ao mesmo tempo, e cujo estar aí inúmeras gerações, sem nenhuma culpa própria, poderiam continuar ignorando.

Ter a sua existência nesta determinação é *pathos* aguçado, tanto porque é algo que não se deixa pensar quanto porque é isolador[546]. Com efeito, o pecado não é um ensinamento ou uma doutrina para pensadores, assim tudo se tornaria nada; ele é uma categoria existencial e justamente não se deixa pensar. [VII 510]

b) A possibilidade do escândalo ou a colisão autopática. Na religiosidade *A*, o escândalo não é possível de jeito nenhum, pois mesmo a determinação mais decisiva está no interior da imanência. Mas o paradoxo, que exige a fé contra o entendimento, prontamente mostra o escândalo, seja ele, definido mais de perto, o escândalo que

---

545. *existere*
546. *isolerende*

sofre ou aquele que zomba do paradoxo como tolice. Portanto, assim que aquele que teve a paixão da fé a perde, então *eo ipso* se escandalizou.

Mas isto, mais uma vez, é o *pathos* aguçado, ter constantemente uma possibilidade que, se ocorrer, será uma queda tão mais profunda quanto a fé é algo mais elevado do que toda a religiosidade da imanência.

Em nossos dias, o cristianismo se tornou tão naturalizado e de tal modo acomodado que ninguém sonha com o escândalo; ora, está muito bem assim, porque por uma insignificância a gente não se escandaliza, e é isto o que o cristianismo está a ponto de tornar-se. Em outras circunstâncias, ele é certamente o único poder que em verdade consegue provocar o escândalo, e a entrada estreita para o difícil caminho da fé é o escândalo, e a terrível resistência contra o início da fé é o escândalo, e se o tornar-se cristão realizar-se corretamente, o escândalo com certeza tomará sua porcentagem em cada geração, como o fez na primeira. O cristianismo é o único poder que em verdade pode provocar escândalo, porque ataques histéricos e sentimentais de escândalo acerca disto ou daquilo podem simplesmente ser rejeitados e explicados como uma carência de seriedade ética que está faceiramente ocupada em acusar o mundo todo, em vez de a si mesma. Para o crente, o escândalo está no início, e sua possibilidade é o incessante temor e tremor em sua existência.

c) A dor da simpatia, em razão de que o crente não simpatiza de modo latente, como na religiosidade *A*, nem pode simpatizar, com todo ser humano *qua* ser humano, mas essencialmente só com os cristãos. Aquele que, com a paixão de toda a sua alma, baseia sua felicidade em uma condição[547], que é a relação com algo histórico, obviamente não pode, ao mesmo tempo, considerar esta condição como uma bobagem. Tal coisa só um dogmático moderno consegue fazer, um que não tem nenhuma dificuldade em realizar esta última, já que carece de *pathos* para a primeira. Para o crente, é verdade que, fora desta condição, não há felicidade, e para ele é verdade, ou

---

547. *et Vilkaar*

pode vir a ser verdade para ele, que deve odiar pai e mãe. Pois não é o mesmo que odiá-los, se ele tem sua felicidade ligada a uma condição que ele sabe que eles não admitem? E não é isto um terrível aguçamento do *pathos* em relação a uma felicidade eterna? E suposto que este pai ou esta mãe ou este ser amado [VII 511] tenham morrido sem ter tido sua felicidade eterna baseada nessa condição! Ou que estivessem vivos, mas que ele não conseguisse conquistá-los! Ele pode desejar fazer o máximo por eles, cumprir todos os deveres de um filho e de um amante leal com o maior dos entusiasmos, deste modo, o cristianismo não ordena que se odeie; e, contudo, se esta condição os separa, separa-os para a eternidade; não é isto como se os odiasse?

Tais coisas foram vivenciadas no mundo. Hoje em dia elas não são mais vivenciadas; afinal, todos nós somos cristãos. Mas em que será que nós todos nos tornamos com isso, e em que será que o cristianismo se transformou pelo fato de todos nós sermos cristãos sem mais nem menos?

CAPÍTULO 5
Conclusão

A presente obra fez do tornar-se um cristão algo difícil, tão difícil que o número dos cristãos entre as pessoas cultas na Cristandade talvez não venha a ser tão grande; talvez, pois eu não posso saber algo assim. Se este procedimento é cristão, não decido eu. Mas ir além do cristianismo e então buscar às apalpadelas em categorias que os pagãos já conheciam, ir além e então ficar bem longe de poder se comparar vantajosamente em aptidão existencial com os pagãos: no mínimo, isto não é cristão. Mas esta dificuldade não foi criada, de jeito nenhum (no experimento, pois o livro não tem nenhum τελος), para fazer com que tornar-se um cristão fosse difícil para os leigos. Em primeiro lugar, qualquer um pode, sim, tornar-se um cristão, e, em seguida, admite-se que qualquer um, que diga que ele é um cristão e que fez o máximo, é um cristão e fez o máximo, se não tiver, por querer fazer-se de importante avançando às cotoveladas, motivado alguém a verificar mais de perto, em termos puramente psicológicos e para aprender algo para si mesmo. Ai daquele que pretende julgar corações. Mas quando toda uma geração, embora de diversas maneiras, parece desejar unir-se para ir além *en masse*; quando toda uma geração, embora com pontos de vista diversos, persegue o tornar-se objetiva como o que há de mais elevado, com o quê se cessa de ser cristão, caso o fosse: isto decerto pode motivar um indivíduo[548] a atentar para as dificuldades. [VII 512] Para o que, pelo contrário, não deve motivá-lo, é para esta nova confusão: querer, pela proposição das dificuldades, ter importância para qualquer outra pessoa, para nem falar para todo o gênero humano; pois deste modo, afinal de contas, também ele começa a ficar objetivo.

Em tempos em que na idade adulta do homem, talvez sacudido de um lado para outro e experimentado na vida, talvez com a dor

---

548. *en Enkelt*

de ter de romper as mais ternas relações com pais e parentes, com a pessoa mais querida, a gente se decidia a se tornar um cristão: dificilmente sentia-se qualquer necessidade de ir mais além, porque se entendia o quanto de esforço era preciso a cada dia para manter-se nesta paixão, entendia-se em que terrores a gente tinha a sua vida. Em nossos dias, ao contrário, quando a impressão que se tem é de que já como uma criança de oito dias de vida a gente é efetivamente cristão, com o quê, de novo, a gente transforma Cristo, de sinal de escândalo em um amigo das crianças *à la* Tio Frantz, em um bom velhinho, ou em um professor de asilos de órfãos: a gente acha que, afinal, como homem adulto deve fazer alguma coisa e, assim, ir mais além. Só é uma pena que a gente não vá mais além em se tornando realmente um cristão, porém, graças à especulação e ao histórico-mundial, apenas regrida a concepções de vida mais baixas e, em parte, fantasiosas. Dado que estamos acostumados a, sem mais nem menos, ser cristãos e a ser chamados de cristãos, o equívoco também apareceu de que concepções de vida que são muito inferiores ao cristianismo se introduziram no interior do cristianismo, têm agradado mais às pessoas (os cristãos), como é natural, já que o cristianismo é o que há de mais difícil, e então foram elogiadas como descobertas superiores que ultrapassam o cristianismo puro e simples.

Seria indubitavelmente melhor do que a indiferente manutenção do nome, seria um sinal de vida, se em nossa época vários simplesmente confessassem para si mesmos que poderiam desejar que o cristianismo simplesmente não tivesse vindo ao mundo, ou que eles próprios jamais tivessem se tornado cristãos. Que esta confissão acontecesse, contudo, sem escárnio, zombaria e ira; para que isto? Pode-se muito bem ter veneração por aquilo em que não se consegue forçar-se a ingressar. O próprio Cristo diz que se agradou daquele jovem que entretanto não conseguia decidir-se a dar todas as suas posses aos pobres. Cristão o jovem não se tornou, e ainda assim Cristo se agradou dele. Portanto, antes a sinceridade do que o meio-termo[549]. Pois o cristianismo é uma gloriosa visão para nela se morrer, o único conforto verdadeiro, e o momento da morte é a situação do cristianismo. Talvez seja por isso que nem mesmo o indiferente [VII 513] quer abandoná-lo, mas tal como se faz um depósito em uma companhia funerária a

---

549. *Halvhed*: mediania, tepidez, mediocridade, tudo pela metade, meias-palavras

fim de poder arcar com as despesas no tempo devido, assim também a gente deixa guardado o cristianismo até o fim: a gente é cristão e, contudo, só no momento da morte a gente se torna isto.

Talvez houvesse alguém que, caso entendesse a si mesmo com toda sinceridade, antes teria de confessar que desejaria nunca ter sido educado no cristianismo, em vez de não fazer caso dele no indiferentismo. Antes a sinceridade que o meio-termo. Mas que a confissão aconteça sem ira, sem obstinação, com uma calma veneração por este poder que ele acha que lhe perturbou sua vida, por este poder que decerto poderia ter mostrado a ele o caminho, mas que não o ajudou. Se ocorreu que um pai, mesmo o pai mais amoroso e solícito, justamente no momento em que quis fazer o melhor para seu filho, fez o pior, o pior, que talvez tenha perturbado toda a vida do filho: deve por isso o filho, se se lembrar das circunstâncias, afogar sua piedade no esquecimento do indiferentismo ou transformá-la em ira? Bem, que as almas miseráveis, que só conseguem amar a Deus e aos homens quando as coisas estão caminhando segundo sua cabeça, que elas odeiem e se obstinem em mau gênio – um filho fiel ama, sem alteração; e será sempre característica de um ser humano medíocre se alguém, quando convencido de que aquele que o fez infeliz, o fez com a intenção de fazer o melhor para ele, conseguir afastar-se dele com ira e amargor. Deste modo, uma rigorosa educação no cristianismo talvez possa ter feito a vida de uma pessoa demasiado difícil, sem lhe ter, por outro lado, auxiliado; ela pode ter no silêncio de seu íntimo nutrido um desejo, tal como o fizeram aqueles cidadãos que suplicaram a Cristo que deixasse a sua região porque Ele os apavorara. Mas o filho cujo pai tornou infeliz, se tiver magnanimidade continuará a amar o pai. E quando sofrer pelas consequências, decerto há de suspirar de vez em quando, desanimado: Oxalá isto nunca me tivesse acontecido! Mas jamais se entregará ao desespero; trabalhará contra o sofrimento, transpondo-o. E, ao trabalhar, seu pesar será mitigado; logo lamentará mais por seu pai do que por si mesmo, esquecerá sua própria dor, em seu profundo e simpático pesar, compadecido a respeito do quão pesado seria para o pai se este entendesse o que se passava com ele – esforçar-se-á então mais e mais vigorosamente, sua salvação será importante para ele por causa dele e agora quase mais preciosa por causa de seu pai – então ele trabalhará: com certeza conseguirá. E, se tiver sucesso, então, por assim dizer, perderá a razão, [VII 514] no júbilo do entusiasmo; pois que pai fez tanto por seu filho, que filho pode afinal chegar a dever tanto a seu pai! E assim também com o cristianismo. Mesmo que este o tenha feito infeliz, ele não o abandonará por causa disso; pois jamais lhe ocorre a ideia de que o cristianismo possa ter vindo ao mundo para prejudicar os humanos; este se mantém para ele sempre digno de veneração. Ele não o abandona, e ainda que sussurre desalentado, "Quem dera eu jamais tivesse sido educado nesta doutrina", não o abandona. E o desalento[550] se torna em tristeza[551], à ideia de que afinal deve ser quase pesado para o cristianismo que algo assim pudesse ter ocorrido; mas ele não o abandona. Ao final, o cristianismo por certo há de reparar isto para ele. Ao final, sim, não é pouco a pouco; é muito menos e contudo infinitamente muito mais. Mas só pessoas desleixadas abandonam aquilo de que um dia receberam uma impressão absoluta, e só almas miseráveis exploram de modo desprezível seu próprio sofrimento, tirando dele este lucro vil: o de poderem perturbar outros, de se fazerem de importantes por meio da mais baixa de todas as arrogâncias: de querer impedir outros de encontrar conforto, só porque não o encontraram para si. Se há alguém em nossa época a quem o cristianismo perturba, algo de que não duvido e que pode facilmente ser demonstrado a partir dos fatos: uma única coisa se pode exigir dele – que se cale; pois, visto eticamente, sua fala é um assalto de bandido e, em suas consequências, é até pior do que isso, porque acaba que nenhum dos dois tem nada, nem o bandido nem o assaltado.

Tampouco como o cristianismo entrou no mundo na infância da humanidade, porém na plenitude dos tempos: tampouco o cristianismo combina, em sua forma decisiva, com todas as idades. Há momentos na vida que exigem algo que o cristianismo por assim dizer quer deixar completamente intocado, algo que, numa certa idade, parece ao homem ser o absoluto, embora, mais tarde na vida, a mesma pessoa perceba sua vaidade. Despejar com um funil o cristianismo na cabeça de uma criança é coisa que não dá para fazer, pois é sempre verdade que qualquer ser humano só entende aquilo que tenha

---

550. *Mismodet*
551. *Veemod*

serventia para ele, e a criança não tem nenhuma utilidade decisiva para o cristianismo. A lei, que caracteriza a entrada do cristianismo no mundo pelo que lhe precede, é sempre esta: *Ninguém inicia por ser cristão; cada um se torna tal na plenitude do tempo – se é que ele se torna*. Uma severa educação cristã nas categorias decisivas do cristianismo é um empreendimento muito arriscado; pois o cristianismo forma homens cuja força está em sua fraqueza; mas em sua configuração totalmente séria, se a gente força a criança a entrar nele, isto em geral produz jovens extremamente infelizes. A rara exceção é um golpe de sorte.

[VII 515] Aquele cristianismo que é exposto para uma criança ou, antes, o cristianismo que a própria criança monta, quando não se exerce nenhuma pressão sobre ela, no sentido de forçar o existente para o interior das categorias cristãs decisivas: não é propriamente cristianismo, mas sim idílica mitologia. É a ideia da infância elevada à segunda potência, e a relação às vezes inverte-se de tal modo que os pais é que aprendem com a criança, ao invés de a criança aprender com os pais, de modo que o encantador mal-entendido da criança em relação ao crístico transfigura o amor do pai e o amor da mãe em uma piedade que, contudo, não é propriamente, de jeito nenhum, cristianismo. Não faltam exemplos de pessoas que não tinham sido antes, elas mesmas, tocadas religiosamente, e que agora são tocadas por uma criança. Mas esta piedade não é aquela religiosidade que convém essencialmente a um mais idoso, e tampouco como a própria mãe é nutrida pelo leite que a natureza providencia para a criança: tampouco a religiosidade dos pais deve encontrar sua expressão decisiva nesta piedade. O amor do pai e o amor da mãe são tão fortemente ligados à criança, envolvem-na tão ternamente, que a própria piedade inventa, por assim dizer, o que contudo foi ensinado: que tem de haver um Deus que se responsabiliza pelas criancinhas. Mas se este estado de ânimo é toda a religiosidade dos pais, então eles carecem de religiosidade autêntica, e consolam-se apenas com uma melancolia que simpatiza indiretamente com o ser criança. Graciosas e amáveis são esta piedade dos pais e a disposição ao aprendizado e facilidade de entendimento da criança em relação a esta felicidade; porém cristianismo isto propriamente não é, é cristianismo no *medium* da intuição da fantasia; é um cristianismo do qual o terror foi retirado; conduz-se a criança *inocente* para Deus ou para Cristo. Acaso isto é cristianismo, cujo ponto decisivo está justamente em que seja o pecador que busca refúgio no paradoxo? É bonito e tocante e adequado que um homem de mais idade perceba sua culpa ao observar uma criança e, com melancolia, compreenda a inocência da criança; mas este estado de ânimo não é decisivamente cristão. Pois a visão sentimental da inocência da criança esquece que o cristianismo não reconhece nenhuma [inocência] desse tipo na humanidade caída; e que a dialética qualitativa define a consciência do pecado como mais próxima do que toda inocência. A concepção rigorosamente cristã da criança como pecadora não pode dar ao período da infância nenhuma vantagem, pois consciência do pecado a criança não tem e é, portanto, uma pecadora sem a consciência do pecado.

Mas encontra-se, sem dúvida, uma passagem da Bíblia sobre a qual a gente se pode apoiar, e às vezes esta é entendida, talvez sem que a gente tome consciência, de tal modo que sua compreensão inclui a mais profunda sátira sobre todo o cristianismo e faz do cristianismo a mais inconsolável das visões de mundo, [VII 516] dado que torna indescritivelmente fácil para uma criança entrar no Reino dos Céus, impossível para um mais velho, e a consequência é de que o melhor e o mais adequado desejo seria desejar a morte da criança, quanto antes melhor.

Trata-se do capítulo 19 de Mateus, em que Cristo diz: "Deixai em paz as criancinhas e não as impeçais de virem a mim, pois a elas pertence o Reino dos Céus". No capítulo inteiro fala-se sobre a dificuldade de se entrar no Reino dos Céus, e as expressões disso são as mais fortes possíveis. Versículo 12: "Há eunucos que castraram a si mesmos em nome do Reino dos Céus". V. 24: "É mais fácil um camelo passar no buraco de uma agulha do que um homem rico entrar no Reino de Deus". Os discípulos ficaram tão aterrorizados que disseram (v. 25): "Quem então pode ser salvo?" Depois que Cristo respondeu a isto, há também menção no v. 29 da recompensa para aqueles que deixaram casas e irmãos, ou irmãs, ou pai, ou mãe, ou esposa, ou filhos, ou terras, por causa do nome de Cristo – todas essas são expressões terríveis das colisões nas quais um cristão pode ser tentado. Portanto, a entrada no Reino dos Céus é tornada tão difícil quanto possível, tão difícil que até suspensões teleológicas do ético são mencionadas. No mesmo capítulo, narra-se bem brevemente um pequeno evento em que criancinhas são levadas a Cristo e que Ele disse aquelas palavras – porém, convém notar, intervém uma oração intermediária e um evento intermediário: que os discípulos repreenderam as crianças ou, mais corretamente, repreenderam aos que carregavam as crianças (cf. Mc 10,13). Agora, se as palavras de Cristo a respeito do ser criança devem ser entendidas literalmente, então surge a confusão de que, enquanto se faz com que seja o mais difícil possível para o adulto entrar no Reino dos Céus, a única dificuldade para uma criança é que a mãe a carregue para Cristo e que seja carregada até aí – e então chegamos rapidamente ao clímax do desespero: o melhor é morrer como criança. Mas em Mateus o significado não é difícil. Cristo diz essas palavras aos discípulos que repreenderam as crianças – e os discípulos, afinal, não eram criancinhas. Em Mt 18,2, é narrado que Jesus chamou uma criança para si, colocou-a no meio dos discípulos e disse: "Em verdade vos digo, se não vos converterdes e não vos tornardes como crianças, de modo algum entrareis no Reino dos Céus". Ele não conversa com a criança, mas usa a criança frente aos discípulos. Se, entretanto, se supõe que o significado esteja simplesmente no encanto de se ser uma criancinha, um perfeito anjinho (mas nem mesmo pelos anjos o cristianismo parece ter predileção, dado que se dirige aos pecadores): então é cruel dizer tais palavras na presença dos apóstolos, que estavam, é claro, neste caso na triste situação de serem homens adultos; [VII 517] assim, com esta única explicação o cristianismo todo é desfigurado[552]. Por que será que Cristo quis então ter discípulos que já eram adultos antes de se tornarem discípulos? Por que Ele não disse: ide, e batizai criancinhas? – Se é triste de ver uma especulação presunçosa que quer tudo entender, assim também sempre é triste que alguém sob a aparência de ortodoxia queira fazer do cristianismo um sentimentalismo de noite enluarada e de asilo de deficientes. Mas dizer aos homens, justo no instante em que se tornavam talvez demasiado impertinentes[553] com Cristo e queriam exigir recompensa temporal pela relação mais próxima[554], ou contudo realçar mundanamente a

---

552. *tilbageforklaret*: interpretado invertidamente; revogado ao ser explicado
553. *nœrgaaende*
554. *det nœre Forhold*

relação próxima: que àquelas[555] (ou seja, às criancinhas) pertence o Reino dos Céus – portanto arredar um bocado de si os discípulos com a ajuda de um paradoxo: isto, sim, é um discurso obscuro. Pois, falando humanamente, até é possível castrar a si mesmo e deixar pai e filhos e esposa, porém tornar-se uma criancinha quando já se é um adulto, isto é proteger-se por meio da distância do paradoxo contra toda impertinência[556]. Os apóstolos repreendem as criancinhas; mas Cristo, por sua vez, não o faz. Ele nem mesmo repreende os apóstolos; Ele se volta para as criancinhas, mas fala aos apóstolos, e bem como aquele olhar que deu a Pedro, este voltar-se para as crianças é entendido como endereçado aos apóstolos, o juízo sobre eles, e no décimo nono capítulo de Mateus, que, aliás, trata da dificuldade de se entrar no Reino dos Céus, como a expressão mais forte da dificuldade. O paradoxo reside em se fazer de uma criança o paradigma; *em parte* porque, falando humanamente, uma criança absolutamente não o pode ser, dado que é imediata e não explica nada (por isso um gênio tampouco pode ser paradigma – é o aspecto triste na distinção do gênio), [VII 518] nem mesmo para outras crianças, pois cada criança é meramente imediata à si mesma; e, *em parte*, porque ela é tomada como paradigma para um adulto, o qual, na humildade da consciência da culpa, deve assemelhar-se à humildade da inocência.

Mas já chega deste tema; uma concepção tão infantil do cristianismo como esta apenas o torna irrisório. Se se há de compreender literalmente este ser uma criança, então é um sem-sentido pregar o cristianismo para adultos. E no entanto é assim que o cristianismo é defendido pelos paladinos ortodoxos. Mas, é claro, se alguém quiser ter algo de que rir, dificilmente encontrará material mais abundante do que na maneira pela qual o cristianismo hoje em dia é defendido e atacado. Um ortodoxo troveja contra o egoístico dos livre-pensa-

---

555. τοιοῦτοι; justamente esta palavra mostra suficientemente que Cristo não está falando sobre crianças ou diretamente para crianças, mas que fala para os discípulos. Quando entendido literalmente, uma criança não é τοιοῦτος; τοιοῦτος implica uma comparação, que pressupõe uma diferença. Portanto, não se diz nada diretamente sobre crianças, não se diz que uma criancinha (compreendido literalmente) tem livre acesso, mas sim que só aquele que é como uma criança pode entrar no Reino dos Céus [Mt 19,14]. Mas assim como o mais impossível para o adulto é se tornar uma criancinha (compreendido literalmente), assim também para a criancinha o mais impossível é ser *como* uma criança, justamente porque ela é uma criança.

556. *Nærgaaenhed: lit.*: chegar perto demais

dores, "que não querem entrar no Reino de Deus como criancinhas, mas querem ser alguma coisa". Aqui a categoria está correta, mas agora ele, para dar mais ênfase ao seu discurso, reporta-se àquela passagem da Bíblia, entendida de modo literal, sobre ser uma criancinha (no sentido literal). Pode-se levar a mal que o livre-pensador considere Sua Reverendíssima um pouco maluco, no sentido bem literal? O difícil discurso com o qual começou o ortodoxo se tornou um galimatias; pois para uma criancinha ele não é difícil, de jeito nenhum, e para um adulto ele é impossível. Ser alguma coisa e querer ser alguma coisa é, num certo sentido, justamente a condição (a condição negativa) para como uma criancinha entrar no Reino dos Céus – se isto deve ser difícil – de outro modo, não é de se admirar que se permaneça de fora quando já se tem quarenta anos. Portanto, pode ser que o livre-pensador queira zombar do cristianismo, e, contudo, não há ninguém que o torne tão ridículo quanto o ortodoxo. Visto psicologicamente, este mal-entendido está em conexão com a segurança confortável com a qual se tornou idêntico o tornar-se um cristão e o ser um ser humano, em conexão com a relutância leviana e melancólica pelas decisões, que evita a toda hora comprometer-se, e por isso protela o tornar-se cristão para tão tarde que a questão acaba decidida antes que a gente se dê conta. Acentua-se o Sacramento do Batismo de modo ortodoxo tão exagerado que a gente convenientemente se torna heterodoxo no dogma do renascimento, esquece a objeção de Nicodemos e a resposta que lhe foi dada, porque, hiperortodoxamente, faz de uma criancinha um cristão verdadeiro por ter sido batizada.

O cristianismo infantil, que em uma criancinha é adorável, em um adulto é a ortodoxia pueril que, bem-aventurada no reino fantástico, conseguiu levar o nome do cristianismo para o reino da fantasia. [VII 519] Uma ortodoxia deste tipo confunde tudo. Se ela percebe que o preço da determinação da "fé" começa a perder valor, que todos querem ir mais além e deixar a fé como algo para pessoas tolas: então ela tem de tratar de levantar este preço. O que acontece? A fé se torna algo totalmente extraordinário e raro, "não é coisa para qualquer um"; em suma, a fé se torna genialidade que diferencia. Se for assim, então só com esta cláusula todo o cristianismo está revogado – por um ortodoxo. Está muito bem que o ortodoxo queira elevar o preço, mas o valor diferencial confunde tudo, pois aquilo que diferencia não é difícil para o gênio e é impossível para outros. A fé é tomada corretamente como o mais difícil de tudo, mas de modo dialético qualitativo, isto é, igualmente difícil para todos, e é a determinação ética da fé que ajuda aqui, pois esta pura e simplesmente impede cada crente de ser curioso e comparativo; proíbe qualquer comparação entre este e aquele indivíduo, e assim a coisa se torna igualmente difícil para todos. – Uma ortodoxia infantil desse tipo também dirigiu uma atenção decisiva para o fato de que Cristo em seu nascimento foi embrulhado em trapos e colocado em uma manjedoura – em resumo, para o fator humilhante de sua vinda na forma modesta de um servidor, e acredita que este é o paradoxo em contraste com a possibilidade que tivesse vindo gloriosamente. Confusão. O paradoxo reside, em última análise, em que Deus, o Eterno, tenha advindo no tempo como um ser humano individual. Que este ser humano individual seja um servo ou um imperador, não tira nem põe, não é mais adequado para Deus ser um rei do que ser um mendigo; não é maior rebaixamento para Deus tornar-se um mendigo do que tornar-se um imperador. Reconhece-se prontamente a infantilidade; pois justamente porque a criança não tem nenhuma representação desenvolvida ou uma representação real de Deus (mas apenas interioridade da fantasia), ela não pode tomar consciência do paradoxo absoluto, mas tem uma comovente compreensão do humorístico: que o mais poderoso de todos, o Onipotente (contudo sem nenhuma decisiva determinação de pensamento, e por isso apenas diferenciado de modo imaginário daquilo que está no mesmo nível, ser rei e imperador), em seu nascimento, tenha descansado em uma manjedoura envolto em trapos. Se, ao contrário, a ortodoxia infantil insiste neste rebaixamento como o paradoxo: então isto mostra *eo ipso* que não atenta ao paradoxo. De que adianta, então, toda a sua defesa! Se está dado e assumido que é fácil compreender que Deus se torna um ser humano individual, então a dificuldade consiste somente no aspecto seguinte, que ele se torne um ser humano humilde e desprezado: então o cristianismo é, *summa summarum*, humor. O humor desvia um pouco da atenção para longe do que vem primeiro, da determinação "Deus", e agora acentua: que o maior de todos, o mais poderoso, o que é maior do que todos os reis e imperadores, [VII 520] que este se tornou o mais humilde de todos. Mas a determinação "o maior de todos, o mais poderoso, que é maior do que todos os reis e imperadores" é uma determinação muito indeterminada, é fantasia, e nenhuma determinação qualitativa como a de ser Deus. Em geral, é notável como a ortodoxia, quando em apuros, emprega fantasia – e assim produz o maior de todos os efeitos. Mas, como já foi dito, o maior de todos, o mais poderoso de todos, o que é maior do que todos os reis e imperadores, não é, por isto, Deus. Se se quer falar de Deus, então que se diga: Deus. É a qualidade. Se o pastor quer falar da eternidade, então que ele diga: eternidade, e, contudo, às vezes ele diz, quando quer dizer algo da maneira correta: na eternidade de todas as eternidades das eternidades. Mas se o cristianismo é humor, então tudo está confundido; então acaba que eu me torno um dos melhores cristãos; pois, considerado como humorista, não sou mau, porém sou mau o bastante para considerar isto tão humorístico quanto possível em comparação com o ser cristão, o que eu não sou. – Uma ortodoxia infantil acentua o sofrimento de Cristo de um modo que desencaminha. Nas mais fantasiosas determinações, que não são de forma alguma próprias para ordenar silêncio ao entendimento humano, já que pelo contrário fica fácil para este entender que é galimatias, acentua-se o pavoroso do sofrimento, o corpo delicado de Cristo, que sofre tão desmesuradamente; ou se acentua quantitativa e comparativamente que Ele, que era tão santo, o mais puro e o mais inocente de todos, que Ele teve que sofrer. O paradoxo está em que Cristo tenha vindo ao mundo *para sofrer*. Se se deixa isto de lado, então uma milícia de analogias captura sem problemas a fortaleza inexpugnável do paradoxo. Que o inocente possa vir ao mundo para sofrer (heróis nos reinos da intelectualidade e da arte, mártires da verdade, as mártires silenciosas do mundo feminino etc.) não é, de forma alguma, absolutamente paradoxal, mas sim humorístico. Mas a destinação dos mártires quando vieram ao mundo não era sofrer; seu destino era este ou aquele, e para realizá-lo tiveram que sofrer, suportar o sofrimento e enfrentar a morte. Mas o sofrimento não é τελος. A religiosidade entende o sofrimento, determina-o teologicamente para o sofredor, mas o sofrimento não é τελος. Portanto, assim como o sofrimento dos mártires comuns não constitui nenhuma analogia ao de Cristo, tampouco o é o sofrimento do crente; e o paradoxo absoluto se reconhece sem dúvida nisto, por qualquer *analogon* ser um engano. Então poderia antes parecer uma analogia, caso, seguindo uma visão de vida fantástica (a transmigração das almas), se devesse assumir que um ser humano, que já tenha existido uma vez, retorne ao mundo *para sofrer*. Mas dado que esta analogia pertence a uma visão fantástica, ela é *eo ipso* um engano e, mesmo prescindindo disto, o *para* deste sofrimento é exatamente o oposto: um culpado que retorna ao mundo *para* sofrer sua punição. [VII 521] É por assim dizer uma fatalidade que paira sobre a ortodoxia infantil. Frequentemente ela é bem-intencionada, mas dado que não está orientada, frequentemente é levada ao exagero.

Quando, portanto, se ouve um ortodoxo falar continuamente da fé das crianças, e da sabedoria das crianças e do coração feminino etc.: talvez seja apenas uma natureza algo humorística (eu, como humorista, protesto contra qualquer associação com ele, pois ele enfatiza o ponto errado) que conseguiu empurrar o cristianismo para dentro do infantil[557] (literalmente entendido) e que agora sente saudade da infância, e cuja saudade é, por isto, especialmente reconhecível por ser uma saudade da ternura amorosa da mãe piedosa. Ele pode também ser um sujeito fraudulento que tenta evitar os horrores, quando numa idade mais adulta tiver de levar a sério o tornar-se em verdade uma criança, em vez de conjugar humoristicamente o infantil com o adulto. Pois uma coisa é certa, se uma criancinha (no sentido literal) deve proporcionar a determinação do que seja cristianismo: então este não será nada de terrível; este não será aquele fato que para judeus foi um escândalo e para gregos uma loucura.

Quando se fala do cristianismo para uma criança, e esta criança não é violentamente maltratada num sentido metafórico: então ela se apropria de tudo o que há de gentil, infantil, amável e celestial; convive com o Menino Jesus e com os anjos, com os santos reis magos, vê a estrela na noite escura, percorre a longa estrada, e agora está no estábulo, milagre em cima de milagre, todo o tempo vê os céus abertos, com toda a interioridade da imaginação anseia por estas imagens – agora, nem vamos nos esquecer das broas de natal apimentadas e de todas as outras coisas magníficas que aparecem nesta ocasião; pois, sobretudo, não nos transformemos em velhacos que mentem sobre a infância, que mentirosamente se atribuem seu

---

557. *har faaet Christendommen slaaet med ind i det Barnlige*

entusiasmo exagerado, e com mentiras negam[558] à infância sua realidade efetiva. Realmente, teria que ser um sujeito imprestável aquele que não considera a infância tocante e amável e bem-aventurada; de um humorista, contudo, não se deveria de modo algum suspeitar que pudesse desconsiderar a realidade[559] da infância, ele, que é o feliz amante infeliz das recordações. Mas, por outro lado, seria com certeza um guia cego aquele que, de um modo qualquer, dissesse que esta é a concepção decisiva do cristianismo, que se tornou para judeus um escândalo e para grego suma loucura. Cristo se transforma no menino deus, ou, para a criança um tantinho mais velha, na figura amistosa com rosto suave (a comensurabilidade mítica), não no paradoxo em quem ninguém conseguiria descobrir algo (literalmente compreendido), nem mesmo João, o Batista (cf. Jo 1,31.33), nem mesmo os discípulos antes de terem sua atenção despertada [VII 522] (Jo 1,36.42); o que Isaías profetizou (53,2.3.4, esp. v. 4). A concepção infantil de Cristo é essencialmente a de uma visão de fantasia, e a ideia de uma visão de fantasia é a comensurabilidade, e a comensurabilidade é essencialmente paganismo, seja este poder, glória, beleza, ou esteja dentro de uma contradição um tantinho humorística que no entanto não é ainda uma verdadeira máscara, mas um incógnito facilmente percebido. A comensurabilidade consiste em poder reconhecer diretamente. A figura do servo é o incógnito, mas a face amável é a possibilidade de reconhecer diretamente. Aqui, como em qualquer parte, há uma certa ortodoxia que, quando deve mostrar energia nas grandes festividades e ocasiões decisivas, *bona fide* [lat.: de boa-fé] socorre-se com um pouco de paganismo – e assim obtém o maior sucesso. Um pastor talvez permaneça, para o uso diário, mais ou menos dentro das determinações ortodoxas estritas e adequadas, mas o que acontece, em algum domingo ele deve fazer um esforço especial. Para bem mostrar o quão vivo Cristo paira diante dele, ele nos oferecerá um vislumbre de sua alma. Agora é adequado. Cristo é o objeto da fé, mas fé é tudo menos que uma visão de fantasia, e uma visão de fantasia não é exatamente uma coisa mais elevada do que a fé. Agora a coisa deslancha: o semblante gentil, a figura amável, o pesar no olhar etc. Não há, de forma alguma, nada de cômico

---

558. *lyve*: mentem; *tillyve*: atribuem; *fralyve*: negam com mentiras
559. *Realitet*

no fato de alguém ensinar paganismo em vez de cristianismo, mas há algo de cômico quando um ortodoxo puxa todos os registros nos dias mais solenes, pega errado e, sem o perceber, abre a gaveta do paganismo. Se um organista todo dia tocasse uma valsa, certamente seria despedido; se porém um organista, que normalmente tocava as melodias dos hinos bem corretamente, nas maiores festividades, considerando que era acompanhado pelas trombetas, fosse tocar uma valsa – a fim de comemorar adequadamente o dia: isto com toda certeza seria cômico. E, no entanto, encontra-se entre ortodoxos um pouco deste paganismo sentimental e mimado, não para o uso diário, mas justamente nas grandes festividades, quando abrem bem seus corações, e a gente gosta de encontrar isso por sua vez na parte final do discurso. A reconhecibilidade direta é paganismo; todas as solenes asserções de que é de fato Cristo e de que Ele é o verdadeiro Deus de nada adiantam, caso terminem apesar de tudo na reconhecibilidade direta. Uma figura mitológica é reconhecível diretamente. Se a gente apresenta a um ortodoxo esta objeção, então fica furioso e pula da cadeira: [VII 523] Sim, mas Cristo é mesmo o verdadeiro Deus, e portanto decerto não é, não, uma figura mitológica... já dá para vê-lo pelo seu rosto suave. Mas, se dá para ver isto nele, então ele é *eo ipso* uma figura mitológica. Ver-se-á facilmente que permanece o espaço para a fé; pois, retira a reconhecibilidade direta, e a fé estará em seu devido lugar. Justamente a crucifixão do entendimento e da visão fantasiosa, que não podem ter reconhecibilidade direta – eis justamente o sinal distintivo. Mas é mais fácil esquivar-se do horror e entrar furtivamente num certo paganismo, que se tornou irreconhecível pela curiosa conexão, de servir, com efeito, como a explicação última e mais elevada em um discurso, que talvez tenha iniciado com determinações ortodoxas perfeitamente corretas. Se um ortodoxo, num momento de confiança, confidenciasse a alguém que ele na verdade não tinha propriamente fé: pois bem, nisso não haveria nada de risível; mas quando um ortodoxo, em bem-aventurada exaltação, ele mesmo quase surpreso com os altos volteios de seu discurso, abre-se totalmente para alguém em confiança, e tem o azar de pegar a direção errada, de modo que *sobe descendo* do mais alto para o mais baixo, aí fica mais difícil deixar um sorriso de lado.

A idade infantil (entendida literalmente) não é, então, a verdadeira em relação ao tornar-se cristão. Ao contrário, a idade adulta, a idade da maturidade, é o tempo em que se deve decidir se uma pessoa quer ou não tornar-se tal. A religiosidade da infância é a base universal, abstrata, mas ainda com o coração cheio de fantasias, para toda religiosidade posterior; o tornar-se cristão é uma decisão, que pertence a uma idade muito mais tardia. A receptividade da criança é tão inteiramente carente de decisão que, aliás, a gente até diz: que se pode levar uma criança a crer em tudo. Evidentemente, o adulto levará a responsabilidade pelo que ele se permite impingir à criança, mas aquilo não deixa de ser bem verdade. O fato de ser batizada não pode de jeito nenhum torná-la mais velha em entendimento, nem a amadurece para a decisão. Uma criança judia, uma criança pagã, criada, desde o início, por carinhosos pais adotivos cristãos que a tratam com tanto amor quanto os pais tratam seu próprio filho: apropriar-se-á do mesmo cristianismo como a criança batizada.

Se, ao contrário, não se permite à criança brincar, como convém, inocentemente com o que há de mais sagrado, se é severamente forçada a ajustar sua existência às determinações decisivamente cristãs, então esta criança sofrerá muito. Uma tal educação precipitará sua espontaneidade em desânimo e angústia, ou excitará o prazer e a angústia do prazer em uma escala jamais vista, que nem mesmo o paganismo conhecia.

[VII 524] É belo e amável, e o oposto indefensável, que pais cristãos, tal como de resto cuidam da criança, também nutram a criança em suas representações infantis do religioso; o batismo das crianças, como foi dito frequentemente acima, é de todos os modos justificável como a antecipação da possibilidade, como impedindo o terrível dilaceramento, por terem os pais sua própria felicidade eterna ligada a algo, e seus filhos não a terem à mesma coisa; só um mal-entendido tolo, sentimental e maroto, não tanto em relação ao batismo das crianças, mas em relação à infância, é reprovável, mas então também a exterioridade sectária é igualmente reprovável, já que a decisão pertence propriamente à interioridade; é uma violência, por mais bem-intencionada que seja, constranger a existência da criança dentro das categorias cristãs decisivas; mas é uma imensa estupidez dizer que a infância (literalmente entendida) é o tempo propriamente decisivo para tornar-se cristão. Tal como já se quis enganosamente construir uma passagem direta do eudemonismo à ética por meio da sagacidade: assim também é uma invenção enganosa querer identificar, da maneira mais próxima possível, o tornar-se cristão com o tornar-se um ser humano, e querer convencer alguém de que a gente se torna decisivamente um cristão já na infância. E, na medida em que esta necessidade e esta inclinação a empurrar o tornar-se cristão para a infância se tornarem comuns: isto, justamente, será uma prova de que o cristianismo está no caminho da extinção; pois o que se quer é isto, quer-se transformar o tornar-se cristão em uma bela recordação, enquanto que, ao contrário, o tornar-se cristão é o mais decisivo no que uma pessoa se torna; quer-se enfeitar, fantasiosamente, a amável inocência da infância com a determinação adicional de que esta inocência significa ser cristão, e assim se quer fazer a tristeza ocupar o lugar da decisão. Nisto reside, com efeito, o elemento triste no humor legítimo, em que este reflete de modo puramente humano, honesto e sem enganação, sobre o que significa ser criança (literalmente entendido), e uma coisa permanece para sempre certa e verdadeira, e isto não pode ser refeito – a infância, depois que passou, torna-se apenas uma recordação. Mas o humor (em sua verdade) não se mete com a determinação decisiva cristã do tornar-se cristão, e não identifica o tornar-se cristão com o ser criança, literalmente entendido; pois neste caso o ser cristão se torna igualmente uma recordação. Aqui se mostrará bem o quanto é errado fazer com que o humor seja o mais elevado dentro do cristianismo, dado que o humor ou o humorista, desde que no interior do cristianismo, não se metem com a determinação cristã decisiva do tornar-se cristão. Humor é sempre um toque de retirada (da existência [VII 525] para o interior do eterno pela recordação do passado; da idade adulta para a infância etc.; cf. acima), é a perspectiva regressista: o cristianismo é a orientação para frente para o tornar-se cristão e fazer isto por meio do continuar a sê-lo. Sem calmaria não há nenhum humor; pois o humorista sempre tem tempo mais que suficiente, porque ele tem o tempo de sobra da eternidade atrás de si. O cristianismo não tem lugar para a tristeza; salvação ou perdição – salvação à frente, perdição atrás para todo aquele que se volta para trás, o que quer que veja; pois a esposa de Ló transformou-se em pedra quando olhou para trás porque viu a abominação da desolação, mas, compreendido de modo cristão, olhar para trás, mesmo que seja o olhar para a adorável, encantadora paisagem da infância, é perdição. – Quando se faz uma única concessão à especulação no que se refere a começar pelo puro ser: então tudo está perdido, e a confusão impossível de deter, dado que deve ser detida no interior do puro ser; quando se faz uma única concessão a uma ortodoxia infantil no que refere à excelência específica da infância para o tornar-se cristão, então tudo fica confundido.

Mas agora aquela passagem da Bíblia; ela está realmente na Bíblia! Já me fiz bastante ridículo no precedente ao ter também que lidar com interpretações bíblicas pusilânimes e medrosas; não devo tentá-lo mais. Se uma ortodoxia infantil lançou um clarão cômico sobre o cristianismo, assim também o fez aquele tipo de interpretação bíblica que, em sua medrosa subserviência, sem tomar disto consciência, inverte a relação, e não está tão preocupada em entender a Bíblia como em ser entendida por ela, não está tão preocupada em entender a passagem da Bíblia quanto em ter alguma passagem para apelar – uma contradição, tal como quando alguém, que trabalha, quer se aconselhar com uma pessoa (isto, claro, é uma relação de dependência), mas pede conselho de tal modo que exige dela que responda assim ou assado, e se autoriza a fazer tudo para conseguir que ela responda exatamente assim. A submissão sob a autoridade do conselheiro se torna uma maneira esperta de obter vantagem da autoridade. Mas é isto um pedir conselho? É isto submeter-se ao que se chama de autoridade divina da Bíblia? Isto é, com certeza, uma tentativa covarde de, nunca agindo com as próprias mãos, empurrar para longe de si toda responsabilidade – exatamente como se a gente não tivesse nenhuma responsabilidade pela maneira com que se toma uma passagem bíblica a seu favor. [VII 526] Psicologicamente, é bastante notável o quão engenhosos, o quão inventivos, o quão sutis, o quão perseverantes nas investigações eruditas alguns homens podem ser, apenas para obter uma passagem bíblica em que se apoiar; em contraste, parecem absolutamente desatentos a que isto justamente seja uma maneira de fazer Deus de bobo, de tratá-lo como um pobre coitado que foi tão tolo a ponto de deixar algo escrito por Ele mesmo, e agora tem de aguentar o que os juristas querem fazer com isto. Assim se comporta uma criança ardilosa em relação a um pai severo, que não soube como conquistar o amor da criança;

ela pensa algo deste tipo: Se eu conseguir sua permissão, pronto, aí tudo estará bem, mesmo que eu tenha de usar um pouco de astúcia. Mas uma relação deste tipo não é uma relação terna e íntima entre pai e filho. E, assim também, não é uma relação nada íntima entre Deus e um ser humano quando eles estão tão distantes um do outro que há espaço e uso para toda essa ansiosa sutileza e cismar de uma submissão desanimada. Exemplos de tal conduta encontram-se antes entre cabeças realmente talentosas, cujo entusiasmo não é proporcional à sua intelectualidade. Enquanto pessoas limitadas e atarefadas imaginam que estão agindo, agindo e agindo, é justamente a marca distintiva de certo tipo de cabeças intelectuais a virtuosidade com que sabem evitar agir. É chocante que Cromwell, que era afinal com toda certeza um leitor experiente da Bíblia, tivesse sutileza bastante para encontrar passagens bíblicas a seu favor, ou pelo menos para ver na *vox populi* [*lat.*: voz do povo], a *vox dei* [*lat.*: voz de Deus] que garantia haver um evento, um desígnio para que ele se tornasse protetor da Inglaterra, não uma ação da parte dele; pois o povo já o tinha de fato escolhido. Assim como raramente a gente vê um hipócrita genuíno, assim também raramente uma pessoa genuinamente inescrupulosa, mas uma consciência cheia de sutilezas não é rara, esteja ela numa atormentada autocontradição de simultaneamente ter que excluir em sua explicação uma responsabilidade, e ela mesma se manter inconsciente a respeito, ou uma morbidez em uma pessoa talvez bem-intencionada, uma morbidez que está vinculada a grandes sofrimentos e mantém a respiração do infeliz mais oprimida e dolorida do que a mais pesada das consciências, quando esta consegue expirar na sinceridade.

Uma ortodoxia infantil, uma pusilânime interpretação da Escritura, uma defesa tola e não crítica do cristianismo, uma má consciência nos defensores sobre sua própria relação com este são coisas que, entre outras, em nossa época, dão sua contribuição para provocar [VII 527] ataques apaixonados e loucos ao cristianismo. Não se pode barganhar, nem querer alterar o cristianismo, nem, de jeito nenhum, exceder-se ao se restringir no lugar errado, mas preste-se atenção para que este continue o que era, um escândalo para os judeus e uma loucura para os gregos, não alguma coisa meio boba da qual não se escandalizam nem gregos nem judeus, mas esses apenas sorriem dele, e só se irritam pela defesa que lhes apresentam.

Mas sobre o trabalho da interioridade com o tornar-se e continuar a ser um cristão, ouve-se só pouca coisa. E, contudo, era justamente isto que especialmente precisava ser experimentado e precisa ser desenvolvido pela experiência depois que o cristianismo foi introduzido nos países, e nos países cristãos, em que não se espera que os indivíduos cristãos saiam pelo mundo como missionários a difundir o cristianismo. Nos primeiros tempos era diferente. Os apóstolos tornaram-se cristãos em idade adulta, portanto depois de terem passado boa parte de suas vidas em outras categorias (como uma consequência disto, a Escritura não pode conter nada a respeito das colisões que podem surgir quando se é criado desde a infância no cristianismo); eles se tornaram cristãos por meio de um milagre[560] (aqui falta qualquer analogia em relação com as pessoas comuns), ou pelo menos tão rapidamente que não é dada nenhuma explicação pormenorizada sobre isto. Após isso, eles voltam sua atenção para fora para converter outros; mas aqui, mais uma vez, falta uma analogia com um pobre homem individual, [VII 528] que tem apenas a tarefa de existir como cristão. Quando não se está atento ao trabalho da interioridade, aí a urgência de ir além é facilmente explicada. A gente vive na Cristandade; a gente é cristão, pelo menos como todos os outros; dado que o cristianismo agora já durou por tantos séculos e permeou todas as relações, é tão fácil tornar-se cristão; não se tem a tarefa de um missionário; muito bem, então a tarefa agora é ir mais além e especular sobre o cristianismo. Mas especular sobre o

---

560. No que precede, foi dito frequentemente que a existência de um apóstolo é dialético-paradoxal; devo agora mostrar como. A relação *direta* do apóstolo com Deus é dialético-paradoxal, pois uma relação direta é inferior (a determinação intermediária é a religiosidade da imanência, religiosidade *A*) à relação indireta da comunidade, dado que a relação indireta é entre espírito e espírito, a relação direta é estética – e contudo a relação direta é superior. Assim, a relação do apóstolo não é diretamente superior àquela da comunidade, tal como um pastor tagarela convence uma congregação bocejante, e com o que toda a questão retrocede para o estético. – A relação *direta* do apóstolo para com outras pessoas é dialético-paradoxal: o fato de que a vida do apóstolo esteja voltada para fora, ocupada em difundir o cristianismo em reinos e países, pois esta relação é inferior à relação indireta de um membro da comunidade para com outros, baseada em que ele essencialmente tem que lidar consigo mesmo. A relação direta é uma relação estética (orientada para fora), e, neste sentido, inferior, e, contudo, excepcionalmente é superior para o apóstolo: isto é o dialético-paradoxal. Não é diretamente superior, pois, nesse caso, obtemos toda a agitação histórico-universal de cada um [*af En og Hver*]. O paradoxo reside justamente em que o que vale como o mais alto para um apóstolo não vale do mesmo modo para outros.

cristianismo não é o trabalho da interioridade; a gente negligencia então as tarefas diárias de praticar a fé, a tarefa de sustentar-se em sua paixão paradoxal, superando todas as ilusões. A gente revira as coisas e esquece de que, com o incremento do entendimento, da cultura e da formação, torna-se mais e mais difícil sustentar a paixão da fé. Sim, se o cristianismo fosse uma doutrina sutil (diretamente compreendido), a formação ajudaria diretamente; mas em conexão a uma comunicação existencial, que acentua paradoxalmente o existir, a formação traz proveito apenas – ao tornar as dificuldades maiores. As pessoas de formação mais refinada[561] têm assim apenas uma vantagem um tanto quanto irônica sobre a gente simples no que se refere ao tornar-se e continuar a ser cristão: a vantagem de ser mais difícil. Mas aqui de novo tem-se esquecido a dialética qualitativa e tem-se desejado formar, comparativa e qualitativamente, uma transição direta da cultura[562] ao cristianismo. Por isso, o trabalho da interioridade será ampliado com os anos e dará ao cristão não missionário muito que fazer, não para o especular, mas para o continuar a ser cristão; não ficou mais fácil tornar-se cristão no século XIX do que nos primeiros tempos, ao contrário, tornou-se mais difícil, particularmente para os de formação mais refinada, e ficará mais difícil a cada ano. A predominância do entendimento na pessoa de formação refinada, a orientação rumo ao objetivo, continuamente criará nesta pessoa uma resistência ao tornar-se cristão, e a resistência é o pecado do entendimento: meias-medidas[563]. Se o cristianismo alguma vez mudou a face do mundo ao subjugar as paixões cruas da imediatidade e ao enobrecer os estados, encontrará uma resistência igualmente perigosa na cultura. Mas se a luta há que ser aqui travada, então naturalmente deverá ser travada no interior das mais aguçadas determinações da reflexão. O paradoxo absoluto certamente suportará a si mesmo, porque, em relação ao absoluto, mais entendimento não chega mais adiante do que menos entendimento; ao contrário, eles chegam igualmente longe, a pessoa excepcionalmente dotada, devagar, a pessoa simples, rapidamente. – Que outros louvem então a cultura diretamente – muito bem, que seja louvada, mas eu prefiro,

---

561. *De Dannede*
562. *Dannelse*
563. *Halvhed*

porém, louvá-la porque ela faz ser tão difícil o tornar-se cristão. [VII 529] Pois sou um amigo das dificuldades, em especial das que têm a propriedade humorística de que a pessoa da formação mais refinada, após ter passado pelos mais intensos esforços, essencialmente não chegou nem um pouco além do que pode chegar o mais simples dos seres humanos.

Pois o mais simples dos seres humanos pode decerto tornar-se um cristão e continuar a sê-lo; mas dado que em parte porque não tem entendimento em grande escala, e em parte porque a condição da pessoa simples na vida volta sua atenção para fora: está assim dispensada do esforço com o qual a pessoa de formação mais refinada sustenta a fé, lutando cada vez mais, conforme sua cultura se avoluma. Dado, com efeito, que o mais elevado é tornar-se e continuar a ser cristão, a tarefa não pode consistir em refletir sobre o cristianismo, mas apenas em potencializar, graças à reflexão, o *pathos* com o qual a gente continua a ser cristão.

É sobre isto que girou todo este livro, cuja primeira parte tratava da concepção objetiva do tornar-se ou do ser cristão, a última parte da [concepção] subjetiva.

Objetivamente, define-se o tornar-se ou ser cristão da seguinte maneira:

1) Um cristão é aquele que aceita a doutrina cristã. Mas se o "o quê" desta doutrina deve, em última análise, decidir se a gente é cristão, então instantaneamente a atenção se volta para fora a fim de descobrir, até o mínimo detalhe, o que é a doutrina cristã, pois este "o quê" não decidirá afinal o que o cristianismo é, mas sim se eu sou cristão. – Neste mesmo instante tem início a erudita, a aflita, a timorata contradição da aproximação. A aproximação pode continuar enquanto quiser e baseado nisso no final a decisão, pela qual o indivíduo se torna cristão, é completamente relegada ao livro do esquecimento.

Este equívoco foi remediado pela pressuposição de que qualquer um na Cristandade é cristão, nós todos somos aquilo que a gente chama de cristão. Com esta pressuposição as teorias objetivas funcionam melhor. Nós somos todos cristãos. A teoria da Bíblia deve agora dedicar-se a examinar com adequada objetividade o que é mesmo o cristianismo (e, no entanto, todos nós somos, afinal de contas, cristãos, e se assume que o [conhecimento] objetivo[564] é o que nos torna cristãos, o [conhecimento] objetivo que nós recém agora vamos aprender a conhecer, nós que [já] somos cristãos – pois, se não somos cristãos, então o caminho iniciado é aquele que jamais conduz ao tornar-se cristão). A teoria da Igreja assume que nós somos cristãos, mas agora devemos, de modo puramente objetivo, assegurar-nos a respeito do que é o cristianismo [VII 530], para podermos nos defender contra o jugo turco, e o russo, e o romano, e lutando destemidamente abrir caminho para o cristianismo, fazendo de nosso tempo uma ponte, por assim dizer, para um futuro incomparável, que já se pode vislumbrar. Isto é pura estética; o cristianismo é uma comunicação existencial, a tarefa consiste em tornar-se cristão ou continuar a ser cristão, e a ilusão mais perigosa de todas é estar tão certo de o ser, que a gente se dispõe a defender toda a Cristandade contra o turco – ao invés de defender a fé dentro de si mesmo da ilusão a respeito do turco.

2) A gente diz: Não, não é qualquer aceitação da doutrina cristã que faz de alguém um cristão. O que é especialmente importante é a apropriação, que a gente se aproprie e mantenha firme esta doutrina de um modo totalmente diferente do que de qualquer outra coisa, que se queira viver e morrer nela, que se queira arriscar a vida por ela etc.

Isso dá a impressão de ser já alguma coisa. A categoria "totalmente diferente" é, contudo, uma categoria bastante medíocre, e a fórmula toda, que faz uma tentativa de definir o ser cristão de um modo um pouco mais subjetivo, não é uma coisa nem outra, e, de algum modo, contorna a dificuldade com a distração e o engano da aproximação, mas carece da determinação categórica. O *pathos* da aproximação, de que aqui se trata, é o da imediatidade; pode-se muito bem dizer que um amante entusiasta se relaciona deste modo com seu amor: ele o mantém firme e se apropria dele de modo to-

---

564. *det Objektive*

talmente diferente de qualquer outro, quer viver nele e morrer nele, quer arriscar tudo por ele. Até aqui, não há nenhuma diferença essencial entre um amante e um cristão, no que se refere à interioridade, e a gente outra vez tem de recorrer ao "o quê", que é a doutrina, e então recaímos sob o n. 1.

Com efeito, o importante é que se defina o próprio *pathos* da apropriação no crente de tal modo que ele não possa ser confundido com nenhum outro *pathos*. Nisto, com efeito, a concepção mais subjetiva tem razão, ao dizer que é a apropriação que decide a questão, mas ela não tem razão em sua determinação da apropriação, que não tem nenhuma diferença específica em relação a todo e qualquer outro *pathos* imediato.

Isto tampouco acontece, de jeito nenhum, quando se define a apropriação como fé, para em seguida empurrar a fé na direção da compreensão, de modo que a fé se torna uma função provisória, por meio da qual a gente mantém firme provisoriamente algo que deve tornar-se um objeto para a compreensão, uma função provisória [VII 531] com a qual a gente pobre e os homens sem inteligência precisam contentar-se, enquanto que os livre-docentes e as boas cabeças vão mais além. O sinal distintivo do ser cristão (a fé) é a apropriação, mas de tal maneira que não é especificamente diferente de outra apropriação intelectual na qual uma aceitação temporária seja uma função provisória em relação à compreensão. Fé não se torna o específico para a relação com o cristianismo, e será mais uma vez o "o quê" se crê que vai decidir se alguém é ou não cristão. Mas com isto a questão retorna mais uma vez ao n. 1.

Com efeito, esta apropriação, por meio da qual um cristão é cristão, tem de ser tão específica que não possa ser confundida com nenhuma outra.

3) A gente não define o tornar-se e manter-se cristão nem objetivamente pelo "o quê" da doutrina, nem mesmo subjetivamente pela apropriação, não com aquilo que aconteceu *no* [interior do] indivíduo, mas pelo que aconteceu *com* o indivíduo: que ele foi batizado. Na medida em que ao batismo se adiciona a aceitação da confissão de fé, nada de decisivo é ganho com isso, mas a determinação irá

vacilar entre acentuar o "o quê" (a via da aproximação) e falar indeterminadamente sobre a aceitação e aceitação, e apropriação etc., sem qualquer determinação específica.

Se a determinação deve consistir no ser batizado, então a atenção se voltará imediatamente para fora, para a consideração: Será que eu realmente fui batizado? Assim começa a aproximação em relação a um fato histórico.

Se, por outro lado, alguém diz que no batismo ele com certeza recebeu o espírito e por força do testemunho do espírito sabe que foi sim batizado: então o raciocínio está diretamente invertido, do testemunho do espírito nele ele tira a conclusão de que tem de ter sido batizado; não tira a conclusão de que tem o espírito pelo fato de ter sido batizado. Mas se a conclusão deve ser tirada deste modo, o sinal distintivo do ser um cristão, bem corretamente, não é mais o batismo, mas a interioridade, e então mais uma vez tem-se de exigir uma determinação específica da interioridade e da apropriação, com o que o testemunho do espírito em um cristão é diferente de toda e qualquer atividade espiritual (definida de modo mais geral) em um ser humano.

É curioso, de resto, que essa ortodoxia, que fez do batismo, em particular, o decisivo, esteja sempre reclamando que entre os batizados haja tão poucos cristãos, que, com a exceção de um pequeno rebanho imortal, sejam todos privados de espírito e pagãos batizados, o que parece indicar que o batismo não pode ser o fator decisivo no tornar-se cristão, nem mesmo [VII 532] de acordo com o subsequente da visão daqueles que no primeiro ponto urgiam sobre o batismo como o decisivo para o tornar-se cristão.

Subjetivamente, define-se o ser cristão da seguinte maneira:

A decisão reside no sujeito, a apropriação é a interioridade paradoxal que é especificamente diferente de qualquer outra interioridade. O ser um cristão não é determinado pelo "o quê" do cristianismo, mas pelo "como" do cristão. Este "como" só pode servir a uma única coisa, o paradoxo absoluto. Portanto, não há qualquer conversa indeterminada dizendo que ser cristão significa aceitar e aceitar, e aceitar de um modo totalmente diferente, apropriar-se, crer, apropriar-se na fé de um modo totalmente diferente (um monte de definições retóricas e fictícias); mas o ato de *crer* é especificamente determinado de modo diferente de qualquer outra apropriação e interioridade. Fé é a incerteza objetiva com a repulsão do absurdo, mantida firme na paixão da interioridade, que é justamente a relação da interioridade potencializada ao seu máximo. Esta fórmula aplica-se somente ao crente, a mais ninguém, não a um amante, ou a um entusiasta, ou a um pensador, mas só e somente ao crente que se relaciona com o paradoxo absoluto.

A fé, portanto, não pode ser, de nenhum modo, alguma função provisória. Aquele que, no interior de um conhecimento superior, quiser entender sua fé como um elemento superado, cessou *eo ipso* de crer. A fé *não pode contentar-se* com a incompreensibilidade; pois justamente a relação para com, ou a repulsão pelo incompreensível, o absurdo, é a expressão para a paixão da fé.

Com esta determinação do ser um cristão impede-se que a consideração erudita ou timorata da aproximação seduza o indivíduo para desvios, de modo que ele se torne erudito em vez de se tornar cristão, e, na maior parte dos casos, semiestudado em vez de se tornar cristão; pois a decisão reside na subjetividade. Mas a interioridade mais uma vez encontrou seu sinal distintivo específico, por meio do qual ela é diferente de todas as outras interioridades, e não é despachada com a categoria de conversa fiada: "inteiramente diferente"; pois esta se aplica a qualquer paixão no momento da paixão.

Psicologicamente, é em geral um sinal seguro de que a gente começa a abandonar aquela paixão cujo objeto a gente quer tratar de forma objetiva. Em geral, vale a regra de que paixão e reflexão excluem-se mutuamente. Tornar-se objetivo desta maneira é sempre um retrocesso, pois na paixão há uma perdição do homem, tal como também sua elevação. Se a dialética e a reflexão não são utilizadas para potencializar a paixão, [VII 533] então tornar-se objetivo constitui um retrocesso; e mesmo aquele que se perdeu na paixão não perdeu tanto quanto aquele que perdeu a paixão; pois o primeiro tem a possibilidade.

Assim se pretendeu em nossa época ser objetivo em relação ao cristianismo; a paixão com a qual cada um é cristão tornou-se pequena demais para eles e, ao nos tornarmos objetivos, todos obtivemos a perspectiva de nos tornarmos livre-docentes.

Mas esta ordem de coisas fez a luta na Cristandade ficar por sua vez cômica, porque a disputa é, de tantas maneiras, meramente uma questão de troca de armas, e porque a disputa sobre o cristianismo está sendo travada na Cristandade por cristãos, ou entre cristãos, sendo que todos eles, ao quererem ser objetivos e ir mais além, estão a ponto de desistir de ser cristãos. Na ocasião em que o governo dinamarquês converteu o empréstimo inglês de 3% de Wilson para Rothschild, houve um grande clamor por justiça nos jornais; uma assembleia geral foi realizada por pessoas que não possuíam títulos hipotecários, mas que tinham tomado algum emprestado a fim de participarem da assembleia como portadoras de títulos; houve uma discussão, e convencionou-se que se deveria contestar a decisão do governo por meio da recusa em aceitar os novos títulos. E a assembleia geral foi feita por pessoas que não possuíam títulos e que, por isso, dificilmente entrariam na duvidosa situação da proposta do governo para que aceitassem os novos títulos. O ser cristão está a ponto de perder o interesse da paixão, e contudo ali se luta *pró* e *contra*, a gente argumenta a partir de si mesmo: Se isto não é cristianismo, então eu não sou cristão, o que, entretanto, com certeza eu sou; a questão foi revirada de tal modo que a gente se interessa por ser cristão a fim de ser capaz de decidir o que é o cristianismo, não pelo que é o cristianismo a fim de poder ser cristão. O nome "cristão" é usado da mesma maneira com que as pessoas pegavam títulos emprestados – a fim de comparecer à assembleia geral em que o destino dos cristãos é decidido por cristãos que, pelo seu próprio bem, não se preocupam em ser cristãos. – Pelo bem de quem, então, tudo isto é feito?

Justo porque a gente em nosso tempo e na Cristandade de nosso tempo não parece estar suficientemente atenta à dialética da interiorização, ou a que o "como" do indivíduo é uma expressão igualmente exata e mais decisiva para o que ele tem do que o "o quê" a que ele apela: daí surgem em nossa época as confusões mais estranhas e, se a gente tiver no devido *humeur* [*fr.*: humor] e tiver tempo para tanto, as mais risíveis, [VII 534] de que se pode facilmente mostrar que nem a confusão do paganismo pode ter sido tão cômica, porque neste não havia tanta coisa em jogo, e as antíteses não estavam erguidas tão alto. Mas tem de ser elas por elas para manter a amizade, e a gente tem de continuar a ser otimista. Aquele que, fazendo experimentos no terreno da paixão, deixa-se excluir de todas as brilhantes e sorridentes perspectivas de se tornar um livre-docente e de tudo o que isto traz de vantagens: convém que pelo menos ele tenha uma pequena compensação humorística, pois leva a peito algo que outros, mirando o que há de mais alto, consideram uma bagatela: a pequena compensação humorística de que sua paixão deixe aguçado o seu senso do cômico. Aquele que, apesar de amigo das pessoas, expõe-se a ser execrado como egoísta, por não se preocupar objetivamente com o cristianismo pelo bem dos outros, deveria ter na qualidade de amigo do riso uma pequena indenização; realmente, não dá para passar vergonha por ser egoísta e não tirar nenhuma vantagem disto: assim, a gente não seria egoísta, afinal de contas.

Um ortodoxo defende o cristianismo na mais terrível paixão; no suor do rosto e com os gestos mais preocupados, assegura que assume o mais puro e autêntico cristianismo; quer nele viver e morrer – e esquece que uma aceitação deste tipo é uma expressão ordinária demais para o relacionar-se com o cristianismo. Ele faz tudo em nome de Jesus, e usa o nome de Cristo em toda ocasião como um sinal seguro de que é cristão e chamado a defender a Cristandade em nosso tempo – e nem suspeita do segredinho irônico de que uma pessoa, só por descrever o "como" de sua interioridade, pode mostrar, indiretamente, que é um cristão sem mencionar o nome de Cristo[565]. – Um homem é despertado na noite de ano-novo precisamente às seis horas; agora ele está pronto. Fantasticamente engalanado com o fato daquele despertar, [VII 535] deve agora sair correndo por aí e proclamar o cristianismo – em um país cristão. Dá para entender, muito embora todos sejamos batizados, cada um

---

565. Em relação ao ato de amar, para ilustrar de novo a mesma coisa, não vale dizer que alguém ao determinar o seu "como" já consegue dizer o que ou quem ele ama. Todos os amantes têm o "como" do amor [*Elskovens*] em comum, e agora o indivíduo particular tem que adicionar o nome de seu amado. Mas em relação ao ato de ter fé (*sensu strictissimo*), é verdade que este "como" convém apenas a um objeto. Se alguém diz, "Sim, mas então se pode aprender este 'como' de cor e recitá-lo"; a resposta aí deve necessariamente ser: Isto não pode ser feito, pois aquele que o afirma diretamente contradiz-se, porque o conteúdo do enunciado tem de ser constantemente reduplicado na forma, e o isolamento na determinação tem de reduplicar-se na forma.

bem pode precisar tornar-se cristão em um outro sentido. Mas aqui está a diferença: conhecimento não falta num país cristão, o que falta é outra coisa, e esta outra coisa um ser humano não consegue comunicar a um outro diretamente. E em categorias tão fantásticas quer um despertado atuar em favor do cristianismo: e contudo demonstra – exatamente quanto mais agitado esteja propagando e propagando – que ele próprio não é cristão. Pois o ser cristão é algo tão inteiramente refletido que não permite que a dialética estética teleologicamente faça uma pessoa ser para outra aquilo que não é para si mesma. – Do outro lado, um zombador[566] ataca o cristianismo e, ao mesmo tempo, expõe-no de modo tão responsável que é um prazer lê-lo, e aquele que está sem saber a quem se dirigir para vê-lo corretamente apresentado quase tem que apelar para ele.

Toda observação irônica consiste em prestar atenção ao "como", enquanto que a honorável pessoa com quem o irônico tem a honra de envolver-se presta atenção apenas ao "o quê". Um homem declara em alto e bom som, e encarecendo: Esta é minha opinião; contudo, não se limita a enunciar literalmente a fórmula breve, ele se explica mais em detalhes, aventura-se a variar as expressões: sim, porque fazer variações não é uma coisa tão fácil quanto se pensa, e mais de um estudante teria recebido *laudabilis* [*lat.*: com louvor] na prova de estilo se não tivesse feito variações, e uma porção de gente tem aquele talento para variar que Sócrates admirava em Polos: o de nunca dizer o mesmo – sobre a mesma coisa. O irônico, então, investiga: naturalmente, ele não presta tanta atenção ao que está escrito em letras maiúsculas ou ao que, pela dicção do orador, trai-se como simples fórmula (o "o quê" da honorável pessoa), mas ele presta atenção a uma oração subordinada que escapou à grandiosa atenção da honorável pessoa, a um pequeno predicado que acena etc., e agora, para sua admiração, alegre pelas variações (*in variatione voluptas:* [*lat.*: o prazer está na variação]), vê que o honorável cavalheiro não *tem* esta opinião, não porque seja um hipócrita, deus nos livre, este é um assunto sério demais para um irônico, mas sim porque o bom homem concentra-se mais em berrá-la para fora, e menos em possuí-la dentro de si. A honorável pessoa pode ter razão quanto ao ter aquela opinião, na medida em que se con-

---

566. *Spotter*: (ímpio, blasfemo?) referência a L. Feuerbach, cf. H. Brøchner [N.T.].

vence com todas as forças de sua vida que pode tudo fazer por ela em sua qualidade de boateira; [VII 536] pode arriscar sua vida por isto, em tempos muito confusos, pode até mesmo chegar ao ponto de perder sua vida por esta opinião[567] – agora sim eu sei, que diacho, que o homem tem de ter tido aquela opinião; e contudo, pode ter vivido, na mesma época, um irônico que, não obstante, na hora mesmo em que o pobre honorável homem estava sendo executado, não consegue impedir-se de rir, porque baseado em seus indícios ele sabe que o homem jamais chegou a ver claro sobre si mesmo. Risível isto é, mas que tal coisa possa acontecer não é desanimador para a vida; pois aquele que, no silêncio do recolhimento, honesto diante de Deus, preocupa-se consigo mesmo, a este o deus livra de estar em um extravio, por mais simples que ele seja, o deus o leva, no sofrimento da interioridade, para a verdade. Mas azáfama e barulho são marcas do extravio, o sinal de um estado anormal, tal como vento no estômago, e ser executado por casualidade numa virada de um tumulto não é o tipo de sofrimento que é essencialmente o da interioridade.

Conta-se que ocorreu na Inglaterra que um homem foi assaltado na estrada por um bandido que se tinha tornado irreconhecível graças a uma longa peruca. Este se atirou sobre o viajante, agarrou-o pelo peito e gritou: Sua bolsa. Pegou a bolsa, ficou com ela, porém jogou fora a peruca. Um homem pobre vem andando pela mesma estrada, encontra a peruca, coloca-a, e chega à próxima cidade, onde o viajante já tinha dado o alarme, vem a ser reconhecido, preso e identificado pelo viajante, que presta juramento de que se tratava dele. Por casualidade, o bandido está presente na sala do tribunal, vê o engano, dirige-se ao juiz e diz: "Parece-me que o viajante está olhando mais para a peruca do que para o homem", e solicita permissão para fazer um experimento. Coloca a peruca, agarra o viajante pelo peito, com as palavras: Sua bolsa – e aquele viajante reconhece o bandido e se oferece para jurar por isto – só é pena que ele já havia prestado juramento uma vez. Assim se passa de um ou outro modo com qualquer um que tem um "o quê" e não presta atenção ao "como";

---

567. Em tempos tumultuados, quando um governo precisa defender sua sobrevivência com a pena de morte, não seria, de jeito nenhum, incompreensível que um homem pudesse ser executado por uma opinião que ele tivesse tido, decerto, no sentido jurídico e civil, e menos, por outro lado, no sentido intelectual.

ele jura, presta juramento, corre de um lado para outro, arrisca sua vida e seu sangue, vem a ser executado – tudo por causa da peruca.

[VII 537] Se não me falha a memória, já contei esta história uma vez neste livro; desejo contudo com ela encerrar o livro todo. Não creio que alguém poderá em verdade acusar-me ironicamente de tê-la variado de tal modo que não tenha permanecido a mesma.

ADENDO

O entendimento com o leitor

O signatário, Johannes Climacus, que escreveu este livro, não se pretende um cristão[568]; emprega, por certo, todas as suas forças na questão do quão difícil há de ser tornar-se um destes; mas menos ainda ele é alguém que, após ter sido cristão, deixou de sê-lo por ter ido mais adiante. Ele é um humorista; satisfeito com suas circunstâncias no momento, esperando que algo de melhor ser-lhe-á concedido, sente-se sumamente feliz, na pior das hipóteses, por ter nascido justamente no século especulativo, teocêntrico. Sim, o nosso tempo é um tempo para especulantes e para grandes homens com descobertas incomparáveis; e contudo eu creio que nenhum destes honoráveis senhores consegue estar tão à vontade quanto um humorista, voltado aos assuntos privados, o está em toda a calma, quer ele, apartado, fique batendo no seu peito, quer ria calorosamente. Pode, portanto, muito bem ser um autor, desde que cuide que isto se dê para seu próprio prazer, que se mantenha apartado, que não se envolva com a aglomeração, não pereça na importância do tempo, não seja, como um espectador curioso de um incêndio, forçado a bombear água, ou simplesmente se envergonhe com a ideia de que poderia estorvar o caminho de alguma das diversas pessoas eminentes que têm e devem ter e têm de ter e querem ter importância.

O livro todo gira, no distanciamento do experimento, sobre mim mesmo, só e exclusivamente sobre mim mesmo. "Eu, Johannes Climacus, agora com trinta anos de idade, nascido em Copenhague, uma pessoa simples e comum como a maioria o é, ouvi dizer que nos espera um bem supremo, que é chamado uma felicidade eterna, e que o cristianismo pretende ser a condição dela, conforme cada um

---

568. *udgiver sig ikke for*: não se faz passar por

se relacionar com ele: eu agora pergunto, de que modo me torno um cristão?" [VII 538] (cf. Introdução). Pergunto só por minha causa, sim, com certeza é assim que o faço, ou melhor, eu perguntei sobre isto, pois este é, afinal, o conteúdo deste livro. Por isso, ninguém se dê ao incômodo de dizer que este livro é completamente supérfluo e totalmente irrelevante para o nosso tempo, a não ser que tenha necessidade de, ao fim e ao cabo, dizer alguma coisa, pois, nesse caso, trata-se do desejado juízo que já foi, afinal, enunciado pelo próprio autor. Este compreende muito bem o quão embaraçoso é, se se prestar atenção ao livro, escrever uma coisa dessas em nossa época. Portanto, tão logo uma única pessoa – mas o que estou a dizer, como tu me arrebatas, coração vaidoso! não, não, não é bom cair em tentação; não fosse isso, eu queria dizer que tão logo uma única pessoa pudesse me informar onde e junto a quem se pede permissão para ousar, como uma pessoa singular[569], escrever ou estabelecer-se como autor em nome da humanidade, do século, do nosso tempo, do público, de muitos, da maioria, ou, o que deveria ser considerado como um favor ainda mais raro, ousar, como uma pessoa singular, escrever contra o público em nome de muitos, contra a maioria em nome de uma outra maioria em relação ao mesmo problema, e mesmo reconhecendo pertencer à minoria, ousar escrever em nome de muitos; e assim, como uma pessoa singular, ter ao mesmo tempo elasticidade polêmica, ao estar na minoria, e ter graça aos olhos do mundo por estar na maioria; se alguém pudesse me informar acerca de quais despesas estão incluídas no deferimento de tal pedido, pois mesmo que as custas não sejam calculadas em dinheiro, elas podem muito bem ser ainda desproporcionais: aí, suposto que as custas não excedessem as minhas capacidades, eu poderia talvez não ser capaz de resistir à tentação de escrever o mais rápido possível um livro extremamente importante que falasse em nome de milhões e milhões e milhões e bilhões. Até lá, ninguém poderá, afinal, consequente com seu ponto de vista, e do meu ponto de vista a repreensão é outra coisa, repreender o livro por ser supérfluo, se acaso não for capaz de explicar o que está em questão.

Portanto, o livro é supérfluo, por isto, ninguém mesmo se dê ao trabalho de apelar para ele; pois quem apela para ele, *eo*

---

569. *eenligt*

ipso compreendeu-o mal. Ser uma autoridade é uma existência demasiado difícil de suportar para um humorista, que justamente considera como uma das comodidades da vida que existam tão grandes homens que poderiam e quereriam ser autoridade, de quem se tem o proveito de se poder sem mais nem menos aceitar as opiniões como algo natural, a não ser que se seja tolo o bastante para derrubar os grandes homens, pois isto é algo de quem ninguém tira proveito. Acima de tudo, que os céus preservem o livro e a mim de qualquer veemência aprovadora, [VII 539] de modo que um vociferante homem de partido o cite elogiosamente e me registre no alistamento. Se ele não se dá conta de que nenhum partido pode estar bem-servido com um humorista experimentador, então este último pode perceber muito melhor sua inaptidão para aquilo que, de qualquer maneira, deveria tentar evitar. Para ser homem de partido eu não tenho nenhuma aptidão, pois não possuo nenhuma opinião a não ser esta: de que tornar-se um cristão deve ser a coisa mais difícil de todas, uma opinião que não é uma opinião, e absolutamente não tem nenhuma das qualidades que ordinariamente caracterizam uma "opinião"; pois isto não me lisonjeia, já que não tenho a pretensão de ser cristão; ela não ofende o cristão, já que ele logicamente não pode ter nada contra minha consideração de que o que ele fez e está fazendo é o mais difícil de tudo; não ofende aquele que ataca o cristianismo, já que seu triunfo se torna tanto maior, ele que vai mais adiante – do que aquilo que é o mais difícil de tudo. Eu por conseguinte não desejo nenhuma prova da realidade efetiva de que realmente tenho uma opinião (um adepto, um hurra, ser executado etc.), pois não tenho nenhuma opinião, e desejo não ter nenhuma, contente e satisfeito com isso. Tal como nos livros católicos, especialmente os de tempos mais antigos, encontra-se uma anotação nas costas do livro que avisa o leitor de que tudo deve ser compreendido em concordância com o ensinamento de nossa santa madre Igreja universal: assim também o que eu escrevo contém o aviso de que tudo deve ser compreendido de tal modo que venha a ser revogado; que o livro não apenas tem uma conclusão, mas ainda de brinde uma revogação. Mais do que isso não se pode exigir, nem antes nem depois.

Escrever e publicar um livro, quando não se tem nem um editor, que poderia ficar em apuro[570] no caso de ele não vender, é de fato um inocente passatempo e diversão, um empreendimento privado lícito em um Estado bem-ordenado que tolera o luxo, e onde a todos se permite gastar seu tempo e seu dinheiro como quiserem, seja construindo casas, comprando cavalos, indo à comédia, ou escrevendo livros supérfluos e fazendo-os imprimir. Mas se isto pode ser considerado desta maneira, então se pode, por outro lado, julgar como um dos inocentes, lícitos e tranquilos prazeres da vida, que nem perturbam a lei de observância dos dias santos e nem outros preceitos de dever e retidão, imaginar-se um(a) leitor(a) com quem a gente possa, de vez em quando, envolver-se no livro, se a gente não faz, é bom notar, nem do modo mais remoto, [VII 540] uma tentativa ou gesto no sentido de querer obrigar uma pessoa singular de verdade a ser o/a leitor(a). "Apenas o positivo é uma interferência na liberdade pessoal de outra pessoa" (cf. Prefácio); o negativo é a cortesia que aqui nem se pode dizer que custe dinheiro, já que apenas a publicação o faz, e mesmo que alguém fosse tão descortês a ponto de querer empurrar o livro para as pessoas, ainda assim não se poderia dizer que alguém o comprou. Em um Estado bem-ordenado é permitido, claro, a cada um estar apaixonado bem em silêncio, e quanto mais profundamente secreto o amor for, tanto mais permitido ele é. Não é permitido, pelo contrário, que um homem aborde todas as moças e assegure a cada uma separadamente que ela é a verdadeira amada. E aquele que tem uma amada verdadeira está proibido pela fidelidade e pela decência de perder-se em um amor imaginário, mesmo que o faça muito secretamente. Mas quem não tem nenhuma: sim, este tem permissão para fazê-lo – e o autor que não tem nenhum leitor de verdade tem permissão para ter um(a) leitor(a) imaginado(a); tem até permissão para admiti-lo, pois não há naturalmente ninguém a quem ele ofenda. Louvado seja o Estado bem-ordenado; invejável felicidade para aquele que compreende como estimá-lo! Como pode alguém estar tão ocupado querendo reformar o Estado e mudar a forma do governo! De todas as formas de governo, a monárquica é a melhor, mais do que qualquer outra, ela favorece e protege as fantasias secretas e as loucuras inocentes das pessoas particulares. Só a democracia, a

---

570. *Forlægger*: editor; *Forlegenhed*: aperto, embaraço. Trocadilho do autor [N.T.].

forma mais tirânica de governo, obriga cada um a uma participação efetiva, da qual as sociedades de nosso tempo e assembleias gerais já estão nos lembrando suficientemente. É tirania que uma pessoa queira governar e então deixe o resto de nós livres? Não, mas é tirania que todos queiram mandar e, ainda por cima, queiram obrigar cada um a participar do governo, mesmo a pessoa que com a maior insistência declina de fazer parte do governo.

Para um(a) autor(a), um(a) leitor(a) imaginado(a), enquanto ficção silenciosa e satisfação totalmente privada, é então algo que não interessa a nenhum terceiro. Que isto seja dito como uma apologia cívica e defesa para algo que não precisa de nenhuma defesa, pois, pelo silêncio, esquiva-se do ataque: a satisfação inocente e lícita, mas, contudo, talvez também menosprezada e mal-interpretada, de ter um(a) leitor(a) imaginado(a), um prazer da infinitude, a mais pura expressão de liberdade de pensamento, simplesmente porque renuncia à liberdade de expressão. Em honra e louvor de tal leitor(a), não me sinto capaz de falar dignamente; qualquer um que tenha tido convívio com ele(a) certamente não negará que se trata absolutamente do(a) mais agradável de todos(as) os(as) leitores(as). Ele(a) nos compreende no todo e parte por parte, ele(a) tem paciência para não pular os entreatos e apressar-se da trama do episódio para a urdidura do sumário, ele(a) é capaz de suportar por tanto tempo quanto o(a) autor(a) [VII 541], é capaz de compreender que a compreensão é a revogação; o entendimento com ele(a) como o(a) único(a) leitor(a) é justamente a revogação do livro, ele(a) é capaz de compreender que escrever um livro e revogá-lo não é a mesma coisa que deixar de escrevê-lo, que escrever um livro que não exige importância para alguém é contudo algo de diferente de deixá-lo não escrito; e apesar de sempre concordar e nunca se colocar contra ninguém, pode-se mesmo assim ter mais respeito por ele(a) do que pelas contradições barulhentas de toda uma sala de conferências; mas neste caso pode-se também falar com ele(a) com inteira confiança.

Tu que me lês[571]! Que eu mesmo o diga: estou bem longe de ser um tipo de filósofo bom pra caramba[572], chamado a criar uma

---

571. *M.k. Læser!*: *Literalmente*: M(eu/minha) q(uerido/a) leitor/a!
572. *en Satans Karl i Philosophien*: um bruxo da filosofia (?)

nova corrente [de pensamento]; sou um pobre ser humano individual existente com capacidades naturais sãs, não sem uma certa destreza dialética e tampouco inteiramente desprovido de estudo superior. Mas fui testado nos *casibus* [*lat.*: casos] da vida e apelo com confiança aos meus sofrimentos, não no sentido apostólico como uma questão de honra, pois demasiado frequentemente eles foram castigos que eu mesmo mereci, mas ainda assim eu me apoio neles como meus mestres[573], e com mais *pathos* do que aquele com que Stygotius[574] apela para todas as universidades em que estudou e disputou. Eu me obstino numa certa sinceridade que me proíbe de papagaiar aquilo que não consigo entender e que me obriga[575], algo que em conexão com Hegel há muito me causa dor em meu desamparo, a renunciar a nele me amparar, a não ser em algumas partes, o que equivale a ter de renunciar ao reconhecimento que se ganha pela vinculação, enquanto eu continuo a ser o que eu mesmo admito que é infinitamente pouco, um evanescente, imperceptível átomo, como o é qualquer ser humano individual; uma sinceridade que, por sua vez, me conforta e me guarnece com um senso mais incomum do cômico e com uma certa capacidade de tornar ridículo o que é ridículo; pois por estranho que pareça, o que não é ridículo eu não consigo, de jeito nenhum, tornar ridículo, para isso se requerem provavelmente outras capacidades. Tal como eu me entendo, eu me desenvolvi tanto, justamente por pensar por mim mesmo, eduquei-me tanto pela leitura, orientei-me tanto interiormente, em existindo, que estou em condições de ser um aprendiz, um educando, o que já constitui uma tarefa. Não tenho pretensão de ser mais do que isto: ser capaz de começar a aprender em um sentido mais elevado. Oxalá se encontrasse entre nós o mestre! [VII 542] Não estou falando do professor da filologia clássica, pois este nós temos, e se fosse isto o que eu deveria aprender, seria ajudado tão logo adquirisse o conhecimento prévio necessário para ser capaz de começar; não estou falando do professor de história da filosofia, para a qual decerto careço dos conhecimentos prévios, se ao menos tivéssemos este mestre; não estou falando do mestre da difícil arte do discurso religioso, pois

---

573. *Læremestere*

574. Da comédia de Holberg: *Jacob von Tiboe, ou O soldado falastrão*, ato 3, cena 5 [N.T.].

575. *forbyder*: proíbe; *byder*: obriga

realmente temos alguém tão distinto, e sei que tenho me esforçado ao máximo para aproveitar de sua séria orientação, isso eu sei, senão pelo benefício da apropriação, para que maliciosamente eu não minta ser algo meu ou meça sua significação por minha contingência, então eu o sei pela veneração que tenho mantido por Sua Reverência; não estou falando do mestre da bela arte da poesia e seus segredos de linguagem e bom gosto, pois tal iniciado nós já possuímos, eu o sei, e espero não esquecê-lo jamais, nem a ele e nem o que devo a ele. Não, o mestre de que eu falo, e aliás de outro modo, ambíguo e dúbio, é o mestre da ambígua arte de pensar sobre a existência e de existir[576]. Portanto, se ele fosse encontrado, aí ouso garantir que, por deus, algo resultaria disso, se ele, preto no branco, se responsabilizasse pela minha instrução e, para tanto, procedesse lentamente e parte por parte, permitindo, como convém numa boa instrução, que eu colocasse minhas questões, e que eu impedisse que qualquer assunto fosse abandonado antes de eu o ter compreendido completamente. Com efeito, o que não posso admitir é que tal mestre viesse a pensar que não tinha nada mais a fazer além daquilo que faz na escola pública um medíocre professor de religião: cada dia designar-me como matéria um parágrafo que eu deveria saber de cor para o dia seguinte.

Mas já que até hoje não tive notícia de nenhum mestre deste tipo que professe justamente o que procuro (seja este um sinal alegre ou triste), minha busca é, então, *eo ipso* sem significação, e apenas para minha própria satisfação, como aliás deve ser quando um aprendiz no existir, que então não pode querer ensinar outros (e longe de mim esteja o vazio e vaidoso pensamento de ser um tal mestre), expõe algo que tal como se pode esperar de um aprendiz que essencialmente não sabe nada mais nada menos do que o que quase todas as pessoas sabem, [VII 543] só que ele sabe algo mais definido sobre o assunto e, em compensação, em relação ao muito que qualquer homem sabe ou pensa saber, ele sabe com certeza que não sabe. Pode ser que quanto a isso nem acreditassem em mim, se eu o dissesse a qualquer outra pessoa que não fosses tu, que me lês[577]. Pois quando alguém em nossa época diz, "Eu sei tudo", então acreditam nele; mas daquele que diz, "Há muita coisa que não sei", suspeita-se de ter ten-

---

576. *at tænke over Existents og at existere*
577. *Dig, m.k. Læser*

dência para mentir. Tu te lembras que em uma das peças de Scribe um homem experiente em casos amorosos levianos narra que usa o seguinte procedimento quando está cansado de uma garota, ele lhe escreve: Eu sei tudo – e, acrescenta, este método até hoje nunca falhou. Em nossa época, eu não creio, de jeito nenhum, que tenha falhado para qualquer especulante que diga: Eu sei tudo; oh, mas as pessoas impiedosas e mentirosas que dizem que há muita coisa que não sabem, elas ganham o que merecem neste que é o melhor dos mundos[578], sim, o melhor dos mundos para todos aqueles que se divertem à custa dele[579] por saberem tudo, ou por absolutamente não saberem nada.

J.C.

---

578. *bedste*
579. *have den til Bedste*

[VII 545] Uma primeira e última explicação

Por uma questão de forma e de ordem, eu reconheço, por meio desta, algo que *realiter* [*lat.*: de fato] dificilmente alguém pode ter interesse em *saber*: que sou eu, como se diz, autor de *Ou isto ou aquilo* (**Victor Eremita**), Copenhague, fevereiro de 1843; *Temor e tremor* (**Johannes de Silentio**), 1843; *A repetição* (**Constantin Constantius**), 1843; *O conceito de angústia* (**Vigilius Haufniensis**), 1844; *Prefácios* (**Nicolaus Notabene**), 1844; *Migalhas filosóficas* (**Johannes Climacus**), 1844; *Estádios no caminho da vida* (**Hilarius Bogbinder: William Afham, o Juiz, Frater Taciturnus**), 1845; *Pós-escrito conclusivo não científico às Migalhas filosóficas* (**Johannes Climacus**), 1846; um artigo em *Fœdrelandet* [A Pátria], n. 1.168, 1.843 (**Victor Eremita**); dois artigos em *Fœdrelandet*, janeiro de 1846 (**Frater Taciturnus**).

Minha pseudonímia ou polinímia não teve uma razão *casual* em minha *pessoa* (certamente não por medo de punição legal, com referência à qual não estou ciente de ter infringido algo, e tanto o impressor quanto o censor *qua* oficial público, foram sempre oficialmente informados, por ocasião da publicação, sobre quem era o autor), mas uma razão *essencial* na própria *produção*, que, por causa das réplicas e das diferenças das individualidades psicologicamente diversas, requeria poeticamente uma desconsideração quanto a bem e mal, compunção e jocosidade, desespero e soberba, sofrimento e júbilo etc., que só se limita idealmente pela consequência psicológica, o que nenhuma pessoa nos limites éticos da realidade efetiva ousa permitir-se ou pode querer permitir-se. O que está escrito, então, é meu, mas apenas na medida em que eu coloquei na boca da individualidade poeticamente real *que* produz, sua visão de vida, tal como se dá a perceber nas réplicas. [VII 546] Pois minha relação é ainda mais remota do que aquela de um poeta, que *cria poeticamente* personagens, porém é *ele próprio* o *autor* no prefácio. Eu sou, com efeito, impessoalmente ou pessoalmente na terceira pessoa, um *souffleur* [*fr.*: assoprador, ponto de teatro] que produziu poeticamente *autores*, cujos prefácios, por sua vez, são produções deles, sim, como o são até seus *nomes*. Não há, portanto, nos livros pseudonímicos uma única palavra que seja minha; não tenho nenhuma opinião sobre eles a não ser como um terceiro, nenhum saber sobre seu significado a não ser como leitor, nem a mais remota relação particular com eles, já que esta é impossível de ter com uma comunicação duplamente refletida. Uma única palavra enunciada pessoalmente por mim, em meu próprio nome, seria um importuno auto-olvido que, visto dialeticamente, seria culpado de ter, com esta única palavra, aniquilado essencialmente os pseudônimos. Tão pouco como, em

Ou isto ou aquilo, sou o Sedutor ou o Assessor, tampouco, exatamente, sou o editor Victor Eremita; ele é um pensador subjetivo poeticamente real que, aliás, a gente torna a encontrar em *In vino veritas*. Em *Temor e tremor*, sou tão pouco, exatamente tão pouco, *Johannes de Silentio* quanto o Cavaleiro da fé que ele descreve e, mais uma vez, tampouco sou o autor do Prefácio do livro, que replica a individualidade de um pensador subjetivo poeticamente real. Na história de sofrimento (*Culpado? – Não culpado?*), sou tão pouco o *Quidam* do experimento quanto o Experimentador, justamente tão pouco um quanto o outro, dado que o Experimentador é um pensador subjetivo poeticamente real e o sujeito da experiência é sua criação psicologicamente consequente. Eu sou, portanto, o indiferente, ou seja, é indiferente o que eu sou e como eu o sou, justamente porque, por sua vez, a questão de saber se então, no mais íntimo de meu ser, o que eu sou e como eu o sou é também indiferente para mim, é algo de absolutamente irrelevante para esta produção. Portanto, aquilo que pode, de resto, ter seu feliz significado, em bela harmonia com o projeto de uma pessoa insigne, quando relacionado a algum projeto não dialeticamente reduplicado, teria aqui tão somente um efeito perturbador se relacionado ao pai adotivo completamente indiferente a uma produção talvez não insignificante[580]. Meu fac-símile, meu retrato etc., bem como a questão de se uso chapéu ou casquete, só poderiam tornar-se objeto de atenção daqueles para quem o indiferente tornou-se importante – quiçá para compensar pelo fato de que para eles o importante tornou-se indiferente. No aspecto jurídico e literário, a responsabilidade é minha[581], mas, entendido de modo simples e dialético, eu sou aquele que *ocasionou* a audibilidade[582] da produção no mundo da realidade efetiva, o qual, naturalmente, não pode envolver-se com autores reais na poesia e, por isso, de modo totalmente consequente, com absoluta razão no aspecto jurídico e literário, atém-se a mim. Jurídica e literariamente, pois toda produção poética seria *eo ipso* impossibilitada ou ficaria sem sentido ou insuportável [VII 547] caso as réplicas devessem ser as próprias palavras do produtor (entendido diretamente). Meu desejo, minha súplica é, portanto, de que, caso ocorra a alguém citar alguma passagem particular dos livros, que me preste o favor de citar o nome do respectivo autor pseudônimo, não o meu, isto é, de repartir as coisas entre nós de tal modo que a expressão pertença femininamente ao

---

580. *Udmærkedes*: pessoa insigne; *ikkeumærkelig*: não insignificante

581. Por esta razão, meu nome foi prontamente colocado como editor na página de título das *Migalhas* (1844), porque a significação absoluta do assunto tratado requeria na realidade efetiva a expressão da devida atenção, de que havia um responsável nominado para assumir o que a realidade poderia oferecer.

582. *Hørlighed*

pseudônimo, e a responsabilidade civilmente a mim. Entendi muito bem, desde o início, e entendo que minha realidade pessoal é algo constrangedor, que os pseudônimos, preocupados pateticamente consigo mesmos, poderiam desejar afastar, quanto antes melhor, ou tornar tão insignificante quanto possível, e, contudo, por outro lado, ironicamente atenciosos, poderiam desejar ter consigo como uma resistência repulsiva. Pois minha relação [com eles] é a unidade de ser secretário e, bem ironicamente, o autor dialeticamente reduplicado do autor ou dos autores. Embora, portanto, decerto qualquer um que esteja em geral preocupado com tais coisas tenha me encarado até hoje *sem mais* como o autor dos livros pseudônimos, antes de chegar esta explicação, assim talvez num primeiro momento esta explicação provoque o estranho efeito de que eu, que contudo deveria sabê-lo melhor do que ninguém, sou o único que apenas com muita dúvida e ambiguidade me vejo como o autor, porque sou o autor em sentido impróprio, [enquanto que,] pelo contrário, sou, de modo bem próprio e literal, o autor, por exemplo, dos Discursos edificantes e de todas as palavras que há neles. O autor poetizado tem sua determinada visão da vida, e a réplica, que entendida deste modo possivelmente poderia ser significativa, espirituosa, estimulante, soaria talvez estranha, ridícula, repugnante, na boca de um homem individual faticamente determinado. Se alguém, assim, não familiarizado com um trato culto com a idealidade que distancia, por uma importunidade mal-entendida frente à minha personalidade fática, desfigurou para si a impressão dos livros pseudônimos, fez papel de bobo, *realmente* fez papel de bobo, ao ter de arrastar junto a minha realidade pessoal, ao invés de sair dançando com a leve idealidade, duplamente refletida, de um autor poeticamente real; com impertinência paralogística enganou a si mesmo ao tomar, de maneira absurda, minha individualidade privada da duplicidade dialética que evita as oposições qualitativas: verdadeiramente não é culpa minha, dado que eu, como convém, e no interesse da pureza da relação, de minha parte fiz tudo o que pude, o melhor que pude, para impedir o que uma parte do mundo dos leitores, curiosa de novidades, tudo fez, sabe Deus no interesse de quem, bem desde o início, para conquistar.

A ocasião parece convidar, sim, quase exigi-lo mesmo do relutante: devo então usá-la para uma declaração aberta e direta, não como autor, pois isto afinal no sentido usual não sou, mas como alguém que cooperou para que os pseudônimos se tornassem autores. Primeiramente, quero agradecer à Providência, que de tão variadas maneiras tem favorecido meu esforço, [VII 548] favorecido por quatro anos e um quarto sem talvez um único dia de interrupção do esforço, tem me concedido muito mais do que jamais esperei, embora eu possa verdadeiramente testemunhar que empenhei minha vida até o extremo de minha capacidade; mais do que aquilo que, pelo menos, eu esperava, mesmo que para outros minha contribuição apareça como uma insignificância prolixa. Assim, com sincero agradecimento à Providência, não acho perturbador que não se possa dizer que eu tenha realizado[583] alguma coisa ou, o que é mais indiferente, conquistado alguma coisa no mundo exterior; acho ironicamente correto que pelo menos os honorários devidos à produção e à minha ambígua autoria tenham sido antes bastante socráticos. – Em seguida, após ter convenientemente pedido desculpas e perdão se a alguém parecer inapropriado que eu fale deste modo, embora este mesmo quiçá considerasse como inapropriado que eu o omitisse: quero evocar, em rememoradora gratidão, meu falecido pai, o homem a quem devo mais do que a qualquer outro, também no que se refere ao meu trabalho. – Dos pseudônimos despeço-me a seguir com bons votos, cheios de incerteza sobre seu destino futuro, de que este, se for para o bem deles, seja exatamente como poderiam desejar; eu os conheço, afinal, a partir de nossa íntima convivência, uma coisa eu sei, que muitos leitores eles não podem esperar ou desejar – oxalá tenham a felicidade de encontrar os poucos[584] leitores que anelam. – De meu(minha) leitor(a), se ouso falar de tal pessoa, solicitaria para mim, de passagem, uma lembrança esquecidiça, um sinal de que é de mim que se lembra, porque se lembra de mim como irrelevante aos livros, como a relação o exige, bem como o reconhecimento disto é sinceramente oferecido aqui no momento da despedida, quando aliás também agradeço cordialmente a todos os que se mantiveram calados, e, em profunda veneração, agradeço à firma Kts[585] – pelo fato de ter falado.

Caso os pseudônimos tenham de algum modo ofendido alguma pessoa respeitável, ou talvez algum homem que eu admire; caso os pseudônimos de algum modo tenham perturbado ou tornado duvidoso algo de verdadeiramente bom na ordem estabelecida: então não há ninguém tão disposto a pedir perdão[586] quanto eu, que carrego a responsabilidade pelo uso da pena empunhada. O que assim eu sei sobre os pseudônimos naturalmente não me autoriza a nenhuma declaração, mas também não me autoriza a ter qualquer dúvida sobre seu assentimento, desde que sua significação (qualquer que possa vir a ser a *realidade*) incondicionalmente não reside em fazer qualquer nova proposta, alguma descoberta inaudita, ou em fundar um novo partido e querer ir mais além, mas

---

583. *udrettet*
584. *enkelte*, individualizados
585. Assinatura do Bispo Mynster [N.T.].
586. *at gjøre Afbigt*

justamente no oposto, em querer não ter nenhuma importância, em querer, na distância do afastamento da dupla reflexão, mais uma vez, ler *solo* [*lat.*: sozinho], de ponta a ponta, o escrito primordial das relações existenciais humanas individuais, o antigo texto primordial, bem conhecido, transmitido pelos nossos pais, se possível de um modo mais interiorizado. [VII 549]

E oxalá nenhum pensador de primeira viagem[587] queira meter a mão dialeticamente nesta obra, mas deixe-a ficar tal como agora ela está.

Copenhague, fevereiro de 1846.

S. Kierkegaard

---

587. *Halvbefaren*: aprendiz de marinheiro, alguém que ainda não concluiu seu estágio inicial [N.T.].

COLEÇÃO PENSAMENTO HUMANO

- *A caminho da linguagem,* Martin Heidegger
- *A Cidade de Deus (Parte I; Livros I a X),* Santo Agostinho
- *A Cidade de Deus (Parte II; Livros XI a XXIII),* Santo Agostinho
- *As obras do amor,* Søren Aabye Kierkegaard
- *Confissões,* Santo Agostinho
- *Crítica da razão pura,* Immanuel Kant
- *Da reviravolta dos valores,* Max Scheler
- *Enéada II – A organização do cosmo,* Plotino
- *Ensaios e conferências,* Martin Heidegger
- *Fenomenologia da vida religiosa,* Martin Heidegger
- *Fenomenologia do espírito,* Georg Wilhelm Friedrich Hegel
- *Hermenêutica: arte e técnica da interpretação,* Friedrich D.E. Schleiermacher
- *Investigações filosóficas,* Ludwig Wittgenstein
- *Manifesto do partido comunista,* Karl Marx e Friedrich Engels
- *Parmênides,* Martin Heidegger
- *Ser e tempo,* Martin Heidegger
- *Ser e verdade,* Martin Heidegger
- *Verdade e método: traços fundamentais de uma hermenêutica filosófica* (Volume I), Hans-Georg Gadamer
- *Verdade e método: complementos e índice* (Volume II), Hans-Georg Gadamer
- *O conceito de angústia,* Søren Aabye Kierkegaard
- *Pós-escrito às migalhas filosóficas – Vol. I,* Søren Aabye Kierkegaard
- *Metafísica dos costumes* – Immanuel Kant
- *Do eterno no homem* – Max Scheler
- *Pós-escrito às migalhas filosóficas – Vol. II,* Søren Aabye Kierkegaard
- *Crítica da faculdade de julgar,* Immanuel Kant
- *Ciência da lógica – A doutrina do ser,* Georg Wilhelm Friedrich Hegel

Nietzsche
O humano como memória e promessa
Oswaldo Giacoia Junior

O pensamento genealógico de Nietzsche percorre um arco que se estende entre a pré-história da hominização e a formação de unidades complexas de relações sociopolíticas de poder e dominação, com suas esferas de vida material e espiritual, os domínios da produção e reprodução de bens materiais, assim como o âmbito espiritual dos valores culturais. A dinâmica desse processo é determinada pela interiorização e sublimação da potência telúrica das pulsões, num multifacetado jogo de oposição e aliança entre forças no interior do qual advém as diferentes configurações que o ser humano dá a si mesmo no curso da história.

O homem é, para Nietzsche, o animal não fixado. Sua natureza não pode ser definida por nenhuma fórmula metafísica e suprahistórica, do tipo "animal racional", senão que a *conditio humana* radica na plasticidade inesgotável das pulsões. A partir da energia de suas correntes pulsionais, o homem esforça-se por estabilizar-se no tempo e circunscrever espaços ordenados de existência sociopolítica, numa aventura de autoconstituição que se desenrola na história, por meio dos processos complexos que denominamos civilização e cultura.

Oswaldo Giacoia Junior *é professor titular de Ética e História da Filosofia Contemporânea da Universidade Estadual de Campinas, bacharel em Direito pela USP, mestre em Filosofia pela PUC-SP, doutor em Filosofia pela Universidade Livre de Berlim, pós-doutorado em Berlim, Viena e Lecce; é autor, entre outros de,* Heidegger urgente; Nietzsche X Kant; Freud: Além do Princípio do Prazer; Um dualismo incontornável; Nietzsche (Coleção Folha Explica); Nietzsche & Para além de bem e mal; Labirintos da alma; Sonhos e pesadelos da razão esclarecida; Nietzsche como psicólogo.

CULTURAL

Administração
Antropologia
Biografias
Comunicação
Dinâmicas e Jogos
Ecologia e Meio Ambiente
Educação e Pedagogia
Filosofia
História
Letras e Literatura
Obras de referência
Política
Psicologia
Saúde e Nutrição
Serviço Social e Trabalho
Sociologia

CATEQUÉTICO PASTORAL

Catequese
Geral
Crisma
Primeira Eucaristia

Pastoral
Geral
Sacramental
Familiar
Social
Ensino Religioso Escolar

TEOLÓGICO ESPIRITUAL

Biografias
Devocionários
Espiritualidade e Mística
Espiritualidade Mariana
Franciscanismo
Autoconhecimento
Liturgia
Obras de referência
Sagrada Escritura e Livros Apócrifos

Teologia
Bíblica
Histórica
Prática
Sistemática

REVISTAS

Concilium
Estudos Bíblicos
Grande Sinal
REB (Revista Eclesiástica Brasileira)
SEDOC (Serviço de Documentação)

VOZES NOBILIS

Uma linha editorial especial, com importantes autores, alto valor agregado e qualidade superior.

VOZES DE BOLSO

Obras clássicas de Ciências Humanas em formato de bolso.

PRODUTOS SAZONAIS

Folhinha do Sagrado Coração de Jesus
Calendário de mesa do Sagrado Coração de Jesus
Agenda do Sagrado Coração de Jesus
Almanaque Santo Antônio
Agendinha
Diário Vozes
Meditações para o dia a dia
Encontro diário com Deus
Guia Litúrgico

CADASTRE-SE
www.vozes.com.br

EDITORA VOZES LTDA.
Rua Frei Luís, 100 – Centro – Cep 25689-900 – Petrópolis, RJ
Tel.: (24) 2233-9000 – Fax: (24) 2231-4676 – E-mail: vendas@vozes.com.br

UNIDADES NO BRASIL: Belo Horizonte, MG – Brasília, DF – Campinas, SP – Cuiabá, MT
Curitiba, PR – Florianópolis, SC – Fortaleza, CE – Goiânia, GO – Juiz de Fora, MG
Manaus, AM – Petrópolis, RJ – Porto Alegre, RS – Recife, PE – Rio de Janeiro, RJ
Salvador, BA – São Paulo, SP